Mythologie für Dummies - Schummelseite

Wichtige Daten der Menschheitsgeschichte

v. Chr.:

3300–1900	Beginn der sumerischen Zivilisation
2550–2150	Das Alte Reich, Ägypten
1980–1640	Das Mittlere Reich, Ägypten
1792–1750	Hammurabis Herrschaft, Höhepunkt des babylonischen Reiches
1600–1100	Die Bronzezeit in Griechenland
1540–1070	Das Neue Reich, Ägypten
1500–400	Die Olmeken in Mittelamerika
1500	Die Arier fallen in Indien ein; Beginn des vedischen Zeitalters
1250	Moses führt das Volk Israels aus Ägypten; Beginn der Anbetung des Gottes Yahweh auf dem Berg Sinai (vormals Heiligtum des Mondgottes Sin)
1200–1000	Die frühesten Schriften des Hinduismus – die *Rigveda*
1100	Der Trojanische Krieg
800–700	Das Zeitalter Homers
776	Die ersten Olympischen Spiele in Griechenland (zu Zeus' Ehren)
753	Die Gründung Roms
600–400	Epoche der Athenischen Demokratie
599–500	Zeit Lao-Tses, des Begründers des Taoismus in China
551–479	Konfuzius
563	Geburt Gautamas (Begründer des Buddhismus)
540	Geburt Va[illegible] (Begründer des Jainismus)
509–31	Die Römische Republik
365–323	Alexander der Große

n. Chr.:

31 v. Chr.–476 n. Chr.	Das Römische Reich
27–30	Jesus von Nazareth predigt Reformen in Palästina und wird schließlich vom römischen Gouverneur Pontius Pilatus hingerichtet
35–62	Paulus, ein Jude in der Diaspora, gründet mehrere Kirchen in Syrien, Kleinasien und Griechenland. Das Christentum trennt sich vom Judaismus.
150–750	Teotihuacan in Mittelamerika
400–499	Zeit, in der der historische König Artus vielleicht gelebt hat
250–900	Maya: Mittelamerika
570–632	Der Prophet Mohammed schreibt den Koran und gründet die islamische Religion
632–750	Der Islam breitet sich bis in den Nahen Osten, Nordafrika, Spanien und Frankreich aus.
700–1000	Die Epoche der Wikinger
900–1180	Tolteken: Mittelamerika
1325–1521	Das Reich der Azteken in Mittelamerika
1438–1532	Die Kultur der Inka in Südamerika
1492	Christopher Kolumbus landet in Mittelamerika

Mythologie für Dummies - Schummelseite

Römische Götter und ihre griechischen Entsprechungen

Römisch	Griechisch	Funktion
Jupiter	Zeus	König der Götter
Juno	Hera	Göttin der Ehe
Neptun	Poseidon	Gott des Meeres
Saturn	Kronos (vielleicht)	König der Titanen
Gaea	Gaia	Göttin der Erde
Venus	Aphrodite	Göttin der Liebe
Pluto (Dis Pater)	Hades	Gott der Unterwelt
Vulcanus	Hephaistos	Gott der Schmiede
Ceres	Demeter	Göttin der Ernte
Apoll	Apollon	Gott der Musik
Minerva	Athene	Göttin der Weisheit
Diana	Artemis	Göttin der Jagd
Merkur	Hermes	Götterbote
Bacchus	Dionysos	Gott des Weines
Proserpina	Persephone	Göttin der Unterwelt
Cupido	Eros	Gott der Liebe
Mars	Ares	Gott des Krieges

Mythologie für Dummies

Christopher W. Blackwell,
Amy Hackney Blackwell

Mythologie für Dummies

Übersetzung aus dem Amerikanischen von
Aref Banakonadeh

Fachkorrektur durch Dr. Kirsten Groß-Albenhausen
Seminar für Alte Geschichte
Johann Wolfgang Goethe-Universität Frankfurt am Main

Abschnitte über das Nibelungenlied
von Ulrike Schäfer
Nibelungenliedgesellschaft

mitp

Bibliografische Information Der Deutschen Bibliothek
Die Deutsche Bibliothek verzeichnet diese Publikation in der Deutschen Nationalbibliografie;
detaillierte bibliografische Daten sind im Internet über <http://dnb.ddb.de> abrufbar.

ISBN 3-8266-3122-6
1. Auflage 2004

Übersetzung der amerikanischen Originalausgabe:
Christopher W. Blackwell, Amy Hackney Blackwell: Mythology For Dummies®

Printed in Germany

Cartoons im Überblick

von Rich Tennant

Seite 175

»Hier steht: Weil Persephone das Samenkorn eines Granatapfels aß, musste sie das ganze Jahr in der Unterwelt verbringen, bis auf vier Monate, die sie pro Jahr mit ihrer Mutter verbringen durfte. Manche Gelehrte sagen, es seien sechs Monate gewesen. Wahrscheinlich kam es ihr aber nur wie sechs Monate vor.«

Seite 53

»Es ist natürlich nur ein Mythos.«

Seite 27

»Es ist das Nachbarskind, der Sohn Surts, des Wächters über die Feuer von Muspell. Er will wissen, ob wir einen Feuerlöscher haben.«

Seite 235

»Oh, warte mal. Diese Inschrift hier berichtet von einer Zeit, als Shu, der Gott der Lüfte, und Tefenet, die Göttin der Feuchtigkeit, auf einer dunklen und einsamen Straße eine Verabredung hatten. Weiter heißt es, es gebe eine entflohene böse Gottheit, die einen Haken statt einer Hand hätte …«

Seite 295

»… und so kam eine große und mächtige Rasse über das Land und man nannte sie die Risiko-Kapitalgeber …«

Seite 393

Fax: 001-978-546-7747
Internet: www.the5thwave.com
E-Mail: richtennant@the5thwave.com

Inhaltsverzeichnis

Kapitel 6
Die kühnen Halbgötter: Die Helden 115

Kapitel 7
Die Ilias, das Ende des Trojanischen Krieges und die Odyssee 135

Einführung

Dieses Buch handelt von der Mythologie. Es behandelt die mythischen Geschichten, in denen die Menschen seit alters her ihr Wissen um Himmel und Erde verschlüsselt aufbewahrt haben. Die mythischen Erzählungen geben Antworten auf Fragen, die für alle Menschen bedeutsam sind. Man kann behaupten, dass das Erzählen von Mythen mit zu den wichtigsten Gewohnheiten des Menschen gehört. Jeder Mensch hat sicher schon einmal auf die eine oder andere Weise einen Mythos erzählt. Jede Kultur und jedes Zeitalter hat eigene Mythen hervorgebracht. Der Gegenstand der »Mythologie« ist genau diese Gesamtheit aller jemals erzählten Mythen (soweit sie uns überhaupt überliefert sind), ein schier unerschöpflicher Fundus an Geschichten über Helden, Götter, Ungeheuer und Naturgewalten.

Wer zu verstehen versucht, was Mythologie ist, wird gleichzeitig auch eine Menge über das Wesen des Menschen lernen. Genau das ist der Grund, warum es sich lohnt, über Mythen nachzudenken. Genauso wie die Menschen können auch Mythen aufwühlend, inspirierend, witzig und schön sein. Ähnlich wie die Menschen haben aber auch die Mythen ihre Schattenseiten; so sind auch sie mitunter verworren, grausam und gewalttätig; sie spiegeln die erotischen Begierden der Menschen und sind genau wie sie mitunter (scheinbar) paradox.

Dieses Buch versucht dem Leser Erklärungen anzubieten, wo immer dies möglich ist. Wer aber auf schnellen Wissensgewinn und klare Antworten aus ist, den wird die Beschäftigung mit der Mythologie möglicherweise zur Verzweiflung bringen. Der Mythos entstand aus dem Bedürfnis heraus, Antworten auf jene Menschheitsfragen zu geben, für die es einfach keine schnellen und eindeutigen Antworten geben kann.

Noch eine wichtige Anmerkung: Mythologie war immer ein Teil der Religion. Einige der in diesem Buch wiedergegebenen mythischen Geschichten entstammen Religionen, die heute niemand mehr praktiziert; andere dagegen gehören zur Überlieferung von Religionen, die heute noch von Millionen von Menschen ausgeübt werden.

Über dieses Buch

Dieses Buch ist ein Nachschlagewerk für alle, die sich rasch einen Überblick über die wichtigsten Grundlagen der unterschiedlichen Mythologien verschaffen möchten, die es auf der Welt gibt. Die einzelnen Teile und Kapitel des Buches behandeln jeweils bestimmte Einzelthemen. Der Leser, der eine bestimmte Frage beantwortet haben möchte, lese einfach das betreffende Kapitel, ohne sich um die anderen Abschnitte des Buches groß zu kümmern. Man kann natürlich auch gleich das ganze Buch durchlesen (was allen Lesern wärmstens empfohlen wird), wobei aber die Reihenfolge der einzelnen Teile nicht unbedingt eingehalten werden muss.

Konventionen in diesem Buch

Dieses Buch ist in deutscher Sprache verfasst. Die allermeisten Mythen sind aber ursprünglich in einer anderen Sprache erzählt oder aufgeschrieben worden. Wir mussten aus diesem Grunde oft zwischen verschiedenen im Prinzip gleichrangigen Möglichkeiten wählen, einen mythologischen Namen ins Deutsche zu übertragen. Hieß der Held des Trojanischen Krieges Achill, Achilleus oder Akhilleus? Sollen wir den Namen des Begründers des Taoismus Lao Tse oder Lao Tzu schreiben? Wir haben versucht, die optimale Lösung zu finden. Seien Sie aber bitte nicht überrascht, wenn Sie in anderen Büchern auf ganz andere Schreibweisen für ein und dieselbe mythische Figur treffen.

Wie dieses Buch aufgebaut ist

Dieses Buch ist in sechs Teile untergliedert. Jeder Teil enthält mehrere Kapitel. Der erste Teil gibt einen Überblick über das Thema Mythologie. Jeder der folgenden vier Teile beschäftigt sich mit der Mythologie einer bestimmten Region der Welt: Griechenland, das Römische Reich, Nordeuropa und schließlich die übrigen Erdteile. Jedes Kapitel ist zwischen zehn und 16 Seiten lang und behandelt unterschiedliche Themen wie z.B. griechische Göttinnen, die Geschichten Homers oder die Mythologie Altägyptens.

Teil I: Mythologie und die Wiege der Menschheit

Dieser Teil gibt einen Überblick über das Thema Mythologie. Kapitel 1 erläutert, was wir unter dem Begriff Mythologie zu verstehen haben. Es stellt einige der Theorien vor, die jeweils eine Deutungsmöglichkeit der Mythologie liefern, und gibt außerdem einen Überblick über die typischen, oft themenverwandten mythischen Erzählungen sowie über häufig verwendete Figuren in ihnen. Das diesen Teil abschließende Kapitel 2 gibt einige Beispiele dafür, auf welche Art und Weise uns die alten Mythen auch heute noch täglich in unserem Leben begegnen.

Teil II: Wo alles begann: Die griechische Mythologie

Die meisten Leser werden bei dem Gedanken an »Mythologie« mit Recht sofort an die griechische Mythologie der Antike denken. Es sind ja gerade die Götter, Göttinnen, Helden und Ungeheuer der griechischen Mythologie, die für uns heute Lebende besonders lebendig geblieben sind. Ein weiterer Grund hierfür ist, dass uns viele bedeutende Dichtungen griechischer (und römischer) Autoren erhalten geblieben sind, deren Werke oft aus dem Mythenschatz ihrer Zeit schöpfen, darunter wunderbare Geschichten, die bis in unsere Zeit gelesen und geschätzt werden. Tatkräftige Hilfe bei der Überlieferung des klassischen Mythenschatzes leistete die Renaissance, die die Antike sozusagen »wiederentdeckte«. Der Leser wird in Teil II des Buches mit der Herkunft und Geschichte der griechischen Götter und Göttinnen vertraut gemacht (eine nicht immer angenehme Geschichte). Die Abenteuer der bekannteren Helden der griechischen Mythologie werden hier nacherzählt: Herakles (besser bekannt unter dem Namen Herkules), Perseus, Theseus und Jason (auch Iason geschrieben). Erzählt werden auch die lange und verwickelte Geschichte des Trojanischen Krieges sowie die mythischen Geschichten, die den stofflichen Hintergrund für einige berühmte griechische Tragödien bilden.

Teil III: Eine Kultur wird geplündert: Die römische Mythologie

Es ist hinlänglich bekannt, dass die Römer von den Griechen die meisten Götter und Göttinnen direkt übernommen haben. Oft wurde dabei nicht einmal der Name abgeändert. In Teil III erfährt der Leser die Gründe hierfür. Außerdem wird er mit den römischen Gottheiten vertraut gemacht und lernt, auf welche Weise die Römer die von den Griechen entlehnten Götter und Sagengestalten mit ihrer eigenen Götterwelt verbunden haben. Ein weiteres Kapitel beschäftigt sich mit den römischen Gründungsmythen, wie sie in der *Aeneis* Vergils und der Sage von Romulus und Remus geschildert werden. Das diesen Teil abschließende Kapitel schließlich rekapituliert einige der bekannteren Geschichten der römischen Mythologie.

Teil IV: Eine einzige Familienfehde: Die nordeuropäische Mythologie

Auch wenn die Mythen des Mittelmeerraums besser bekannt sind, so besaßen auch die Menschen in Nordeuropa ihre eigenen Gottheiten und ihre eigenen Mythen und Sagen. Dieser Teil behandelt die Mythenwelt der nordgermanischen Völker, wie z.B. das im 8. Jahrhundert entstandene Heldengedicht Beowulf, die Wölsungen-Sage von

Sigurd, dem Drachentöter, und das Nibelungenlied. Ein Kapitel widmet sich einem der bekanntesten mythischen Helden: König Artus.

Teil V: Die Mythologien außerhalb Europas

Menschen in der westlichen Hemisphäre sind häufig der Ansicht, dass »Mythologie« gleichbedeutend mit der Mythologie des Westens sei. Sie vergessen oft, dass alle Völker der Erde ihre eigenen Sagen und Mythen hervorgebracht haben. In Teil V wird es um die Mythen im Mittleren Osten, Ägypten, China, Indien, Japan und Latein-Amerika gehen. Mit diesem Buch verbindet sich die Hoffnung, dass es dem Leser die Anregung gibt, sich mit Mythen intensiver zu beschäftigen und noch mehr über die Mythologien der Welt zu lernen.

Teil VI: Der Top-Ten-Teil

Viel Vergnügen bei der Lektüre dieser Listen, die ein unverzichtbarer Teil aller ... *für Dummies*-Bücher sind. Sehen Sie nach, ob Sie Ihren mythologischen Lieblingsschauplatz oder Lieblingshelden hier wiederfinden können.

Symbole, die in diesem Buch verwendet werden

Sie werden im Verlauf des Buches immer wieder auf folgende vier Icons stoßen, die den Leser auf nützliche Informationen aufmerksam machen sollen. Man kann das Buch zwar auch dann lesen, wenn man alle entsprechend markierten Stellen überspringt; mehr Unterhaltung und Lesevergnügen stellt sich aber dann ein, wenn man auch sie mitliest.

Dieses Icon findet sich an Stellen, an denen der Leser durch die Verknüpfung von mythologischer Theorie und Mythenerzählungen darauf aufmerksam gemacht werden soll, um was für eine Art von Mythos es sich im betreffenden Textabschnitt handelt.

Die mit diesem Icon gekennzeichneten Stellen vermitteln dem Leser kleinere Wissenshappen, die an und für sich vielleicht nicht unbedingt wichtig sind, die aber immerhin über Wohl und Wehe bei einem Quiz entscheiden oder einen Menschen bei passender Gelegenheit unheimlich intelligent erscheinen lassen können. Die Beschäftigung mit Mythen produziert reichlich Wissen dieser Art.

Diese Stellen enthalten Informationen historischen und akademischen Inhalts. Sie finden hier Wissen, das auch für Akademiker und Fachleute im Bereich Mythologie interessant ist.

Bereichern Sie Ihren Wortschatz! Mythen und Sagengestalten sind für zahllose Wörter unserer Sprache verantwortlich.

Wie es weitergeht

Das vorliegende Buch ist nicht linear aufgebaut. Sie müssen Ihre Lektüre nicht notwendigerweise mit dem ersten Kapitel beginnen. Falls Sie sich zuerst mit den Mythen des alten Ägypten beschäftigen möchten, so können Sie die vorangehenden Abschnitte des Buches getrost überspringen.

Die einleitenden Kapitel des Buches geben Ihnen einen ersten Einstieg in das Thema Mythologie. Sie erfahren, welche Rolle die Mythen in der Menschheitsgeschichte gespielt haben. Beginnen Sie hier, wenn Sie zunächst wissen möchten, was Mythologie überhaupt ist. Wer dagegen einen leichten und unterhaltsamen Einsteig in das Thema haben möchte, der beginnt am besten mit dem Top-Ten-Teil am Ende des Buches. Für alle anderen Leser gilt, dass sie ganz nach Belieben an jeder beliebigen Stelle im Buch mit dem Lesen beginnen können und auch die Freiheit haben, von einem Abschnitt zum anderen zu springen.

Teil I

Mythologie und die Wiege der Menschheit

»Es ist natürlich nur ein Mythos.«

In diesem Teil ...

Was zum Teufel ist also Mythologie? Wieso sollten wir uns überhaupt mit diesem Thema beschäftigen? Nun ja, mal abgesehen davon, dass es für Schüler und Studenten bei der Abfassung von Aufsätzen und Hausarbeiten sehr nützlich sein kann und auch sehr gute Dienste dabei leistet, Cocktailpartybesucher unheimlich witzig und belesen erscheinen zu lassen – so ist die Mythologie doch u.a. auch deswegen bedeutsam, weil die Menschen durch sie lernen können, ihre eigene Kultur und die anderer Erdteile besser zu verstehen. Im ersten Teil des Buches werden dem Leser die Grundlagen der Mythologie als eines Bereiches der Kulturwissenschaften vermittelt sowie einige der Auswirkungen geschildert, die die Mythologie auf die Welt hatte.

Die Wahrheit über Mythen

1

In diesem Kapitel

- Was macht einen Mythos zum Mythos?
- Die gängigsten Theorien zum Thema Mythologie
- Die Hauptfiguren im Mythos

Bevor Sie mit der Lektüre des Buches fortfahren, wollen wir zunächst auf Folgendes hinweisen: Wir nehmen das Thema Mythen in diesem Buch sehr ernst.

Damit wollen wir zwar nicht behaupten, Mythen könnten nicht auch humorvoll sein; viele Mythen sind es und sollen es auch sein. Auch wollen wir nicht behaupten, dass alle Informationen über Mythen in diesem Buch von akademischer Strenge sein werden. Dem ist einfach nicht so. Vielmehr ist Sinn und Zweck dieses Buches, den Leser bei der Lektüre nicht nur zu fesseln, sondern auch zu unterhalten. Das Vergnügen, das die Autoren beim Schreiben des Buches hatten, soll sich auch auf den Leser übertragen. Nicht zuletzt soll die Beschäftigung mit Mythologie auch unterhaltsam sein.

Behaupten wir, etwas sei ein Mythos, so treffen wir *keine* Aussage darüber, ob der betreffende Gegenstand wahr oder falsch ist. In diesem Buch wird nicht die Meinung vertreten, dass Wissenschaft und Geschichte auf der einen Seite und Mythologie auf der anderen Seite durch diese Unterscheidung in wahr und falsch getrennt wären. (Nicht dass wir irgendetwas gegen die Wissenschaft hätten. Sie hat uns schließlich ein bedeutsames Wissen über die Welt geliefert und stellt ihren positiven Nutzen für die Menschen jeden Tag unter Beweis. Wir sind nur nicht der Auffassung, dass man die Mythen nur aus dem Grund dem wissenschaftlichen Wissen unterordnen sollte, weil Letzteres beweisbar erscheint.)

Als Kindern sagte man uns, dass sich die Menschen – als es noch keine Wissenschaft gab – die Welt mit Hilfe der Mythen erklärt hätten. Man wollte mit dieser Behauptung gleichzeitig zum Ausdruck bringen, dass die Menschen von dem Zeitpunkt an keine Mythen mehr benötigt haben, als sie begannen, rational zu denken und sich die Welt mit Hilfe der Wissenschaft zu erklären. Heute wissen wir es natürlich besser. Die Mythologie ist *eine* Art und Weise, die Welt zu verstehen. Sie ist dabei genauso wichtig und genauso »wahr« wie die naturwissenschaftlichen oder historischen Erkenntnisweisen. Tatsächlich ist es so, dass die Naturwissenschaft, die Geschichtswissenschaft oder auch andere logische Erkenntnisformen nicht für alle wichtigen Fragen auch sinnvolle Antworten bereit halten. Mythen dagegen erweisen sich bei einigen dieser

Fragen, die wir für wichtig halten und deren Beantwortung uns wahre Erkenntnisse liefern, als überaus erfolgreiches Erkenntnisinstrument.

Christopher Blackwells Vater hatte das Glück, Paul Tillich gekannt zu haben. Tillich war ein deutscher Theologe und Religionsphilosoph, der vor den Nazis aus Deutschland fliehen musste, in die USA emigrierte und schließlich an der Harvard Universität als Professor lehrte. Tillich, der sicher einiges von den wirklich bedeutsamen Dingen verstand, pflegte zu sagen: »Man soll nie sagen, etwas sei *nur* ein Mythos. Vielmehr soll man sagen: Es ist *nichts Geringeres* als ein Mythos.«

Genau derselben Ansicht sind auch wir in diesem Buch. Mythen sind eminent wichtig und sollten unbedingt ernst genommen werden. Man sollte Themen von solchem Ernst aber gleichzeitig auch mit Spaß und Vergnügen behandeln. Also, los geht's ...

Wie erkennt man einen Mythos?

Ein Mythos ist im Wesentlichen eine Geschichte. Das griechische Wort »Mythos« bedeutet so viel wie »Rede, Erzählung, Fabel«. Dies ist die wörtliche Übersetzung des Begriffs. Natürlich taugt aber nicht jede x-beliebige Geschichte zum Mythos. Amy (eine der beiden Autoren des Buches) wurde einmal in Thailand der Kopf eines Schweins zum Abendessen serviert. So interessant diese Geschichte als Geschichte auch erscheinen mag – um einen Mythos handelt es sich bei ihr nicht. Chris wiederum (der andere Autor des Buches) wurde einmal bei einem Spaziergang im Wald von irgendeinem Verrückten irrtümlich angeschossen, was wiederum als Geschichte ja durchaus spannend und fesselnd sein, aber auch nicht als Mythos durchgehen kann. Auch wenn man einen Mythos normalerweise erkennen kann, wenn man auf einen trifft, so ist es von Vorteil, sich zunächst einmal wenigstens um eine Definition zu bemühen, um Mythen auch wirklich wertschätzen und von anderen Erzählformen sicher abgrenzen zu können.

Mythenexperten lieben es, sich über schwierige, schwer zu definierende Probleme zu streiten. Während der vergangenen 200 Jahre war die Mythologie so ein beliebtes Streitthema unter Wissenschaftlern. Die Mythenexperten debattierten darüber, wodurch man einen »echten« Mythos von einem nur scheinbaren unterscheiden könne. Sie waren sich aber darin einig, dass man Mythen nicht mit anderen verwandten oder ähnlichen Erzählarten verwechseln solle wie etwa Legenden, Sagen oder Volksmärchen.

Das Besondere der mythischen Erzählungen

Was zeichnet einen Mythos aus? Nun, zunächst einmal sind *Mythen* Geschichten über Götter und Göttinnen, andere übernatürliche Wesen sowie deren Beziehungen zu den Menschen. Diese Definition ließe sich erweitern durch die Einbeziehung von

Geschichten, die sich universalen Wahrheiten widmen, oder die der Vermittlung von Werten dienen, die Völkern dabei helfen können, eine Vorstellung von sich als Gruppe und Wertegemeinschaft zu bekommen. Mythen helfen außerdem dabei, bestimmte soziale Ordnungen wie etwa die durch Erbschaft weitergegebene Thronfolge oder andere soziale Klassenstrukturen zu legitimieren. Mitunter dienen sie auch dazu, die fiktive »Geschichte« eines Königreiches zu fabrizieren, um so dessen Herrschaftsanspruch zu festigen.

Insofern Mythen von Menschen und Göttern handeln, handeln sie immer auch von der Religion. Jeder der in diesem Buch vorkommenden Mythen war oder ist Teil einer Religion, die von Menschen ausgeübt wurde oder immer noch wird.

Mitunter wird das Wort »Mythos« so gebraucht, dass es die Bedeutung »unwahr« annimmt. Die Menschen sagen dann, etwas sei »bloß ein Mythos«. Sie wollen damit zum Ausdruck bringen, dass die betreffende Sache keine reale Grundlage hat, sondern nur aus der Luft gegriffen ist. Mythen haben aber ihre eigene Wahrheit. Sie vermitteln den Menschen u.a. eine Sicht auf die Welt und einen Wertekanon, Dinge also, die ebenso wichtig sein können wie jede x-beliebige wissenschaftlich nachprüfbare Aussage (vgl. hierzu Kapitel 3).

Legenden

Legenden weisen zwar gewisse Ähnlichkeiten mit Mythen auf, sie basieren jedoch auf geschichtlichen Tatsachen, die mitunter aber sehr frei ausgelegt werden. Viele Legenden erinnern nur noch entfernt an die ihr zugrunde liegenden geschichtlichen Tatsachen. Allerdings müssen Legenden oder Sagen, um als solche gelten zu können, doch auf einem realen Ereignis beruhen, das zumindest tatsächlich passiert sein könnte. Die Geschichte von König Artus zum Beispiel zählt aus diesem Grund zu den Legenden, weil es (wahrscheinlich) tatsächlich einmal eine reale Person gegeben hat, von der sich dann die Artuslegende, wie wir sie heute kennen, abgeleitet hat.

Volksmärchen

Volksmärchen sind überlieferte Erzählungen, die zum einen der Unterhaltung dienten und zum anderen bisweilen auch didaktische Ziele verfolgten. In Volksmärchen erleben die Helden Abenteuer und magische Geschehnisse. Für gewöhnlich gibt es in ihnen jedoch keine Passagen, die menschliche Beziehungen mit Hilfe des Übernatürlichen oder Göttlichen erklären wollen.

Die meisten Mythen weisen Elemente aus Legenden und Sagen auf und umgekehrt. Diese unterschiedlichen Gattungsbezeichnungen sind durchaus nützlich, wenn es darum geht zu entscheiden, wann es sich um einen Mythos handelt und wann nicht. Man sollte sich aber nicht zu sehr auf sie fixieren.

Märchen wiederum sind Mythen und Volkserzählungen sehr ähnlich. Es gibt aber einen Unterschied: Die Märchen sind ein Phänomen der romantischen Bewegung im Europa des 19. Jahrhunderts, als z.B. die Brüder Grimm begannen, von den Bewohnern einer Region mündlich überlieferte Geschichten zu sammeln, aufzuschreiben und in romantisierter Form breiten Leserschichten zugänglich zu machen. Die Original-Grimmschen Märchen wiederum haben nur wenig mit den bereinigten, modernen Fassungen zu tun – die Originalversionen sind voll von Blut und Gewalt.

Was war zuerst da - die Menschen oder der Mythos?

Die Menschen hatten nicht immer Zugang zu dicken Büchern, die sich ausführlich mit der Mythologie etwa der Griechen oder anderer Völker befassten. Sie konnten also nicht einfach mal eben so die Mythen nachlesen. Dennoch ist es gelungen, Jahrtausende alte Erzählungen und Geschichten bis in die Gegenwart zu bewahren. Vor der Erfindung der Schrift waren es insbesondere das gesprochene Wort und die künstlerische Darstellung, die die Mythen dem Vergessen entrissen haben. Nach der Erfindung der Schrift begannen die Menschen die Mythen aufzuschreiben. Bis in unsere jüngste Vergangenheit gab es für Schriftsteller nichts Aufregenderes, als nach dem Vorbild der alten Mythen neue Geschichten zu erfinden.

Die mündliche Überlieferung

Mythen sind Geschichten. Früher wurden sie hauptsächlich mündlich nacherzählt und weitergegeben. Wenn Geschichten so von einer Generation zur nächsten wandern, spricht man von mündlicher Überlieferung.

Wo es keine Möglichkeit gibt, Informationen in schriftlicher Form zu speichern, ist die mündliche Überlieferung eine von zwei Arten, Wissen von einer zur nächsten Generation weiterzugeben. (Die andere ist die Kunst; ihr werden wir uns gleich zuwenden.)

In Gesellschaften, die über eine lange Tradition mündlicher Überlieferung verfügen, haben die Menschen normalerweise ein sehr gutes Gedächtnis. In Kulturen dagegen, in denen die Schrift verbreitet ist, benötigen die Individuen kein besonders ausgeprägtes Erinnerungsvermögen, weil es ja neben vielen anderen Möglichkeiten z.B. Bücher, Broschüren, Notizzettel (und nicht zuletzt *Dummies*-Bücher) gibt, die helfen, sich an wichtige Dinge zu erinnern, die die Menschen sonst vielleicht vergessen würden. Gesellschaften dagegen mit starker mündlicher Überlieferung bewahren das zu Erinnernde oft in Form von Gedichten oder Liedern, einfach weil man es sich so leichter Wort für Wort merken kann.

Mythen entstammen ursprünglich ausschließlich dieser oralen Tradition. Sie wurden immer mündlich weitererzählt. Jede Veränderung an ihnen geschah auf diesem Wege des Erzählens. Da jede Mythen produzierende und Mythen erzählende Generation über ihre eigenen spezifischen Bedürfnisse und Erfahrungen verfügt, neigen Mythen dazu, sich im Laufe der Zeit zu verändern. Am Schluss einer solchen Entwicklung liegt dann ein und derselbe Mythos in mehreren Versionen vor.

Der heutige E-Mail-Austausch im Internet stellt vielleicht eine moderne Form der mündlichen Überlieferung dar. Die Geschichten können heute leicht von Computernutzer zu Computernutzer auf der ganzen Welt wandern. Auf ihrem im Prinzip keine Zeit mehr beanspruchenden Weg erfahren sie dabei immer wieder leichte Veränderungen. Vielleicht haben ja einige dieser Geschichten im Internet das Zeug dazu, später einmal zu den Mythen des 21. Jahrhunderts zu werden.

Der Mythos und die Archäologie

Menschen, die weder schreiben noch lesen können, sind nicht nur imstande, Geschichten zu erzählen, sondern z.B. auch Kunstwerke herzustellen. Die bildlich darstellende Kunst ist eine weitere Möglichkeit, Mythen von einer Generation zur nächsten weiterzugeben; sie müssen nicht unbedingt niedergeschrieben werden. Kunstwerke können ihre Schöpfer durchaus Jahrtausende überdauern. Selbst nach einer so langen Zeit sind die Archäologen in der Lage, Fundstücke von längst untergegangenen Kulturen auszugraben, zu restaurieren und zu deuten. Damit Mythen auf diese Weise bewahrt werden können, muss es sich nicht unbedingt um aufwändige oder raffinierte Kunstwerke handeln. Schon gewöhnliche Alltagsgegenstände sind oft mit dekorativen Szenen versehen, die dem Archäologen viel über die betreffende Kultur verraten können (ein besonders schönes Beispiel hierfür können Sie in Kapitel 9 nachlesen).

Literatur

Mit der epochalen Erfindung der Schrift aber wurden auch die Mythen schließlich in schriftlicher Form niedergelegt. Die Dichtung Homers etwa – eine eminent wichtige Quelle für unser Wissen über die griechische Mythologie – hat ihren Ursprung in mündlich überlieferten Liedern, die öffentlich von Sängern vorgetragen wurden. Diese Liedtexte und Verserzählungen wurden später aufgeschrieben und konnten somit nachgelesen werden. Die Mythenexperten streiten sich noch heute endlos darüber, wie z.B. im Falle Homers das mündlich überlieferte Material in einer bestimmten

Version (und nicht etwa einer anderen, die es sicher gegeben hat) den Weg aufs Papier bzw. auf den Papyrus fand.

Mythographen gab es schon in der Antike. Sie schrieben die Mythen für spätere Generationen auf.

Mythen dienten in der Vergangenheit immer wieder als Anregung für andere Arten von Literatur. Sehr viele griechische Tragödien, ursprünglich niedergeschrieben, um als Bühnenstück aufgeführt zu werden, griffen auf Stoffe und Motive der damaligen Mythologie zurück. In späterer Zeit war es zum Beispiel William Shakespeare, der sich beim Entwurf vieler seiner dramatischen Werke auf mythologische Geschichten stützte, wobei er sich der Mythologien des Mittelmeerraumes ebenso bediente wie der Mythen nordeuropäischer Herkunft. In seinem Stück *Ein Mittsommernachtstraum* spielt die Handlung am Hofe des griechischen Königs Theseus zum Zeitpunkt seiner Heirat mit der Königin der Amazonen Hippolyte (mehr dazu in Kapitel 7). Shakespeares Stück *Romeo und Julia* entlehnt seine Handlung der Geschichte von Pyramus und Thisbe, die in Ovids *Metamorphosen* geschildert wird (vgl. Kapitel 12).

In jüngster Vergangenheit haben Wissenschaftler versucht, mündlich überlieferte Mythen und Sagen gezielt ausfindig zu machen mit der Absicht, sie aufzuschreiben und zu erforschen. Anthropologen und Ethnologen besuchten dazu etwa die eingeborenen Völker Brasiliens oder andere noch weitgehend unerforschte Naturvölker. Sie ließen sich deren Geschichten erzählen und schrieben sie anschließend auf. Diese schriftlich niedergelegte Überlieferung dient dazu, einen Beitrag zur Bewahrung der jeweiligen Kultur zu leisten, und ermöglicht unter Umständen auch einen Blick darauf, wie Mythen sich mit der Zeit weiterentwickeln.

Die verschiedenen Arten von Mythen

Mythen sind eine schwierige, verwirrende Angelegenheit. Oft scheinen Mythen aus verschiedenen Teilen der Welt und aus unterschiedlichen Zeiten gewisse Ähnlichkeiten aufzuweisen. Die meisten Mythen lassen sich in bestimmte Klassen oder Gruppen einteilen, unabhängig davon, ob die unterschiedlichen Kulturen, denen sie entstammen, viele Gemeinsamkeiten haben oder nicht. Wieso ist das so?

Vergleichende Mythologie

Immer wenn Wissenschaftler auf mehrere, anscheinend einem bestimmten Muster gehorchende Aspekte einer Sache stoßen, versuchen sie herauszufinden, welchen Regeln dieses Muster gehorcht. In den letzten einhundert Jahren arbeiteten viele

Mythenexperten an der Beantwortung der uralten Frage, worum es in all diesen mythischen Geschichten geht. Da diese Frage geradezu unbeantwortbar erscheint, stellten sie mehrere unterschiedliche Theorien auf, die allmählich Teil der Fachgebiete Psychologie, vergleichende Literaturwissenschaft und Anthropologie wurden.

Im Folgenden sind überblicksartig einige der bedeutenderen Theorien über Mythen aufgelistet:

- ✔ Mythen sind bestimmend für die Überzeugungen, Sitten und Gebräuche einer Gesellschaft.
- ✔ Mythen sind dasselbe wie Rituale.
- ✔ Mythen sind Allegorien, vergleichbar mit den Gleichnissen in der Bibel.
- ✔ Mythen enthalten Erklärungen für die Phänomene in der Natur.
- ✔ Mythen liefern Erklärungen für psychologische Zustände wie etwa die Liebe, den Sex oder auch die Wut auf die eigenen Eltern (Sigmund Freud war sicher ein Anhänger dieser Theorie).
- ✔ Mythen dienen der Kommunikation und helfen Menschen dabei, miteinander zu arbeiten; oder sie sind eine Art, über Dinge zu sprechen, die den Menschen Sorgen bereiten (die Theorie des Strukturalismus, die auf Claude Levi-Strauss zurückgeht, ist mit diesem Erklärungsansatz verbunden).

Wenn man sich diese Theorien anschaut, wird schnell deutlich, dass keine einzelne imstande ist, alle Mythen zu erklären. Nimmt man aber alle zusammen zur Hilfe, so kann das Nachdenken über Mythen zu einer durchaus fruchtbaren Tätigkeit werden. (Die Autoren des Buches neigen dazu, die symbolische/allegorische Theorie über die Mythen für die überzeugendste aller genannten Theorien zu halten. Der Hauptgrund hierfür ist, dass diese Theorie fast alle anderen mit einschließt und sie nicht als in ein zu enges theoretisches Korsett gezwängt erscheint.)

Die Hauptarten des Mythos

Einer der Gründe, warum sich so viele Wissenschaftler abgemüht haben, eine brauchbare Definition für den Begriff Mythos zu finden, ist darin zu sehen, dass Mythen über Kulturgrenzen hinweg Ähnlichkeiten aufweisen. So gibt es etwa unabhängig voneinander in Griechenland wie auch in Japan Geschichten, in denen ein Mann in die Unterwelt hinabsteigt, um seine tote Frau wieder ins Reich der Lebenden heraufzuholen, wobei es ihm jeweils nicht gestattet ist, seine Frau vor Verlassen der Unterwelt anzublicken. Die Übereinstimmung ist verblüffend, so als gäbe es ein aus uralten Zeiten herstammendes universales Wissen im kollektiven menschlichen Gedächtnis.

Wie dem auch sei – einige Geschichten tauchen in unterschiedlichen Kulturen immer wieder in ähnlicher Form auf. Im Folgenden geben wir eine Auswahl dieser Geschichten:

- ✔ **Schöpfungsmythos:** Jeder Mensch brennt darauf zu erfahren, wie die Welt und die in ihr lebenden Geschöpfe entstanden sind. Für gewöhnlich erklären die Schöpfungsmythen dies so, dass eine Schöpfergottheit die Welt aus einer ursprünglichen, oft eiförmig gedachten Ur-Dunkelheit erschaffen habe.
- ✔ **Weltentstehungsmythos:** Viele Mythen beschreiben, wie die Welt, der Himmel, das Meer und die Unterwelt zusammen entstanden sind und wie die Sonne und der Mond ihre Bahnen am Firmament ziehen.
- ✔ **Der Ursprung der Menschheit:** Da das Dasein der Menschen einen Ursprung haben muss, findet sich in vielen Mythologien eine Erklärung für deren Existenz. Oftmals sprechen die Mythen dann von einer Gottheit, die ihre Geschöpfe aus Lehm oder einem ähnlichen Material geformt habe.
- ✔ **Sintflutgeschichten:** In vielen Mythen wiederholt sich in ähnlicher Form immer wieder die Geschichte einer Gottheit, die aus einem Gefühl der Enttäuschung über ihre Schöpfung heraus die Welt durch eine Sintflut zerstört, um danach zu einem zweiten Versuch anzusetzen. Normalerweise überleben bei einer solchen Sintflut genau eine Frau und ein Mann (wodurch der ganze Schlamassel wieder von vorne beginnen kann).
- ✔ **Über den Ursprung von Krankheit und Tod:** Diese Mythen erzählen davon, dass die ersten Menschen in einem Paradies lebten, dessen vollkommenes Glück gestört wurde, als einer der Bewohner des Paradieses das Unglück in irgendeiner Form in diese Welt brachte. Einer der bekanntesten Mythen dieser Art ist der Mythos der Büchse der Pandora.
- ✔ **Das Leben nach dem Tod:** Viele Völker glauben, dass die Seele des Menschen nach dessen Tode weiter besteht. Die entsprechenden Mythen beschreiben, wie dieses Leben nach dem Tod aussieht.
- ✔ **Die Gegenwart übernatürlicher Wesen:** Alle Mythologien berichten von Gottheiten oder anderen übernatürlichen Wesen. Einzelne Gottheiten sind oft verantwortlich für bestimmte Bereiche des menschlichen Lebens. Manche übernatürlichen Wesen sind gut, andere sind böse. Die Menschen kämpfen im Bunde mit den guten Gottheiten gegen die bösen.
- ✔ **Das Ende der Welt:** Auch wenn die Welt schon mindestens einmal in den meisten Mythologien untergegangen ist (normalerweise durch eine verheerende Sintflut), so enthalten Mythen manchmal auch Vorstellungen darüber, wie das Ende der Welt in der Zukunft aussehen wird.

- **Mythen über den Anbruch der Zivilisation:** Die Menschen mussten lernen, nicht wie Tiere zu leben, sondern wie Menschen. Oft halfen ihnen die Götter dabei. Ein bekannter Mythos aus Griechenland erzählt die Geschichte, wie eine Gottheit das Feuer raubte, um es den Menschen zu bringen.
- **Gründungsmythen:** Reichsgründer und Herrscher führen gerne »geschichtliche« Gründe ins Feld, um zu erklären, warum es notwendig war, dass gerade sie ihre Feinde bezwingen und zu Staatsgründern werden konnten. Die Erfindung eines Mythos ist bei diesem Ansinnen häufig hilfreich gewesen.

Ein Grund, warum Mythen in ähnlicher Form immer wieder auftreten, lässt sich darin sehen, dass Menschen seit jeher von einem Ort zum anderen gezogen sind und sich dabei mit anderen ausgetauscht haben. Dies war schon so, lange bevor die Schrift erfunden wurde. Genauso wie es einen regen Austausch an Gütern oder auch ansteckenden Krankheiten gegeben hat, tauschten die Menschen auch ihre Mythen aus. Es gibt zum Beispiel nordamerikanische Indianerstämme, deren Mythologien interessanterweise Sintflutgeschichten enthalten. Wie lässt sich das erklären? Eine mögliche Deutung dafür wäre die Annahme, dass es die frühen christlichen Missionare waren, die den Indianern zusammen mit anderen christlichen Geschichten u.a. auch die von Noah und der Sintflut erzählten. Vor ihrem ersten Kontakt mit den europäischen Einwanderern war ihnen die Vorstellung einer Zerstörung der Welt durch eine Sintflut vielleicht vollkommen unbekannt gewesen. Sie könnten sie schließlich durchaus von den Europäern übernommen und zu ihrer eigenen gemacht haben.

Die Einzelheiten mythologischer Geschichten sind bedeutsam und hatten teilweise weit reichende Folgen. Viele Menschen haben zum Beispiel Mythen benutzt, um die Vorherrschaft der Männer über die Frauen zu rechtfertigen (denken Sie etwa daran, dass die Bibel berichtet, Eva sei aus einer Rippe Adams entstanden; nach dem Motto »Wer zuerst kommt, mahlt zuerst« sollte so die erzwungene Unterordnung der Frau legitimiert werden). Mythen haben auch dazu gedient, die Unterdrückung einer sozialen Gruppe durch die andere zu rechtfertigen. Dies geschieht sogar noch in der heutigen Zeit.

Häufig vorkommende Figuren in Mythen

In mythischen Erzählungen treten sehr oft die gleichen oder ähnliche Figuren auf. Es kommen in ihnen fast immer übernatürliche Wesen vor. Sie erscheinen als Gottheiten oder Götter. Neben den Göttern gibt es noch die menschlichen Figuren, die mit den Göttern interagieren. Menschen mit besonderen Eigenschaften erlangen den Status von Helden. Die Liste der Figuren wird vervollständigt durch mit übernatürlichen

Fähigkeiten begabte Tiere und andere Gestalten, die ein Moment der Täuschung und List in die Geschichten hineinbringen.

Gottheiten

In allen mythischen Geschichten treten übernatürliche Wesen auf, die Macht über die Welt und die sie bevölkernden Menschen haben. Diese Wesen sind entweder Götter oder Göttinnen; das Wort *Gottheit* verwenden wir, wenn von dem Geschlecht der Götter abgesehen werden soll. Es gibt Kulturen, die nur eine Gottheit kennen; andere wiederum haben viele unterschiedliche. Normalerweise ist es aber so, dass eine Kultur eine Schöpfergottheit und mehrere andere göttliche Wesen kennt, die unter sich die unterschiedlichen Aufgaben aufteilen, wie z.B. für den Lauf von Sonne und Mond zu sorgen, sich um die Toten zu kümmern, oder auch die Aufgabe haben, den Menschen eine ausreichende Ernte zu sichern usw. Diese Arbeitsteilung im Reich der Götter war insofern praktisch, als die Menschen immer wussten, welche Gottheit sie wofür anzurufen hatten. Eine hochschwangere Frau musste also nicht ihre Zeit damit verschwenden, den Regengott um Beistand zu bitten.

Antigötter

Die übernatürliche Welt ist nicht nur ein Reich der gütigen Gottheiten. Es leben dort auch Wesen, die die negative Seite der Welt verkörpern und die Erde und die dort lebenden Menschen heimsuchen. Die Rede ist von Teufeln, Dämonen, Ungeheuern und Riesen, die Teil der Mythologie sind und sowohl gegen die Götter als auch gegen die Menschen kämpfen.

Helden

In vielen Mythen treten Helden auf, die erstaunliche Taten voller Wagemut, Stärke und Klugheit vollbringen. Manche Helden sind Menschen, manche Götter; bisweilen sind sie auch halb Mensch und halb Gottheit. Helden sind in Mythen normalerweise männlichen Geschlechts. Man erkennt die mythologischen Helden typischerweise daran, dass sie ihre Veranlagung zu ihren späteren Heldentaten schon in ihrer Kindheit sichtbar wird.

Kulturbringende Helden treten in Mythen auf, um den Menschen Zugang zu bestimmten Kulturtechniken zu ermöglichen. So war für die Griechen Prometheus ein kulturbringender Held, weil er den Menschen das Feuer brachte. In Kapitel 7 werden wir uns ausführlicher mit ihm beschäftigen. In der Mythologie der nordamerikanischen Indianer gibt es sogar einen zweifach kulturbringenden Helden; es handelt sich um die männliche Figur, die an ein und demselben Ort nicht nur den Tabak entdeckte, sondern (einige Zeit vorher) auch den Sex.

Andere Helden wiederum dienten als Vorbild für menschliche Fertigkeiten und Leistungen. Der griechische Held Herakles (bzw. Herkules bei den Römern) war der größte, stärkste und heldenhafteste Held aller Zeiten. Mit ihm werden wir uns in Kapitel 7 beschäftigen. Häufig spielen Helden auch eine Rolle in *Gründungsmythen*, Mythen also, die erklären, warum Königreiche gerade dort entstanden, wo sie entstanden, und warum die Menschen, die dort vorher siedelten, gerechterweise weichen mussten.

Mit Täuschung und List agierende Figuren

Mythen sind voller Figuren, die mit List und Heimtücke agieren. Manche dieser Figuren bringen den Menschen Gutes, indem sie deren Feinde austricksen und ihnen Gaben wie das Feuer bringen. Andere dagegen sind gar nicht nett. Die Figur Loki im nordgermanischen Mythos ist mitunter ausgesprochen böse. Mehr zu dieser Figur in Kapitel 14. Mit Täuschung und List agierende Figuren untergraben die soziale Ordnung, bringen die Dinge durcheinander, um entweder anderen ein Bein zu stellen oder sich auf Kosten anderer zu unterhalten. Derartige Figuren sind sehr beliebte mythische Gestalten.

Mythologie gestern und heute

2

In diesem Kapitel

- Mythologie in unserer Kultur
- Die Mythologie und das Firmament
- Mythologie und Kunst
- Mythen im Film

Mythen verwenden Symbole, um über wahre und für uns bedeutsame Dinge zu sprechen. Unsere Alltagssprache ist hierzu ein untaugliches Mittel. Mythen versuchen Antworten zu finden auf Fragen nach der Beziehung zwischen den Menschen und dem Göttlichen, dem Wesen der Liebe, dem Leben nach dem Tod usw. Die im Mythos verwendeten Symbole entstammen dem alltäglichen Leben: Frauen und Männer, Söhne und Töchter, Väter und Mütter, Geschenke, Stürme, Tiere und Pflanzen. Die Kombination dieser und anderer Symbole, mit deren Hilfe für den Menschen außerordentlich Bedeutsames in Geschichten über durchaus alltägliche Dinge erzählt wird, ist wahrlich magisch zu nennen. Dies ist u.a. der Grund, warum die Mythen vergangener Zeiten uns heute immer noch lesenswert erscheinen.

Viele Mythen gibt es schon seit Tausenden von Jahren. Die Kulturen, die sie geschaffen haben, sind längst untergegangen. Mythen reisen über Kontinente und Ozeane hinweg. Selbst in unserer heutigen angeblich so rationalen und wissenschaftlichen Zeit sind Mythen allgegenwärtig und immer noch in der Lage, die Menschen anzusprechen und zu beeinflussen. Die Menschen verlangen nach Helden; sie wollen an Ungeheuer und das Übersinnliche glauben; sie sind begierig nach Geschichten, die erklären, wie die Welt funktioniert.

Kunst und Literatur sind seit jeher von der Mythologie und ihren Themen und Geschichten beeinflusst und durchdrungen worden. Dies gilt speziell für die europäische Kunst und Literatur, die sich besonders von der griechischen und römischen Mythologie hat inspirieren lassen. Aus diesem Grund erscheinen Texte und Kunstwerke, in denen mythologische Motive erkennbar werden, oft vertraut, bedeutsam oder einfach nur klassisch.

In diesem Kapitel erfahren Sie, wo man auch heute noch im Alltag Mythen begegnen kann. Es sollte Ihnen dabei einsichtig werden, warum ein Wissen über mythologische Zusammenhänge von Vorteil ist.

Mythen verändern sich: Die Reise eines Mythos durch die Zeit

Mythen können die Menschen viele tausend Jahre begleiten und dabei den Bedürfnissen der unterschiedlichsten Völker und Kulturen dienen. Sie verändern sich während dieser Zeit ständig. Da aber die Mythen nicht nur in einer einzigen »wahren« Version vorkommen, können die Geschichten und Figuren für unterschiedliche Kulturen Unterschiedliches bedeuten, ohne dabei ihren mythischen Status einzubüßen.

Troilos' Reise von der Bedeutungslosigkeit zum Ruhm

Ein Beispiel für einen Mythos, der mit der Zeit immer mehr an Bedeutung gewonnen hat, ist die lange, verwickelte Reise des Mythos des Troilos, des Königssohnes von Troja. Die Figur Troilos begann als eher unbedeutende Gestalt in Homers *Ilias*. Im Laufe der Zeit jedoch und unter tatkräftiger Mithilfe der unterschiedlichsten Schriftsteller, die sich gerade für diese Figur interessierten, wurde er schließlich zu einer wichtigen Heldenfigur in Shakespeares Werk.

Der Mitleid erregende trojanische Königssohn

Troilos begann seine Laufbahn nicht in der ersten Liga der mythologischen Gestalten. Zuerst begegnet er uns in Homers Versepos *Ilias*, in der einige Episoden des Trojanischen Krieges erzählt werden. Ausführlich beschäftigen wir uns mit dieser Geschichte in Kapitel 7. Allerdings ist die Gestalt des Troilos bei Homer derart unbedeutend, dass er dort nicht einmal besonders erwähnt wird. Troilos war einer der vielen, vielen Söhne des Priamos, des Königs von Troja. Sein Auftreten in der *Ilias* hatte hauptsächlich dramatische Gründe: Er wurde gleich zu Beginn von Achill getötet, der dann später als Zerstörer Trojas in die Geschichte einging. Sein Tod nimmt gleichzeitig den Mord an Hektor, Troilos' wichtigerem älterem Bruder, vorweg.

Später fügten griechische und römische Autoren weitere Details zu Troilos' Geschichte hinzu, wobei sie entweder neu erfundene Teile hinzudichteten oder auf schon existierende Versionen zurückgriffen, die sich von derjenigen Homers unterschieden. In diesen abweichenden Versionen war von einer Prophezeiung die Rede, die ankündigte, dass die Griechen niemals Troja besiegen würden, falls Troilos ein Alter von 20 Jahren erreichen würde. Achilles tötete Troilos schließlich in einem dem Gott Apoll geweihten Tempel. Troilos wurde dadurch beinahe zum »Erretter« Trojas. Unglücklicherweise aber starb er, bevor er die Stadt wirklich retten konnte.

Frühe Schundromane: Mittelalterliche Autoren entdecken Troilos wieder

Springen Sie jetzt bitte von damals 1500 Jahre weiter ins 12. Jahrhundert. Während des »Hochmittelalters« bediente sich ein französischer Autor namens Benoît de Sainte-Maure dieser Geschichte des Troilos und machte daraus einen Roman: *Roman de Troie*. De Sainte-Maure schilderte Troilos als einen unschuldigen jungen Mann. Er stellte dem jungen Helden Trojas außerdem eine Geliebte zur Seite: Briseida. (Bei Homer hieß Briseida noch Briseïs und war die Geliebte des Achill; de Sainte-Maure dachte sich wohl, es wäre eine gute Idee, sie Troilos zur Seite zu stellen und dabei den Namen ein wenig abzuändern.)

Die Geschichte in seiner Version betont die tragischen Seiten eines verratenen Liebhabers. Troilos und Briseida waren unsterblich ineinander verliebt und tauschten vielfach Liebesschwüre aus. Dann aber wurde Briseida von den Griechen gefangen genommen und – wie es eben so geht – verliebte sich schließlich in den griechischen Helden Diomedes. Der arme Troilos, in seinem Herzen gebrochen, starb schließlich durch die Hand Achills. In dieser Geschichte also dient die Figur des Troilos dazu, eine zutiefst bewegende Geschichte romantischer Liebe und tragischer Unschuld zu erzählen.

Auf nach Italien und England

Giovanni Boccaccio, ein berühmter mittelalterlicher italienischer Schriftsteller, nahm die Geschichte von Troilos und erzählte sie in seinem um 1338 erschienenen Buch *Il Filostrato* (»Der Betrogene«) neu. Den Namen der Geliebten änderte er in Cressida, wohl um sie unmissverständlich von Achills Geliebter Briseïs zu unterscheiden. Der englische Autor Geoffrey Chaucer nahm sich dieser Geschichte einige Zeit später erneut an. Sein Buch hieß »Troilos und Criseyde«. Beide Autoren betonten in ihren Büchern u.a. den Aspekt der romantischen, tragischen Liebe dieser Geschichte.

William Shakespeare schließlich lieferte um das Jahr 1601/1602 die berühmteste Version der Geschichte in seinem Stück *Tragedy of Troylus and Cressida*. Was den Handlungsablauf anbelangt, so folgte Shakespeare dabei weitgehend seinen drei genannten berühmten Vorgängern. Er verfolgte mit seiner Geschichte allerdings einen anderen Zweck. Ihm kam es vielmehr darauf an zu zeigen, wie eine »heldenhafte« Figur dennoch wie ein vollkommen verachtenswerter Dummkopf handeln kann. Er schrieb sein Stück zu einer Zeit, als die politischen Zustände in England sehr chaotisch waren. Er verwendete den sehr alten (genauer gesagt dem achten vorchristlichen Jahrhundert entstammenden) Mythos von Troilos, um eine Aussage über die politische Welt im England des 17. Jahrhunderts zu machen.

Troilos und Cressida sind auch heute noch gegenwärtig

Troilos und Cressida sind auch heute noch präsent, weil die Menschen Shakespeares Drama immer noch für aufschlußreich und bedeutungsvoll halten. Ihre Geschichte findet aber auch auf einer viel alltäglicheren Ebene weiterhin Verwendung. So gab zum Beispiel der Autobauer Toyota in den 1990er Jahren einem seiner Autos den Namen Cressida – eine Namensgebung, deren Weisheit allerdings bezweifelt werden darf, ist doch Cressida dafür bekannt, ihren Geliebten verlassen und seinem Mörder ausgeliefert zu haben. Ein anderes Beispiel: Als 1986 die Raumsonde Voyager am Planeten Uranus vorbeiflog, gab man einem kleinen, neu entdeckten Mond den Namen Cressida.

Auf diese Weise also überdauern Mythen die Zeit und verändern sich dabei allmählich. Auch wenn die Figur des Troilos ursprünglich ziemlich unbedeutend war, so tauchen sein Name und seine Geschichte doch immer wieder bei Homer und anderen griechischen und römischen Dichtern sowie bei mittelalterlichen Schriftstellern aus Frankreich, Italien und England auf. Eintausendfünfhundert Jahre nach seiner Erfindung erhält er eine Geliebte, deren Name sich mehrfach ändert und die schließlich bis in unsere Zeit hinein als Namensgeberin für ein Auto und einen kleinen Mond eines fernen Planeten lebendig geblieben ist.

Popkultur

Mythen sind – wie schon mehrfach betont – Geschichten, die von bedeutsamen Dingen handeln: Leben, Tod, Unsterblichkeit, Macht, Liebe, Natur usw. Einiges von der Kraft dieser Mythen geht auch auf die Namen über, die die Figuren in diesen Mythen tragen. Auch wenn diese Namen sehr alt sind und aus für uns sehr fremdartigen Mythen stammen, so haben sie dennoch die Kraft, noch heute in uns Gefühle und Gemütsregungen zu erwecken. Mythen sind Symbole und diejenigen, die Dinge verkaufen wollen (Autos, Schmuck, Bücher oder Kinofilme etwa), geben ihren Produkten Namen, von denen sie hoffen, dass sie im Konsumenten Emotionen hervorrufen, die das Kaufverhalten der Menschen auf die gewünschte Weise beeinflussen.

Mythen sind überall

Ob auf der Straße oder im Urlaub – man kann sich der Gegenwart und dem Einfluss der Mythen nicht entziehen. Sie sind überall! Die Werbung bedient sich ihrer wegen ihrer großen emotionalen Wirkung. Oder man gibt Objekten mythologische Namen, weil es einfach dem Trend entspricht, bzw. weil eine bestimmte innere Haltung zum

Ausdruck gebracht werden soll und die Leute gerne Sachen kaufen, die solche Namen tragen. (Denken Sie beispielsweise an die Turnschuhmarke Nike.)

Mythen am Steuer

Wenn Sie Ihr Toyota Cressida verraten sollte (siehe oben) – was eher unwahrscheinlich erscheint –, so können Sie jederzeit auf andere Modelle umsteigen, deren Namen auch Mythen entlehnt wurden. Wie wäre es etwa mit einem Legend (von Acura, einer Tochtermarke des Autobauers Honda)?

Am Steuer eines Toyota Avalon werden Sie sich bestimmt wie König Artus persönlich fühlen. In einem Cadillac El Dorado wiederum wird Sie das Gefühl unerhörten Reichtums umgeben. Ihr Ausflug an den Strand zusammen mit den Kindern wird Ihnen vielleicht wie eine endlose Reise vorkommen, vorausgesetzt natürlich, Sie reisen in einem Honda Odyssey, auch wenn es darin, anders als auf dem Schiff des Odysseus, Flaschenhalter gibt.

Mythen, die man am Hals tragen kann

Der symbolische Wert der Mythen beschränkt sich natürlich nicht nur auf Autos. Die meisten Touristen, die den Südwesten der USA besucht haben, werden sicherlich mit mindestens einem T-Shirt nach Hause zurückkehren, das mit der indianischen Mythengestalt Kokopelli bedruckt ist, einer flötenspielenden, listigen Gestalt. Sie symbolisiert die frühe Kunst und Kultur dieser nordamerikanischen Region, die von einem Geist lebendiger Unabhängigkeit von allem Konventionellen und Einengenden geprägt war. Mit der Zeit wandelte sie sich zu einem allgemein bekannten Symbol für diesen Landesteil insgesamt.

Man begegnet mitunter Menschen, die Halsketten mit einem Anhänger tragen, die die Form eines Ankh haben (ein Kreuz, das am oberen Ende ein Oval bildet; es wird auch als Henkelkreuz bezeichnet). Dieses Symbol entstammt der altägyptischen Mythologie und steht schon seit Jahrtausenden für das Leben und das Glück. Der berühmte altägyptische König Tut fügte es seinem Namen hinzu; man kennt ihn heute vor allem unter dem Namen TutANKHamun (bzw. Tutanchamun). Das Zeichen Ankh symbolisiert noch immer Leben und Glück und ist besonders in der koptischen Kirche als Symbol bekannt. Das Ankh symbolisiert heutzutage aber auch den afrikanischen Kontinent und seinen Beitrag zur Weltkultur (dessen Beitrag lange Zeit von der Welt gering geachtet oder übergangen wurde).

Mythen, die man mit bloßem Auge sehen, aber doch nicht anfassen kann

Der Himmel ist dicht gepackt mit Mythen. Die griechischen und römischen Götter lebten im Himmel (oder zumindest hoch oben auf dem Berg Olymp), ebenso wie diejenigen Sterblichen, die durch ihre Leistungen auf Erden mit diesem Privileg ausgestattet wurden. Was lag näher, als dass die Menschen auf der Erde versuchten, ihre Götter und Helden in den Konstellationen der Sterne ausfindig zu machen?

Die göttlichen Sternenkonstellationen

Selbst nüchterne Astronomen von heute schauen auf den Sternenhimmel und sehen die alten, mythische Namen tragenden Sternbilder. Man findet dort oben z.B. Pegasus, das geflügelte, aus dem Blut der schrecklichen Medusa entstandene Pferd; oder auch den Centaur, das Wesen, das halb Mensch, halb Pferd ist. Auf der nördlichen Hemisphäre ist im Winter eines der auffälligsten Sternbilder Orion, der mächtige Jäger und Sohn des Poseidon. Man kann es leicht an den drei hell strahlenden, in einer Linie aufgereihten Sternen erkennen. In der griechischen Mythologie starb Orion nach dem Biss eines Skorpions. Am Firmament aber ist er sicher vor dem Skorpion, da Orion im Südosten aufgeht, gerade wenn das Sternbild Skorpion im Nordwesten untergeht. Die Menschen auf der Südhalbkugel der Erde können am Himmel das Sternbild Argo erkennen, benannt nach jenem Schiff, mit dem Jason und die Argonauten nach Kolchis gesegelt sind, um das Goldene Vlies zu stehlen. (Mehr zu dieser Geschichte in Kapitel 6.)

Alle Planeten unseres Sonnensystems sind nach griechischen und römischen Göttern benannt (eingeschlossen die Erde, die den Griechen als Gaia bekannt war): Merkur, der Götterbote; Venus, die Göttin der Liebe; Mars, der Kriegsgott; Jupiter, der höchste Gott der Römer, Herr über Blitz und Donner; Saturn, römischer Gott des Ackerbaus; Neptun, der Meeresgott; Uranus, der Himmelsgott; und schließlich Pluto, der Gott der Toten. (Mehr zu diesen Göttern finden Sie in Kapitel 4, 5 und 10.)

Die Sterne waren aber nicht nur griechisch

Eine leicht erkennbare Sternenkonstellation (oder genauer gesagt ein »Sternhaufen«, da es sich nicht im eigentlichen Sinne um ein Sternbild handelt) sind die Pleiaden oder die »Sieben Schwestern«. Für die Griechen symbolisierten sie die Töchter des Atlas: Alkyone, Merope, Kelaino, Taygete, Maia, Elektra und Sterope.

Die Griechen besitzen allerdings nicht das Monopol auf Mythen, genauso wenig wie auf Sternbilder. Den Ägyptern waren diese sieben Sterne ebenfalls ein Begriff. Manche Ägyptologen sind der Ansicht, dass die sieben Kammern der »Großen Pyramide« mit diesen sieben Sternen in enger Verbindung stehen. Bei den Schwarzfußindianern Nordamerikas war dieser Sternhaufen bekannt als die »Sechs Brüder« (einer der sieben Sterne leuchtet nur schwach). Die Geschichte, die dieser Indianerstamm dazu erzählt, handelt von sechs Jungen, die zu arm waren, sich schöne, warme Decken aus Büffelfell zu leisten. Als ihre Freunde sie deswegen auszulachen begannen, sagten sie ihnen, sie sollten sich gefälligst um ihre eigenen Angelegenheiten kümmern. Anschließend stiegen sie zum Himmel empor und sind noch heute dort zu sehen. Im Südpazifik wiederum sind die Pleiaden den Polynesiern als Mata-riki bekannt, was übersetzt »Kleine Augen« bedeutet.

Auch die NASA ist vernarrt in Mythologie

Nachdem nun schon der gesamte Sternenhimmel mit mythologischen Namen übersät war, beschloss die amerikanische Raumfahrtbehörde NASA, auch für ihre Raumfahrtprogramme und Raketen der Mythologie entstammende Namen zu verwenden. Das erste Raumfahrtprogramm betitelte man »Mercury«, benannt nach dem griechischen Götterboten Merkur. Der Name war kein Zufall, sollte er doch der Sowjetunion »eine Botschaft senden«, dass die USA den Wettlauf im All aufgenommen hätten. Die Mercury-Kapseln (mehr zu Merkur in Kapitel 10) wurden mit einer Trägerrakete namens Atlas (vgl. Kapitel 3) ins All befördert, einer Rakete also, die nach der Titanengestalt benannt war, die den Himmel auf ihren Schultern trug.

Das Gemini-Projekt folgte im Anschluss an Mercury. Namensgeber waren hier die Zwillinge Kastor und Pollux (vgl. Kapitel 6). Im Lateinischen heißt Zwillinge *gemini*. Der Grund für diesen Namen war der Umstand, dass die Gemini-Kapseln zwei Astronauten befördern konnten. Die Kapseln saßen auf der Spitze einer Rakete mit Namen Titan. Dem Mondraketenprogramm gab man schließlich den Namen Apollo, benannt nach dem griechischen Gott Apoll, Sohn des Zeus und Gott der Weissagung. Die Astronauten des Apollo-Projekts wurden mit der Saturn-Rakete ins All befördert. Saturn war einer der Titanen (ein Name, der für diese wahrhaft gewaltige Rakete nur allzu passend erscheint).

Mythen auf Papier, auf Leinwand und im Konzertsaal

Wenn die Menschen in früheren Zeiten sich der Malerei widmeten oder Plastiken anfertigten, so nahmen sie dabei gewöhnlich ihre eigene Mythologie als Vorlage. Als die Menschen lernten, die Schrift zu benutzen, fingen sie als Erstes an, ihre Mythen auf Papier festzuhalten. Wie schon erwähnt, sind Mythen langlebig. Selbst die Mythen der Antike tauchen bis heute immer wieder in der Kunst und Literatur auf.

Kunst ohne Mythen? Unmöglich!

Mythen griechischer und römischer Herkunft werden nun schon seit 3000 Jahren von Malern und Bildhauern überall auf der Welt immer wieder aufgegriffen. Nach dem Untergang des römischen Imperiums verabschiedeten sich die Mythen der Antike in Europa allerdings für einige Jahrhunderte. Dies hatte vor allem zwei Gründe:

- ✔ In Mittel- und Nordeuropa setzte sich nach dem Ende Roms das Christentum durch. Die Künstler dieser Zeit wendeten sich in der Hauptsache christlichen Themen zu und mieden alles »Heidnische«.
- ✔ Am Mittelmeer, dort wo der Islam die Oberhand gewonnen hatte, übten sich die Künstler gemäß ihrem Glauben in nicht-figürlicher Kunst (d.h. Kunst, die auf die Darstellung von Menschen, Tieren und Pflanzen und allem anderen Gegenständlichen verzichtete). Der Koran (und eigentlich auch der Talmud und die Bibel) verbot jede bildliche Darstellung. Die islamischen Künstler konzentrierten sich also auf abstrakte dekorative Elemente und auf die Kalligraphie.

Mit dem Aufkommen der Renaissance in Europa änderte sich diese Situation grundlegend. *Renaissance* bedeutet übersetzt »Wiedergeburt«. Das, was wiedergeboren wurde, war nichts anderes als das Wissen und die Kultur der vorchristlichen, griechisch-römischen Antike. Für die Kunst hatte diese neue Denkungsart die Folge, dass sich die Künstler wieder verstärkt der natürlichen Welt zuwandten (und nicht mehr ausschließlich der göttlichen) und vermehrt Elemente griechischer und römischer Mythologien in ihre Arbeit einfließen ließen.

Michelangelo z.B. setzte heidnische neben biblische Propheten, als er die Gewölbe der Sixtinischen Kapelle ausmalte. Dies ist eine wunderbare Veranschaulichung (im wortwörtlichen Sinne) der Beobachtung, dass Mythologien aufeinander aufbauen und sich ergänzen, anstatt sich gegenseitig zu ersetzen. Der Bildhauer Bernini wiederum schuf z.B. nicht nur die Skulptur des David, eine Figur der hebräischen Mythologie, sondern auch die des Perseus, der der Mythologie Griechenlands entstammt.

Mythen sind einfach verdammt gute Geschichten

In der Literatur lassen sich ähnliche Beobachtungen anstellen. Mythische Geschichten sind eine großartige Grundlage für die Erfindung neuer Geschichten und Erzählungen. Im Mythenschatz der Menschheit kommt in symbolischer Form die Wahrheit zum Vorschein. Noch wichtiger dabei aber ist, dass mythische Symbole von den unterschiedlichen Menschen und Kulturen *geteilt* werden. Deswegen bedienen sich Dichter ihrer so gerne. Sie ermöglichen es ihnen, eigene Ideen und Gedanken mit universalen Wahrheiten in Beziehung zu setzen, die vom geübten Leser leicht erkannt werden können. Man kann hinter vielen (wenn nicht sogar den meisten) guten Büchern einen oder mehrere Mythen erkennen.

Der göttliche Dante

Dante Alighieri lebte in Florenz im Italien des 13. Jahrhunderts. Dantes berühmtestes Buch ist die *Göttliche Komödie*. Das Buch ist ein einziges langes, in drei Teile untergliedertes Gedicht. Es beschreibt den Weg des Dichters durch die Hölle, das Fegefeuer und schließlich in den Himmel. Die drei Teile des Buches tragen entsprechend die Namen dieser Orte: »Inferno« (Hölle), »Purgatorium« (Fegefeuer) und »Paradies« (Himmel).

Das Gedicht ist von der Gattung her eine »Komödie«, weil die Hauptfigur ihre Reise in einer misslichen Lage beginnt, am Ende aber alles für sie gut ausgeht (sie sich der vollkommenen Herrlichkeit Gottes bewusst wird).

Genau wie Michelangelo in der Sixtinischen Kapelle reichert auch Dante sein Gedicht mit Gestalten der christlichen und der griechisch-römischen Mythologie an. Sein Führer durch die Hölle und das Fegefeuer ist Vergil, der römische Dichter und Verfasser der *Aeneis*, in der der Gründungsmythos des römischen Volkes erzählt wird. Es ist natürlich insbesondere die Hölle, die voll gestopft ist mit (a) Menschen, die Dante persönlich in Florenz kannte, (b) korrupten kirchlichen Würdenträgern und Politikern, (c) Gestalten aus der Geschichte und (d) mythologischen Figuren. So treffen wir z.B. auf Odysseus (wegen Lügens) oder auf Achill (dessen Verfehlung der Zorn war). Dante verwendete sogar die griechische Mythologie, um zu beschreiben, wo genau das Land lag, von dem in seiner christlichen Version von Himmel und Hölle die Rede ist: Bevor er vom Fegefeuer in den Himmel gelangt, überschreitet Dante die Lethe, die in der griechischen Mythologie als »Fluss des Vergessens« bekannt ist und aus der die Toten trinken, um alles hinter ihnen liegende Irdische zu vergessen.

Mythen in der englischen Literatur

In England war die griechische Sprache bis ins 18. Jahrhundert als Gelehrtensprache weitgehend unbekannt. Zwar verwendete William Shakespeare im 17. Jahrhundert in seinen Stücken Motive aus griechischen Mythen, er griff dabei aber hauptsächlich auf lateinische und italienische Quellen zurück.

Zwischen 1713 und 1720 übersetzte Alexander Pope Homers Dichtungen *Ilias* und *Odyssee* aus dem Griechischen ins Englische. Pope wurde dadurch sehr, sehr wohlhabend (er bekam ein Honorar von 10.000 englischen Pfund, ein für die damalige Zeit unerhörter Betrag). Durch seine Übersetzung bekamen auch durchschnittlich gebildete Leser der damaligen Zeit einen Einblick in die Mythenwelt der Griechen, wie sie bei Homer geschildert wird. Seine Übersetzung der Texte veranlasste Pope auch zur Abfassung eines anderen berühmt gewordenen Gedichtes, nur dass es sich bei diesem Gedicht um eine Parodie auf die epische Dichtung der Griechen handelte. Es trug den Titel: *Die Dunciade*. So wie die *Ilias* die »Dichtung über Ilium (d.h. Troja)« ist, ist die Dunciade eine »Dichtung über einen *dunce* (d.h. Dummkopf)«. In seiner Parodie machte sich Pope über all seine Kritiker lustig.

Im 19. Jahrhundert schufen englische Dichter und Maler, besonders die unter dem Namen *Romantiker* bekannt gewordenen, sehr viele Kunstwerke mythologischen Inhalts. Alfred Lord Tennyson war während des viktorianischen Zeitalters ein besonders populärer Dichter. Sein erster veröffentlichter Band mit Gedichten enthielt zwei mythologische Werke: »The Lotus Eaters« basierte auf einem der Abenteuer, die Odysseus auf seiner Heimreise von Troja erlebte; das andere Werk, »The Lady of Shalott« basiert auf der Artuslegende. Eines von Tennysons berühmtesten Gedichten hat den Titel »Ulysses«, benannt nach der römischen Bezeichnung für Odysseus. Odysseus ist darin alt und müde geworden. Er beklagt sich darüber, wie langweilig sein Leben geworden sei, und plant schließlich sein letztes Abenteuer. Die letzten Worte des Gedichtes sind: »... to strive, to seek, to find, and not to yield« (auf Deutsch: » ... zu streben, zu suchen, zu finden und niemals aufzugeben«). Sie werden jedes Jahr in Amerika bei Tausenden von Schulabschlussfeiern zitiert.

Moderne mythische Literatur

Auch im 20. Jahrhundert war es nichts Ungewöhnliches, dass sich Künstler des Mythenreichtums der Vergangenheit bedienten. Sie gaben ihren Geschichten aber häufig eine ironische Wendung. George Bernard Shaw schrieb 1913 das Stück *Pygmalion*. Es basierte auf dem Mythos eines misogynen, die Frauen verachtenden Künstlers, der sich in die von ihm eigenhändig geschaffene Plastik einer Frau verliebt (siehe auch Kapitel 12). In Shaws Stück – das später als Vorlage für das Musical *My Fair Lady* diente – wurde aus dem Bildhauer ein Professor für Phonetik (d.h. ein sich mit den Lauten der Sprache beschäftigender Wissenschaftler), der sich aus einer Laune heraus eine Frau aus den unteren sozialen Schichten aussucht, um ihr beizubringen, wie eine Dame der Oberschicht zu sprechen, und der sich am Ende in diese Frau verliebt. Insbesondere nach dem Ersten Weltkrieg gingen Schriftsteller dazu über, mythologischen Themen eine ironische oder auch ernste Wendung zu geben. W. H. Audens Gedicht »The Shield of Achilles« stellt den Ehrenkodex unter Kriegern in Homers Dichtung dem Horror der Kriegsrealität im 20. Jahrhundert gegenüber. Der amerikanische Autor Arthur Miller schließlich entwirft die Handlung seines Stückes *Tod eines Handlungsreisenden* nach dem Modell der griechischen Tragödie, die fast ausschließlich um mythologische Themen kreist. Der Held des Stückes aber, ein Handlungsreisender, ist ausgesprochen unheldisch angelegt und nimmt doch die Rolle des »tragischen Helden« ein.

Musik und Mythen

Die Komponisten des 19. bis hinein ins frühe 20. Jahrhundert waren in mythologische Stoffe geradezu vernarrt. Der berühmteste dieser Komponisten ist wohl Richard Wagner mit seinem *Ring des Nibelungen*, einer Folge von vier Opern über deutsche Mythen: *Das Rheingold*, *Die Walküre*, *Siegfried* und die *Götterdämmerung*. Ein anderer deutscher Komponist, Richard Strauss, schrieb gegen Ende des 19. Jahrhunderts Musik, die sich z.B. von den griechischen Mythen über Theseus und Ariadne sowie über Elektra inspirieren ließ.

Mythen im Film

Die Mythologie in der Kunst ist nicht unbedingt etwas, wozu man nur dann Zugang erhält, wenn man sich vorher extra schick in Schale geworfen hat. Auch außerhalb der Rituale der Hochkultur trifft man auf Kunst, die sich von der Mythologie hat inspirieren lassen. Kürzlich las ich Maurice Sendaks Kinderbuch *Wo die wilden Kerle wohnen* meiner dreijährigen Tochter vor. Es fiel mir auf, dass die Geschichte im Wesentlichen die Geschichte von Odysseus in sehr geraffter Form nacherzählt. Der Held dieses Buches ist boshaft und wird gegen seinen Willen aus dem normalen Leben ausgestoßen. Auf seiner anschließenden Reise ist er verschiedenen Gefahren ausgesetzt, die er durch seine Charakterstärke zu überwinden weiß. In einem fernen Land weit weg von zu Hause wird ihm eine mit großen Ehren verbundene Stellung angeboten. Er entscheidet sich gegen dieses Angebot und kehrt zurück nach Hause, obwohl er weiß, dass ihn dort nur wieder die alten Probleme erwarten, die er zu Beginn seiner Reise zurückgelassen hatte. Am Ende löst sich alles in Wohlgefallen auf. Eine gute Geschichte für mein Kind, und eine gute Geschichte für die Menschen der letzten 3000 Jahre.

Auch im Kino begegnen einem ständig Mythen. Walt Disneys Verfilmung von *Schneewittchen* wird jedem Zuschauer vertraut vorkommen, der die griechische Geschichte von Persephone kennt. Persephone nämlich wurde von ihrer Mutter getrennt, der gütigen Göttin Demeter, und von Hades, dem Gott der Unterwelt, geraubt. Sie muss schließlich einen Teil des Jahres »tot« in der Unterwelt verbringen (weil sie mit Hades verheiratet war); den Rest des Jahres darf sie unter den Lebenden weilen. (Mehr zu dieser Geschichte in Kapitel 4.) Walt Disneys Version folgt diesem Muster, außer dass die weiblichen Figuren bis auf die Titelheldin böse erscheinen und die männlichen alle gut. Schneewittchen flieht vor ihrer bösen Stiefmutter und wird schließlich von den Zwergen aufgenommen (die unter der Erde in einer Mine arbeiten). Gegen Ende des Films »tötet« ihre Stiefmutter sie. Ein vorbeikommender Prinz erweckt sie schließlich wieder zum Leben. Schaut man sich den Zeichentrickfilm genauer an, so kann man sogar sehen, wie Schneewittchen in die Unterwelt fällt, bevor sie auf die Zwerge trifft. In dem seinerzeit umstrittenen amerikanischen Film *Angel Heart*, der vor einigen Jahren in den Kinos lief, wird die griechische Tragödie von Ödipus neu erzählt. In einem anderen, von den Cohen-Brüdern inszenierten Film mit dem Titel *O Brother Where Art Thou?* geben die Filmemacher ihre Version des *Odysseus*-Stoffes. Die Hauptfigur des Films trägt sogar den Namen Ulysses, der römische Name für Odysseus.

In vielen anderen Filmen können Sie mythische Stoffe wiederfinden. Achten Sie mal darauf!

Lernen Sie mehr über Mythen und verdienen Sie 461 Millionen US $!

Es führt kein Weg daran vorbei – Mythen sind wichtig, vielleicht sogar von entscheidender Bedeutung. Die Menschen wissen, dass manche Dinge, die wahr sind, nicht mit den Mitteln und der Sprache der Wissenschaft oder Theologie im engeren Sinne beschrieben und erfasst werden können. Diese Wahrheiten lassen sich nur mit Hilfe symbolischer Geschichten darstellen. Sobald die Menschen auf Geschichten stoßen, die solche Symbole enthalten, fühlen sie sich angesprochen.

Der Filmemacher George Lucas wusste dies ganz genau. Das ist wohl einer der Gründe dafür, warum sein Film *Star Wars (Krieg der Sterne)* 461 Millionen Dollar in die Kinokassen brachte. Sein Film lehnt sich sehr eng an mythologische Vorbilder an. Um Ihnen aber nicht den Spaß zu verderben, verrate ich hier nichts Näheres. Versuchen Sie es doch selbst einmal, vorausgesetzt natürlich, Sie gehören nicht zu der Hand voll Leute, die den Film noch nicht gesehen haben. Nach der Lektüre des Buches könnten Sie sich doch den Film noch einmal mit Ihrem neu erworbenen Wissen anschauen und herauszufinden versuchen, welche unterschiedlichen Mythen in George Lucas' Geschichte in neuer Gestalt wieder auftauchen, einer Geschichte über einen jungen Mann, der die heimatliche Farm verlässt und in Ereignisse von universaler Bedeutung verstrickt wird.

Möge die Macht mit Ihnen sein!

Teil II

Wo alles begann: Die griechische Mythologie

»Hier steht: Weil Persephone das Samenkorn eines Granatapfels aß, musste sie das ganze Jahr in der Unterwelt verbringen, bis auf vier Monate, die sie pro Jahr mit ihrer Mutter verbringen durfte. Manche Gelehrte sagen, es seien sechs Monate gewesen. Wahrscheinlich kam es ihr aber nur wie sechs Monate vor.«

In diesem Teil ...

Ah, die Griechen – jene Kultur, die am Beginn der westlichen Zivilisation steht. In diesem Teil erfahren Sie alles Wissenswerte über die griechischen Götter und Göttinnen und können einige der bekanntesten Geschichten über sie verfolgen. Außerdem werden Sie mit Homers Epen *Ilias* und *Odyssee* vertraut gemacht sowie mit den berühmten griechischen Tragödien, die jeder gelesen haben sollte. Wenn Sie sich die verwickelte Geschichte des Ödipus noch einmal vor Augen führen möchten – hier können Sie es tun.

Der griechische Schöpfungsmythos und einige wirklich uralte griechische Götter

3

In diesem Kapitel

- Die gewaltsame Erschaffung der Welt
- Welche Götter schließlich die Oberhand gewannen
- Die Erschaffung des Menschen: Wie den Menschen das Feuer gebracht wurde und die Not und das Leid in die Welt kamen.

Die Griechen der Antike sahen keine Veranlassung, ihre Mythen in sich geschlossen und widerspruchsfrei zu halten. Es gibt vollkommen unterschiedliche Versionen ein und derselben Geschichte, die friedlich Seite an Seite existierten, ohne dass daran seinerzeit jemand Anstoß genommen zu haben scheint. Dies ist – wie der Leser mittlerweile weiß – ein Charakteristikum der Mythen: Sie sind keine Wissenschaft. Es geht nicht darum, *die* richtige Antwort zu finden; was zählt, ist, dass man am Ende wenigstens *eine* richtige Antwort in Händen halten kann. Mitunter mag es sinnvoll erscheinen, dass ein Titan die Menschen aus Lehm geformt hat; zu einer anderen Zeit erschien den Menschen Metall das geeignetere Material zu sein.

Eines wiederholt sich allerdings quer durch alle Schöpfungsmythen der Griechen: Die Schöpfung selbst war keine angenehme Sache. Den Griechen zufolge ist das Scheußliche, das sich die Menschen untereinander antun, nicht nur auf die Menschenwelt beschränkt. Auch zwischen den Menschen und den Göttern wie auch unter den Göttern selbst ist unappetitliches Verhalten gang und gäbe. Alles dreht sich nur darum, die Oberhand zu gewinnen, zu behalten oder wieder zu erlangen.

Kurz gefasst geschah den Griechen zufolge bei der Entstehung der Welt Folgendes: Furcht erregende Götter betraten zuerst die Bühne; deren Kinder – die besser aussahen und jünger waren – rangen sie schließlich nieder und erschufen die Menschen; die Menschen und die Götter lieferten sich einen Wettlauf darum, wer den größeren Vorteil erringen könne; die Menschen gewannen kurz die Oberhand, aber im weiteren Verlauf ging es ihnen immer schlechter.

Die frühesten Versionen dieser Geschichten sind uns aus dem siebten vorchristlichen Jahrhundert überliefert. Das Leben damals war sicherlich hart und entbehrungsreich, so dass es uns heute nicht verwundern sollte, wenn die Schöpfungsgeschichten aus der damaligen Zeit auch ein recht dunkles Bild des Geschehens entwerfen.

Die Erschaffung der Sonne (und aller möglichen anderen Dinge): Die Schöpfung!

Die vollständigste überlieferte Version des griechischen Schöpfungsmythos ist eine Dichtung Hesiods mit dem Titel *Theogonie* (»Die Geburt der Götter«). Hesiod lebte im späten 8. oder frühen 7. Jahrhundert vor Christus. Über Hesiod ist nicht viel überliefert, außer dass sein Vater sein ganzes Vermögen verlor, als sein Schiff unterging und sein Bruder ihn um sein Erbe betrügen wollte. Vielleicht erklären diese beiden biographischen Details einiges von dem, was Sie im Folgenden erfahren werden.

Der Leser sollte immer im Hinterkopf behalten, dass der folgende Schöpfungsmythos nur *eine* Version der griechischen Schöpfungsmythen darstellt, ein besonders gelungener und vollständiger zwar, aber doch nicht der einzige.

Am Anfang war das Chaos. Finsternis umgab die Erde. Bei Hesiod wurde die Welt nicht aus dem Nichts erschaffen. Es gab schon Materie (Chaos), nur hatte sie noch keine Form; es herrschte Durcheinander und es war dunkel.

Die erste Generation von Göttern

Nach dem Chaos entstanden fünf Gottheiten (wie bleibt einigermaßen im Dunkeln). Sie begannen der formlosen Ur-Materie Struktur zu geben, sie zu trennen und ihr Ort und Zeit zuzuweisen. Sie bereiteten der weiteren Schöpfung den Boden. Die fünf Gottheiten waren: Gaia (die Mutter Erde), Tartaros (die Unterwelt), Erebos (die Finsternis, die die Unterwelt umgibt), Nyx (die Finsternis, die die Erde einhüllt) und Eros (die Liebe).

Nyx und Erebos taten sich zusammen und zeugten mehrere Kinder: Hemera (der Tag), Phos (das Licht) sowie – die fröhlichen Fünflinge – Verhängnis, Tod, Täuschung, Not, und Uneinigkeit.

Die Uneinigkeit gebar später die folgenden anderen Mächte: Mord, Massaker, Kampf und Verbrechen.

Die Geburt der Erde

Die Erde war die Stütze, die den Himmel über sich hielt. Die Erde war weiblich. Sie hieß »Gaia«. Der Himmel über ihr (das Kind der Erde) war männlich und hieß »Uranos«.

Weitere Mitbringsel des Klapperstorches: Die Nachkommen von Mutter Erde und Vater Himmel

Gaia und Uranos hatten eine Reihe von Nachkommen. Zuerst gebar die Erde eine Anzahl Ungeheuer; dann, nachdem sie die Unvollkommenheiten bei ihren Schöpfungen erkannt hatten, machten sie es besser und erschufen einige Götter, die wir heute als Titanen kennen.

Unsere Kinder sind wirkliche Ungeheuer

Die ersten drei Kinder von Gaia und Uranos waren Ungeheuer mit jeweils hundert Händen (Hekatoncheiren) und fünfzig Köpfen. Es muss für ihre Eltern ein wenig überraschend gewesen sein, als sie sie zum ersten Mal erblickten.

Ihre folgenden drei Kinder waren die *Zyklopen*, riesige Ungeheuer, die nur ein Auge besaßen, das mitten auf ihrer Stirn saß. Die Zyklopen waren riesenhaft groß und hatten ungeheure Körperkräfte (man darf sie aber nicht mit einer Gruppe Giganten verwechseln, denen wir uns später widmen werden). Die drei Zyklopen hießen (nach Hesiod):

- ✔ Brontes (»Donner«)
- ✔ Steropes (»Blitz«)
- ✔ Arges (»der Scheinende«)

Ihnen wurde schließlich die Aufgabe übertragen, die Blitze herzustellen, die Zeus (ihr noch ungeborener Neffe) verwendete, um sie auf die Menschen zu schleudern.

Das Wort »*Zyklop*« (auch *Kyklop* geschrieben) bedeutet übersetzt »der Rundäugige«. Der erste Teil des Wortes ist noch heute in den Wörtern »Zyklus« oder »Enzyklopädie« enthalten; vom zweiten Teil leiten sich Wörter ab wie »optisch«, »Optiker« oder auch »Myopie« (Kurzsichtigkeit).

In der *Odyssee* tritt ein Zyklop namens Polyphem auf. In diesem Versepos sind die Zyklopen die Söhne des Meeresgottes Poseidon.

Die zweite Generation von Göttern: die Titanen

Uranos und Gaia zeugten noch viel mehr Kinder. Ihre berühmtesten aber sind die *Titanen*. Auch sie waren riesenhaft groß und enorm stark. Uranos jedoch verabscheute alle seine Kinder, die später als die Titanen bekannt wurden. Direkt nach ihrer Geburt schob er sie zurück in den Leib ihrer Mutter Gaia. Gaia mochte das natürlich überhaupt nicht. Wie dem auch sei – die Titanen (ihre sechs Töchter und sechs Söhne) bekamen die folgenden Namen:

- ✔ **Okeanos:** Gott des Meeres
- ✔ **Thetis:** Schwester und Frau des Okeanos
- ✔ **Hyperion:** der Sonnengott
- ✔ **Theia:** Schwester und Frau des Hyperion
- ✔ **Themis:** Göttin des unumstößlichen Rechts; vor Apoll Herrin über das Orakel von Delphi
- ✔ **Rheia:** eine Erdgöttin
- ✔ **Mnemosyne:** Göttin der Erinnerung
- ✔ **Iapetos:** ohne konkreten Aufgabenbereich
- ✔ **Koios:** ohne konkreten Aufgabenbereich
- ✔ **Phoebe:** ohne konkreten Aufgabenbereich
- ✔ **Kreios:** ohne konkreten Aufgabenbereich
- ✔ **Kronos:** ohne konkreten Aufgabenbereich

Die Titanen sind zeitlich eine Generation vor den besser bekannten olympischen Göttern (Zeus und andere) angesiedelt. Um sie geht es im nächsten Abschnitt.

Gaias süße Rache und ihr Wunderkind

Gaia war wie schon erwähnt sehr aufgebracht darüber, dass Uranos ihre gerade geborenen, aber noch lebenden Kinder wieder in ihren Leib zurückgeschoben hatte. Sie bat also die sich noch in ihrem Leib befindlichen Kinder, die Zyklopen und die Titanen, um Hilfe. Ihr Sohn Kronos erklärte sich schließlich bereit, seinen Vater für sie anzugreifen. Gaia fertigte eine große Sichel aus einem Feuerstein und händigte sie Kronos aus. Dann gab sie ihm noch einige genaue Anweisungen, was er zu tun hätte.

Als Uranos Gaia aufsuchte, um mit ihr zu schlafen, konnte er nicht ahnen, dass ihn eine sehr unschöne Überraschung erwartete. Kronos, der sich ja noch im Leib seiner Mutter befand, nahm die Sichel und attackierte Uranos damit, d.h. den Teil seines

Vaters, der ihm an nächsten war. Er entmannte Uranos und warf seine Männlichkeit anschließend ins Meer. Aus dem Blut entstanden weitere Ungeheuer: Die Giganten und die Furien. (In Kapitel 5 werden wir uns näher mit den Furien beschäftigen.) Abbildung 3.1 zeigt den vollständigen Familienstammbaum aller griechischen Götter.

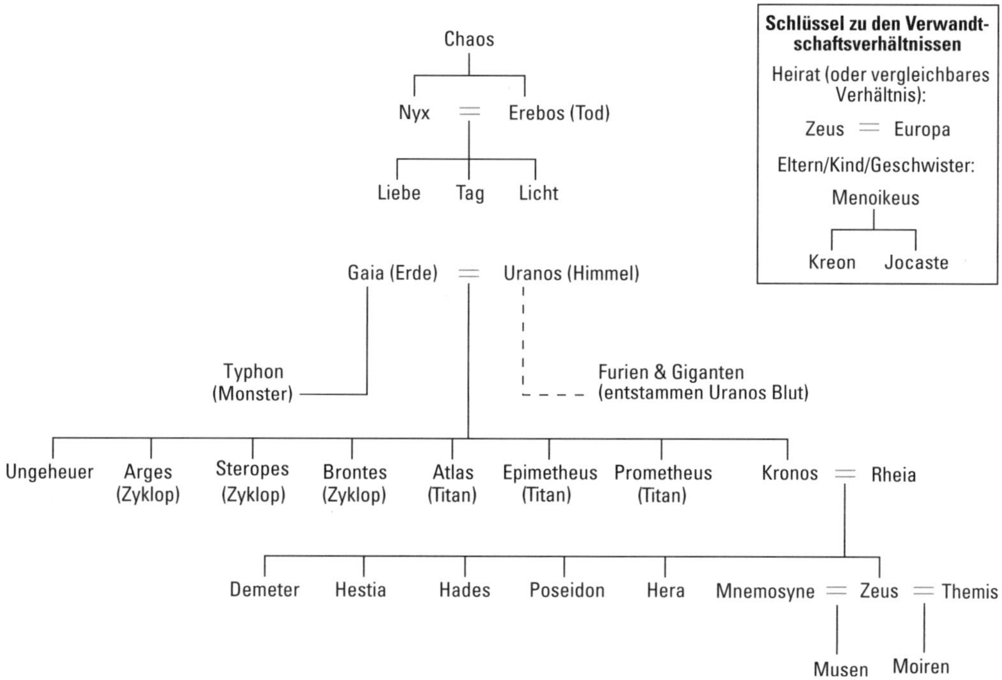

Abbildung 3.1: Die wichtigsten Mitglieder der Familie der griechischen Götter sind in obenstehendem Stammbaum aufgeführt. Er folgt der Darstellung Hesiods. (Sehr viele Vettern und Cousinen mussten wir aus Platzgründen allerdings außen vor lassen.)

Als Uranos' Genitalien ins Meer fielen, schäumte das Meer auf (in etwa so vorzustellen wie bei bestimmten, in Wasser löslichen Kopfschmerztabletten) und gebar die Göttin Aphrodite. Ihr Name bedeutet »die Schaumgeborene«. Sie trieb einige Zeit im Meer umher und ging schließlich auf der Insel Zypern an Land. Man nennt sie deshalb mitunter auch Zyprische Aphrodite.

Bedenkt man, wie Aphrodite, die spätere Göttin der Liebe, erschaffen wurde – nämlich sozusagen als Ergebnis einer hässlichen ehelichen Auseinandersetzung –, so entbehren die Umstände ihrer Geburt nicht einer gewissen Ironie. Ein weiteres interessantes Detail ist der Umstand, dass, entsprechend der Reihenfolge der Ereignisse bei Hesiod, der antike Gott Eros älter als Aphrodite ist. In späteren Zeiten jedoch taucht Eros plötzlich als Sohn Aphrodites auf. Ein weiteres mythologisches Paradox findet sich in den alten Texten im Hinblick auf die Eltern der Aphrodite. Es gibt griechische

Mythen, die besagen, dass Aphrodite die Tochter der Göttin Dione und des Titanen Okeanos sei. Die Griechen selbst störte diese Art von mangelnder Übereinstimmung aber anscheinend nicht sonderlich. Deshalb sollte auch der Leser davon nicht irritiert sein. (Mehr zu Aphrodite können Sie in Kapitel 5 nachlesen.)

Auch wenn Hesiod dies nicht unbedingt nahe legt, so sind doch mutmaßlich die ehelichen Auseinandersetzungen zwischen Gaia und Uranos dafür verantwortlich, dass in anderen Mythen der Titan Atlas und nicht Gaia selbst den Himmel auf ihren Schultern trägt.

Die dritte Generation der Götter: Die olympischen Götter

Wir nähern uns jetzt der Geburt der bekanntesten griechischen Götter, nämlich der dritten Generation Götter, die unter der Bezeichnung »olympische Götter« bekannt sind, da ihre Heimstatt der Berg Olymp war.

Nachdem Kronos seinen Vater Uranos entmannt hatte, erklärte sich Kronos selbst zum König des Himmels. Er heiratete seine Schwester, die Titanin Rheia. Sie hatten viele Kinder zusammen. Genau wie sein Vater wollte auch Kronos nicht, dass alle seine Kinder lange lebten. Eine Prophezeiung lautete, dass eines Tages einer seiner Söhne ihn entmachten und vom Thron stoßen würde. Dies wollte er unter allen Umständen verhindern. Sobald seine Frau Rheia ein Kind gebar, verschlang er es.

Genau wie Gaia war Rheia darüber nicht allzu glücklich. Sie tat also, was man von einer jungen Braut erwarten würde – sie bat ihre Eltern Gaia und Uranos um Hilfe. Gaia und Uranos hatten in diesen Dingen aus der Vergangenheit ja einige Erfahrung und schmiedeten den folgenden Plan:

Als Rheia ihr sechstes Kind zur Welt brachte – es war Zeus –, brachte sie es insgeheim auf die Insel Kreta. Ihrem Mann Kronos übergab sie stattdessen einen in eine Decke gewickelten Stein in der Größe eines Babys. Ohne zu bemerken, dass man ihm nur einen Felsbrocken untergeschoben hatte, verschluckte er das angebliche Kind.

Der Erste unter Gleichen: Zeus

Nachdem seine Mutter ihn fortgebracht hatte, konnte Zeus in Sicherheit auf Kreta heranwachsen. Die Nymphen ernährten ihn mit der Milch einer magischen Ziege namens Amalthea. Damit Kronos seinen Sohn niemals weinen hören konnte (was ihn ja verraten hätte), schlugen die *Kureten*, untergeordnete Götter und Diener der Rheia, deren Aufgabe es war, Zeus zu beschützen, mit ihren Speeren lautstark gegen ihre

Schilde, sobald das Baby Zeus anfing zu weinen. (Lesen Sie Kapitel 5, wenn Sie mehr über Nymphen erfahren möchten.)

Zeus wuchs heran. Er hatte sicher keinen besonderen Grund, seinen Vater zu mögen. Er tat sich also mit seiner Großmutter Gaia zusammen. Gemeinsam gelang es ihnen, Kronos dazu zu bringen, die von ihm verschlungenen Kinder wieder auszuspeien. Als Erstes beförderte er den Stein, den Rheia ihm anstelle von Zeus gegeben hatte, ans Tageslicht. Er erkannte erst jetzt, dass er auf eine List hereingefallen war. Die anderen fünf Kinder waren in seinem Bauch inzwischen zu ausgewachsenen Gottheiten herangewachsen. Die Gottheiten waren die Olympier:

- ✔ **Hera:** die Göttin und Schützerin des Hauses und der Ehe
- ✔ **Poseidon:** der Meeresgott
- ✔ **Hades:** der Gott der Unterwelt
- ✔ **Hestia:** die jungfräuliche Göttin des häuslichen Herds
- ✔ **Demeter:** die Göttin der Ernte

Die Olympier stoßen mit den Titanen zusammen

Während des Kampfes mit seinem Vater entmannte Zeus Kronos schließlich ebenfalls – wie der Vater, so der Sohn! Genau wie bei Uranos fiel seine Männlichkeit anschließend ins Meer.

Zeus bestraft die Titanen und kämpft gegen die Giganten

Nachdem er seinen Vater Kronos entmannt hatte, fesselte Zeus die Titanen im Tartaros, der Unterwelt (in der Vorstellungswelt der Griechen ein gewaltiger Abgrund tief unter der Erde mit eisernen Mauern und Toren verschlossen und von einem riesigen Hund bewacht). Er verurteilte Prometheus' Bruder Atlas dazu, den Himmel auf seinen Schultern zu tragen.

Zeus bekommt seine Blitze

Gaia bekam noch ein weiteres Kind, das Ungeheuer *Typhon*. Typhon hatte einhundert Köpfe und war von Flammen umhüllt. Zeus aber hatte inzwischen die Kontrolle über Blitz und Donner übernommen und streckte Typhon mit einem seiner Blitze nieder. Typhons Hoffnungen, das Universum weiterhin terrorisieren zu können, waren damit zerschlagen. Da er aber eine Aufgabe brauchte, zog er schließlich nach Sizilien, wo er fortan dafür zuständig war, die Lava für den Vulkan Ätna bereitzustellen.

König aller Götter

Im Anschluss an diese Ereignisse probten die Giganten (d.h. die, die geboren wurden, als Kronos Uranos' Genitalien abschnitt) gegen Zeus den Aufstand. Zusammen mit seinen Geschwistern und mit Hilfe des Herakles gelang es Zeus, die Giganten zu besiegen. Er schickte sie anschließend in die Unterwelt. Zeus und seine Brüder und Schwestern waren nun die unangefochtenen Herrscher über Himmel und Erde.

Dank seiner besonderen Überlegenheit und Schläue gelang es Zeus, dem Schicksal seines Vaters Kronos wie auch seines Großvaters Uranos zu entgehen. Nachdem sich der Staub aus den Kämpfen mit den Titanen gelegt hatte, heiratete Zeus Metis (eine Göttin, die als Personifikation »listiger Intelligenz« gilt).

Wie gegen seinen Vater wurde auch gegen Zeus eine Prophezeiung ausgesprochen, die besagte, dass seine Frau ein Kind gebären würde, das eines Tages König aller Götter werden würde. Um diesem Ereignis zuvorzukommen, verschluckte Zeus seine arme Frau Metis. Das Kind aber wurde trotzdem geboren; es erblickte das Licht der Welt, indem es durch Zeus' Kopf hindurch auf die Welt kam. Auf diese Weise wurde ein wichtiges Detail der Prophezeiung umgangen, dass nämlich Metis das Kind gebären würde. Das Baby war Athene, die Göttin der Weisheit. Auch wenn sie in gewissem Sinne das Kind ihres Vaters war, so erbte sie doch einiges von der Klugheit ihrer Mutter.

Die Erschaffung des Menschen

Die bekannteste Fassung der Geschichte von der Erschaffung des Menschen bei den Griechen (so wie sie der Autor Pausanias erzählt) besagt, dass der Titan Prometheus und sein Bruder Epimetheus gemeinsam die Aufgabe erhielten, alle Kreaturen auf Erden zu erschaffen. Im Unterschied zu seinem Bruder galt Prometheus als weise. Sein Name bedeutet übersetzt »Voraussicht«. Epimetheus war eher der schusselige der beiden Brüder. Sein Name bedeutet »der nachher Überlegende« (also wenn es bereits zu spät ist).

Prometheus schuf aus Lehm die Kreaturen, die einmal die Erde bevölkern sollten. Epimetheus stattete sie mit Fertigkeiten, Fähigkeiten und Verteidigungsmöglichkeiten aus. Er gab den Vögeln Flügel, den Löwen Klauen und Zähne, den Schildkröten gab er ihren Panzer und so fort. Epimetheus war aber nicht so vorausschauend wie sein klügerer Bruder. Ihm gingen die Gaben leider aus, noch bevor die Reihe an den Menschen kam, mit dessen Erschaffung Prometheus sich Zeit ließ.

Die Griechen sagten, dass Prometheus die Menschen nach dem Vorbild der Götter geschaffen habe. Der Hauptunterschied zwischen Tieren und Menschen ist der, dass die Tiere beim Gehen ihr Gesicht nach unten zur Erde hin wenden, wohingegen der Mensch aufrecht läuft und sein Antlitz nach vorne und nach oben in Richtung des Himmels richtet. (Auch wenn wir hier im Buch immer von der Erschaffung des »Menschen« sprechen, so ist im Mythos doch immer nur von »Männern« die Rede. In der Antike war die Vorstellung von der Gleichheit von Mann und Frau eben noch nicht allzu weit fortentwickelt.)

Ein Dreieck aus Hassliebe: Prometheus, der Mensch und Zeus

Nach der Erschaffung der Menschen versuchten die Götter noch lange Zeit, das Geheimnis des Gebrauchs des Feuers für sich zu behalten. Prometheus aber entschied, dass es jetzt an der Zeit wäre, die Entwicklung des Menschen zu beschleunigen. Seine Lieblingsgeschöpfe lagen ihm so am Herzen, dass er sich dafür entschied, den Menschen die Verwendung des Feuers zu überlassen. Noch ungewöhnlicher an seinem Vorhaben aber war es, dass er dazu das Feuer sogar stahl. Er stieg empor in den Himmel, entzündete seine Fackel an der Sonne, versteckte die Fackel sodann in einem riesengroßen Strunk Fenchel und schmuggelte das Feuer schließlich hinunter zur Erde.

Das Feuer machte die Menschen schlagartig den Tieren überlegen. Sie konnten nun ihr Essen kochen, ihre Wohnräume warm halten, metallene Werkzeuge und Waffen schmieden und auch Münzen prägen. Das Feuer erwies sich als *das* entscheidende Werkzeug auf dem Weg zur Zivilisation. Als Zeus diesen Frevel spitz kriegte, war er natürlich furchtbar wütend.

Prometheus gefesselt (und gepeinigt)

Nachdem Prometheus das Feuer gestohlen hatte, hatte Zeus ihn mächtig auf dem Kieker. Er nahm ihn gefangen, verschleppte ihn in die Berge des Kaukasus und kettete ihn an einen Felsen. Ein Adler kam von da an jeden Tag herbei geflogen, riss Prometheus die Leber aus dem Leib und verschlang sie. Jede Nacht aber wuchs Prometheus eine neue Leber, so dass sein Martyrium nicht enden wollte.

Der mit übersinnlichen Kräften ausgestattete Prometheus

Zeus verübelte Prometheus aber nicht nur den Diebstahl des Feuers. Zeus war auch eine Prophezeiung zu Ohren gekommen, dass einer seiner Söhne ihn eines Tages vom Thron stürzen würde. Prometheus war der Einzige, der ihm sagen konnte, wer die

Mutter dieses Kindes wohl sein würde. Nachdem er eine Weile angekettet und vom Adler gequält worden war, erklärte sich Prometheus schließlich einverstanden, mit seinem Geheimnis herauszurücken. Er gab preis, dass die Mutter des Kindes, das Zeus' Herrschaft beenden sollte, Metis sei. Zeus machte sich daraufhin ans Werk, dies zu verhindern.

Herakles eilt zur Hilfe

Nachdem Prometheus Zeus sein Geheimnis verraten hatte, gab Zeus einem seiner Lieblingssöhne – Herakles – die Möglichkeit, seinen Ruf zu verbessern und ließ ihn Prometheus von seinen Qualen befreien. Herakles reiste viel in der Welt umher, um all den Aufgaben, die ihm übertragen wurden (mehr dazu in Kapitel 6), gerecht zu werden. Auf einer seiner Reisen fand er Prometheus festgekettet an seinem Felsen. Er tötete den Adler und entließ Prometheus in die Freiheit. Zeus ließ es geschehen; Prometheus war wieder frei. Herakles konnte sich das Verdienst, ihn befreit zu haben, fortan auf seine Fahnen schreiben.

Die Welt aus der Sicht der Griechen

Nach Abschluss der Schöpfung entwickelten die Griechen auch ihre eigene Vorstellung vom Aussehen der Erde und der Lage der Meere und des Landes zueinander. In ihrer Vorstellungswelt war die Erde eine runde Scheibe. Die Grenzen waren durch das Mittelmeer und das Schwarze Meer gegeben. Abbildung 3.2 gibt einen Eindruck von ihrer geographischen Vorstellung von der Welt.

Die Griechen nannten das Schwarze Meer den *Pontos Euxeinos,* was so viel bedeutet wie das Meer, das zu seinen Gästen freundlich ist. Zum Teil beruhte dieser sehr positive Name wohl eher auf Wunschdenken. Archäologen fanden nämlich auf dem Grund des Schwarzen Meeres zahlreiche aus der Antike stammende Schiffswracks. Das Wort »Mare Mediterraneum« für Mittelmeer kommt aus dem Lateinischen und bedeutet »Meer in der Mitte des Landes«.

Um den Rand der den Griechen bekannten Landmasse floss der große Weltstrom Okeanos.

Immerwährender Müßiggang: Die Hyperboreer

In einem Land nördlich des Okeanos lebten die Hyperboreer, von denen man annimmt, ihr Land habe dem heutigen Großbritannien entsprochen. Den Griechen galt es als Land des Tanzes, der Musik sowie des immerwährenden Glücks. Die Musen lebten in unmittelbarer Nähe. Ihre Bewohner sollten sagenhafte eintausend Jahre alt werden. Der Gott Apoll verbrachte die Winterzeit dort.

Abbildung 3.2: Die Sicht der Griechen auf die Welt

Festmähler mit Berühmtheiten: Die Äthiopier

Im Süden Griechenlands lag Äthiopien. Die Mythologie besagt, dass die Bewohner von Äthiopien sich gut mit den Göttern verstanden und besonders gastfreundlich waren. Wenn in griechischen Mythen Versammlungen von Göttern beschrieben werden, fehlt oft der eine oder andere Gott. Gewöhnlich ist dieser Gott dann gerade bei den Äthiopiern zu einem Festmahl eingeladen.

Das Böse in hübscher Verpackung: Pandora, die erste Frau

Erinnern Sie sich daran, wie sich Zeus aufregte, als Prometheus das Feuer stahl, um es den Menschen zu geben? Er bestrafte Prometheus, indem er ihn an einen Felsen kettete (siehe die vorangehenden Passagen in diesem Buch). Die Menschen hatte er allerdings noch nicht bestraft. Um sie in ihre Schranken zu weisen, tat er das Folgende.

Er erschuf eine Frau namens Pandora. Alle Götter statteten sie mit besonderen Gaben aus. Von Aphrodite erhielt sie die Schönheit; Hermes gab ihr die Überzeugungskraft und Apoll beschenkte sie mit der Gabe der Musikalität. Der Name Pandora bedeutet übersetzt »die Gaben aller« bzw. »die, die alle Gaben besitzt«. Das Entscheidende aber war, dass Pandora erschaffen wurde, um neugierig zu sein. Sie wurde auf die Erde geschickt und Epimetheus an die Seite gestellt.

Die Büchse der Pandora und das Unglück der Menschen

Der leichtgläubige Epimetheus war ganz begeistert von seiner neuen Frau, ungeachtet der Warnungen seines Bruders Prometheus, niemals Geschenke von den Göttern anzunehmen. Prometheus sollte natürlich Recht behalten. Pandora brachte noch ein weiteres Geschenk der Götter mit auf die Erde – eine Büchse, die sie ihr gegeben hatten mit der Warnung, diese niemals zu öffnen. Da Pandora aber von ihrer Natur her sehr neugierig war, vermochte sie der Versuchung nicht standzuhalten. Eines Tages also öffnete sie die Büchse.

Man nennt Pandoras Behälter heute eine »Büchse«; in der Antike sprach man dagegen mehr von einem Topf oder Gefäß.

Dies erwies sich als fataler Fehler! Sobald Pandora den Deckel ein wenig gelüpft hatte, schlüpfen Hunderte der schrecklichsten Ungeheuer aus der Büchse heraus. Es waren all die Plagen und Qualen, unter denen die Menschen seitdem zu leiden haben. Pandora schlug den Deckel sofort wieder zu. Aber es war zu spät – das Böse war schon entwichen. Etwas aber hatte keine Zeit mehr, der Büchse zu entfleuchen. Es war die Hoffnung.

Ist die Büchse halb voll oder halb leer?

Man kann den Mythos von der Büchse der Pandora auf zweierlei Weise deuten:

- ✔ Positiv interpretiert könnte man sagen, dass die Hoffnung sich noch im Besitz der Menschen befindet und uns dabei behilflich ist, mit all dem Schrecken in der Welt fertig zu werden.

✔ Stellt man aber in Rechnung, dass die griechischen Mythen von einem doch eher pessimistischen Grundton geprägt sind, liegt eine andere Deutung des Mythos näher: Pandora ließ die Übel in die Welt entweichen; die Hoffnung aber hielt sie in der Büchse fest. Gewalt, Seuchen, Hunger, Armut und schwere körperliche Arbeit sind also unsere ständigen Weggefährten, *die Hoffnung aber ist es nicht*.

Der Ausdruck »Die Büchse der Pandora« wird heute verwendet, wenn man von etwas sagt, dass es besser ungeöffnet oder unangetastet bleiben und man sich besser nicht weiter damit befassen sollte aus Angst, dass etwas Schlimmes passieren könnte.

Die Geschichte einer Sintflut und einer Wiedergeburt

In der griechischen Mythologie gibt es die Geschichte einer großen Sintflut, die bis auf einige wenige Tugendhafte alle Bewohner der Erde tötete. Ähnliche Sintflutgeschichten gibt es auch bei den Hebräern und in Mesopotamien (mehr zu diesen Mythen in Kapitel 16). Der griechische Sintflutmythos unterscheidet sich nicht vom typischen Muster derartiger Mythen, bei denen während einer alles überschwemmenden Flut alle bis auf ein von den Göttern auserwähltes Menschenpaar ertrinken.

Die schönste Version dieses griechischen Mythos ist uns von dem Dichter Ovid erhalten. Er war Römer und lebte im ersten vorchristlichen Jahrhundert. Seine Version finden wir in seinen *Metamorphosen*, einem langen Versepos, in dem er sich vieler griechischer Mythen bedient. Das alles bestimmende Hauptthema der Versdichtung ist »die unablässige Veränderung der Dinge und ihr ständiger Wechsel in andere Zustände«. Die Idee einer großen Sintflut lieferte ihm wunderbare Ideen für sein Gedicht. So gibt es Szenen, in denen Delphine durch ehemalige Kornfelder schwimmen, Menschen in Booten rudern, wo sie einstmals den Boden bestellten oder Fische ihre Nester in hohen Bäumen bauen.

Ein Missbrauch der Gastfreundschaft

Eines Tages beschloss Zeus, die Erde zu besuchen, weil er das Gefühl hatte, dass das Böse und der Frevel unter den Menschen außer Kontrolle geraten wären. Er besuchte einen Tyrannen mit Namen Lykaon. Was er dort an seinem Hofe sah, übertraf seine schlimmsten Befürchtungen bei weitem. Als Zeus den Palast des Tyrannen erreichte, erklärte er, er sei der Gott Zeus, und bat darum, zum Essen eingeladen zu werden. Alle Menschen am Hofe verneigten sich in Ehrfurcht bis auf Lykaon, der Zeus ins Gesicht lachte und sprach: »Ein Gott also? Nun, wir werden ja sehen!« Er machte sich daran, diesen so genannten »Gott« auf die Probe zu stellen. Lykaon tötete einen seiner Kriegsgefangenen – er stammte aus Molossia, einer Gegend in Nord-Griechenland –, kochte ihn und servierte ihn schließlich Zeus als Speise. Lykaon dachte sich, dass sein Gast – vorausgesetzt, er wäre tatsächlich kein Gott – nicht bemerken könnte, dass man ihm einen Menschen zu essen anbot. Dies stimmte natürlich, nur bedachte der Tyrann bei alldem nicht, dass sein Gast vielleicht wirklich ein Gott sein könnte.

Zeus statuiert ein Exempel

Zeus, für den die Gastfreundschaft (also die richtige Beziehung zwischen Gästen und Gastgeber) eine besonders hohe Tugend war, blickte einmal kurz auf das ihm Aufgetragene und schleuderte dann einen Blitz auf den Tyrannen und seinen Palast, woraufhin alles in Trümmer sank. Ohne sich noch weiter auf der Erde umzusehen, um herauszufinden, ob es wirklich so schlimm mit den Menschen stünde, kehrte er auf den Olymp zurück.

Ovid erwähnte vermutlich nicht ohne Grund, dass der arme Teufel, der unfreiwillig auf Lykaons Speisekarte endete, aus Molossia stammte. In Zeus' Augen machte diese Tatsache das Verbrechen nur umso schlimmer und verwerflicher. Die Bewohner Molossias unterhielten nämlich eine besondere Beziehung zu Zeus. Es gab in der in Molossia gelegenen Stadt Dodona ein Orakel des Zeus. Es handelte sich um einen alten Eichenbaum. Die Menschen konnten ihm Fragen stellen, die Zeus ihnen anschließend beantwortete. Auch Alexander der Große war über seine Mutter mit Molossia verbunden. Er nutzte diese Tatsache, um seinen Anspruch zu untermauern, direkt von Zeus abzustammen.

Zeus' Hilfstruppen: Auf dass sich die Schleusen des Himmels öffnen mögen

Zeus bat seinen Bruder Poseidon bei seinem Ansinnen um Hilfe, die Erde zu überfluten. Poseidon leistete tatkräftige Unterstützung und ein gewaltiger Gewittersturm ließ für neun Tage und Nächte die Wassermassen auf die Erde niederprasseln. Bald bedeckte das Wasser das ganze Land. Nur der Berg Parnassos (auch Parnaß genannt) ragte aus den Fluten empor. Fast alle Menschen ertranken. Nur Prometheus gelang es, seine Familie in Sicherheit zu bringen. Er trug seinem Sohn Deukalion auf, eine hölzerne Kiste oder Truhe zu bauen, sie mit Nahrung zu füllen und sich dann mit seiner Frau Pyrrha, der Tochter von Epimetheus und Pandora, darin in Sicherheit zu bringen.

Deukalion und Pyrrha sichern den Fortbestand des Menschen

Deukalion und Pyrrha erreichten schließlich die Spitze des Berges Parnassos. Als das Wasser zurück ging, stiegen sie den Berg hinab und gelangten an einen Tempel. Eine Stimme forderte sie auf, sich die Gesichter mit Schleiern zu verhüllen und die Knochen ihrer Mutter hinter sich zu werfen. Pyrrha begehrte dagegen auf, da sie nicht das Sakrileg begehen wollte, die Gebeine ihrer Mutter wieder auszugraben. Kein Gott würde ihnen jemals so etwas auftragen. Sie dachten eine Weile über die merkwürdige Bitte der Stimme nach und entschieden sich dann, dass mit ihrer »Mutter« nur Gaia, die Erde, gemeint sein konnte. Mit »Knochen« wiederum könne nichts anderes gemeint sein als Steine. Also warfen sie einige Steine hinter sich, die sich sofort in Menschen verwandelten (aus Deukalions Steinen entstanden Männer und aus Pyrrhas Frauen).

Gaia gebar also nicht nur alle Götter, sondern auch eine neue Generation Menschen!

Größer, jünger und besser aussehend: Die Götter des Olymp

4

In diesem Kapitel

- Zeus, König der Götter
- Poseidon, der Gott des Meeres
- Im Reich der Toten mit Hades, dem Gott der Unterwelt
- Was es mit den neueren und jüngeren Göttern auf sich hat: Apoll, Hermes, Ares und Dionysos

Die meisten griechischen Götter lebten der Sage nach auf dem Berg Olymp. Der Berg liegt in Nord-Griechenland. Die Wahl der Götter fiel wahrscheinlich deswegen auf ihn, weil er besonders hoch und damit dem Himmel sehr nahe ist. Außerdem ist die Bergspitze häufig von Wolken verhangen, was ihm einen Anschein des Geheimnisvollen verleiht.

In der Vorstellung der Griechen war die Welt in mehrere Gebiete unterteilt: Himmel, Erde, Meer und Unterwelt. Jedes Gebiet hatte seine für es zuständigen Götter. Die Götter teilten die Welt unter sich auf. Zeus war der Oberste aller Götter. Andere Götter waren dazu da, sich um die unterschiedlichsten menschlichen Belange zu kümmern: Medizin, Musik, Liebe, Wein und die Sonne. Sie sorgten alles in allem dafür, dass die Menschen ihr Leben einigermaßen gut leben konnten. Gelegentlich griffen sie in deren Leben direkt ein.

Dieses Kapitel handelt von den Hauptgöttern in der griechischen Mythologie. Mitunter tauchen aber auch andere Figuren in den Mythen auf. Es konnte passieren, dass alte Gottheiten in zeitlich neueren Göttern aufgingen. Nicht immer verloren sie dabei auch ihre Namen. Es genügt zu erwähnen, dass es sehr, sehr viele Gottheiten gab, für jeden denkbaren Zweck eine.

Zeus, Poseidon und Hades: Der übermächtige Vater und seine Brüder

Der Überlieferung der meisten antiken Autoren zufolge waren Zeus, Poseidon und Hades Brüder, die Söhne von Rheia und Kronos. Nachdem sie die Titanen und andere

Ungeheuer besiegt hatten (vgl. Kapitel 3), teilten sie die Welt untereinander auf. Die Frage, wer was bekommen sollte, entschieden sie per Los. Hier das Ergebnis:

- ✔ Poseidon erhielt die Meere und Ozeane.
- ✔ Hades bekam die Unterwelt und die Toten.
- ✔ Zeus schließlich wurde der Himmel zugeteilt.

Als Herr über den Himmel erlangte Zeus automatisch den Titel »König aller Götter«.

Viel von dem hier Geschilderten verdanken wir einem überlieferten Gedicht des griechischen Dichters Hesiod mit dem Titel *Theogonie* (»Die Geburt der Götter«).

König Zeus, Liebhaber der Frauen und Herr über die Blitze

Als Herr über die himmlischen Kräfte kontrollierte Zeus den Donner, den Blitz, die Wolken und den Regen. Man sprach von ihm als dem Himmelsgott. Wie jeder Gott und jede Göttin hatte auch er ein besonderes Symbol – den Adler und das Blitzbündel. In der Vorstellungswelt der Griechen entstanden Blitze dann, wenn Zeus einen solchen wie einen Speer vom Himmel zur Erde schleuderte. Außerdem war ihm die Eiche heilig.

Zeus hatte viele Namen

Wie die meisten anderen griechischen Götter hatte auch Zeus verschiedene Beinamen. Je nachdem, welche Eigenschaft oder Kraft man an Zeus betonen wollte, nannte man ihn:

- ✔ **Zeus Xenios:** Bedeutet »Zeus, Schützer des Gastrechts«. Reisende benutzten diesen Beinamen, wenn sie ihn in einem Gebet um eine sichere Bleibe und einen freundlichen Gastgeber baten.
- ✔ **Zeus Brontaios (der Donner Erzeugende):** Bauern, die um Regen beteten, verwendeten diesen Beinamen.
- ✔ **Zeus Eleutherios:** Bedeutet »Zeus, Bewahrer der Freiheit«. Die in einem demokratisch organisierten Stadtstaat lebenden Athener riefen Zeus immer dann mit diesem Namen an, wenn in Kriegszeiten ein angreifendes Heer ihre Freiheit in Gefahr zu bringen drohte.

- **Zeus Nephelegerata:** Bedeutet so viel wie »Zeus der Wolkensammler«. Diesen Namen trug Zeus in seiner Funktion als Herr über Blitz und Donner. Man nannte ihn dann auch *Zeus Keraunos* oder »Zeus des Blitzes«.

Die Griechen wussten durchaus, dass es in anderen Kulturen andere Namen für die Götter gab. Sie konnten sich aber nicht vorstellen, dass der König der Götter ein anderer als Zeus sein könnte. Die Griechen verwendeten daher die Namen fremdartiger Götter aus anderen Kulturen als Beinamen für Zeus. Der Gott Ammon etwa war die Hauptgottheit in der ägyptischen Stadt Theben. (Die Griechen waren von dieser Stadt besonders beeindruckt.) Die Griechen sprachen aber von diesem Gott immer nur als *Zeus-Ammon*.

Die Mythenexperten sind heute der Ansicht, dass der Gott Zeus in Wirklichkeit aus einer Kombination verschiedener Götter aus unterschiedlichen Ländern der Antike entstanden ist. Wenn der Zeuskult sich in einer Stadt zu verbreiten begann, deren Bewohner bereits einen Gott anbeteten, so wurden die Namen beider Götter verbunden. Zeus' Name bildete dabei immer das Zentrum des neuen Namens. Dies mag einer der Gründe dafür sein, warum Zeus so viele Affären mit sterblichen Frauen nachgesagt wurden. Die Herrscher über Städte der Antike leiteten ihre Herkunft gerne von einem Gott als unmittelbarem Vorfahren ab. So kam es also, dass Zeus als Ahn all dieser Sterblichen herangezogen wurde.

Zeus und seine Frau Hera

Zeus war mit der Göttin Hera verheiratet. Hera erscheint uns heute als recht komplexe Göttin. Man verehrte sie mal als Göttin des Landes (der Gärten und Tiere) und mal als Schutzpatronin der Städte (besonders der Stadt Argos). Nach ihrer Heirat mit Zeus hatte sie hauptsächlich die Aufgabe, das Königtum zu repräsentieren. *Königin Hera* ist ihr am häufigsten anzutreffendes Beiwort. Die Menschen verbanden mit Hera darüber hinaus die Institution der Ehe, was in gewisser Weise ironisch erscheint, war doch ihre eigene Ehe mit Zeus nicht unbedingt glücklich. In Kapitel 5 werden wir ihrer Beziehung zu Zeus etwas genauer auf den Grund gehen. Heutzutage würde man die beiden wahrscheinlich als Gäste in gewissen nachmittäglichen Talkshows antreffen können.

Darf ich vorstellen: Mein Name ist Zeus!

Zeus liebte die Menschenfrauen und besuchte die Damen seiner Wahl recht oft. Stieg er zur Erde hinab, änderte er dabei häufig seine Gestalt, damit man ihn nicht erkennen konnte. Mitunter geriet seine Verkleidung recht merkwürdig. Die Nachkommen, die Zeus mit den Frauen auf der Erde zeugte, waren normalerweise Halbgötter. Hera tobte wegen der außerehelichen Eskapaden ihres Göttergatten regelmäßig vor Eifersucht.

Im Folgenden eine Liste mit einigen seiner bekannteren Gespielinnen auf Erden:

- **Danaë:** Er erschien ihr in Form eines goldenen Schauers. Sie gebar den Held Perseus.
- **Alkmene:** Die Mutter des Herakles. Zeus suchte sie in der Gestalt ihres Ehemannes auf. Sie verbrachten eine Nacht zusammen. Später erschien ihr Gatte und schlief auch mit ihr. Sie gebar Zwillinge; Herakles war Zeus' Sohn; das andere Kind war das ihres Ehemannes.
- **Leda:** Zeus verwandelte sich in einen Schwan, als er Leda besuchte. Sie war die Frau des Tyndareos, des Königs von Sparta. Zusammen hatten sie zwei unsterbliche Kinder:
  - Helena, die später den Trojanischen Krieg auslöste, und
  - Pollux, einen der beiden Dioskuren Kastor und Pollux

  Weil er Leda als Vogel erschienen war, schlüpften die beiden Kinder aus einem Ei! (Mehr über Helena erfahren Sie in Kapitel 7.)
- **Io:** Bei seiner wunderschönen Geliebten Io war es nicht Zeus, sondern Io, die ihre Gestalt änderte; sie wurde von Zeus in eine weiße Kuh verwandelt. Zeus eifersüchtige Frau Hera bat ihren Gemahl, ihr die Kuh Io als Geschenk zu überlassen. Sodann sandte sie eine Stechmücke, um Io zu quälen. Schließlich verwandelte sich Io wieder zurück in eine Frau und wurde die Stammmutter des Herakles. Das Ionische Meer ist nach ihr benannt. Der römische Dichter Ovid erzählt in seinen *Metamorphosen* ausführlich die Geschichte der armen Io.
- **Europa:** Für Europa verwandelte sich Zeus in einen wunderschönen Stier. In dieser Gestalt trug er Europa über das Ägäische Meer nach Kreta. Einer ihrer gemeinsamen Söhne war Minos, der König von Kreta. Der Kontinent Europa wurde nach ihr benannt.
- **Ganymed:** Nicht alle von Zeus' Liebhaberinnen waren weiblichen Geschlechts. Ganymed war ein schöner Prinz aus Troja. Zeus brachte ihn in Gestalt eines Adlers zum Olymp, wo Ganymed ihm Wein reichen und andere Dienste erweisen sollte. Ganymeds Vater erhielt im Gegenzug einige prachtvolle Pferde als Geschenk.

König zu sein ist wahrlich nicht einfach

Auch wenn Zeus der oberste aller Götter war, so war er doch nicht allmächtig. Nicht nur, dass seine Frau ihm einigen Kummer bereitete – in einigen überlieferten Texten heißt es außerdem, dass er ebenso wie die Sterblichen auf der Erde an das Schicksal gebunden war. So kämpfte beispielsweise während des Trojanischen Krieges (vgl. Kapitel 7) einer seiner vielen unehelichen Söhne mit Namen Sarpedon auf Seiten Trojas. In der *Ilias* wird erzählt, wie Zeus erfährt, dass sein Sohn in der kommenden Schlacht getötet werden würde. Er vertraut seiner Frau Hera an, dass er versucht sei, das Leben seines Sohnes zu retten. Hera antwortet ihm daraufhin: »Tu, was du für richtig hältst. Wenn du aber gegen das Schicksal handelst, werden dir die Götter nicht mehr gehorchen.« Zeus konnte dem Schicksal wohl trotzen, wenn er es nur wollte; tat er es aber, so verlor er seine Autorität den anderen Göttern gegenüber.

Poseidon, Gott des Meeres und mit Leib und Seele Macho

Poseidon war der Gott des Meeres. Zu seinem Verantwortungsbereich gehörten aber auch die Pferde und die Erdbeben, manchmal auch die Stiere. Er entfachte die Stürme und glättete hinterher die aufgewühlte See. Seine Frau Amphitrite, eine der fünfzig Töchter des Flussgottes Nereus, gebar ihm eine Tochter namens Benthesikyme.

Warum der Meeresgott auch mit Pferden assoziiert wurde, das wissen nur die Götter. Manche Mythenexperten haben die Ansicht vertreten, dass die Verehrung Poseidons gleichzeitig mit der Verbreitung der Pferde in Griechenland auftrat. Die Griechen brachten ihm jedenfalls Pferdeopfer dar, insbesondere Hengste wurden ihm zu Ehren geopfert (Poseidon galt als Gott von enormer Manneskraft). Das geflügelte Pferd Pegasus war sein Nachkomme. Es entstand, als Medusas Blut sich ins Meer ergoss. (Mehr über Pegasus erfahren Sie in Kapitel 6.)

Poseidons Beinamen

Einer von Poseidons Beinamen war Erd-Erschütterer – eine angemessene Bezeichnung für den, der die Erdbeben erzeugt. Andere Beinamen für ihn lauten Wellen-Aufwühlender, der die Welt Haltende, Ernährer, Voraussehender, Beschützender oder auch Pelagaeus (der zum Meer Gehörende).

Wer Poseidon besonders verehrte

Besonders Seefahrer und Fischer – aufgrund ihrer natürlichen Beziehung zu diesem Gott nur zu verständlich – beteten Poseidon an. Viele Küstenstädte nannten sich nach ihm Poseidonia und wählten ihn zu ihrem Schutzpatron.

Abbildung 4.1 zeigt *vielleicht* Poseidon, der oft mit Dreizack in der Hand dargestellt wurde. Die Fischer der Antike verwendeten den Dreizack, um mit ihm Fische zu jagen.

Abbildung 4.1: Wüssten wir, was dieser Gott ursprünglich in Händen hielt, so wüssten wir auch, um welchen Gott genau es sich hier handelt: Ein Blitz würde auf Zeus hindeuten, ein Dreizack wäre das Zeichen für Poseidon.

In der Antike konnten die Menschen die Plastiken und Bildnisse der Götter leicht an deren Attributen erkennen, die sie in der Hand hielten oder am Körper trugen. Die Darstellung eines Mannes in mittlerem Alter mit einem Blitz war Zeus; hielt er aber einen Dreizack in der Hand, handelte es sich um Poseidon. Ein hübscher Jüngling mit einem Kranz aus Lorbeer war Apoll; war er mit Efeu geschmückt, so stand man vor Dionysos.

Aber ich wollte diese Stadt haben!

Poseidon geriet einmal mit Athene in einen Wettstreit darüber, wer von beiden Schutzpatron der Stadt Athen werden würde (Athen hatte zu dem Zeitpunkt noch keinen bzw. einen anderen Namen). Poseidon versprach den Bewohnern der Stadt viele Pferde und ließ eine Quelle entspringen, deren salziges Wasser vom Berg Akropolis hinunter in das Zentrum der Stadt floss. Athene wiederum versprach, der Stadt viele Olivenbäume zu schenken. Nun ja, Pferde erschienen den Bewohnern keine so gute Gabe, bei dem felsigen Land, das die Stadt ringsum umgab. Eine Salzwasserquelle hatte auch keinen rechten praktischen Nutzen. Olivenbäume dagegen waren ein großartiges Geschenk. Selbst als es noch keinen Wodka Martini gab, waren Oliven schon eine begehrte Handelsware, hauptsächlich wegen ihres Öls. Olivenöl wurde als Öl für Lampen verwendet, als Ausgangsmaterial für Seifen, als Haarwaschmittel und als Nahrungsmittel (es ist lecker, voller Kalorien und billiger als Fleisch). Athene gewann also das Rennen. Die Hauptstadt Griechenlands (bzw. *Hellas'*, wie die Griechen ihr Land nennen) heißt heute daher »Athen« und nicht »Poseidonia«.

Nicht immer der Glücklichste unter den Göttern

Poseidon hegte einen großen Groll gegen den sterblichen Helden Odysseus, weil dieser seinem Sohn – dem Zyklopen Polyphem – das Augenlicht genommen hatte (vgl. Kapitel 6). Ein weiterer seiner Söhne war der riesenhafte Jäger Orion, der von Artemis getötet wurde. Am nördlichen Himmel ist Orion heute eines der auffälligsten Sternbilder. Besonders die drei hellen Gürtelsterne des Sternbilds sind deutlich zu sehen. Ihr Auftauchen am Himmel kündigt den Winter an.

Hades, Gott der Unterwelt: Das Land unter der Erde (weit unter der Erde!)

Hades war der Gott der Unterwelt und König der Toten. Das Totenreich, dem er vorstand, trug ebenfalls den Namen Hades. Die Verantwortung für die Toten und die Unterwelt war offenbar so anstrengend, dass Hades anders als seine Brüder Poseidon und Zeus keine so lange Liste an Zuständigkeiten hat.

Die Pforten der Unterwelt wurden von dem dreiköpfigen Hund *Kerberos* (auch Zerberus geschrieben) bewacht. Kerberos wedelte mit seinem Schwanz, wann immer ein Neuankömmling in seinem trauten Heim aufgenommen werden sollte. Wollte aber einer der Unglücklichen sein Reich wieder verlassen, so fraß er ihn kurzerhand auf. Die Unterwelt selbst war kalt, dunkel und absolut freudlos. Die Toten veranstalteten dort nicht gerade Picknicks.

Der Tod macht vielleicht keinen Urlaub, er reist aber unter verschiedenen Namen

Hades trug mitunter auch den Namen Pluto, ein Wort, das mit dem griechischen Wort »plutos« verwandt ist, was so viel wie Reichtum bedeutet. Gold, Silber und Edelsteine kommen aus der Erde, also aus Hades' Reich. Hades wird manchmal in Anspielung auf den goldenen Streitwagen, in dem er herumfuhr, auch »der mit den goldenen Zügeln« genannt. Er trägt außerdem den Beinamen »Der Wärter«, da es ja seine Aufgabe ist, über die Toten in der Unterwelt zu wachen. Diese Beinamen geben einen Hinweis darauf, dass Hades damals keinen so üblen Ruf gehabt haben kann, was man ja bei einem wie ihm leicht vermuten könnte. Man darf ihn sich nicht als eine griechische Ausgabe von Satan vorstellen; sein Totenreich ist auch nicht mit der christlichen Vorstellung der Hölle vergleichbar.

Die Straße ins Nichts

Der Weg in die Unterwelt war der gleiche für alle Sterblichen. Es gab keine Trennung in gute und schlechte Menschen. Mitunter aber erfuhren besonders böse Menschen eine spezielle Behandlung.

Der Raub der Persephone

Hades war mit Persephone verheiratet, der Tochter Demeters. Leider versäumte es Hades, Persephone auch förmlich um ihre Hand zu bitten. Stattdessen raubte er sie einfach, als sie eines Tages mit ihren Freundinnen Blumen auf einer Wiese pflückte, und entführte sie in sein Reich. Ihre Mutter Demeter war darüber so empört, dass sie sich ein Jahr lang weigerte, ihren Aufgaben nachzukommen. Also musste Zeus Hades darum bitten, Persephone wieder ihrer Mutter zu übergeben.

Bevor sie Hades verließ, bat er sie darum, ihn in trauter Erinnerung zu bewahren, und gab ihr einen *Granatapfel* zu essen. Der Granatapfel war die für die Toten vorgesehene Nahrung. Persephone schluckte vier (oder sechs) Samenkörner der Frucht, bevor sie das Totenreich verließ. Weil sie aber vom Granatapfel probiert hatte, während sie noch in der Unterwelt war, war sie dazu verdammt, vier (oder sechs, je nach Überlieferung) Monate des Jahres in der Unterwelt zu verbringen. Während dieser erzwungenen Anwesenheit in der Totenwelt betrauerte Demeter ihre Tochter und nahm jedes Mal eine Auszeit von ihrer Arbeit. Die Erde versinkt seither jedes Jahr für die Dauer von Persephones erzwungenem Aufenthalt bei den Toten für einige Monate in der Winterruhe.

Toter als tot

Auch wenn Hades und seine Frau nicht den besten Start erwischten, so führten sie dem Anschein nach doch eine recht harmonische Ehe. Persephone war bekannt als die Göttin der Toten. Sie hatten nie Kinder zusammen – Kinder hätten dort auch sowieso nicht hingepasst.

Die Jeunesse Dorée unter den Göttern

Neben den drei großen Göttern Zeus, Hades und Poseidon gab es noch andere männliche Götter: Apoll, Hephaistos, Hermes, Ares und Dionysos. Mit Ausnahme von Hephaistos waren alle genannten Götter jung und gut aussehend. Die Griechen scheinen sich ihre Götter und Göttinnen einfach wie vollkommene Menschen vorgestellt zu haben. Den Göttern war jeweils ihre spezifische Aufgabe übertragen worden und sie waren unsterblich. Sie standen immer in der Blüte ihres Lebens und kannten kein Altern und Vergehen. Davon abgesehen unterschieden sie sich kaum von normalen Menschen.

Genauso wie Zeus und Poseidon hatten auch die anderen, jünglingshaften Götter ihre bestimmten Aufgabenbereiche.

Apoll, der hübsche Held für alle Fälle

Apoll war der Sohn von Zeus und Leto. Er war Artemis' Zwillingsbruder. Artemis kam vor ihm auf die Welt und half ihrer Mutter dabei, Apoll zu gebären.

Apoll war ein herrlicher Gott. Auf Darstellungen erscheint er immer als außerordentlich schöner junger Mann. Er war der Gott des Lichtes, der Wahrheit und der Heilkunst. Darüber hinaus zeichnet er sich durch seine athletischen Fähigkeiten aus. Der Lorbeerbaum war seine ihm gewidmete Pflanze. Siegreiche Athleten erhielten in der Antike einen Lorbeerkranz als Preis für ihren Sieg.

Apoll und das Orakel von Delphi

Eine von Apolls wichtigsten Rollen war seine Funktion als Beschützer des Orakels von Delphi. Für die Menschen der Antike war Delphi so etwas wie der Mittelpunkt der Erde. Es gab dort eine Priesterin, die den Menschen ihre Zukunft voraussagte, indem sie die Dämpfe aus einer Erdspalte einatmete und dann die ihr von den Göttern gesandten Botschaften an die Sterblichen weitergab.

Der musikalische Apoll

Apoll ist eng mit der Musik verbunden. Er spielte oft auf der Leier, einem Saiteninstrument, das wohl vollkommen anders als eine moderne Gitarre geklungen haben muss. Den Griechen erschien die Leier als ein elegantes, liebliches Instrument. Das wilde Flötenspiel, das die Anhänger des Dionysos praktizierten, war das genaue Gegenteil davon und stand in keinem so guten Ruf.

Auch wenn er der Gott der Musik war, so war er doch kein guter Verlierer im musikalischen Wettstreit mit anderen. Einmal forderte ihn ein Satyr (mehr zu ihnen in einem anderen Abschnitt in diesem Kapitel) mit Namen Marsyas zu einem solchen Wettstreit heraus. Als Preis wurde vereinbart, dass der Gewinner mit dem Verlierer machen könne, was immer ihm gefiele. Apoll spielte auf der Leier, und Marsyas spielte auf den Flöten, die Athene weggeworfen hatte, weil sie nicht mochte, wie ihr Gesicht aussah, wenn sie sie spielte. Während des Wettkampfes drehte Apoll beim Spielen seine Leier um und forderte seinen Gegner auf, es ihm gleich zu tun. Als Marsyas dazu nicht in der Lage war, hatte er den Wettkampf verloren. Der Gewinner Apoll ging nun hin und tötete den unglücklichen Verlierer, indem er ihn an einen Pinienbaum hing und ihm dann die Haut vom Leibe zog.

Sonne, Medizin und andere Aufgaben

Apoll wurde auch Sonnengott genannt, weil er jeden Tag mit seinem Streitwagen das Himmelszelt durchquerte und dabei mit der Sonne im Schlepptau von Ost nach West über das Firmament zog. In anderen Mythen heißt es dagegen, dass Helios der Sonnengott sei.

Weitere Zuständigkeitsgebiete Apolls waren die Medizin und die Reinigung des Körpers. Als Orest seine Mutter ermordete (da diese seinen Vater vorher getötet hatte), floh er anschließend nach Delphi, um sich von Apoll reinigen zu lassen. Tötete jemand seine Eltern (auch wenn es nur zufällig geschah), haftete an seinem Körper das *Miasma*. Es handelte sich um eine Verschmutzung, die zwar unsichtbar war, aber doch scheußlich genug, dass ein Umgang und Kontakt mit Nicht-Verschmutzten unmöglich war. Apoll und seine Priester kannten das Ritual, das nötig war, die reuigen Mörder wieder vom Miasma zu befreien und ihnen eine Rückkehr in die normale Gesellschaft zu ermöglichen.

Apoll war auch der Schutzpatron der epischen Dichter und es hieß, er sei der Führer der Musen.

Apolls Symbole

Apoll hatte die unterschiedlichsten Symbole. Die von ihm erfundene Leier, eine griechische Harfe, war eines dieser Symbole. Der Lorbeerbaum (dessen Zweige die in der Küche noch heute verwendeten Lorbeerblätter liefern) erhielt diesen Namen, weil (wenn wir dem römischen Dichter Ovid Glauben schenken wollen) eine junge Sterbliche namens Lorbeer (nun ja, auf Griechisch Daphne) es vorzog, sich lieber in einen Baum zu verwandeln, als Apoll zu gestatten, mit ihr zu schlafen (die vollständige Geschichte können Sie weiter unten in dem Abschnitt *Daphne und der Ursprung des Lorbeerbaumes* nachlesen). Der Delphin ist ein weiteres Symbol für Apoll. Er schickte einmal einen Delphin, um das Leben eines jungen Harfespielers mit Namen Arion zu retten, der gerade von einigen übel wollenden Seeräubern von einem Schiff ins Meer geworfen wurde.

Apolls Beinamen

Wie andere Götter auch trägt Apollviele Beinamen. Hier einige der bekannteren:

- ✔ **Phoebus Apollon** oder nur **Phoebus:** Phoebus heißt übersetzt »der Strahlende«. Diesen Beinamen trug er in seiner Eigenschaft als Sonnengott.
- ✔ **Apoll von Delos:** Benannt nach seinem Geburtsort, der Insel Delos
- ✔ **Pythischer Apoll**: Apoll lernte die Kunst der Weissagung von Gott Pan. Er begab sich zum Orakel von Delphi, das von der Schlange Python bewacht wurde. Die Schlange versuchte, ihn aufzuhalten; er aber tötete sie.
- ✔ **Apollon Smintheus:** Dieser Beiname leitet sich von der besonderen Verehrung ab, die Apoll in der Stadt Sminthe nahe Troja genoss. Der Name bedeutet andererseits »Herr der Mäuse« und könnte sich auf seine Eigenschaft als Vernichter der Krankheit bringenden Ratten und Mäuse beziehen
- ✔ **Loxias:** Dieser Name bedeutet so viel wie schwierig oder knifflig und stammt daher, dass die Seherinnen der Orakel die Angewohnheit hatten, ihre Weissagungen in Rätsel zu kleiden.

Apoll wandte sich häufig an Seherinnen und Verkünderinnen der Zukunft, bekannt als *Sibyllen*. (Noch heute gibt es den Mädchennamen.) Die berühmteste aller Sibyllen war *Pythia*, die Hohepriesterin in Delphi, benannt nach der Schlange Python. Pythia atmete die stimulierenden Dämpfe brennender Lorbeerblätter oder die aus Felsspalten heraufsteigenden Dünste ein, um den Menschen anschließend ihre Zukunft zu weissagen. Es war ein lohnendes Geschäft.

Daphne und der Ursprung des Lorbeerbaumes

Daphne war die Tochter eines Flussgottes. Sie war unsagbar schön, hatte aber kein Interesse an Liebesgeschichten, sondern lief lieber frei in den Wäldern umher.

Als Apoll sie zum ersten Mal sah, verliebte er sich unsterblich in sie. Er lief ihr nach; sie aber floh vor ihm. Er verfolgte sie durch die Wälder, rief ihr nach, dass er ein Gott sei und sich in sie verliebt habe, und bat sie darum, stehenzubleiben und sich ihm hinzugeben. Daphne aber lief immer weiter.

Gerade als sie das rettende Flussufer ihres Vaters erreicht hatte, konnte Apoll sie einholen. Er wollte gerade nach ihr greifen, da rief sie ihren Vater um Hilfe an. Er leistete ihrer Bitte Folge und verwandelte seine Tochter in einen Lorbeerbaum (»Lorbeer« heißt im Griechischen *daphne*). Abbildung 4.2 zeigt Apoll, wie er nach der sich gerade verwandelnden Daphne greifen will.

Abbildung 4.2: Daphnes Verwandlung kann man so interpretieren, dass es ihr gelang, ihre Jungfräulichkeit zu bewahren; auf der anderen Seite aber (dies ist die pessimistischere Sichtweise) gab sie sich so der Macht Apolls vollständig anheim. Die Plastik Berninis zeigt sie, wie sie sich gerade in einen Baum verwandelt.

Um wenigstens einen kleinen Trost zu haben, erklärte er, der Lorbeerbaum solle von Stund an sein spezieller Baum sein. Daphne gelang es jedenfalls, sich den Nachstellungen Apolls zu entziehen.

Hephaistos: Was für ein großartiger Charakter ...

Hephaistos war der Gott des Feuers und der Schmiede. Er war sehr geschickt und gewandt und imstande, alles Gewünschte herzustellen. Wollte irgendein Gott etwas Spezielles haben – etwa eine besonders gute Rüstung –, erhielt Hephaistos den Auftrag zur Herstellung des Gewünschten. Hera, die Königin der Götter, zeugte ihn ohne Hilfe ihres Gemahls Zeus, um es ihm so heimzuzahlen, dass er Athene alleine geschaffen hatte. (In Kapitel 5 können Sie nachlesen, wie das im Detail ablief.)

Nicht gerade der schönste aller Götter

Hephaistos war hässlich und missgestaltet. In der Antike schrieb man dies der Tatsache zu, dass Hera ihn ohne männliche Mithilfe geschaffen hatte. In der von Männern dominierten Gesellschaft Athens erschien der Gedanke, dass die Erzeugung eines Kindes alleine durch den Vater nur ein schönes und wunderbares Kind als Resultat nach sich ziehen konnte, der natürlichste von der Welt (wie im Fall Athenes, Zeus' Solokreation – vgl. Kapitel 5). Der gleiche Versuch einer Frau aber konnte nur scheitern und ein minderwertiges, missgestaltetes Kind zum Ergebnis haben.

In anderen Versionen dieses Mythos heißt es, dass Heras Sohn zwar hässlich zur Welt kam, dass er aber erst dann verkrüppelt wurde, als seine Mutter ihn bei seinem Anblick nach der Geburt dadurch loszuwerden versuchte, dass sie ihn vom Himmel hinunter ins Meer warf (wo ihn Thetis auffing und pflegte). In wieder anderen Fassungen des Mythos erfahren wir, dass das Kind bei der Geburt ohne Makel war. Dies änderte sich erst, als Zeus Hand an ihn legte. Zornig über Heras Anmaßung, ein Kind ohne seine Hilfe zu zeugen, packte er das arme Baby und schleuderte es vom Berg Olymp. Diese Version der Geschichte erklärt seine Hässlichkeit und seine Missgestalt durch diese unsanfte Verstoßung aus dem Himmel. (Es gibt auch Versionen, in denen es heißt, er sei von Geburt an missgestaltet gewesen und dass seine Mutter ihn aus dem Himmel herab auf die Erde schleuderte, als sie seiner Makel ansichtig wurde. Rabenmutter!)

Wie dem auch sei, Hephaistos wurde von Dionysos in den Olymp zurückgeholt und lebte schließlich fortan mit allen anderen Göttern zusammen im Himmel. Dort genoss er bis zu einem gewissen Grade den Respekt der anderen Gottheiten. Interessanterweise war er es, der am Ende die schönste aller Göttinnen »abbekam« – Aphrodite.

Der einzige Gott mit einem echten Beruf

Hephaistos verbrachte seine Zeit damit, Rüstungen und Waffen sowie die Paläste und das Mobiliar für die anderen Götter herzustellen. Dabei gingen ihm aus Gold geschaffene, reizvolle weibliche Helferinnen zur Hand. Die Griechen meinten, seine Schmiede befinde sich unter einem Vulkan und bei Vulkanausbrüchen arbeite er gerade. Die Mutter Achills, die Göttin Thetis, beauftragte Hephaistos damit, neues Rüstzeug für ihren Sohn herzustellen. Hephaistos übergab ihr nach getaner Arbeit u.a. den »Schild des Achill«, so wie es in der *Ilias* Homers beschrieben wird (vgl. Kapitel 7).

Mit Ausnahme von Ares (mehr dazu im nächsten Abschnitt) achteten die Götter des Olymp Hephaistos, der schwer dafür arbeitete, dass alle zufrieden waren und kein Streit unter ihnen ausbrechen konnte. Homer beschreibt, wie Hephaistos nach dem Weinkrug griff und jedem nachschenkte, sobald bei einem Festmahl Streit unter den Göttern auszubrechen drohte. Der Anblick des hässlich ausschauenden, aber mit einem sanften Wesen ausgestatteten Gottes, der eilig um den Tisch herumhumpelte, brachte alle Götter zum Lachen, worüber sie den Anlass ihres Streits rasch vergaßen.

Die Athener liebten Hephaistos ebenfalls, war er doch friedfertig, höflich und der Schirmherr der Handwerker. Zu seinem Andenken bauten die Bewohner Athens einen großen Tempel und nannten ihn *Hephaisteion*.

Ares, Gott des Krieges

Ares war der Kriegsgott. Seine Eltern Zeus und Hera konnten ihn nicht sonderlich gut leiden (wenn wir Homer hier Glauben schenken).

Ares verkörperte die zerstörerischen Kräfte des Krieges, desjenigen also, was den Menschen Angst machte. Die Göttin Athene – auch sie eine Göttin des Krieges – stand dagegen für die weise und umsichtige Kriegsführung zur Verteidigung der Stadt.

Der unpopuläre Gott Ares

Weil Ares eine Vorliebe für Gewalt und Zerstörung hatte, war er bei den Griechen äußerst unbeliebt. In Homers *Ilias* kämpfte er auf der Seite Trojas, während Athene auf der Seite der Griechen stand. Ares war laut und wild und einfach keine angenehme Gesellschaft. Auf der anderen Seite wurde ihm doch eine gewisse Bewunderung entgegengebracht, da die Griechen den tapferen Krieger und den Heldenmut in der Schlacht als Tugend hoch achteten. In Athen gibt es einen Hügel mit Namen *Areopagus*, was so viel wie »Hügel des Ares« bedeutet. Dort wurde Ares wegen Mordes angeklagt und freigesprochen (vgl. Kapitel 8). Auf dem Hügel traf sich auch ein wichtiger politischer Rat, vielleicht sogar ein Kriegsrat, was ebenfalls den Namen erklären würde.

Auch die anderen Götter verachteten Ares. In der *Ilias* gibt es eine Stelle, an der sein Vater Zeus ihm direkt ins Angesicht sagt, er sei »der hassenswerteste aller Götter«.

Eros, Gott der Liebe

Für die Griechen war Eros derjenige, der die Menschen in erotischer Hinsicht zusammenbrachte. In der Überlieferung wird er mitunter als Aphrodites Sohn vorgestellt oder auch als Ares' Sohn. Bei Hesiod aber ist Eros schon von Anbeginn der Welt an dabei. Eros hatte den Schalk im Nacken und liebte es, den Menschen und Göttern Streiche zu spielen. In späterer Zeit erscheint er uns in der auch heute noch vertrauten Form eines mit Pfeil und Bogen bewehrten und ein Flügelpaar auf dem Rücken tragenden Jünglings. Die Pfeile, die er auf die Menschen abschoss, führten dazu, dass sie sich aus heiterem Himmel heillos in einen anderen Menschen verliebten. In der Antike war Eros ein sehr populärer Gott und viele Menschen praktizierten seinen Kult. Das Wort »erotisch« leitet sich von seinem Namen ab. Den Römern war Eros unter dem Namen Cupido bekannt. Die griechische und die römische Mythologie unterscheidet sich aber ein wenig. Bei den Römern ist Cupido ein süßes, pausbackiges Kind, während Eros bei den Griechen als übel wollender und gefährlicher Heranwachsender dargestellt wird. Seine Pfeile sind echt und können auch töten.

In der Liebe und im Krieg ist alles erlaubt

Obwohl Aphrodite mit Hephaistos verheiratet war, war Ares doch ihr Geliebter. Manche Mythenexperten sind der Ansicht, dass die beiden Götter deswegen ein Paar bildeten, weil sie für diejenigen Triebe im Menschen stehen, die für die Ordnung und die Institutionen des Menschen eine Gefahr darstellen. Menschen, die sich dem Delirium der Liebe oder des Krieges ergeben haben, sind nicht in der Lage, nach dem Vorbild der praktisch veranlagten und mit Bedacht vorgehenden Athene zu handeln. Aphrodite gebar Ares drei Kinder:

- ✔ Eros (Liebe)
- ✔ Deimos (Schrecken)
- ✔ Phobos (Furcht)

Eine ziemlich amüsante Szene in der *Ilias* erzählt, wie Ares und Aphrodite zusammen in flagranti ertappt werden. Um ihnen auf die Schliche zu kommen, hängte Aphrodites Gatte Hephaistos eines Tages ein Netz aus Gold über ihr Bett. Als sich Ares zu ihr gesellte, ließ er die Falle zuschnappen. Daraufhin rief er alle Götter zusammen, um ihnen die untreue Ehefrau zu zeigen und sie der Lächerlichkeit preiszugeben. Seine

Rache für ihren Ehebruch zeigte allerdings nicht die gewünschte Wirkung, da wohl die meisten Götter insgeheim bei sich dachten, dass eine Nacht mit Aphrodite verbringen zu dürfen, es wert sei, von einem goldenen Netz gefangen zu werden.

Hermes, der Götterbote

Hermes war der Bote der Götter. Er war Sohn des Zeus und der Maia, der Tochter des Titanen Atlas. Er war ein wunderhübscher junger Mann und trug einen geflügelten Reisehut und ein Paar geflügelte Schuhe. Außerdem trug er einen Stab bei sich, um den sich zwei Schlangen schlängeln und an dessen Spitze wiederum das für ihn typische Attribut des Flügelpaares erscheint. Der Name des Stabes lautet *caduceus*. Das Caduceus (siehe Abbildung 4.3) war in der Antike das Symbol der Boten bzw. Herolde.

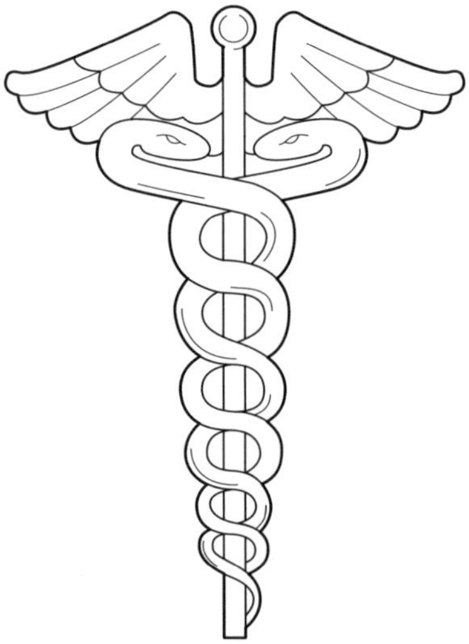

Abbildung 4.3: Bemerkenswert ist, dass seit dem 16. Jahrhundert der Caduceus symbolisch für sehr Verschiedenes stand, zum Beispiel für die Post und für die Dienste der Botschafter.

Immerzu rastlos unterwegs

Hermes hatte einen großen Aufgabenbereich. Seine Geschwindigkeit ermöglichte es ihm, viele Aufgaben gleichzeitig zu erledigen. Im Folgenden eine Übersicht über sein Tagespensum:

- ✔ Er war der Gott des Handels und der Kaufleute.
- ✔ Er führte die Toten in die Unterwelt.

- Er war Zeus' Unterhändler bei heiklen Angelegenheiten (wie etwa der Entführung des trojanischen Königssohnes Ganymed in den Olymp, nachdem Zeus sich in ihn verliebt hatte), erledigte Botengänge für ihn und kümmerte sich um das Zustandekommen seiner zahllosen amourösen Abenteuer.
- Er war der Schutzpatron der Kinder und Helden und brachte Gefahren ausgesetzte göttliche Kinder in Sicherheit (er war es, der das Kind Dionysos zu den Nymphen nach Nysa in Sicherheit brachte).
- Schäfer und Reisenden wies er den rechten Weg. Er war Beschützer der Herden und ein Gott der Fruchtbarkeit und des Wohlstandes.
- Er war außerdem Gott der Athleten und des Gymnasiums.
- Nicht zuletzt war er auch der Gott der Diebe.

Hermes' Symbole: Ohne meinen Stab gehe ich nicht auf Wanderschaft

Sein bekanntestes Symbol sind die Flügelschuhe. Weitere Attribute sind der schon erwähnte »Caduceus«, der Reisehut und der Geldbeutel sowie ein Hirtenstab, der sich immer dann als nützlich erwies, wenn es darum ging, die Toten in die Unterwelt zu begleiten.

Den Helden ein Held

Außerdem trägt Hermes die Namen »Töter des Argos« (benannt nach dem hundertäugigen Wächter, der im Auftrag Heras die arme, in eine Kuh verwandelte Io mit den noch heute sprichwörtlichen »Argusaugen« bewachte; er wurde von Hermes betäubt und getötet) sowie »Psychopompos«, d.h. »Seelenführer«, entsprechend seiner Aufgabe, die Toten in den Hades zu geleiten. Der Athener Komödiendichter Aristophanes macht sich bisweilen über die Vorliebe seiner Zeitgenossen lustig, jedem Gott endlos viele Beinamen und Attribute zuzuschreiben. In seinem Stück *Die Frösche* tragen zwei Figuren einen komischen Streit darüber aus, ob es besser sei, bei einem Gebet für den verstorbenen Vater Hermes Patrios (Ahn Hermes) oder Hermes Chtonios (Hermes der Unterwelt) anzurufen.

Ein viel herumgekommener, allein erziehender Vater

Hermes hatte zwar nie eine Ehefrau, zeugte aber dennoch Kinder. Pan zum Beispiel war sein Sohn, ebenso wie Hermaphroditos, der aber halb männlichen und halb weiblichen Geschlechts war. Er war der Sohn von Hermes und Aphrodite. Er (Sie?) hatte weibliche Brüste, aber einen männlichen Phallus.

Der Name ihres Sohnes ist uns auch heute noch geläufig, da sich von ihm das Wort *Hermaphrodit* herleitet, eine Bezeichnung für einen Menschen, der sowohl männliche als auch weibliche Geschlechtsmerkmale in seinem Körper vereinigt.

Die Erfindung der Leier

Schon seit frühester Kindheit stellte Hermes unter Beweis, wie schlau und gewitzt er war. Noch nicht einen Tag alt, kletterte er schon aus seiner Wiege und stahl die Rinderherde seines Bruders Apoll. Er führte sie weg und ließ die Tiere dabei rückwärts gehen, um die Verfolger zu verwirren. Er opferte zwei der Tiere und versteckte die anderen in einer Höhle. Nachdem er die Herde wieder zurückgegeben hatte, versöhnten sich die Brüder wieder. Hermes schenkte Apoll die von ihm erfundene Leier (auch Lyra geschrieben), die er aus dem Panzer einer Schildkröte gefertigt hatte. Apoll liebte das Instrument und die Töne, die es machte, und wurde am Ende ein Meister auf dem Instrument.

Die Hermen

Im antiken Athen gab es überall Hermes geweihte phallusförmige Säulen und Pfeiler, die Hermen hießen. Sie waren aus Marmor oder Bronze hergestellt. Auf ihrer Spitze stand entweder eine Büste des Hermes oder sie waren mit männlichen Genitalien geschmückt. Die Pfeiler dienten als Wegzeichen oder Grenzsteine. Sie sollten darüber hinaus die Stadt und die Häuser schützen, eine Funktion, die die Athener sehr ernst nahmen. Im fünften vorchristlichen Jahrhundert stieß einmal ein Athener namens Alkibiades einige dieser Hermen um. Dies brachte die Bewohner Athens so auf, dass sie ihn aus der Stadt verbannten und sein ganzes Hab und Gut beschlagnahmten.

Dionysos, der Party-Gott

Dionysos, der Gott des Weins und der Fruchtbarkeit, betrat erst spät die Bühne der olympischen Götter.

Seine Eltern waren Zeus und die Prinzessin Semele aus Theben, was Dionysos zum einzigen Gott macht, der einen menschlichen Elternteil besitzt. Er erlangte noch zu Lebzeiten Göttlichkeit, anders als Herakles (vgl. Kapitel 6), der auch aus einer Verbindung Gott-Mensch hervorgegangen war. Dionysos' Geburt war recht merkwürdig. Als Semele mit ihm schwanger ging, schwor Zeus am Ufer des Flusses Styx einen Eid und versprach ihr, dass er alles täte, was sie von ihm verlangen würde. Semele bat ihn daraufhin darum, er möge sich in seiner ganzen Herrlichkeit zeigen. Zeus war darüber ein wenig bestürzt. Kein Sterblicher durfte ihn so sehen und anschließend weiterleben. Da er sein Versprechen aber nicht brechen konnte, präsentierte er sich ihr in seiner ganzen Pracht.

Er war sich darüber im Klaren, was passieren musste. Semele fiel auf der Stelle tot um. Zeus zog daraufhin das noch ungeborene Baby Dionysos aus dem Leib seiner toten Mutter heraus und barg es in seinem Oberschenkel (wir wissen nicht, wie das genau vor sich ging; leider – vor allem zum Bedauern von Frauen – ist diese Technik nicht überliefert).

Nach seiner Geburt nahm Hermes das Kind an sich und brachte es zu den Nymphen, die im wunderschönen Tal Nysa lebten (in anderen Versionen des Mythos waren es Athamas und Ino, die sich um den kleinen Dionysos kümmerten). Als Dionysos älter geworden war, vermisste er seine Mutter so sehr, dass er zu Hades ging, ihm schilderte, wie sehr er seine Mutter Semele zurückhaben wolle, und ihn darum bat, dass seine Mutter das Totenreich wieder verlassen dürfe. Hades erklärte sich einverstanden, und Dionysos brachte seine Mutter auf den Olymp, wo sie mit den Göttern zusammenleben sollte. Verständlicherweise war Zeus' Frau Hera darüber wenig begeistert. Sie sorgte schließlich dafür, dass Dionysos, Athamas und Ino zeitweilig ihren Verstand verloren. Ihr Zorn ließ nach einiger Zeit aber wieder nach, so dass sie ihnen schließlich ihren Verstand wiedergab.

Die Symbole des Dionysos

Das am häufigsten mit Dionysos in Verbindung gebrachte Symbol ist der Wein, entweder die Weintraube oder der Efeu (er macht sich sehr gut als Girlande, die man sich während des Trinkens umhängt). Die Masken, die die Schauspieler im griechischen Theater trugen, symbolisieren ebenfalls Dionysos.

Der wiedergeborene Gott

Dionysos' Erlebnisse vor seiner Geburt gaben ihm auch den Beinamen »zweifach Geborener«. Andere Beinamen spiegeln sein Wesen und seine Aufgabe als Gott des Weines und des Rausches wider (sein berühmtes dionysisches Wesen): Akratophorus (»Bringer des Weins«), der Nachtschwärmer und der Fackeltragende. Andere Beinamen haben mit Fruchtbarkeit oder der Natur allgemein zu tun: der Blumenbekränzte, der Efeu oder der Bock, der Stier oder der brüllende Löwe. Vielleicht wegen der magischen Eigenschaften des Weins trug Dionysos auch die Beinamen Retter und Erlöser.

Wenn Sie möchten, zeige ich Ihnen, wie man Wein herstellt

In seinem Erwachsenenleben verbrachte Dionysos seine Zeit damit, die Erde zu bereisen und den Menschen zu zeigen, wie man Reben pflanzt und aus den Trauben Wein keltert. Er reiste in Begleitung eines exklusiven, ihm treu ergebenen Gefolges – und das lange bevor die heutigen Prominenten Ähnliches für sich entdeckten. Es handelte sich bei seinem Gefolge aber um recht eigentümliche Wesen, die wir im Folgenden kurz vorstellen möchten:

- ✔ **Mainaden:** Die weiblichen Verehrerinnen des Dionysos, u.a. die Nymphen, die ihn als Kind pflegten.
- ✔ **Satyrn:** Pan und seine Gesellen, die man zusammen als Satyrn bezeichnet (in der römischen Mythologie *Faune* genannt), waren dämonische Mischwesen mit einem menschlichen Oberkörper, aber Pferde- oder Bocksbeinen, einem Pferdeschweif sowie kurzen Hörnern am Kopf. Sie tanzten wild herum, spielten Flöte dazu, tranken und hatten miteinander oder mit den in den Wäldern beheimateten Nymphen Sex. Bildliche Darstellungen der Satyrn zeigen diese oft mit großem erigiertem Phallus oder mit phallischen Objekten. Pan, ein bocksbeiniger Fruchtbarkeitsgott, war der in Arkadien geborene Sohn des Hermes. Er liebte die Wälder und Berge und war der Gott der Ziegenhirten und Schäfer. Das Wort *Panik* geht auf ihn zurück. Wenn die Bewohner des Waldes ihn in der Nacht hörten, verloren sie die Kontrolle.
- ✔ **Silene:** Antike Quellen berichten, dass es sich bei ihnen um Wesen halb Mensch, halb Pferd handelte. Sie waren die Spießgesellen von Dionysos und Hephaistos. Mit der Zeit wurde das Wort »Silenus« zum Synonym für Satyr.

Ein Beispiel für Dionysos' Zorn

Auch wenn Dionysos nur ein Jüngling war, so war es dennoch nicht ratsam, sich mit ihm anzulegen. Eines Tages fanden ihn etruskische Seeräuber und beschlossen, ihn gefangen zu nehmen, um ihn als Sklaven für gutes Geld zu verkaufen. Sie dachten sich, dass sie für einen so stattlichen jungen Mann sicher jede Menge Geld bekommen würden. Sie ergriffen ihn also und zerrten ihn auf ihr Schiff. Dort wollten sie ihn mit einem Seil fesseln. So oft sie es aber auch versuchten – die Seile wollten nicht zusammenhalten.

Der Kapitän des Schiffes befahl seinen Männern, die Segel zu setzen und das offene Meer anzusteuern. Das Schiff aber ließ sich nicht bewegen. Stattdessen wuchsen überall Weinreben an Bord des Bootes und Wein floss über das Deck. Dionysos verwandelte sich in einen Löwen und stimmte ein fürchterliches Gebrüll in Richtung der Seeräuber an. Diese sprangen über Bord und verwandelten sich im Wasser in Delphine.

Der mitunter barbarische Dionysoskult

In der Antike hatten die Menschen eine zwiespältige Einstellung zur kultischen Verehrung des Dionysos. Man war zwar dem Weine zugeneigt und schätzte seine angenehmen Wirkungen. Der übermäßige Genuss dieses Getränks aber bewirkte bei den Menschen, dass sie anfingen, sich seltsam und ungebührlich aufzuführen.

Eine Form des Dionysoskultes war recht unheimlich. Weibliche Begleiterinnen des Dionysos, genannt *Mainaden* (bzw. Mänaden; im Lateinischen hießen sie *Bacchantinnen*), betranken sich so sehr, dass sie in einen Zustand rauschhafter Verzückung gerieten, die Wälder durchstreiften, dort lebende Tiere fingen und sie mit bloßen Händen und ihren Zähnen zerrissen und fraßen. Eine griechische Tragödie berichtet sogar, dass sie auch mit Menschen so verfuhren.

Lykurgos, ein König in Thrakien, stellte sich gegen den Dionysoskult. Dionysos sperrte ihn daraufhin in einer Höhle ein. Zeus ließ den armen König später erblinden, der kurze Zeit darauf auch starb. Sich den Göttern entgegenzustellen, zahlte sich eben nicht aus.

Als Dionysos seinen Kult nach Theben bringen wollte, traf er auf einen König – es war Pentheus, Dionysos' Cousin –, der nicht glauben wollte, dass Dionysos ein Gott war, und der auch das wilde Getanze und den frenetischen Gesang der Mainaden nicht ausstehen konnte. Seinen Soldaten befahl er, die gesamte Reisegesellschaft festzunehmen. Die Soldaten brachten Dionysos, der freiwillig mitkam, zu ihrem König und berichteten, dass die Mainaden geflohen seien, da kein Seil sie halten konnte. Pentheus wollte immer noch nicht glauben, dass sein Gast ein Gott war und ließ ihn einsperren.

Dionysos floh augenblicklich und nahm Rache. Als Pentheus den Mainaden nachstellte, um sie gefangen zu nehmen, ging Dionysos hin und beraubte alle Frauen Thebens ihres Verstandes. Als sie ihrem König gegenübertraten, hielten sie ihn für einen Berglöwen und rissen ihn mit bloßen Händen in Stücke. Pentheus' Mutter führte die Gruppe rasender Frauen an. Als sie erkannten, was sie getan hatten, war es zu spät. Ihr König war tot.

Der deutsche Philosoph Friedrich Nietzsche hatte die Idee, die griechische Kultur insgesamt als einen Wettkampf zwischen dem dem Gott Apoll zugeschriebenen Apollinischen (d.h. dem auf die Vernunft und Ordnung der Dinge bezogenen) und dem Dionysischen (all dem also, was mit der Trunkenheit, dem Wahnsinn und dem Chaos verbunden ist) darzustellen. Auch wenn es vielleicht übertrieben erscheint, eine ganze Kultur anhand dieses groben Rasters zu beschreiben, so ist das Begriffspaar dennoch nützlich, wenn es darum geht, einzelne Aspekte einer Gesellschaft als *apollinisch* oder *dionysisch* zu charakterisieren.

Die schönsten und gemeinsten von allen: Die griechischen Göttinnen

5

In diesem Kapitel

- Die Ehefrauen: Hera und Aphrodite
- Ein Besuch bei Mutter Natur: Demeter
- Die jungfräulichen Göttinnen: Athene und Artemis
- Was es mit den Musen, den Parzen, Furien und Grazien auf sich hat.

Dachten die Griechen an Götter oder Göttinnen, so stellten sie sich vor, es handele sich um mächtige, schöne und unsterbliche Versionen des gewöhnlichen Menschen. Die mächtigen, schönen und unsterblichen Göttinnen der Griechen taten das, was man von den Menschenfrauen schon kannte. Sie heirateten (einige blieben unverheiratet), hatten hin und wieder Liebesaffären, gebaren Kinder, trugen Streitigkeiten mit ihren Männern und Liebhabern aus, vertrugen sich wieder und empörten sich darüber, dass es die männlichen Gottheiten waren, die alle Regeln bestimmen durften.

Hera, Aphrodite und Demeter: Die divenhaften Göttinnen

Die meisten griechischen Frauen waren die überwiegende Zeit ihres Lebens Ehefrau und Mutter. Nicht anders erging es den Frauen anderer Zeiten und Erdteile. Entsprechend waren einige der wichtigeren Göttinnen ebenfalls Ehefrauen und Mütter.

Königin Hera, Bewahrerin der Ehe (außer ihrer eigenen)

Hera war mit Zeus verheiratet. Sie war außerdem seine Schwester, was aber keinen zu stören schien. Beide waren die Kinder von Rheia und Kronos.

Man sollte sich von der Tatsache, dass es Inzest unter den Göttern gab, nicht auf die falsche Fährte führen lassen. Wie in fast allen anderen Kulturen war auch in Griechenland der Inzest ein Tabu für die Menschen.

Hera war das weibliche Pendant zu Zeus, die Königin des Himmels. Die griechischen Frauen verehrten Hera als Göttin von Ehe und Heim. Ihre Tochter Ilithyia (bzw. Eileithyia) stand den Frauen bei der Geburt bei. In Hera sahen die Frauen damals alle Stadien eines Frauenlebens verkörpert: Heranwachsen, Ehe, Mutterschaft und Witwentum. Sie war von erhabener Königlichkeit, entrückt und schön. Oft wurde sie auf einem Thron dargestellt. Sie war auch die Schutzgöttin der Städte und bestimmter gesellschaftlicher Schichten.

Die anderen Kinder Heras waren: Ares, Hebe und Hephaistos. Hera erzeugte und gebar Hephaistos ohne männliche Hilfe als Vergeltung dafür, dass Zeus Athene ohne sie erschaffen hatte (vgl. Kapitel 4). Einige Quellen sagen, dass auch das Ungeheuer Typhon ihre eigene Schöpfung gewesen sei.

Heras Symbole

Ihre Symbole waren der Pfau, der wohl wegen seiner Anmut und Pracht angemessen für eine Königin schien, und die Kuh (Viele große Göttinnen trugen das Epitheton »die Kuhäugige«, z.B. Hathor, weil Kühe schöne Augen haben!). Sie verwandelte wenigstens eine der Gespielinnen ihres Gatten Zeus in eine Kuh. Kein netter Zug von ihr.

Die Beinamen Heras

Hera hatte eine Reihe von Beinamen: »Beschützerin« (insbesondere in der Stadt Argos gebräuchlich, die sehr mit Hera verbunden war), »Braut« und »Olympierin« (genau wie ihr Gemahl Zeus). Andere ihrer Beinamen erscheinen seltsamer: »die Erwachsene« oder auch »die Stier verzehrende«. Die Bewohner der Stadt Stymphalos verwendeten sogar das Beiwort »Hera, die Verwitwete«, eine ironisch gemeinte Bezeichnung, die sich darüber lustig machte, dass ihr Gemahl Zeus sie so oft betrog.

Ein Taugenichts als Ehemann

Hera verbrachte viel Zeit damit, Zeus' menschlichen Geliebten und seinen unehelichen Kindern in böser Absicht nachzustellen. Als Zeus sich z.B. in Kallisto verliebte und einen Sohn mit ihr zeugte, verwandelte Hera sie in einen Bär. Als Kallistos Sohn herangewachsen war und eines Tages auf Jagd ging, sorgte Hera dafür, dass er seiner immer noch in einen Bären verwandelten Mutter Kallisto begegnete. Bevor er sie aber mit seinen Jagdwaffen töten konnte, griff Zeus ein, packte Kallisto und verwandelte sie in ein Sternbild – den Großen Bären. Später gesellte sich Kallistos Sohn zu ihr und wurde zum Sternbild Kleiner Bär. Was auch immer Zeus dazu bewogen haben mag, ständig hinter Röcken her zu jagen und sich zu amüsieren (siehe Kapitel 4), die griechische Damenwelt genoss es wahrscheinlich, den Schilderungen über die Bestrafungen zu lauschen, die Hera ihren Rivalinnen zukommen ließ.

Eines Tages war Hera aus irgendeinem Grund böse auf ihren Gemahl Zeus. Er ging zu einem weisen alten Mann und fragte ihn, wie er ihre Gunst wieder erlangen könne. Der Weise sprach, er solle aus einem Baumstamm die Statue einer Frau anfertigen, sie mit einem Gewand kleiden und erklären, dies sei nun seine Braut. Zeus tat wie ihm geheißen. Hera hörte davon, rannte zum Schauplatz des Geschehens und riss der Statue die Kleidung herunter. Als sie bemerkte, dass die »Rivalin« nur aus Holz war und nicht aus Fleisch und Blut, war sie so entzückt, dass sie Zeus vergab und sich wieder mit ihm versöhnte. Diese Episode war der Beginn eines regelmäßig gefeierten Festes, bei dem hölzerne Statuen eine wichtige Rolle spielten.

Die Nymphen

Wer waren denn noch mal die Nymphen? Ach ja, sie waren liebenswerte, gut entwickelte weibliche Halbgöttinnen, die spärlich bekleidet in den Wäldern tanzend und musizierend herumstreiften. Die griechische Mythologie beschränkt sich nicht nur auf die wichtigsten olympischen Götter. Manchmal kann man den Eindruck bekommen, dass jeder Fels, Baum und jedes Gewässer seinen eigenen Schutzgeist hatte. Heute bezeichnet man mit dem Wort Nymphe die Larve eines Insekts. Sehr charmant. Eine andere Bedeutung des Wortes ist im heutigen Sprachgebrauch ein verführerisches junges Mädchen.

Verrückt genug, um einen Krieg vom Zaun zu brechen

Wie die meisten griechischen Göttinnen war auch Hera sehr eitel. Bei einem denkwürdigen Ereignis erwies sich ihre Eitelkeit (gepaart mit derjenigen Athenes und Aphrodites) als Auslöser für einen folgenschweren Krieg. Als bei einer Hochzeit (zu der sie eigentlich nicht eingeladen war) Eris, die Göttin der Zwietracht, einen goldenen Apfel in die Menge warf, der die Aufschrift »Der Schönsten« trug, da entbrannte sofort ein Streit zwischen Hera, Athene und Aphrodite, da jede den »Zankapfel« für sich beanspruchte. Verwickelte Umstände (die Sie in Kapitel 7 nachlesen können) führten dazu, dass ein trojanischer Jüngling mit Namen Paris dazu auserkoren wurde, die Schönste der drei Göttinnen zu bestimmen. Natürlich versuchten alle drei, Paris zu bestechen, damit er eine der drei zur Siegerin erklärte. Aphrodites Bestechungsversuch (Heirat mit der schönsten Frau, die es im Himmel und auf Erden gab) wirkte am besten. Sie errang den Titel und konnte am Ende den Apfel ihr eigen nennen.

Hera geriet darüber dermaßen in Rage, dass sie Paris und den Bewohnern seiner Heimat furchtbare Rache schwor. Es entbrannte schließlich der Trojanische Krieg (die Quelle für vielleicht tausend mythische Geschichten), der den Tod zahlloser Helden zur Folge hatte und am Ende zur Gründung des römischen Volkes führte (vgl. Kapitel 11).

Hera und Herakles: Du bringst mich zur Verzweiflung

Hera beschränkte ihren Zorn nicht nur auf die Gespielinnen des Zeus, sondern er traf auch dessen uneheliche Kinder. Aus Zeus' Verbindung mit Alkmene ging das Kind Herakles hervor. Hera empfand eine sofortige Abneigung gegen das Kind. Der Name »Herakles« bedeutet so viel wie »zum Ruhme Heras« oder auch »berühmt wegen Hera«.

Natürlich war Hera zornig über dieses weitere demütigende Beispiel von Zeus' Untreue, aber Zeus setzte dem noch die Krone auf, indem er sie (wie taktlos!) bat, seinen kleinen Sprössling zu stillen, damit das Baby Herakles Unsterblichkeit erlange. Heras Antwort auf diese geschmacklose Bitte war ihrer würdig. Sie schmiedete ein Komplott, um das Kind töten zu lassen.

In einer anderen Version der Geschichte wandte Zeus eine List an, um Herakles doch Unsterblichkeit zukommen zu lassen. Er schlich sich nachts zu seiner schlafenden Gemahlin und legte ihr den kleinen Herakles an die Brust. Sie aber wachte auf und stieß das Baby von sich fort. Die Muttermilch, die ihr daraufhin aus der Brust schoss, verwandelte sich in die hell am Firmament strahlende Milchstraße.

Hera schickte zwei Schlangen, die das Kind in seiner Wiege töten sollten. In Kapitel 6 erfahren Sie die ganze Geschichte. Als Herakles erwachsen war, war Heras Zorn immer noch nicht abgeklungen. Sie bewirkte, dass er seinen Verstand verlor und seine Frau und seine Söhne tötete. Außerdem brachte sie die Amazonen gegen ihn auf. Nach Herakles' Tod legte sich ihr Zorn. Sie stimmte zu, dass er ihre Tochter Hebe (die Göttin der Jugend) zu seiner Frau nahm, und war einverstanden, dass er mit den Göttern auf dem Olymp leben durfte.

Aphrodite, die fruchtbare Femme fatale

Aphrodite! Die Göttin der Liebe. Sie entstieg dem Meer dort, wo Uranos' Männlichkeit in die Fluten fiel, nachdem sein Sohn Kronos ihn entmannt hatte. In dem berühmten Gemälde *Geburt der Venus* von Sandro Botticelli (Abbildung 5.1) sieht man, wie sie gerade auf einer großen Schellmuschel stehend an die Gestade der Insel Zypern treibt. (Bei Homer ist sie allerdings die Tochter von Zeus und Dione.)

Aphrodite war schön und begehrenswert. Ihr Dasein war der Aufgabe gewidmet, dafür zu sorgen, dass die Menschen sich in sie und untereinander verliebten. Sie verkörperte die guten, aber auch die schlechten Seiten der weiblichen Natur: verführerischen Charme, den Wunsch nach Kindern sowie die Fähigkeit zur Täuschung. Sie war die Göttin der erotischen Liebe – egal welcher Couleur – und der Fruchtbarkeit.

Aphrodites Symbole

Die ihr zugeordneten Symbole sind die Schellmuschel, auf der sie an Land trieb, nachdem sie dem Meer entstiegen war, der Schwan, der Sperling, die Taube und der Myrtenbaum (alles Dinge, die die Liebe symbolisieren).

Land ahoi!

Die Göttin der Liebe wird oft als die Zyprische bezeichnet, benannt nach der Insel, an der sie an Land ging. Andere Beinamen lauten: die Braut Aphrodite, Aphrodite des tiefen Meeres, die himmlische Aphrodite oder die siegreiche Aphrodite. Das interessanteste ihrer Beinamen ist jedoch »die Dunkle«, ein Name, der ihr vielleicht deswegen verliehen wurde, weil er an die Fruchtbarkeit von Schwarzerde erinnert oder wegen ihrer Macht über all die Dinge, die sich zwischen Liebenden bei Nacht abspielen.

Die von allen geliebte Aphrodite

Aphrodite war eine beliebte Göttin. Die Griechen verehrten sie als die für Sexualität und Fortpflanzung zuständige Gottheit, eine Göttin also, die das Angenehme mit dem Notwendigen verband. Im antiken Griechenland brachte die Braut ihr Opfer dar, auf dass ihre erste erotische Erfahrung positiv verlaufen möge. Kurtisanen verehrten sie. Aphrodite war auch für die Fruchtbarkeit der Scholle und des Ackers zuständig. Die Dichter verehrten sie wegen ihrer Liebesfähigkeit.

Wie Sie ja bereits wissen, war Aphrodite mit dem missgestalteten Hephaistos verheiratet. Das mutet ein wenig wie ein kosmischer Scherz an, und warum sie überhaupt zueinander fanden, das bleibt im Dunkeln. Das ungleiche Ehepaar scheint aber auf alle Fälle nicht gut miteinander ausgekommen zu sein. Aphrodites wahre Liebe war der Kriegsgott Ares. In Kapitel 4 können Sie weitere Details über ihr Verhältnis nachlesen.

In Vergils epischer Dichtung *Aeneis* ist Aphrodite (sie erscheint dort unter ihrem römischen Namen Venus) die treueste Gefährtin des Helden Aeneas. (In Homers *Odyssee* war es Athene, die diese Stellung für Odysseus einnahm.) Dies ergab auch Sinn, da sie dort gleichzeitig dessen Mutter war.

Aphrodites Sohn hieß Eros. (Bei Hesiod erfahren wir von einem Eros, der aus dem Chaos geboren wurde; er unterschiedet sich aber doch erheblich von dem knabenhaften Eros, über den die späteren Dichter berichten.) Ihr Sohn war ein wunderhübscher Knabe, der immer mit Pfeil und Bogen anzutreffen war. Traf er jemanden mit seinem Pfeil, so verliebte sich der Getroffene in einen anderen. Seine Mutter und andere Götter veranlassten ihn mitunter, seine Pfeile auf bestimmte Ziele abzufeuern. So ließ Aphrodite ihn einen Pfeil auf Zeus abschießen, damit dieser sich in Europa verliebte, oder – ein anderes Beispiel – Hera brachte ihn dazu, auf Medea zu zielen, so dass sie sich in Jason verliebte.

Das Wort *erotisch* leitet sich etymologisch von Eros ab. Ein *Aphrodisiakum* ist eine Substanz, die die erotisch-libidinösen Kräfte eines Menschen stimulieren soll. Der Ursprung dieses Wortes ist natürlich der Name Aphrodite.

Abbildung 5.1: Achten Sie in Botticellis Gemälde Geburt der Venus *auf die Darstellung von Aphrodites halbherzigem Versuch, Schamhaftigkeit an den Tag zu legen.*

Eine etwas andere Schönheitskonkurrenz: Paris ist gefragt!

Wie schon berichtet (siehe den Abschnitt *Verrückt genug, einen Krieg vom Zaun zu brechen*) war Aphrodite die Gewinnerin des Schönheitswettbewerbs, durch den am Ende der Trojanische Krieg verursacht wurde. Zusammen mit Athene und Hera stritt sie sich um den Titel »Die Schönste« und alle drei versuchten, den Ausgang des Wettstreits zu ihren Gunsten zu beeinflussen, indem sie einen jungen trojanischen Prinzen mit Namen Paris zu bestechen versuchten. Athene und Hera aber hatten gegen Aphrodite von Anfang an keine Aussichten auf Erfolg, denn welcher Mann würde ernsthaft den Sieg in der Schlacht oder politische Macht Aphrodites Angebot vorziehen, Ehemann des schönsten weiblichen Wesens im Himmel und auf Erden zu werden? Paris bekam also seine Helena, die schönste Frau, die es gab, was eine Menge anderer Ereignisse zur Folge hatte (beispielsweise den Trojanischen Krieg). Mehr dazu lesen Sie in Kapitel 7.

Teilzeit-Liebhaber: Adonis

Adonis war ein Mensch. Aphrodite verliebte sich gleich nach seiner Geburt in ihn. Sie nahm ihn seiner Familie weg und gab ihn bei Persephone, Königin der Unterwelt, in Obhut.

Persephone aber verliebte sich gleichfalls in Adonis und weigerte sich, ihn Aphrodite herauszugeben. Die beiden Göttinnen stritten sich um ihn und schließlich musste Zeus herbeieilen, um den Streit zu schlichten. Er entschied, dass Adonis Herbst und Winter mit Persephone verbringen und Aphrodite ihn im Frühling und im Sommer haben sollte.

Mit diesem klugen Kompromiss war beiden gedient. Besonders Persephone musste zufrieden sein, da sie die kalten Monate des Jahres ja sowieso in der Unterwelt verbringen musste und nur den Frühling und den Sommer bei ihrer Mutter Demeter oben bei den Lebenden verbringen durfte. Mehr zur Geschichte Persephones in einem der nächsten Abschnitte.

Adonis verbrachte den Großteil seiner Zeit bei der Jagd. Aphrodite begleitete ihn oft dabei. Eines Tages jedoch ging er allein zur Jagd. Mit einem Speer versuchte er einen wilden Eber zu erlegen. Er konnte ihn aber nur verwunden. Das rasende Tier durchbohrte ihn daraufhin mit seinen Hauern. Aphrodite hörte seine Schreie und eilte rasch zu ihm hin. Er aber war tödlich verwundet und verblutete in ihren Armen. Als er starb, küsste sie ihn und überall, wo sein Blut den Boden berührte, wuchsen blutrote Buschwindröschen.

Demeter und Mutter Natur

Demeter war eine ganz eigene Gottheit, eine Erdgöttin, die nicht im Olymp mit den anderen Unsterblichen lebte. Sie war die Tochter von Kronos und Rheia und war z.B. dafür verantwortlich, dass das Korn auf den Feldern gedieh. Sie war nicht die Göttin der Erde – dieser Titel gebührte Gaia. Für die meisten Griechen aber war sie von größerer Bedeutung wegen ihrer Rolle im Ackerbau und in der Natur im Allgemeinen.

Demeters Symbole

Ihre Symbole entstammen naheliegenderweise dem Bereich rund um die Ernte: Kornbüschel, kleine Kuchen (die die Menschen auf den ihr geweihten Altären niederlegten) sowie die für die Ernte verwendeten Werkzeuge wie z.B. Sense oder Sichel.

Demeters Beinamen

Einer von Demeters interessanteren Beinamen lautet »die namenlose Jungfrau«. Man war damals wohl der Ansicht, dass ein einfacher Name einer solch mächtigen Göttin nicht angemessen sein könnte. Sie hieß auch Eleusinische Demeter, benannt nach der Stadt Eleusis in der Nähe Athens, deren Bewohner sie besonders verehrten. Andere Beinamen betonen ihre Macht über das Wachstum der Nutzpflanzen des Menschen: »die Frucht tragende«, »Gaben stiftende«, »die Grüne« und »die Schwarze« (benannt nach der schwarzen, besonders fruchtbaren Erde).

Die Schändung Persephones und die Jahreszeiten

Demeter hatte eine Tochter, Persephone. Sie liebte ihre Tochter abgöttisch.

Eines Tages bemerkte Hades, der Gott der Unterwelt, Persephone und beschloss, sie zu rauben. Er überredete Zeus dazu, ihm zu helfen. Zeus erschuf hierzu eine wunderschöne Blume, die Narzisse, und pflanzte sie in einige Felsen ein. (Dies widerspricht zwar einer anderen Geschichte über die Entstehung der Narzisse, nämlich der mit Echo und Narkissos bzw. Narziss – aber so ist die Mythologie eben!)

Persephone sah die Blume und entfernte sich von ihren Freunden, um sie zu pflücken. Wenn Sie erfahren möchten, wie die Geschichte ausging, blättern Sie zurück zu Kapitel 4. Es genügt zu sagen, dass Persephone Hades' Frau wurde.

Demeter trat daraufhin in den Streik – alle Pflanzen stellten ihr Wachstum ein und sie ließ verlauten, dass sie nicht eher ihre Arbeit wieder aufnehmen würde, bis sie ihre Tochter wiederbekommen hätte. Zeus hatte die Konsequenzen seiner Hilfe für seinen Bruder Hades nicht ganz bedacht und sich auch nicht weiter für Persephones Schicksal interessiert. Nachdem er aber mit Demeter gesprochen hatte, entschied er schließlich, dass Hades Persephone wieder herausgeben müsse. Er schickte Hermes hinab in die Unterwelt, damit er sie wieder zurückholte.

Hades erkannte schließlich, dass ihm nichts anderes übrig bleiben würde, als Persephone ihrer Mutter wiederzugeben. Bevor sie ihn verließ, gab er ihr aber noch vier (oder auch sechs, je nach Version der Geschichte) Granatapfelsamen zu essen. (Mehr über Hades können Sie in Kapitel 4 nachlesen.)

up ...

... up ... update

Nutzen Sie den UPDATE-SERVICE des mitp-Teams bei vmi-Buch.

Registrieren Sie sich jetzt!

Unsere Bücher sind mit großer Sorgfalt erstellt. Wir sind stets darauf bedacht, Sie mit den aktuellsten Inhalten zu versorgen, weil wir wissen, dass Sie gerade darauf großen Wert legen. Unsere Bücher geben den topaktuellen Wissens- und Praxisstand wieder.

Um Sie auch über das vorliegende Buch hinaus regelmäßig über die relevanten Entwicklungen am IT-Markt zu informieren, haben wir einen besonderen Leser-Service eingeführt.

Lassen Sie sich professionell, zuverlässig und fundiert auf den neuesten Stand bringen.

Registrieren Sie sich jetzt auf www.mitp.de oder **www.vmi-buch.de** und Sie erhalten zukünftig einen E-Mail-Newsletter mit Hinweisen auf Aktivitäten des Verlages wie zum Beispiel unsere aktuellen, kostenlosen Downloads.

Ihr Team von mitp

Hermes übergab die Tochter schließlich ihrer überglücklichen Mutter. Demeter aber geriet in Sorge, als Persephone ihr von den Granatapfelsamen erzählte. Natürlich sollte sie mit ihren Bedenken recht behalten.

Zeus' Mutter Rheia kam und besuchte Demeter. Sie erklärte ihr, dass ihre Tochter jedes Jahr für eine bestimmte Zeit in die Unterwelt zurückkehren müsse, da sie von dem Granatapfel probiert habe. Demeter blieb nichts anderes übrig, als das Unvermeidliche hinzunehmen, auch wenn sie ihre Tochter eigentlich niemals wieder herausgeben wollte. Während der Zeit aber, die ihre Tochter bei ihr weilen konnte, war sie glücklich und ließ auch die Natur an ihrem Glück teilhaben, indem sie alles wachsen und gedeihen ließ. Musste ihre Tochter aber zurück in den Hades, überkam die Mutter ein Gefühl der Trauer und des Verlustes. Sie stellte für die Dauer der Abwesenheit ihrer Tochter ihre Arbeit einfach ein. Diese Zeit nennen wir Winter.

Die seltsame Krankenschwester

War ihre Tochter für die Dauer einiger Monate in der Unterwelt entschwunden, wanderte Demeter als alte Frau verkleidet von einem Ort zum anderen. Als sie sich eines Tages an einem Brunnen ausruhte, der sich in der Stadt Eleusis befand, liefen ihr vier junge Schwestern über den Weg und fragten sie, was sie denn in der Stadt mache. Sie antwortete, sie sei vor Seeräubern geflohen, die sie als Sklavin verkaufen wollten. Die Schwestern brachten Demeter zu ihrer Mutter, Metaneira, die die Göttin als Amme für ihren kleinen Sohn anstellte.

Die Amme, eine Frau, die ein Kind anstelle der Mutter stillt, war ein in der Antike sehr verbreiteter »Beruf«. Viele Frauen, die es sich finanziell leisten konnten, zogen es vor, ihr Baby von einer Amme ernähren zu lassen, anstatt diese Aufgabe selbst zu übernehmen.

Demeter liebte das Kind über alles und beschloss, es unsterblich zu machen. Jede Nacht, wenn die Familie schon schlief, griff sie sich das Kind und setzte es in ein Feuer, das es unsterblich gemacht hätte, wenn nicht seine Mutter Demeter bei ihrem Tun erwischt und ihr das Kind weggenommen hätte.

Demeter geriet über die Mutter des Kindes in Wut und erklärte ihr, dass sie die Göttin Demeter sei und dass sie es verhindert habe, ihrem Sohn Alter und Tod zu ersparen. Jetzt aber sei es zu spät. Sie verlangte, dass Metaneira und ihre Stadt ihr zu Ehren einen Tempel bauen sollten. Alle Bewohner der Stadt packten mit an und als der Tempel fertig war, ließ sich Demeter dort nieder und betrauerte den zeitweisen Verlust ihrer Tochter.

Angucken erlaubt – aber bitte nicht berühren! Die jungfräulichen Göttinnen

Einige Göttinnen waren Jungfrauen. Dies war vielleicht sogar auch besser so, da für die Männer (egal ob göttlich oder nur menschlich) ihre erotischen Beziehungen zu den weiblichen Göttern meist in die Hose gingen und sie am Ende die Gelackmeierten waren. Aphrodite z.B. betrog Hephaistos mit Ares und beide standen am Ende in aller Öffentlichkeit als die Gedemütigten da. Zeus' Ehe mit Hera hatte ihre heiklen Momente, um es noch vorsichtig auszudrücken. Der sterbliche Peleus schließlich alterte frühzeitig, als er mit seiner göttlichen Ehefrau Thetis intim verkehrte. Es waren besonders zwei Göttinnen, die für ihre Jungfräulichkeit bekannt wurden. Artemis verkörperte die verführerische Variante der Jungfräulichkeit. Alle Männer begehrten sie, erreichten aber nie ihr Ziel, sondern gerieten höchstens in Schwierigkeiten. Athene dagegen war ein ganz anderer Typ Jungfrau und man verehrte sie insbesondere wegen dieser Eigenschaft. Der berühmteste Tempel in Griechenland, der Parthenon in Athen, trägt ihren Beinamen *parthenos*, was nichts anderes als Jungfrau bedeutet. Es gibt aber buchstäblich keinen einzigen griechischen Mythos, in dem beschrieben würde, dass Männer sie begehrten oder ihr nachstellten. Sie war zu mächtig, zu beeindruckend und zu angsteinflößend.

Die Göttin Athene

Eines Tages hatte Zeus furchtbare Kopfschmerzen. Er rief den Schmied Hephaistos zu sich und bat ihn, mit seiner Axt seinen Kopf zu spalten. (Sicher eine gute Art, seine Kopfschmerzen loszuwerden; von einer Nachahmung wird aber dringend abgeraten!) Dieser tat wie ihm geheißen und siehe da – aus Zeus' Kopf sprang Athene heraus, vollständig ausgewachsen und in vollem Harnisch.

Wie aber kam Athene in Zeus' Kopf? Nun, Zeus hatte eine Nacht mit Metis verbracht, einer der eher abstrakten, kaum greifbaren weiblichen Göttinnen. Sie war die Verkörperung der pragmatischen Weisheit und Schläue. Auf alle Fälle wollte sie aber eigentlich keinen Sex mit Zeus und veränderte deshalb ständig ihre Gestalt. Seine Großmutter Gaia sagte ihm, dass er, nachdem Metis ihm eine Tochter geboren hätte, einen Sohn bekommen würde, der ihn eines Tages entmachten würde, um selbst König des Himmels zu werden. Also verschlang Zeus sicherheitshalber Metis. Derweil aber reifte Athene in seinem Kopf heran. Wie Hephaistos (dessen Mutter Hera – wie schon in Kapitel 4 berichtet – ihn ohne männliche Mithilfe zeugte) wurde auch Athene durch Jungfernzeugung, also ohne die Einwirkung des anderen Geschlechts, erschaffen und geboren.

Athene war die Göttin des Krieges. Sie trug einen Helm und einen Brustpanzer und einen Schild mit dem Haupt der Medusa. Dazu trug sie einen besonderen Ziegenfellumhang mit Fransen, der undurchdringlich für jede Waffe war und sie selbst vor Zeus' Blitzen zu schützen vermochte, die so genannte *aegis*.

Die US-Marine besitzt einige besonders ausgerüstete Kriegsschiffe. Sie begleiten Flugzeugträger und sollen verhindern, dass diese angegriffen und getroffen werden. Sie heißen *Aegis Combat System Cruisers*, benannt nach eben jenem Umhang der Athene.

Die Weisheit der Athene

Eines von Athenes Symbolen ist die Eule, die für ihre Weisheit steht. Eine Eule war auch auf den in Athen geprägten Silbermünzen abgebildet. Athen war die mit ihr besonders verbundene Stadt. Häufig ist Athene auch mit einer Schlange dargestellt, ein Symbol für machtvolle weibliche Gottheiten. Die Athener glaubten, dass Athenes Schlange die Stadt schützte. Und die berühmteste, leider nicht erhalten gebliebene Statue von ihr im Parthenon in Athen zeigte sie mit einer kleinen, geflügelten Nike (der Göttin des Sieges) in der Hand.

Athenes Beinamen

Wie andere Götter und Göttinnen, so hatte auch Athene viele Beinamen. Hier sind einige von ihnen:

- ✔ **Pallas Athene:** Pallas ist nichts weiter als ein Name. Vielleicht entstand der Doppelname, als zwei antike Gottheiten zu einer verschmolzen wurden.
- ✔ **Athene Parthenos:** Parthenon bedeutet »Tempel der Jungfrau«.
- ✔ **Die Helläugige:** Athene war berühmt für ihre Weisheit und ihre hellen Augen.
- ✔ **Aegis tragende Athene:** Sie heißt so, weil sie Zeus' Aegis trug.
- ✔ **Athene Polias:** Athene, die die Stadt beschützt (Stadt heißt im Griechischen *polis*).
- ✔ **Athene Pronaos:** In Delphi stand vor dem Tempel des Apoll eine Statue der Athene. Besucher konnten dort Athene Proanos (»Athene vor dem Tempel«) Opfer darbringen.

Ihre Lieblingsstadt war Athen. Sie trägt nicht umsonst auch ihren Namen. Sie war Schutzgöttin der Stadt, förderte und lehrte die Menschen das Handwerk und den Landbau und zeigte den Menschen nicht zuletzt, wie man wilde Tiere zähmt. Der berühmte, Athene geweihte Tempel in Athen ist der Parthenon auf der Akropolis.

Athene und die Musik

Auch zur Musik hatte sie eine besondere Beziehung. Sie erfand die Doppelflöte. Als sie aber beim Spielen ihr Spiegelbild sah, fand sie, dass ihr die aufgeblähten Backen gar nicht stünden. Sie warf die Flöte weg. Daraufhin nahm sich der Satyr Marsyas das Instrument und maß sich mit Apoll bei einem musikalischen Wettkampf, der gar nicht gut für ihn endete. (Mehr zu seinem scheußlichen Schicksal können Sie in Kapitel 4 nachlesen.)

Athenes göttliche Gefälligkeiten

In Homers *Odyssee* greift Athene mehrfach in den Ablauf des Geschehens ein, um Odysseus, für den sie große Sympathie empfindet, beim Bestehen seiner Abenteuer zu helfen. Sie half auch Perseus dabei, Medusa zu töten. Sie lieh ihm ihren Schild, so dass er Medusa das Gorgonenhaupt abschlagen konnte, ohne sie dabei ansehen zu müssen, was ihn ja bekanntlich unweigerlich zu Stein verwandelt hätte. (Dieser Schild war aber nicht die Aegis des Zeus, die Athene allem Anschein nach nicht einfach so ausleihen durfte.)

Artemis, die schöne Jägerin

Artemis war Apolls Zwillingsschwester, Tochter von Zeus und der Titanin Leto. Als Leto mit den beiden in den Wehen lag, jagte Hera sie von einem Ort auf der Erde zum anderen. Nirgendwo konnte sie sich niederlassen, um ihre Kinder zu gebären. Schließlich kam sie in die Stadt Delos. Die Einwohner der Stadt erteilten ihr die Erlaubnis, mit ihren Kindern niederzukommen, vorausgesetzt, ihre Stadt würde zum heiligen Ort erklärt und erhielte später einen Apoll geweihten Tempel. Leto gebar dort Artemis, die gleich nach ihrer Geburt ihrer Mutter half, Apoll zur Welt zu bringen.

Die Liebe der Artemis zur Natur

Artemis liebte die Wälder und die wilden Tiere in der Natur. Sie war die Göttin der Jagd und Herrin über die Tierwelt. Ihren Bogen nahm sie überall hin mit.

Artemis war eine sehr wichtige Göttin, insbesondere für die Frauen. Sie wachte über die Veränderungen des weiblichen Körpers von der Kindheit bis zum Alter, sie war Muttergottheit und Geburtshelferin. Genau wie Apoll war sie aber nicht nur die Gottheit, die das Leben der Frauen beschützte, sondern auch die, die ihnen das Leben jäh entreißen konnte.

Artemis' Symbole sind der Mond (sie ist die Schwester Apolls, des Sonnengottes; außerdem wurde sie mit dem Zyklus der Frau in Verbindung gebracht), der Hirsch (wegen ihrer Neigung zur Jagd) und die Zypresse.

Artemis ist eine komplexe Göttin, im gesamten östlichen Mittelmeerraum für die unterschiedlichsten Bereiche verehrt. Sie vereint in sich sowohl weibliche als auch männlich besetzte Aspekte des Lebens. Eine kurze Liste ihrer vielen Namen verdeutlicht diese Uneinheitlichkeit ihres Wesens. (Wie alle anderen Aufzählungen göttlicher Beinamen in diesem Buch ist auch die folgende nicht vollständig; ausgenommen haben wir insbesondere Beinamen, die Artemis lediglich mit bestimmten Orten in Verbindung bringen, wie z.B. Persische Artemis, Mysische Artemis usw.): die Beste, Zeder Artemis, die Kinder-Großziehende, die Vollkommene, Freundin der Jugend, die Ruhmreiche, die Pferde-Aufspürerin, die Jägerin, die Führerin, die Licht-Bringende, die Väterliche, die Überzeugende, Priesterin, Erretterin, Artemis des steilen Ortes, die Erstickte und die Wölfische. Artemis hatte also viele Erscheinungsformen.

In der *Ilias* erscheint Artemis als Göttin, die auf der Seite Trojas steht. Als Agamemnon einmal auf ihre heilige Hirschkuh schoss, da verlangte sie, dass Agamemnon seine junge Tochter Iphigenie opfern sollte. In Sparta wachte sie über die Entwicklung der Knaben vom Jüngling zum Manne und war auch für die Jagd und bestimmte Teile des Krieges zuständig.

In manchen Geschichten ist sie die Göttin, die jede Nacht den Mond über den Himmel zieht. Als Mondgöttin taucht mitunter aber auch Selene auf, die Tochter (Ehefrau? Schwester? So genau weiß man das nicht.) des Sonnengottes Helios, mit dem Apoll bisweilen verwechselt wird.

Artemis' gefährlicher Zorn

Mit der Göttin Artemis wollte es sich niemand verscherzen. War sie einmal erzürnt, folgte ihre Rache auf dem Fuße. Die Königin von Theben (gemeint ist das griechische Theben, nicht das ägyptische), Niobe, hatte sieben Töchter und sieben Söhne. Sie beging den Fehler, sich damit zu brüsten, dass sie es besser gemacht habe als Leto, die nur zwei Kinder hatte. Daraufhin tötete Artemis alle Töchter und ihr Bruder Apoll alle Söhne der Niobe. Arme Niobe!

In Ovids *Metamorphosen* können wir die Geschichte von Aktaion nachlesen. Er, ein glückloser Jäger, streifte eines Tages mit seiner Hundemeute durch die Wälder und gelangte zufällig an einen kleinen Waldsee. Pech für ihn, dass Artemis gerade ein Bad in diesem See nahm. Erbost, dass Aktaion sie unbekleidet gesehen hatte, verwandelte sie ihn in einen Hirschen. Der Flüchtende wurde von seiner eigenen Hundemeute schließlich zerfleischt.

Artemis hasste es, wenn eine ihrer weiblichen Begleiterinnen ihre Jungfräulichkeit einbüßte. Zeus verliebte sich in eine von ihnen, Kallisto. Sie gebar ihm den Sohn Arkas. Der Mythos gibt abweichende Berichte darüber, was folgte. In der einen Version heißt es, Artemis habe Kallisto daraufhin getötet; andere dagegen berichten, dass Kallisto von ihr selbst oder Hera in einen Bären verwandelt worden sei. Zeus verwandelte Bär-Kallisto und ihren Sohn dann in Sternbilder – den Großen und den Kleinen Bären.

Hestia, die Göttin des häuslichen Feuers

Hestia, die erstgeborene Tochter von Kronos und Rheia, war die jungfräuliche Göttin des häuslichen Herds. Der Herd war in der Antike der Mittelpunkt des Hauses, was Hestia Macht über Haus und Hof und damit auch über die Familie und die Gemeinschaft verlieh, in der sie mit anderen Familien lebte. Da sie nie das Haus verließ, trat sie auch nie als auffällige Figur in der griechischen Mythologie auf. Dennoch war sie von großer Bedeutung für die Griechen wie übrigens auch später für die Römer, denen sie unter dem Namen Vesta bekannt war.

Der häusliche Herd

Der Herd, die Feuerstelle war die symbolische Mitte des Hauses. Die Familien brachten Hestia täglich Opfergaben dar, ein Ritual, das man vielleicht mit dem heute in manchen Familien praktizierten Tischgebet vergleichen kann.

Neue Familienmitglieder – Bräute, Kinder oder Sklaven – wurden in die Familie aufgenommen, indem man rings um den Herd bestimmte Rituale aufführte. In jeder antiken Stadt Griechenlands gab es eine Hestia geweihte öffentliche Feuerstelle, deren Feuer niemals ausgehen durfte. Dieser heilige, geweihte Herd bestimmte unter Umständen sogar, was Stadt war und was nicht. Einem Athener Mythos zufolge war es Theseus, der das Gebiet Attikas vereinigte. Er machte dabei alle unabhängigen Dörfer zu einem Teil der Stadt Athen, indem er deren heilige Feuerstellen nach und nach entfernte, bis nur noch eine einzige – die in Athen – übrig geblieben war.

Hestia, die Namenlose

Soweit wir wissen, trug Hestia keinen Beinamen. Homer (eine sonst verlässliche und ergiebige Quelle göttlicher Beinamen) schien Hestia nicht zu kennen. Spricht er in der *Ilias* von »hestia«, so meint er schlicht Feuerstelle. Die Bewohner Skythiens nannten sie aus unerfindlichen Gründen Tabiti.

Einige weitere Göttinnen

In der griechischen Sprache sind abstrakte Begriffe – Zwietracht, Notwendigkeit, Sieg, Frieden, Wahnsinn – vom grammatischen Geschlecht her weiblich. In der griechischen Dichtung werden diese Begriffe mitunter personifiziert und erscheinen dann auf der mythologischen Bühne als Göttinnen. Im Folgenden ein paar Beispiele hierfür:

Eris (Zwietracht)

Eris bedeutet übersetzt »Zwietracht«. Da die Zwietracht ein ständiger Begleiter des Menschen und aus seinem Leben nicht wegzudenken ist, lag es nahe, sie zu einer Gottheit zu vergegenständlichen. Hesiod beginnt seine Dichtung *Werke und Tage* mit der Bemerkung, dass es zwei Arten von Zwietracht unter den Menschen gibt:

- ✔ Die negative Zwietracht, die Feindschaft stiftet und Kriege nach sich zieht.
- ✔ Die positive Zwietracht, die den Menschen zur Arbeit anspornt und durch Konkurrenz zum Guten führt.

Er redet über die Zwietracht, als wäre sie eine Göttin.

In den mythischen Erzählungen über den Trojanischen Krieg ist Eris ebenfalls eine Göttin. Sie war es, die nicht zur Hochzeit von Peleus und Thetis eingeladen war und die mit dem goldenen Apfel den ganzen kriegerischen Schlamassel in Troja begann. (Wir berichteten. Noch mehr zu dieser Geschichte in Kapitel 7.)

Nike (Sieg)

Die Göttin des Sieges (*Nike* im Griechischen) gehört in dieselbe Reihe wie die Zwietracht. Auf der Akropolis in Athen findet sich ein ihr zu Ehren erbauter Tempel. Plastiken der Athene stellen sie oft mit einer kleinen Nikefigur in der Hand dar.

Darstellungen der Siegesgöttin zeigen sie oftmals mit Flügeln – nicht so bei den Athenern, die Stolz auf ihre flügellose Nike waren, da sie nicht wegfliegen konnte.

Die Weisheit

Die Neigung zur Vergöttlichung abstrakter Allgemeinbegriffe fand mit dem Niedergang der griechischen Hochkultur kein Ende. Die große christliche Kirche in Konstantinopel (heute Istanbul) heißt *Hagia Sophia*, d.h. »Kirche der heiligen Weisheit«. Ein weiteres Beispiel für eine Göttin, die sich von der Vergegenständlichung eines Begriffes ableitet.

Der Klub der Göttinnen: Ein bunt gemischter Haufen

Die untergeordneten Göttinnen Griechenlands treten immer gruppenweise auf. Da wären etwa die neun Musen (*musai* auf Griechisch), die drei Grazien (*charites* auf Griechisch), die drei Moiren (gr. *moirai*) und schließlich eine unbestimmte Anzahl Furien (gr. *erinyes*). Dass diese Göttinnen immer zu dritt oder einem Vielfachen der Zahl drei auftreten, ist wohl kein Zufall. Die Zahl Drei hat in vielen Kulturen eine besondere Bedeutung.

Die Musen

Die *Musen* waren die Töchter von Zeus und Mnemosyne. Im Olymp unterhalten sie die Götter durch ihren Gesang. Die Musen waren für die künstlerische Eingebung zuständig. In den ersten Zeilen der *Odyssee* und der *Ilias* wie in vielen anderen Werken auch, finden sich Anrufe an die Musen. Sie waren eines der Lieblingsobjekte der Bildhauer. Die Namen der neun Musen lauten (ihre Anzahl und ihr Zuständigkeitsbereich variiert je nach schriftlicher Quelle – wir geben im Folgenden die verbreitetste Übersicht):

- ✔ **Polyhymnia:** die Schirmherrin über die Hymnen an die Götter
- ✔ **Urania:** die Muse der Astronomie
- ✔ **Kalliope:** die Muse der epischen Dichtung
- ✔ **Thaleia:** die Muse der Komödie
- ✔ **Terpsichore:** die Muse des Chorgesangs (lyrischer Dichtung) und des Tanzes
- ✔ **Klio:** die Muse der Geschichte
- ✔ **Euterpe:** die Muse des Flötenspiels
- ✔ **Melpomene:** die Muse der Tragödie
- ✔ **Erato:** die Muse der Dichtung ohne Begleitung durch den Tanz, besonders der Liebesdichtung, woraus auch ihr Name resultiert.

Alle epischen Dichter beanspruchen die Musen als Inspirationsquelle ihrer Dichtung. Die ersten Worte in Homers *Ilias* lauten: »Vom Zorn singe mir, Muse, des Peleussohnes Achilleus!« Die *Odyssee* beginnt mit der Zeile: »Den Mann nenne mir, Muse, den vielgewandten ...« Der römische Dichter Vergil ist ein wenig selbstbezogener. Seine Dichtung *Aeneis* beginnt mit den Worten: »Ich singe von Waffen und von einem Mann ...« Die Musen werden erst im weiteren Verlauf der Dichtung angerufen.

Die Grazien

Die drei Grazien (auch Chariten genannt von gr. *charis*, was übersetzt Charme bedeutet) waren die Töchter des Zeus und der Eurynome, deren Vater der Titan Okeanos war. Wo auch immer sie erschienen, ließen sie Anmut und Schönheit erblühen. Kein Fest gelang ohne sie. Sie standen in enger Verbindung zu Aphrodite. Die Grazien waren mit Namen:

- ✔ **Aglaia:** die Grazie der Pracht oder des Charmes
- ✔ **Euphrosyne:** die Grazie der Freude und der Heiterkeit
- ✔ **Thalis:** die Grazie des Frohsinns und des Erblühens

Die in Abbildung 5.2 dargestellten Grazien liebten die Dichtung, Gesang und Tanz. Mitunter traten sie auch bei göttlichen Hochzeiten auf. Sie ließen die Blumen, insbesondere die Rosen, wachsen und blühen. Sie konnten den Menschen außerdem Schönheit und Charme zuteil werden lassen, egal ob in körperlicher, moralischer oder künstlerischer Hinsicht.

Abbildung 5.2: Die drei anmutigen Grazien

Die Moiren

Die *Moiren* waren ein weiteres Göttinnentrio. Sie waren die Töchter von Zeus und Themis (oder der Nacht). Die Moiren bestimmten über das Leben und das Schicksal eines jeden Menschen von der Geburt bis zum Tode, indem sie den Lebensfaden spannen.

Im Folgenden sind die Moiren mit ihrer jeweiligen Aufgabe aufgeführt:

- ✔ **Klotho (die Spinnerin):** Sie spann den Lebensfaden. Auf Darstellungen ist sie eine schöne junge Frau.
- ✔ **Lachesis (die das Los bestimmende):** Sie maß den Menschen die Länge ihres jeweiligen Lebensfadens zu und bestimmte so den Lauf ihres Lebens. Sie wurde als Frau in mittleren Jahren dargestellt.
- ✔ **Atropos (die Unabwendbare):** Sie schnitt den Lebensfaden der Menschen schließlich ab und nahm ihnen damit das Leben. Dargestellt wurde sie als alte Frau.

Das Sinnbild vom Menschenschicksal als Faden ist bedeutsam. In der Dichtung Homers entscheidet das Schicksal darüber, wann ein Mensch stirbt, aber nicht darüber, was in seinem Leben geschieht. Die Menschen sterben, wenn sie an das Ende ihres Lebensfadens gelangt sind, nicht früher und nicht später. Der trojanische Krieger Hektor kann also seiner Frau mitteilen: »Mache dir keine Sorgen! Wenn heute der Tag meines Todes ist, so sterbe ich, bliebe ich auch zu Hause oder ginge in die Schlacht, dort zu kämpfen. Ist heute aber nicht der Tag meines Todes, so werde ich auch auf dem Schlachtfelde in Sicherheit sein.« (Vgl. hierzu Kapitel 7.)

Gegen die Mächte des Schicksals schienen auch die olympischen Götter machtlos. In der *Ilias* wird geschildert, wie Zeus einige Todgeweihte, in seiner Gunst stehende Helden retten wollte. Hera und Athene allerdings taten alles, damit er von seinem Vorhaben abließ, so dass die natürliche Ordnung der Dinge nicht gestört würde. (In Kapitel 4 können sie noch einmal die Details nachlesen.)

Die Furien

Die *Furien* entstanden aus dem Blut, das auf die Erde fiel, als Kronos die Männlichkeit seines Vaters Uranos ins Meer schleuderte. Auf bildlichen Darstellungen haben sie Schlangen statt Haare auf dem Kopf. Sie bestraften jeden, der das *miasma* auf sich gezogen hatte, was durch Morde an Familienmitgliedern, Tempelbesuchern oder Gästen geschah. Die Furien waren auch die Beschützer der Bettler und garantierten die »natürliche Ordnung« der Dinge, wie etwa das Geburtsrecht des ältesten Sohnes.

Auch wenn es unterschiedliche Quellenaussagen über die genaue Anzahl der Furien gibt, so schrieb doch der Tragödiendichter Aischylos ein Stück über sie mit Namen

Eumeniden, in der eine ganze Reihe von Furien genannt werden. Spätere Autoren reduzierten die Zahl schließlich auf die folgenden drei:

- ✔ Tisiphone (»Mondrächerin«)
- ✔ Allekto (»Unversöhnliche«)
- ✔ Megaira (»Beneiderin«)

Die Griechen glaubten an göttliche Vergeltung und an die natürliche Ordnung der Welt. Die Furien sprangen immer dort ein, wo das Menschengesetz versagte.

Die kühnen Halbgötter: Die Helden

6

In diesem Kapitel

- Was einen Menschen zum Helden machte
- Einige der größten Helden im antiken Griechenland
- Die zwölf Arbeiten des Herakles
- Die Suche nach dem Goldenen Vlies
- Begegnung mit einigen berühmten Damen

Die Helden der griechisch-römischen Mythologie haben ihre Spuren überall in unserer Kultur hinterlassen. Noch heute kennt so gut wie jeder Herakles (bzw. in der römischen Version Herkules), den stärksten aller Helden. Sein Name ist Teil unserer Sprache und fast sprichwörtlich geworden. Eine *Herkulesarbeit* ist eine Aufgabe, die zu bewältigen für einen einzelnen Menschen schier unmöglich erscheint. Das Wort *Labyrinth* stammt aus der Geschichte über den Helden Theseus. Die Argonauten, die mit Jason auf die Suche nach dem Goldenen Vlies gingen, dienten als Inspiration für die Erfindung des Wortes *Astronaut* sowie seiner russischen Entsprechung *Kosmonaut*.

Helden waren zwar sterbliche Menschen, aber keine gewöhnlichen. Die meisten von ihnen entstammten der Verbindung eines Gottes (in der Regel Zeus) und einer sterblichen Frau. Sie zeichneten sich vor den anderen Menschen durch ihre Körpergröße und ihre immense Kraft aus. Mitunter verfügten sie auch über eine überlegene Intelligenz. Sie waren in Abenteuer verstrickt, bei denen sie gegen Ungeheuer, Götter oder absonderliche Schreckgestalten kämpfen mussten. Das »Zeitalter der Helden« ist nach der Vorstellung der antiken Griechen in der Epoche vor den Ereignissen des Trojanischen Krieges angesiedelt. Nach der heutigen Zeitrechnung entspricht das der Zeit 1500 bis 1200 vor Christus, also in etwa der späten Bronzezeit.

Was machte einen Sterblichen zum Helden? Einen Gott zum Vater zu haben war schon mal ein guter Anfang. Das Ganze wurde durch Taten abgerundet, die jenseits der Möglichkeiten normaler Sterblicher lagen. Nicht alle Helden waren von gutem Wesen und Charakter. Viele scheuten nicht davor zurück, Unschuldige umzubringen. Die meisten wussten auch nicht, wie man seine Frau anständig behandelt. Obwohl sie oft Herrscherfunktionen wahrnahmen, war das tägliche Regierungsgeschäft nicht ihr eigentliches Talent, da sie dem Regieren die heroische Tat jederzeit vorzogen.

In diesem Kapitel stellen wir vier der wichtigsten griechischen Helden vor und erläutern, warum man sich noch heute an sie erinnert. Perseus tötete Medusa. Herakles war der größte und stärkste der Helden. Theseus brachte den Minotaurus um und verwandelte Athen in einen bedeutenden Stadtstaat. Jason führte die Argonauten zum Goldenen Vlies. Sie alle vollbrachten heldenhafte Taten und waren doch nur Menschen.

Wir beziehen uns bei unseren Geschichten über die Helden auf die Dichtungen mehrerer Poeten der Antike. Der Geschichtsschreiber Herodot war Grieche und lebte im fünften Jahrhundert v. Chr. Er war ein kluger Mann und wusste, dass der Glaube der Menschen ihr Handeln beeinflusst. In seine Darstellungen der Geschichte ließ er also auch mythologische Geschichten einfließen. Apollodorus war ein Gelehrter in Alexandria und in Ägypten. Er lebte im zweiten Jahrhundert vor Christus. Er war vor allem *Mythograph*, d.h. ein Mensch, der Mythen sammelte und niederschrieb. Der im ersten vorchristlichen Jahrhundert lebende römische Dichter Ovid ist uns durch sein berühmtes, langes Versepos *Metamorphosen* noch heute ein Begriff. Diese Dichtung ist voller mythischer Geschichten. Pausanias lebte im zweiten nachchristlichen Jahrhundert, als die Römer über die frühere griechische Welt herrschten. Er war so eine Art Reiseschriftsteller. Sein Buch *Beschreibung Griechenlands* liest sich fast wie ein heutiger Reiseführer. Wie kommt es aber, dass wir unser Wissen über griechische Mythologie aus römischen Quellen beziehen? Nun, die Römer bewunderten die Kultur der Griechen und übernahmen sehr viel von ihnen. Die Gelehrten heute müssen sich eben mit dem begnügen, was die Überlieferung ihnen anzubieten hat.

Der Held Perseus

Perseus war vielleicht der »heroischste« aller griechischen Helden. Er vollbrachte meist Taten, die wir mit einem echten Helden in Verbindung bringen würden, wie etwa das Töten von Ungeheuern, die Rettung gefährdeter Jungfrauen, die dann später geheiratet wurden, usw. Er erscheint ein wenig wie der Prinz in unseren Märchen.

Die Geschichte von Perseus und seinen Heldentaten war im antiken Griechenland sehr beliebt. Homer nannte ihn den »bekanntesten aller Männer«. Die römischen Dichter Apollodorus und Ovid schrieben seine Geschichte in voller Länge nieder. Bei Herodot und Pausanias wird er ebenfalls gebührend erwähnt. Die griechischen Dichter Aischylos, Sophokles und Euripides schrieben Theaterstücke über ihn. Die bildenden Künstler liebten insbesondere Darstellungen von ihm, die ihn zeigen, wie er gerade Medusas Kopf abschlägt, oder sie porträtierten ihn zusammen mit Andromeda.

Perseus war eines von Zeus' vielen Kindern. Der Name seiner Mutter war Danaë. Sie war das einzige Kind von König Akrisios von Argos. Akrisios war ihretwegen ein wenig beunruhigt, da die Priesterin eines Orakels ihm prophezeit hatte, dass er selbst keinen eigenen Sohn mehr bekommen würde, seine Tochter aber würde einen Sohn gebären, der ihn eines Tages töten würde.

Orakel waren Orte, zu denen die Menschen hingingen und Fragen stellten. Gegen einen Obolus atmete eine Priesterin den Rauch brennender, leicht berauschender Lorbeerblätter ein und sprach dann ihre Prophezeiungen. Ähnlich wie bei Glückskeksen stimmten ihre Prophezeiungen immer. Später bezog sich das Wort *Orakel* auch auf die von der Priesterin gegebene Antwort wie auch auf die Priesterin selbst. Man konnte also zu einem Orakel gehen, um ein Orakel zu befragen, das einem dann schließlich ein Orakel als Antwort gab.

Oh, oh, es gibt Ärger

Wohl wissend, dass man die Prophezeiung eines Orakels nicht ungeschehen machen kann, versuchte Akrisios doch sein Bestes, das ihm zugewiesene Schicksal abzuwenden. Er sperrte seine Tochter Danaë in einem Erdschacht ein, der nur nach oben zum Himmel hin geöffnet war, und ließ sie Tag und Nacht bewachen. Dies konnte Zeus aber nicht aufhalten. Er kam zu ihr vom Himmel in Form eines goldenen Regens herab und sie empfing Perseus von ihm. (Wir erfahren zwar nicht, was ein goldener Regen genau ist, noch wie durch ihn eine Schwangerschaft zustande kommen kann – aber so lautet der Mythos.)

Danaë gebar ihren Sohn und versteckte ihn vor ihrem Vater. Dieser entdeckte ihn aber schließlich doch. Er wollte anfangs nicht glauben, dass Zeus der Vater sei. Er wollte auch nicht, dass das Kind aufwuchs, um ihn dann eines Tages zu töten. Er steckte Danaë und ihr Kind in ein Truhe und ließ sie auf dem Meer aussetzen. Er hoffte so, seinen für ihn gefährlichen Enkel loswerden zu können, ohne direkt und unmittelbar für seinen Tod verantwortlich zu sein.(»Als ich sie das letzte Mal sah, ging es ihr gut.«)

Zeus rettet Danaë und ihren Sohn Perseus

Zeus sorgte dafür, dass das Kind und seine Mutter keinen Schaden nahmen. Er ließ die Truhe mit den beiden an der Insel Seriphos landen. Dort nahm sich ein Fischer mit Namen Diktys ihrer an. Für einige Jahre lebten sie mit dem Fischer zusammen auf der Insel. Diktys' Bruder Polydektes war der Herrscher auf der Insel. Als Perseus herangewachsen war, bemerkte Polydektes, dass Danaë noch immer eine Schönheit war, und beschloss, dass er sie haben müsse. Danaë aber wollte nichts von ihm wissen und ihr Sohn hätte jeden Versuch vereitelt, sie mit Gewalt zu nehmen. Deshalb kam Polydektes zu dem Schluss, dass er Perseus vorher beseitigen musste, wollte er dessen Mutter für sich haben.

Er entwickelte einen Plan. Zunächst ließ er bekannt machen, dass er zu heiraten gedenke, und ließ alle seine Freunde, Perseus eingeschlossen, zum Fest einladen. Alle Gäste sollten Pferde als Brautgeschenke mitbringen. Polydektes rechnete damit, dass Perseus als Ersatz für die Pferde, die er nicht besaß, seinen herausragenden Mut unter Beweis stellen würde. Er konnte dies nur tun, indem er eine besondere Heldentat vollbrachte. So kündigte er also an, dass er Medusa töten und ihren Kopf dem Brautpaar als Geschenk darbringen wolle. Der König war damit natürlich mehr als nur einverstanden. Apollodorus berichtet, dass er ihm sogar befahl zu gehen.

Medusa war eine der drei *Gorgonen*, Furcht erregende Frauengestalten mit fratzenhaften Gesichtern und Schlangenhaaren. Jeder, der sie anblickte, wurde augenblicklich zu Stein. Medusa war als Einzige der drei Schwestern sterblich.

Auf der Suche nach den Gorgonen

Der König erwartete natürlich, dass der unerfahrene Perseus bei seinem Unternehmen getötet werden würde und er dann freie Bahn bei dessen Mutter Danaë haben würde. Da hatte er sich allerdings mächtig geschnitten.

Da niemand den genauen Aufenthaltsort der Gorgonen kannte, begab sich unser junger Held erst einmal zum Orakel von Delphi. Die Priesterin dort konnte ihm aber nicht weiterhelfen. Auch der sprechende Eichenbaum bei Dodona konnte ihm nichts sagen. Er wanderte also eine Weile umher.

Die Götter führen Perseus auf den richtigen Pfad

Da er ohne Unterstützung aufgeschmissen war, halfen ihm schließlich Hermes (Sie erinnern sich sicher – Hermes, Zeus' Unterhändler für heikle Angelegenheiten) und Athene. Sie teilten ihm mit, dass er erst die richtigen Waffen von den Nymphen im Norden erwerben müsse, bevor er Medusa töten könne. Die Einzigen, die wüssten, wie man zu ihnen gelangen könne, seien die Graien (»Die Grauen«), drei Schwestern, die von Geburt an grau waren. Hermes übernahm die Aufgabe, ihn zu den Graien zu führen.

Zunächst einmal händigte Hermes Perseus ein magisches Schwert aus, das stark genug war, den schuppigen Nacken der Gorgonen zu durchschlagen. Athene überließ Perseus ihren polierten Bronzeschild. Sie wies ihn an, ihn wie einen Spiegel zu verwenden, so dass er der Medusa niemals direkt in das Antlitz blicken musste. Er nahm seine leihweise überlassenen Gaben und machte sich mit Hermes auf den Weg zu den Graien.

Die *Graien* waren drei alte weibliche Gestalten, die aussahen wie Schwäne, aber menschliche Köpfe, Hände und unter den Flügeln verborgene Arme hatten. Sie waren die Schwestern der Gorgonen. Sie hatten zusammen nur ein Auge (und nur einen Zahn) und wechselten sich mit dem Gebrauch dieses einen Auges ab. Perseus wartete den Moment ab, in dem eine der Schwestern das Auge herausnahm, um es einer anderen zu reichen. Er nahm es schnell an sich und bot an, ihnen das Auge zurückzugeben, sobald sie ihm den Aufenthaltsort der Nymphen des Nordens mitteilten. Sie sagten es ihm, er gab ihnen ihr Auge zurück und er und Hermes machten sich auf den Weg.

Ihre Reise führte sie ins Land der *Hyperboreer* (der Name bedeutet »Bewohner des Landes im hohen Norden«, womit wohl die Bewohner des heutigen England gemeint waren). Diese lebten in einem irdischen Paradies, in dem das Feiern und Tanzen nie aufhörte und die Musik nie verstummte. Die dortigen Menschen gaben ihm drei Geschenke:

- ✔ geflügelte Schuhe,
- ✔ eine Tarnkappe,
- ✔ einen Beutel, der aufnahm, was immer man in ihn hineinsteckte.

Nun war er bereit, Medusa entgegenzutreten.

Hermes wusste, wo die Gorgonen lebten. Gemeinsam mit Perseus flog er über den Ozean zu ihrer Insel, wo Athene auf sie wartete. Die drei Ungeheuer schliefen gerade. Perseus schaute sie sich im Spiegel seines Schildes genau an. Athene zeigte ihm, welche der drei Medusa war. Perseus flog mit seinen geflügelten Schuhen über sie hinweg, schlug ihr den Kopf ab (Athene half ihm dabei, genau zum Schlag anzusetzen), stieß erneut herunter, griff ihn sich und verstaute das Medusenhaupt schließlich in seinem magischen Beutel. (Abbildung 6.1 zeigt den siegreichen Perseus mit seiner scheußlichen Trophäe.) Da erwachten die anderen beiden Gorgonen und versuchten, ihn zu fangen. Perseus aber zog sich seine Tarnkappe über und flog sicher davon.

Perseus findet die wahre Liebe und einen weiteren Kampf

Auf seinem Weg nach Hause kam Perseus auch durch Äthiopien. Dort traf er auf eine schöne Jungfrau, die gerade von einem Meeresungeheuer aufgefressen zu werden drohte. Ihr Name war Andromeda.

Kassiopeia, die Mutter Andromedas, hatte sich damit gebrüstet, dass ihre Tochter schöner sei als die Töchter des Meeresgottes. Die erzürnte Gottheit schickte daraufhin ein Meeresungeheuer nach Äthiopien, wo es die Menschen in Schrecken versetzte, indem es Jagd auf sie machte und auffraß, wen immer es erwischen konnte. Ein Orakel verkündete, dass man es nur aufhalten könnte, wenn man ihm Kassiopeias Tochter ließe. Ihr Vater fesselte sie also an einen Felsen und wartete, bis das Ungeheuer herbeikommen und seine Tochter fressen würde.

Perseus verliebte sich augenblicklich in die schöne Jungfrau. Er versteckte sich und wartete, bis das Ungeheuer erschien. Als es sich an der Meeresoberfläche zeigte, schlug er ihm den Kopf ab. Perseus trug seine zukünftige Braut nach Hause zu ihren Eltern und bat sie erfolgreich um die Hand ihrer Tochter. Natürlich hatten schon vor Perseus' Erscheinen Jünglinge ein Auge auf die schöne Andromeda geworfen. So war sie schon einem Rivalen mit Namen Phineas versprochen. Phineas versuchte, ein Komplott gegen Perseus zu schmieden. Der aber nahm das Medusenhaupt aus seinem Beutel und verwandelte seinen Konkurrenten in Stein. Schließlich war der Weg frei, und er konnte seine schöne Andromeda zur Frau nehmen.

Abbildung 6.1: Perseus und Medusa.

Hier ist dein Geschenk!

Perseus segelte mit seiner Braut zurück zu seiner Heimatinsel. Dort erfuhr er, dass seine Mutter Polydektes' Avancen zurückgewiesen hatte und mit Diktys zusammen davongelaufen war. Sie hielten sich irgendwo versteckt. In einigen Berichten heißt es, sie seien zum Altar der Götter geflohen, wo ihnen niemand etwas antun konnte. Am Abend seiner Ankunft – Polydektes feierte gerade mit seinen Kumpanen ein Gelage – marschierte Perseus zu ihm in seinen Herrscherpalast, erklärte, er komme wie versprochen sein Brautgeschenk abzuliefern, zog es heraus und verwandelte alle Teilnehmer des Festmahls zu Stein.

Von Ironien und Orakeln ...

Diktys wurde Nachfolger seines Bruders und König der Insel. Perseus, Andromeda und Danaë kehrten zurück nach Argos, um sich mit Danaës Vater Akrisios zu versöhnen. Als sie nach Argos kamen, berichtete man ihnen, dass Akrisios die Stadt verlassen habe und niemand wisse, wo er sich jetzt aufhalte. Der Grund für sein Verschwinden war, dass Akrisios von Perseus' Heldentaten gehört hatte und aus Furcht vor ihm davongelaufen war.

Perseus hörte von einem Wettkampf der Athleten, der in Larissa stattfinden sollte. Er beschloss teilzunehmen. Wie der Zufall so spielte, kam auch Akrisios, um sich das Ereignis anzuschauen. Perseus warf seinen Diskus unbeabsichtigt in die Zuschauertribüne. Er traf seinen Großvater am Fuß und tötete ihn so (wie auch immer das geht – vielleicht ein nachfolgender Herzinfarkt?). Die vor vielen Jahren ausgesprochene Prophezeiung des Orakels war damit erfüllt. Der Dichter Pausanias erzählt diese Geschichte etwas anders. In seiner Version begab sich Perseus nach Larissa, um sich mit seinem Großvater wieder zu versöhnen. Er entschloss sich dann, am Diskuswettkampf teilzunehmen. Er warf seinen Diskus und Akrisios lief zufälligerweise in die Flugbahn der schweren Scheibe.

Wie dem auch sei: Perseus und Andromeda verbrachten glückliche Jahre. Sie hatten einen gemeinsamen Sohn namens Elektryon, der später Herakles' Großvater wurde. Das Medusenhaupt gab Perseus Athene, die es auf ihren Schild steckte und von da an Feinde, wann immer sie wollte, in Stein verwandeln konnte.

Held aller Helden: Herakles

Herakles (besser bekannt unter seinem römischen Namen Herkules) war der Stärkste unter den Starken. Er war stark und männlich, von der Damenwelt sehr begehrt. Im Regelfall verließ er sich auf seine rohe Kraft, wenn er sich einer Herausforderung stellen musste. Manchmal bewies er aber auch Köpfchen, so z.B. als er zwei Flüsse umleitete, die für ihn die Ställe des Augias ausmisteten.

Herakles (in Abbildung 6.2 ist er dargestellt) war *äußerst* beliebt bei den Griechen in der Antike. Er kommt in Homers Dichtung vor, und Geschichtenerzähler hielten seinen Mythos am Leben. Apollodorus und Pausanias ließen ihn immer wieder in ihrer Dichtung auftreten. Dasselbe trifft auf den Geschichtsschreiber Herodot zu. Die Griechen ehrten ihre mythologischen Helden mit kleinen Heldenschreinen. Herakles waren mehr Schreine als irgendeinem anderen Helden gewidmet. Ein Grund dafür mag in der Tatsache begründet liegen, dass er sein Leben nutzbringender Arbeit widmete und durch seine Hilfsbereitschaft selbst viel an Leid erdulden musste.

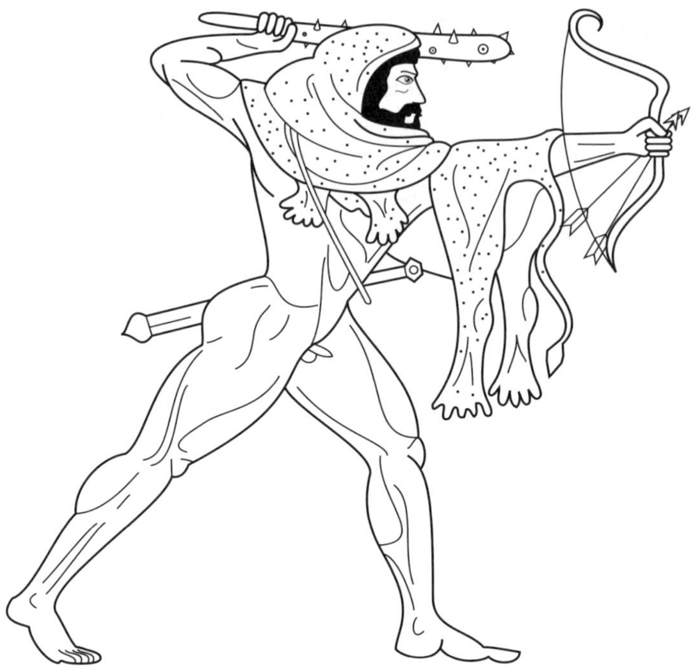

Abbildung 6.2: Herakles mit seinen charakteristischen Attributen Keule, Löwenfell und Bogen

Zeus schlägt wieder zu

Der Vater des Herakles war Zeus. Zeus' Leidenschaft war für eine Frau namens Alkmene entbrannt. Er verkleidete sich als ihr Ehegatte, so dass sie sich ihm ohne Widerstreben hingab. Sie gebar Zwillingssöhne – der eine war der Sohn ihres Gatten und der andere (Herakles) war das Kind des Zeus.

Zeus' eifersüchtige Frau Hera hasste Herakles sein ganzes Leben lang. Als er noch ein kleiner Säugling war, schickte Hera zwei Schlangen, die ihn in seiner Wiege töten sollten. Der kleine Herakles packte kurzerhand die Schlangen am Kopf und erdrosselte sie. Als seine Mutter ins Zimmer kam, fand sie ihren Sohn lachend und mit zwei toten Schlangen spielend vor.

Im Alter von achtzehn Jahren tötete Herakles den Thespischen Löwen, dessen Fell er sein Leben lang als Umhang trug. (Andere Quellen berichten, dass er dieses Löwenfell von einem anderen getöteten Löwen erhielt, den er als erste seiner zwölf »Arbeiten« erlegte; mehr dazu im nächsten Abschnitt.) Anschließend kämpfte er gegen das Geschlecht der Minyer, die er schließlich alle umbrachte, weil sie Abgaben von den Bewohnern der Stadt Theben verlangt hatten. Die dankbaren Bewohner gaben ihm als »Geschenk« eine Prinzessin, die er alsbald heiratete. Sie schenkte ihm drei Söhne.

Eines Tages aber ließ die rachsüchtige Göttin Hera ihn seinen Verstand verlieren und seine Frau mitsamt den Kindern umbringen. In anderen Schilderungen heißt es dagegen, dass Hera es so einfädelte, dass ein Orakelspruch gegen ihn ausgesprochen wurde, der ihm befahl, in den Kriegsdienst einzutreten. Da er dazu seine Familie verlassen musste, geriet er so in Wut, dass er verrückt wurde und alle tötete. Wie auch immer es war – voller Schuldgefühle ging er zum Orakel von Delphi, um zu erfahren, welche Strafe er für diese schreckliche Tat erleiden solle. Das Orakel sprach, er solle zu Eurystheus, König von Mykene, gehen und tun, was immer dieser von ihm verlange.

Die zwölf Arbeiten des Herakles

Eurystheus war von seinem großen, starken Sklaven begeistert und zur gleichen Zeit auch geängstigt. Er teilte Herakles mit, dass dieser zehn scheinbar unmögliche Aufgaben zu bewältigen habe. Herakles nahm diese Arbeiten dankbar an, gaben sie ihm doch reichlich Gelegenheit, für seine Sünden zu büßen. Die zehn Arbeiten wuchsen sich schließlich zu zwölf aus, da Eurystheus Herakles zwei schon bestandene Aufgaben aberkannte. Die Prüfungen mussten in einer bestimmten Reihenfolge bestanden werden. Im Folgenden sind sie chronologisch geordnet aufgeführt:

1. Der Nemeische Löwe war unverwundbar. Herakles erdrosselte ihn.

2. Die Hydra von Lerna hatte neun Köpfe. Wurde ihr einer abgeschlagen, wuchsen ihr zwei neue. Herakles brannte jeden Halsstumpf aus, sobald er einen Kopf abgeschlagen hatte. Den letzten Kopf, der unsterblich war, verscharrte er unter einem Fels. Mit dem Blut der Hydra vergiftete er seine Pfeile. Pech für Herakles, dass sein Wagenlenker Iolaos ihm bei seiner Tat geholfen hatte, denn Eurystheus ließ diese Aufgabe nicht gelten.

3. Die Kerynitische Hirschkuh besaß goldene Hörner und war der Göttin Artemis heilig. Herakles brauchte ein Jahr, um das windschnelle Tier zu fangen und es lebendig zurückzubringen.

4. Auf dem verschneiten Berg Erymanthos gelang es Herakles, den großen Eber in eine Falle zu locken.

5. Die Ställe des Augias (sprich: Rinderställe) waren seit Jahren nicht gereinigt worden. Herakles leitete die Läufe zweier nahe gelegener Flüsse um, wodurch es ihm gelang, sie innerhalb nur eines Tages auszumisten. Er musste dafür allerdings sehr viel graben und die Flüsse mit einem Geschenk bestechen. Leider beging Herakles den Fehler, den Besitzer der Ställe, Augias, um Geld für seine Leistung zu bitten. Eurystheus ließ deshalb auch diese Leistung nicht gelten.

6. Die Stymphalischen Vögel scheuchte er mit Kastagnetten, die er von Athene erhalten hatte, aus einem Dickicht auf und erlegte sie dann mit seinen Pfeilen.

7. Auf Kreta fing er den Stier des Königs Minos ein und brachte ihn anschließend auf einem Boot nach Mykene.

8. Er erschlug König Diomedes von Thrakien und stahl seine Menschen fressenden Stuten.

9. Als ihm aufgetragen wurde, den Gürtel der Hippolyte, einer gefürchteten Kriegerin und Königin der Amazonen, zurückzubringen, da bat er sie einfach darum, ihm den Gürtel als Geschenk zu überlassen, was auch geschah. Typisch für Herakles kam es schließlich zu einem Missverständnis, in dessen Verlauf Hippolyte von ihm getötet wurde. Dahinter steckte wieder einmal die rachsüchtige Hera, die die Amazonen glauben machte, Herakles bedrohe ihre Königin, woraufhin sie ihn angriffen. Herakles wiederum war in dem Glauben, dass Hippolyte den Befehl zum Angriff auf ihn erteilt habe. Da Herakles der Typ war, der erst schoß und dann Fragen stellte, nahm das Verhängnis so seinen Lauf.

10. Auch die Rinder des Riesen Geryoneus, eines Ungeheuers auf einer Insel im Westen, der über drei Leiber verfügte, brachte er zurück. Auf dem Wege dorthin stellte er am Ende des Mittelmeers die *Säulen des Herakles* auf, dort, wo sich heute die Meerenge von Gibraltar befindet. Eigentlich hatte Herakles damit alle seine Arbeiten erfüllt. Da Eurysteus ihm aber zwei aberkannt hatte, musste er noch weitere Aufgaben lösen.

11. Die Goldenen Äpfel der Hesperiden erwiesen sich zunächst als ein Problem. Er ging zu Atlas und willigte ein, für ihn den Himmel zu halten, so lange, bis Atlas die Äpfel für ihn herbeigeholt hatte. (Als Zeus die Titanen besiegt hatte, bestrafte er Atlas damit, von nun an den Himmel für immer auf seinen Schultern zu tragen.) Atlas holte tatsächlich die Äpfel, wollte Herakles den Himmel aber nicht wieder abnehmen. Aber Herakles war schlauer. Er erklärte sich einverstanden, den Himmel zu übernehmen, bat aber Atlas, den Himmel noch einen Moment zu halten, während er sich ein Polster für den Kopf besorge. Natürlich war er, sobald Atlas den Himmel wieder übernommen hatte, auf und davon!

12. Seine letzte Aufgabe war, den dreiköpfigen Hund Kerberos, der den Eingang zur Unterwelt bewachte, zu entführen. Als er ihn Eurystheus übergeben hatte, überlegte der es sich anders und befahl Herakles, das scheußliche Biest wieder zurückzubringen.

Als er alle Aufgaben gelöst hatte, war Herakles wieder ein freier Mann.

Der triebhafte Kentaur und ein folgenschweres Geschenk

Herakles liebte die Frauen (einmal schlief er in fünfzig Tagen mit fünfzig Schwestern). Seine Erotomanie führte aber schließlich zu seinem Untergang. Er hatte wieder geheiratet, dieses Mal eine Frau namens Deianeira. Ein *Kentaur* mit Namen Nessus, ein Wesen mit Pferdeleib und menschlichem Oberkörper, sollte seine Braut auf einer Fähre über einen Fluss führen. Herakles wollte während dessen durch den Fluss schwimmen. Als Nessus sie auf die andere Seite gebracht hatte, versuchte er, sich an ihr zu vergehen. Sie schrie und Herakles, der sich noch auf dem diesseitigen Flussufer befand, tötete den triebhaften Pferdemenschen mit einem seiner vergifteten Pfeile. Sterbend sprach er zu Deianeira, sie solle sein Blut und seinen vergossenen Samen vermischen und es als Bann einsetzen, wenn ihr Mann jemals eine andere Frau begehren sollte.

Liebe tut weh: Untergang und Wiederauferstehung

Eines Tages besiegte Herakles einen König mit Namen Eurytos. Er hatte mit dem König noch eine Rechung zu begleichen aus der Zeit, als er mit seinen zwölf Arbeiten gerade zu Ende war und dachte, er würde sich nun mit Eurytos' Tochter Iole verheiraten können, die ihm als Sieger in einem Bogenschießen-Wettbewerb versprochen worden war. Ihr Bruder aber weigerte sich, sein Einverständnis zur Heirat zu geben aus Furcht, Herakles könne wieder seinen Verstand verlieren und Iole wie seine erste Frau auch umbringen. Herakles führte nun also Krieg gegen Eurytos, tötete ihn und seine Söhne und nahm Iole gefangen.

Herakles schickte seinen Boten zu Deianeira mit der Bitte, ihm ein Gewand zu schicken, dass er für die Darbringung seiner Opfergaben tragen wollte. Der Bote erzählte Deianeira unvorsichtigerweise von Iole. Deianeira dachte bei sich, dies wäre ein guter Moment, um die Wirkung der besonderen Liebes-Lotion zu testen, die sie vom Kentauren erhalten hatte. Sie nahm die Flüssigkeit und verteilte sie auf dem Gewand, das für Herakles bestimmt war.

Sobald Herakles das Gewand angezogen hatte, war ihm, als würde seine Haut brennen. Das Gift des tödlichen Pfeils (Herakles hatte ihn ja in das Blut der Hydra getaucht) war in Nessus' Blut übergegangen und tat nun seine verheerende Wirkung bei ihm selbst. Er riss sich das Gewand vom Leib. Dieses haftete aber so stark an ihm, dass er sich mit dem Gewand auch seine Haut vom Körper zog. Nun war es um ihn geschehen.

Als Deianeira vom tragischen Unglück des Herakles hörte, erhängte sie sich. Herakles errichtete einen Scheiterhaufen, stieg hinauf und befahl seinen Gefährten, ihn anzuzünden. Als das Feuer loderte, konnte man einen Donnerschlag hören. Herakles stieg zum Himmel hinauf und lebte fortan bei den Göttern. Dort versöhnte sich Hera schließlich mit ihm und gab ihm sogar ihre Tochter Hebe zur Frau.

Ein einheimischer Held: Theseus

Die Stadt Athen beanspruchte Theseus für sich, da man annahm, dass er es war, der Athen zu einem bedeutenden demokratischen Stadtstaat gemacht hatte. Außerdem wurden ihm viele der Qualitäten zugeschrieben, die die Athener als charakteristisch für sich selbst erachteten: Schläue, Verhandlungsgeschick, Mut, Gerechtigkeit und Schutz der Unterdrückten. Sie sahen Theseus als starken, gerechten Herrscher über die Demokratie. Seine Geschichte ist ein gutes Beispiel für einen Mythos, in dem viele unterschiedliche Ereignisse in einem kohärenten Ganzen aufgehoben wurden. Obwohl es doch eher viele, viele Jahre und mehrere Führer gebraucht hat, um Athen zu dem zu machen, wofür es dann in die Geschichte eingegangen ist, so war es doch einfacher, Theseus alle Verdienste für den Aufstieg zuzuschreiben. Theseus ist außerdem ein Beispiel dafür, dass man nicht unbedingt klug und tugendhaft sein musste, um uneingeschränkt als Held gelten zu können. Er fügte Ariadne und ihrem Vater auf einer seiner Reisen Schaden zu, was aber seinem Ruhm keinen Abbruch tat.

Theseus war der Sohn des Aigeus, des Königs von Athen, und einer Frau aus einer kleinen Stadt in Südgriechenland, die anscheinend nicht mit ihm verheiratet war. Aigeus kehrte nach Athen zurück, noch ehe sein Sohn geboren worden war. Bevor er sie verließ, versteckte er ein Schwert und ein Paar Schuhe unter einem großen Stein und sagte Theseus' Mutter, dass ihr Sohn nach Athen kommen könne und ihn als Vater benennen dürfe, sobald er groß genug sei, den Stein zur Seite zu rollen und die dort verborgenen Dinge zu bergen.

Theseus wuchs heran und eines Tages erzählte seine Mutter ihm von dem Stein. Natürlich versuchte er den Stein zu bewegen, aber ohne Erfolg. Der Stein war selbst für den jungen und dynamischen Helden zu schwer. Er musste sich also etwas anderes überlegen. Er erfand eine Hebevorrichtung mit Seilen, mit deren Hilfe er den Stein schließlich bewegen konnte. Anscheinend wollte sein Vater ihn erst dann nach Athen kommen lassen, wenn er klug genug geworden war, die ihm gestellte Aufgabe allein mit seiner Intelligenz zu lösen. Als er sich auf den langen Weg nach Athen machen wollte, versuchte seine Mutter ihn dazu zu überreden, mit dem Boot dorthin zu segeln. Er aber zog es vor, zu Fuß zu gehen, da er sich so mehr Gelegenheiten erhoffte, seinen Heldenmut unter Beweis zu stellen.

Griechenland war damals ein recht furchteinflößender Ort, voller Gesetzloser und Räuber. Theseus traf auch prompt auf eine Gruppe von ihnen, denen er es aber mit ihren eigenen Mitteln heimzahlte. Die folgende Liste benennt einige der Schurken, denen Theseus zu Leibe rückte:

- ✔ Sinis schnürte hin und wieder und nur so zum Spaß Menschen zwischen zwei Pinienbäume, die er bis auf den Boden niederbog. Dann kappte er die gespannten Seile und ließ die Bäume zurückschnellen. Er starb, als Theseus ihn einmal selbst in seine Erfindung einspannte.
- ✔ Der Räuber Skiron zwang die Menschen dazu, niederzuknien und ihm die Füße zu waschen. Anschließend machte er sich ein Vergnügen daraus, die Unglücklichen mit einem Tritt über eine Klippe in den Tod zu stürzen. Theseus tat es ihm gleich.
- ✔ Prokrustes spannte seine Opfer auf ein eisernes Bett (das berühmte Prokrustes-Bett). Damit sie genau den Maßen des Bettes entsprachen, streckte er sie entweder auf die richtige Größe oder er schnitt unten etwas von ihnen ab. Theseus nahm ein letztes Mal an ihm selbst Maß.

Seine guten Taten eilten Theseus voraus. Als er in Athen eintraf, feierten die Bewohner ihn wie einen Helden.

König Aigeus, der nicht ahnte, wen er da vor sich hatte, lud ihn zu einem Festmahl ein. Dort wollte er ihn vergiften aus Furcht, dass die Bewohner Athens ihn zum König wählen könnten. Medea (vgl. den Abschnitt *Jason, der Dummkopf* weiter unten in diesem Kapitel) war zufällig an Aigeus' Hof anwesend. Als sie Theseus den mit Gift gefüllten Becher reichte, zog er im selben Moment sein Schwert, so dass Aigeus ihn erkannte. (In einer anderen Variante der Geschichte entdeckt Aigeus gerade in diesem Moment Theseus' Schwert.) Wie auch immer, der König erkannte, wer sein Gast war. Er schlug ihm den Becher aus der Hand und erklärte Theseus zu seinem Sohn und Erben. Medea flüchtete nach Asien.

Noch mehr Abenteuer: Der Minotauros und die Liebeleien des Theseus

König Aigeus lag im Clinch mit König Minos von Kreta, der Athen vor einigen Jahren besetzt hatte und seither jedes Jahr einen Tribut in Form von sieben Mädchen und sieben Knaben forderte. Diese wurden in das Labyrinth des Minotauros gestoßen, eines Ungeheuers mit Menschenleib und Stierkopf, und ihm dort zum Fraße vorgeworfen.

Theseus war gerade rechtzeitig in Athen eingetroffen. Das Schiff, das die Menschenopfer nach Kreta bringen sollte, hatte noch nicht abgelegt. Er bot sich selbst als einen der sieben Jünglinge an, in der Hoffnung, so eine große Heldentat begehen zu können, nämlich den Minotauros zu töten und Athens Unterjochung durch Kreta zu beenden.

Theseus stellt seinen Heldenmut unter Beweis

Als das Schiff in Kreta angekommen war, wurden die vierzehn Knaben und Mädchen direkt zum Labyrinth geführt. Ariadne, die Tochter des Königs Minos, sah Theseus, als er an ihr vorbeiging, und verliebte sich augenblicklich in ihn. Sie ging zu Daedalus (auch Daidalos geschrieben), einem weisen Mann, der ursprünglich aus Athen stammte und das Labyrinth des Minotauros entworfen und gebaut hatte, und bat ihn darum, ihr zu helfen, Theseus heil aus dem Labyrinth herauszubekommen. Daedalus sagte ihr, sie solle ihrem Geliebten ein Garnknäuel zustecken. Dieser solle am Eingang zum Labyrinth den Faden festknoten und das Knäuel beim Weitergehen entrollen. (Höhlentaucher benutzen noch heute dieselbe Technik, um sicher wieder zurück zum Eingang einer Höhle zu finden.)

Theseus' Heimkehr

Ariadne eilte zu Theseus und versprach, ihn zu retten, wenn er sie im Gegenzug nach seiner Rettung mit nach Athen nehmen und sie zu seiner Frau machen würde. Was blieb ihm anderes übrig, als Ja zu sagen und das Garnknäuel an sich zu nehmen. Er befestigte also den Faden an der Eingangstür zum Labyrinth und begab sich auf die Suche nach dem Untier. Er fand es schließlich schlafend vor und tötete es mit seinen bloßen Händen. Der Ariadnefaden führte ihn und die anderen sicher aus dem Labyrinth heraus. Zusammen mit Ariadne verließen alle die Insel und segelten nach Hause.

Auf der Heimfahrt legten sie an der Insel Naxos an. Dort ließ Theseus Ariadne zurück, warum, das bleibt ein wenig im Unklaren. Einige Quellen berichten, ein Sturm habe sein Schiff abgetrieben und der Unglückliche konnte seine Geliebte Ariadne nicht mehr erreichen. In anderen Berichten wiederum heißt es, er habe sie einfach verlassen und sie wurde stattdessen die Frau des Weingottes Dionysos. Als sich sein Schiff Athen näherte, vergaß er dummerweise noch ein weiteres Versprechen. Sein Vater hatte ihn vor seiner Abreise nach Kreta darum gebeten, ein weißes Segel aufzuziehen für den Fall, dass er gerettet sei und nicht wie sonst das schwarze. Theseus aber dachte nicht daran und lief mit dem üblichen schwarzen Segel in seinen Heimathafen ein. Der König sah das Schiff mit dem schwarzen Segel und voller Gram über den angenommenen Tod seines Sohnes sprang er von einer Klippe in den Tod. Das Athen umgebende Meer heißt noch heute zu Ehren König Aigeus' das Ägäische Meer.

Theseus, der »gute« König

Theseus war nun König von Athen. Er entschied, dass von nun an das Volk den Staat regieren solle. Alle Bewohner sollten gleich sein. Er erschuf ein Reich mit Athen als dessen Zentrum – den Stadtstaat Athen. Alle kleinen Dörfer auf dem Gebiete Attikas wurden Teil dieses Staates. Sein Herrscher war Theseus. Während seiner Herrschaft prosperierte Athen, wurde reich und mächtig. Er war ein guter Freund seiner Zeitgenossen Oedipus und Herakles.

Später griff Theseus die Amazonen an und heiratete deren Königin Hippolyte. Sie hatten einen Sohn zusammen. Er hieß Hippolytos. Die Amazonen griffen Athen an, um ihre Königin zu retten, wurden aber von Theseus besiegt. Für den Rest seiner Herrschaft versuchten keine Feinde mehr, Athen anzugreifen.

Ist Hippolyte nicht die Frau, die von Herakles getötet wurde? Stimmt! Wie konnte er sie dann aber heiraten? Weil sie noch nicht tot war, als Theseus sie traf. So sind Mythen mitunter – nicht immer passt alles genau zusammen. Einigen Quellen zufolge heiratete Theseus eine Frau mit Namen Antiope, die vielleicht Hippolytes Schwester war.

Eine Heirat mit Kalkül

Wie alle Helden war auch Theseus in erotischer Hinsicht unersättlich. Wegen ihrer besonderen Schönheit verschleppte er Helena, Tochter von Zeus und Leda, als sie noch Kinder waren. Ihre beiden Brüder Kastor und Pollux brachten sie wieder heim, bevor ihr irgendetwas Böses angetan werden konnte.

Später heiratete er Ariadnes Schwester Phaedra. Diese Heirat hatte politische Motive, da auf diese Weise die Verbindung zwischen Athen und Kreta gestärkt werden sollte. Apollodorus zufolge erschien seine frühere Frau (je nach Quelle die Amazonen Antiope oder Hippolyte) bei dieser Hochzeit und drohte damit, alle Anwesenden zu ermorden. Die Gäste schlugen ihr die Tür vor der Nase zu und brachten sie schließlich um. In einer anderen Fassung der Ereignisse wurde sie von Theseus in einer Schlacht getötet. Theseus hatte jedenfalls am Ende eine neue kretische Frau.

Phaedra verliebte sich in Theseus' Sohn Hippolytos. Dieser aber hatte überhaupt kein Interesse an Frauen und war angewidert bei dem Gedanken, dass seine Stiefmutter ihn begehrte. Zutiefst beschämt über die Zurückweisung nahm sich Phaedra das Leben, allerdings nicht ohne einen Brief für Theseus zu hinterlassen, in dem sie schrieb, dass Hippolytos versucht habe, sie zu vergewaltigen.

Theseus verstieß seinen Sohn, der mit seinem Streitwagen verunglückte und dabei tödlich verletzt wurde. Die Göttin Artemis griff ein und erzählte Theseus, dass seine Frau Phaedra in ihrem Brief gelogen habe. Bevor sein Sohn starb, konnte Theseus ihm noch vergeben.

Ein ungelöstes Rätsel: Theseus' Tod

Einige Jahre später besuchte Theseus seinen Freund Lykomedes, der ihn bei dieser Gelegenheit von einer Klippe in den Tod stürzte. Lykomedes war auf seinen Freund sehr eifersüchtig wegen dessen Ruhm und beispiellosen Leistungen. Außerdem fühlte er, dass die Menschen Theseus mehr Achtung und Liebe entgegenbrachten. Vielleicht war der Grund aber auch, dass er einem anderen König, Menestheus, einen Gefallen tun wollte. (Der Schriftsteller Plutarch deutet sogar an, Theseus könnte auch einfach gestolpert und dann gefallen sein.) Nach seinem Tod bauten die Athener ihm ein prachtvolles Grabmal und machten es zu einem Heiligtum für die Armen.

Jason, der Dummkopf

Jason (auch Iason geschrieben) ist berühmt dafür, die Argonauten (eine Gruppe griechischer Helden, deren Führer Jason wurde) auf der Suche nach dem Goldenen Vlies angeführt zu haben. Diese Erzählung ist ein Musterbeispiel für den Typus Abenteuergeschichte, wie ihn die westliche Kultur im Verlauf ihrer Geschichte zahlreich hervorgebracht hat. Als Ehemann und Vater war er im Wesentlichen ein Versager. Seine Frau war Medea, die sich später bitter dafür rächte, dass Jason sie verstieß. Sie ist sozusagen der Prototyp für die böse Hexe der späteren Volksmärchen.

Im dritten Jahrhundert vor Christus verfasste der Dichter Apollonios von Rhodos eine lange Verserzählung, in der die Geschichte von der Suche nach dem Goldenen Vlies erzählt wird. Andere Versionen des Stoffes stammen von Pindar und Ovid. Der Dramendichter Euripides schrieb im fünften Jahrhundert v. Chr. ein wirklich herzzerreißendes Stück über Jason und seine Frau Medea mit dem Titel *Medea*.

Das Goldene Vlies

Worum handelt es sich bei dem Goldenen Vlies eigentlich? Nun, vor langer Zeit gab es einen griechischen König, der seinen Sohn Phrixos opfern wollte, um sein Volk vor dem Hungertod zu bewahren. Als sein Sohn schon auf dem Altar lag und gerade geopfert werden sollte, da schickte Hermes einen Widder mit einem Fell (Vlies) aus purem Gold, der Phrixos und seine Schwester auf seinem Rücken davontrug. Seine Schwester Helle konnte sich nicht festhalten und rutschte über der Meerenge zwischen Europa und Asien vom Rücken des Tieres hinunter. Sie fiel ins Wasser und ertrank. Die Meerenge trägt noch heute ihren Namen: der Hellespont (Meer der Helle). Phrixos landete sicher im Land Kolchis auf dem Gebiet der heutigen Türkei. Der dortige König Aiëtes nahm ihn bei sich auf. Phrixos – nicht gerade der dankbarste Gerettete, der jemals gelebt hat – opferte den Widder dem Gott Zeus und übergab das Goldene Vlies des Tieres König Aiëtes zum Geschenk.

Zurück nach Griechenland: Phrixos' Onkel war ein König in Griechenland. Dessen Bruder namens Pelias hatte das Reich jedoch an sich gerissen. Jason war der ausgebootete Sohn des Königs. Pelias war also auch Jasons Onkel, der der eigentlich rechtmäßige Erbe des Königsthrones gewesen wäre, den Pelias besetzt hielt. Ein Orakel hatte Pelias verkündet, dass er durch die Hand eines Verwandten sterben würde, der nur einen Schuh trüge. Als sein Neffe Jason also eines Tages mit nur einem Schuh an den Füßen erschien, schien für Pelias alles auf ihn hinzudeuten. (Jason hatte den Schuh verloren, als er einer Göttin half, einen Fluss zu überqueren.) Jason sprach, dass er gekommen sei, seinen ihm rechtmäßig zustehenden Thron zu besetzen. Pelias erwiderte darauf, dass er bereit sei, ihm den Thron zu überlassen, wenn er nach Kolchis ginge und ihm von dort das Goldene Vlies mitbrächte.

Das Schiff Argo und die Argonauten

Jason ließ die ruhmreichsten Helden ganz Griechenlands zu sich kommen:

- ✔ Herakles
- ✔ Kastor
- ✔ Pollux
- ✔ Orpheus
- ✔ Achills Vater Peleus
- ✔ Atalanta (eine Held*in*)
- ✔ Und noch einige weitere Männer, die gerade nichts Besseres zu tun hatten

Alle zusammen bestiegen sie ein Schiff und setzten die Segel. Das Schiff trug den Namen *Argo*; sie selbst nannten sich die *Argonauten*. Unterwegs half ihnen die Göttin Hera. Auf dem Weg nach Kolchis erlebten sie viele Abenteuer. Jason verließ oft der Mut, so dass seine Kameraden ihn wieder aufmuntern mussten. Herakles verließ die Gruppe, als sein jugendlicher Freund und Begleiter Hylas in einem Gewässer ertrank. Sie kämpften gegen die Harpyien, abstoßende geflügelte weibliche Ungeheuer, die ihren Proviant verdarben und einen fauligen Gestank zurückließen. Als ersten Seefahrern gelang es ihnen, die *Symplegaden* zu durchfahren, schwimmende Felsen in der Zufahrt zum Schwarzen Meer, die immer wieder aufeinander zutrieben und sich dann wieder trennten. Den Argonauten gelang die Durchfahrt, indem sie zunächst eine Taube durch die Felsen hindurch fliegen ließen und dann mit dem richtigen Timing, so schnell sie konnten, die Enge durchruderten. Sie segelten an den Amazonen und dem armen Prometheus vorbei, der noch immer an seinem Felsen festgebunden war. Schließlich gelangten sie nach Kolchis, dem Land des Goldenen Vlieses.

Medea, die Hexe

Hera wusste, dass Jason bei der Suche nach dem Goldenen Vlies Hilfe benötigen würde. Also sorgte sie dafür, dass Aphrodites Sohn Eros die Tochter des Königs Aiëtes, Medea, mit einem seiner Pfeile dazu brachte, sich in Jason zu verlieben. Medea war eine Art Hexe, eine dämonische Gestalt, die sich für das ihr angetane Unrecht bitter rächen sollte.

Jason und seine Gefährten stellten sich dem König vor, der sie mit einem Festmahl willkommen hieß. Er ließ den König wissen, weshalb er und seine Männer gekommen seien. Der König aber wollte das Vlies natürlich nicht einfach so hergeben. Er wäre aber bereit dazu, falls es Jason gelänge, die folgende unmögliche Aufgabe erfolgreich zu bewältigen: Er solle zunächst zwei Feuer schnaubende Stiere mit Hufen aus Bronze in ein Joch einspannen, ein Feld pflügen, dort Drachenzähne aussäen und schließlich die aus der Saat augenblicklich sich entwickelnden gepanzerten Krieger bekämpfen und besiegen. Jason erklärte sich einverstanden.

Medeas spezielle Salbe

Noch in dieser Nacht bekam Jason Besuch von Medea, die ihm eine Salbe gab, die Jason auf seinen Körper und seine Waffen reiben sollte. Dies würde ihn unbesiegbar machen. Sie sagte außerdem, dass er einen Stein nehmen und ihn mitten zwischen die aus den Drachenzähnen entsprungenen Krieger werfen solle. Der Stein würde sie ablenken und statt sich auf ihn, Jason, zu stürzen, würden sie gegen sich selbst kämpfen. Voller Dankbarkeit versprach Jason ihr, dass er sie mit nach Griechenland nehmen und ihr ewig treu sein würde.

Die hilfreiche Medea

Am nächsten Tag zeigte sich Jason vor dem König und allen Zuschauern, die sich am Ort des Geschehens eingefunden hatten. Er spannte die gewaltigen Stiere ein und pflügte das Feld. Die Drachenzähne säte er in die Furchen, die er hinter sich zog. Kaum mit der Aussaat zu Ende, da stand die finstere Armee auch schon bereit, gegen ihn zu kämpfen. Wie ihm von hilfreicher Seite geraten, warf er nun einen Stein in die Mitte der Krieger. Die List funktionierte; statt sich auf ihn zu stürzen, zerfleischten sie sich gegenseitig.

König Aiëtes war darüber gar nicht begeistert. Er überlegte, ob es noch andere Möglichkeiten geben könnte, Jason loszuwerden. Medea aber rannte zu den Argonauten und berichtete ihnen, dass jetzt die Zeit gekommen sei, das Vlies an sich zu nehmen, bevor ihr Vater sie einfangen konnte.

Blut ist eben doch nicht dicker als Wasser

Das Goldene Vlies wurde von einer gewaltigen Schlange bewacht. Mit einem magischen Talisman gelang es Medea, die Schlange einzuschläfern, so dass sie das Vlies problemlos vom Baum nehmen konnte, an dem es hing. Sie rannten schnell zu ihrem Schiff Argo und ruderten, so schnell sie nur konnten, aufs offene Meer. Medeas Bruder verfolgte sie zum Schiff. Sie aber tötete ihn, schlitzte ihn auf und warf seine Eingeweide ins Meer. König Aiëtes eilte ans Meer, sah, was geschehen war, und sammelte hilflos die Teile seines Sohnes auf. Jason und Medea konnten so entkommen.

Hinter jedem Held steht eine übel wollende Frau

Zurück in Griechenland trennten sich die Argonauten. Jason und Medea brachten das Vlies zu Pelias. Dort erfuhren sie, dass Pelias Jasons Vater zum Selbstmord gezwungen hatte und seine Mutter ebenfalls gestorben war. Jason bat daraufhin Medea, ihm bei seiner Rache zu helfen.

Jasons Rache

Medea erzählte den Töchtern des Pelias, dass sie ihren Vater wieder jung machen könnte. Sie demonstrierte ihre Fähigkeiten, indem sie einen alten Widder in Stücke schnitt, die Teile in ihrem Hexenkessel kochte und zum Schluss magische Worte sprach. Sodann sprang ein quicklebendiges Lamm aus dem Kessel. Die Töchter waren so überzeugt von der Demonstration der Hexenkünste Medeas, dass sie ihren Vater in Stücke schnitten und ihn in einem Kessel kochten. Dann wollten sie Medea aufsuchen, damit sie die entscheidenden Zauberworte sprach. Medea aber war verschwunden. Ihr Vater konnte nicht mehr gerettet werden und Jason hatte seine Rache bekommen.

Jasons Verrat an Medea

Jason und Medea zogen nach Korinth und hatten zwei Söhne zusammen. Dort lebten sie einige Jahre glücklich verheiratet. Eines Tages aber verkündete Jason, dass er die Tochter des Königs Kreon von Korinth heiraten wolle. Dieser Schritt erschien Jason notwendig, da er nur so standesgemäße, königlich-adelige Kinder bekommen konnte. Die Kinder, die ihm Medea geschenkt hatte, besaßen keine Rechte und waren somit auch keine geeigneten Erben für ihn. Der König von Korinth befahl, dass Medea das Land mit ihren Söhnen verlassen müsse. Er hatte böse Vorahnungen, dass von ihr und ihren beiden Kindern Gefahr ausgehen könnte. Jason versuchte, seine Frau zu beschwichtigen: Sie sei ohnehin zu unberechenbar und gefährlich für ihn. Dass sie nun gehen müsse, habe sie sich bloß selbst zuzuschreiben. Er hatte aber trotzdem ein schlechtes Gewissen und überredete deshalb den König, Medea nicht umbringen zu lassen, sondern sie stattdessen in die Verbannung zu schicken. Er wollte sie für die Reise mit allem Notwendigen großzügig ausstatten.

Medea redete auf ihn ein, erinnerte ihn immer wieder daran, wie oft sie ihn aus auswegloser Lage gerettet habe. Jason aber sagte, allein die Götter hätten ihm beigestanden und seine Errettung habe nichts mit ihrer Hilfe zu tun gehabt. Dies erzürnte Medea unsagbar. Sie tötete ihre Rivalin, indem sie ein wunderschönes Gewand mit einer giftigen Tinktur einrieb und ihre Söhne damit beauftragte, es ihrer Nebenbuhlerin auszuhändigen. Als diese es überstreifte, da schmolz ihr Fleisch dahin und sie fiel tot zu Boden.

Medea traf nun eine furchtbare Entscheidung. Sie wusste, dass ihre Söhne ohne ihren Vater schutzlos sein würden. Um sie vor dem Schicksal der Sklaverei zu bewahren, tötete sie sie. Jason hatte mittlerweile vom Tod seiner Braut erfahren und stürzte zornentbrannt zu Medea. Er fand seine Söhne tot vor und sah Medea in einem von Drachen gezogenen Streitwagen wegfliegen. Alles, was er noch tun konnte, war, ihr bittere Flüche und Verwünschungen hinterherzurufen.

Die Ilias, das Ende des Trojanischen Krieges und die Odyssee

7

In diesem Kapitel

- Der Trojanische Krieg und seine Hauptfiguren
- Der Kampf gegen die Trojaner in Homers *Ilias*
- Trauer um Achill und die Geschichte des Trojanischen Pferdes
- Die Reise des Odysseus

Der Trojanische Krieg und die Abenteuer des Odysseus waren die aufregendsten Geschichten, die die Antike hervorgebracht hat. Der Raub der Helena, die mächtigen Helden Achill und Patroklos, das Trojanische Pferd, der schlaue Odysseus und seine Begegnungen mit Ungeheuern, Hexen und Verführerinnen – all diese Geschichten stammen im Wesentlichen aus den beiden Dichtungen Homers, der *Ilias* und der *Odyssee*. Wohl so gut wie alle Menschen der Antike, ob gebildet oder ungebildet, kannten diese Geschichten.

Die Griechen besaßen in der Antike keine »Heilige Schrift«, die ihnen verriet, was sie tun und glauben sollten. Was sie aber hatten, waren die beiden erwähnten Dichtungen Homers über den Trojanischen Krieg. Auch wenn es sich um keine religiösen Bücher im heutigen Sinne handelte (trotz all der Götter, Gebete, Weissagungen und dargebrachten Opfer) – ihrer Bedeutung für die Menschen tat dies keinen Abbruch. So wie die Bibel, die Thora, der Talmud oder der Koran den Menschen gestern und heute erzählen, wer sie sind und woher sie kommen, was wichtig ist und woran man sich halten soll, so erfüllte für die Griechen die homerische Dichtung diese Aufgabe. Gab es in der Antike einen Menschen, der ein Buch sein Eigen nennen konnte, so handelte es sich sicher um eines mit Homers Dichtungen. (Natürlich muss gesagt werden, dass es damals noch keine »Bücher« gab; wohl aber gab es zusammengerollte Blätter aus Papyrus, die in einem Behältnis aus Leder oder Holz aufbewahrt wurden.)

Homers Versepen beschäftigen sich mit dem Trojanischen Krieg. In der *Ilias* werden Ereignisse erzählt, die sich während des Krieges selbst abspielten. Die *Odyssee* beschreibt, was Odysseus nach Ende des Krieges auf seiner zehnjährigen Reise nach Hause erlebte.

Gedichte epischen Ausmaßes

Versepen wurden ursprünglich mündlich überliefert und erst später aufgeschrieben. Weil man sie zu begleitender Musik zu sprechen oder zu singen pflegte, lag ihnen daher ein Versmaß zugrunde. Das Wichtigste aber war, dass Versepen über heroische Taten der Vergangenheit berichteten. Im Folgenden sind einige der Merkmale aufgelistet, die für Versepen typisch sind:

- **Das metrische Maß (daktylischer Hexameter):** Die *Ilias* und die *Odyssee* sind im Original in (alt-)griechischer Sprache verfasste Versepen. Die beiden Dichtungen unterscheiden sich erheblich von der damals gesprochenen Alltagssprache. Die Sprache der Werke ist ein hoch artifizieller poetischer »Dialekt«, den die Menschen gewöhnlicher Bildung aber dennoch verstehen konnten. Die Dichtung der Griechen enthält keine Reime (zumindest sollte dies vermieden werden). Typisch für sie ist ihr *Metrum*, d.h. ein Sprachrhythmus, der auf der relativen Länge der Silben zueinander im Vers basiert. Das typische Versmaß in den griechischen Verserzählungen ist der *daktylische Hexameter*. In ihm ist jeder Vers in sechs Versfüße unterteilt; jeder Versfuß besteht dabei entweder aus zwei langen oder einer langen und zwei kurzen Silben.

- **Standardisierte Satzmuster (Beiworte – mitteilende, abschweifende, wiederholende), standardisierte Szenen, formelhafte Leseranrede:** Bestimmte Wörter, Satzphrasen, Zeilen und ganze Zeilenfolgen nahmen mit der Zeit formelhaften Charakter an, das heißt, sie wurden zu praktischen sprachlichen Phrasen, die gut ins Metrum passten. Die auffälligsten, immer wiederkehrenden Muster dieser Art sind die Verbindungen aus Substantiven und Beiworten. Der Dichter sprach niemals einfach von »Achill«, sondern fügte dem Namen stattdessen immer ein Beiwort zu: der geschwindfüßige Achill, der göttliche Achill, Achill Sohn des Peleus. Auf diese Weise kann z.B. Hektor einmal als der Göttliche und dann wieder als der Menschenmordende erscheinen. Diese Beiworte erlaubten es dem Dichter, an bestimmten Stellen im Text Hintergrundinformationen über die Figur einzubauen, ohne dass das Metrum dabei gestört worden wäre.

- **Vergleiche:** In der Dichtung Homers wird die Beschreibung bestimmter Ereignisse auf der Handlungsebene des Textes durch einen Vergleich begleitet. Was heißt das genau? Der Vergleich ist eine Textstelle (beginnend etwa mit »Genau wie ...«), die ein gewöhnlich dem Bereich der Natur entnommenes Bild beschreibt, das beispielsweise veranschaulichen soll, wie genau – sagen wir – Diomedes in die Schlacht stürmte.

- **Anrufungen, Beschwörungen:** Zu Beginn der griechischen Verserzählungen ruft der Dichter die Musen an, damit sie ihn inspirieren. Oft bittet er die Musen auch darum, über das Leid selbst zu berichten. Die *Ilias* hebt folgendermaßen an: »Singe mir, Göttin, vom Zorn des Achill.«

Die Bühne wird bereitet: Der Vorlauf des Trojanischen Krieges

Die *Ilias* beginnt neun Jahre nach Ausbruch des Trojanischen Krieges. Der Schauplatz des Krieges ist die Stadt Troja. Die Überreste der Stadt wurden im Nordwesten der heutigen Türkei ausgegraben. Die Stadt lag damals fast direkt am Hellespont. Durch eine Absenkung des Meeresspiegels in den vergangenen zweieinhalbtausend Jahren ist das Meer heute ein Stück weit von der Stadt entfernt. Es gab eine Reihe von Ereignissen, die schließlich zum Ausbruch des Krieges führten. Davon soll im Folgenden die Rede sein.

Das Urteil des Paris

Drei Generationen voller Elend und Blutvergießen begannen, weil bei den Vorbereitungen zu einer Hochzeit versäumt wurde, eine wichtige Göttin einzuladen.

Peleus, ein gewöhnlicher Mensch, verliebte sich in die Meernymphe Thetis, eine von Zeus' Töchtern. Peleus hatte schon eine Reihe von Abenteuern erlebt, u.a. hatte er Meleager (auch Meleagros genannt) auf der Jagd nach dem Kalydonischen Eber begleitet und zur Mannschaft der Argo gehört. Peleus war schon einmal verheiratet gewesen. Die Ehe ging allerdings schief, weil er aus Versehen seinen Schwiegervater umbrachte. Als er Thetis sah, versuchte er sie zu entführen. Sie aber schlug ihn mit Hilfe einer Schlange in die Flucht. Am Ende jedoch siegte er und Zeus stimmte einer Heirat zwischen den beiden zu.

Die Hochzeit war ein großes Ereignis. Alle berühmten Sterblichen und alle Götter und Göttinnen fanden sich in Phthia in Griechenland zur Hochzeit ein. Thetis aber (oder wer auch immer die Gästeliste zusammengestellt hatte) hatte sich entschieden, Eris, die Göttin der Zwietracht, nicht einzuladen. Sie hoffte – vergebens – auf diese Weise etwaigem Ärger aus dem Wege gehen zu können. Eris ignorierte die nicht erfolgte Einladung und ging trotzdem hin. Sie platzte in die Hochzeitsgesellschaft hinein und warf einen goldenen Apfel mitten unter die geladenen Gäste. Auf dem Apfel standen die Worte: »Der Schönsten.« Der Goldene Apfel wuchs sich aus zum Zankapfel. Wer war die Schönste und Holdeste? Wie sollte man es entscheiden? Der Wettstreit um den Titel spitzte sich zu. In die engere Auswahl kamen:

- ✔ Athene, Zeus' Tochter und ganz nach ihrem Vater schlagend
- ✔ Hera, Zeus' Frau und Königin der Götter
- ✔ Aphrodite, die Göttin der Liebe

Die Damen baten Zeus darum, einer von ihnen den Preis zu verleihen. Klug wie er war, ernannte Zeus einen jungen Mann namens Paris zum Wettkampfrichter. Paris war der Sohn des Priamos, des Königs von Troja.

Warum erhielt Paris diese doch sehr zweifelhafte Ehre? Zeus musste wissen, dass seine Entscheidung Schwierigkeiten nach sich ziehen würde. Er wusste aber auch, dass Trojas Schicksal sowieso besiegelt war. Jahre früher nämlich war der trojanische König Laomedon einmal mit Apoll und Poseidon in Streit geraten. Die Götter hatten sich bereit erklärt, Schutzmauern um Troja herum zu errichten. Als sie ihre Arbeit beendet hatten, weigerte sich der törichte König, sie zu bezahlen. Von da an war das Schicksal Trojas besiegelt. Zeus bestimmte Paris zum Richter über den Wettbewerb der Schönsten, weil er so die Ereignisse in Gang setzen wollte, die schließlich zum Untergang der Stadt führen sollten. Paris' Mutter hatte einmal einen Traum, in dem sie eine Fackel gebar, die die Stadt Troja in Brand setzte. Die Fackel stand natürlich symbolisch für ihr Kind Paris. Als den Eltern das klar wurde, setzten sie ihn in der Wildnis aus, um ihn so loszuwerden. Der kleine Paris schaffte es, fünf Tage zu überleben. Am Ende nahm ihn König Priamos wieder zu sich.

Jede der drei Göttinnen versuchte Paris zu bestechen. Hier ihre jeweiligen Lockmittel:

- ✔ Athene bot an, ihn jede künftige Schlacht gewinnen zu lassen.
- ✔ Hera versprach ihm uneingeschränkte politische Vormacht.
- ✔ Aphrodite schließlich versprach ihm die schönste Frau der Welt.

Paris fand das Angebot der Aphrodite am verlockendsten – musste aber am Ende erfahren, dass die schönste Frau der Welt schon verheiratet war. Es handelte sich um Helena, die Tochter der sterblichen Leda und des Zeus (der Leda in der Gestalt eines Schwanes aufgesucht hatte; Helena war bei ihrer Geburt entsprechend aus einem Ei geschlüpft). Helena war mit Menelaos, dem König von Sparta, verheiratet. Paris machte sich auf den langen Weg von Troja in Kleinasien bis nach Sparta in Südgriechenland, um seinen ihm rechtmäßig zustehenden Preis zu entführen.

Der Raub der Helena

Paris war schon mit einer Frau namens Oenone verheiratet, die ihn weitsichtig davor warnte, Helena zu entführen. Paris aber wollte nicht hören und begab sich auf die Reise nach Sparta, wo er als Gast im Palast des Menelaos aufgenommen wurde. Während seines Aufenthaltes dort tat er eines der beiden folgenden Dinge:

- ✔ Er brachte Helena mit Gewalt nach Troja oder
- ✔ Er verführte sie, und sie gingen in gegenseitigem Einvernehmen nach Troja.

Eine von Zeus' speziellen Aufgaben war es, »Beschützer der Gastfreundschaft« (Zeus Xenios) zu sein. Die Frau seines Gastgebers zu rauben entsprach sicher nicht den üblichen Gepflogenheiten. Wenn Trojas Schicksal nicht schon längst besiegelt gewesen wäre – spätestens jetzt wäre es um die Stadt geschehen gewesen!

Als Menelaos merkte, dass seine Frau geraubt worden war, wandte er sich an seinen mächtigen Bruder Agamemnon, König von Mykene. Agamemnon erklärte sich bereit, einen Trupp Männer zu einem Feldzug zusammenzurufen und nach Troja zu segeln, um Helena zu befreien.

Wegen des großen Feldzuges, der auf die Beine gestellt wurde, um Helena zurückzuholen, ist Helena auch bekannt als »das Gesicht, für das eintausend Schiffe aufgeboten wurden«. Dieser Ausdruck geht zurück auf den englischen Schriftsteller Christopher Marlowe, der im späten 16. Jahrhundert lebte. Wohin segelten all diese Schiffe eigentlich? Abbildung 7.1 verrät es Ihnen.

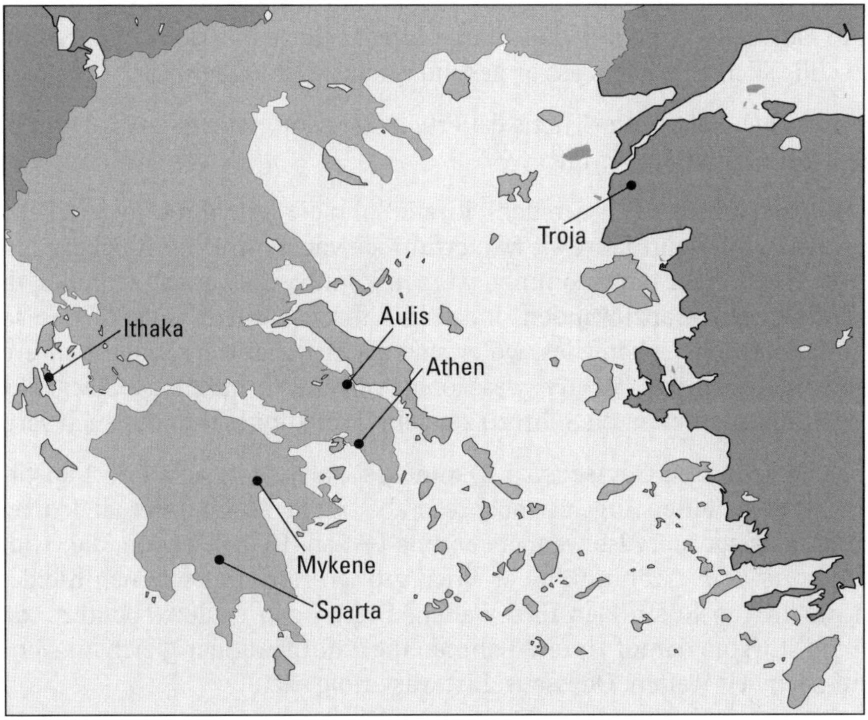

Abbildung 7.1: Das Gebiet des Ägäischen Meeres zur Zeit des Trojanischen Krieges

Agamemnon hatte bei der Planung seiner Invasion einen Vorteil. Als Tyndareus, Helenas Vater, die Absicht bekannt gab, seine Tochter zu verheiraten, da standen augenblicklich fast sämtliche Junggesellen Griechenlands bereit, um um die Hand seiner Tochter anzuhalten. Die Situation schien ausweglos zu sein. Wen auch immer er als Gemahl für seine Tochter aussuchen würde, er bekäme einen Schwiegersohn, aber viele tausend erbitterte Feinde dazu. Der schlaue Odysseus aber schlug vor, dass alle in Frage kommenden Freier sich dazu bereit erklären müssten, Folgendes zu tun:

- Den nicht zu töten, der Helena schließlich ehelichen dürfe.
- Dabei zu helfen, Helena wieder zurückzuholen, falls sie geraubt würde. Im Nachhinein war es diese gut gemeinte Idee, mit der Odysseus etwaige Schwierigkeiten im Vorfeld beseitigen wollte, die zu dem berühmten, zehn Jahre währenden Krieg führte, in dessen Verlauf die Seelen vieler Heroen ins Reich der Toten hinabsteigen mussten. Vielleicht war es am Ende also doch gar keine so gute Idee.

Nach Helenas Entführung waren die, die ihren Schwur geleistet hatten, plötzlich gar nicht mehr so begeistert davon, in den Krieg ziehen zu müssen, um Helena zurück zu holen. Odysseus beispielsweise gab vor, den Verstand verloren zu haben, als der für die Rekrutierung der Männer Beauftragte sich bei ihm einfand. Er spannte einen Ochsen und einen Esel vor seinen Pflug und streute Salz auf seine Felder. Als der Rekrutierrer daraufhin Odysseus' Kind vor den Pflug legte, hielt er mit dem Pflügen inne und musste schließlich zugeben, dass er gesund und kriegstauglich war.

Die Ehe zwischen Peleus und Thetis dauerte lange genug, um einen Sohn in die Welt zu setzen. Sein Name war Achill.

Achills Mutter hatte ebenfalls versucht, ihrem Sohn die Teilnahme an dem Feldzug zu ersparen. Als Achill neun Jahre alt war, erfuhr sie von dem Seher Kalchas, dass Troja ohne ihren Sohn nicht eingenommen werden konnte. Sie versuchte daher, das sich anbahnende Unglück abzuwenden, indem sie ihren Sohn versteckte. Sie schickte Achill zum Palast des Lykomedes, wo er sich als Mädchen verkleidet mehrere Jahre lang unerkannt unter den Töchtern des Königs verbarg. Er nutzte die Gelegenheit, mit einer der Königstöchter einen Sohn zu zeugen. (Wer könnte ihm das auch verübeln?)

Die Griechen schickten Odysseus zu Lykomedes' Palast, um Achill dort ausfindig zu machen. Mit dem bloßen Auge vermochte er aber nicht, Achill unter all den Töchtern des Königs aufzuspüren. Also wendete er eine List an. In der Version, die Ovid in seinen *Metamorphosen* erzählt, füllte er einen großen Korb mit schönen Kleidern und einigen prächtigen Rüstungen und Waffen. Diesen gab er den Töchtern zum Geschenk. Sie stürzten darauf zu und nahmen die Samtgewänder gleich an sich. Achill aber griff nach den Waffen. Odysseus' List war erfolgreich!

Iphigenies Opferung

Als Agamemnons Streitmacht schließlich stand, waren seine Probleme damit aber noch nicht gelöst. Ungünstiger Wind beim geplanten Aufbruch nach Troja machte die Schiffspassage ostwärts über die Ägäis unmöglich. Agamemnon holte sich beim Seher Kalchas Rat. Dieser sprach, die Winde seien von Artemis geschickt, die Troja liebe und Agamemnon hasse. Es gebe nur eine Möglichkeit, die ungünstigen Winde zu stoppen. Der König müsse seine Tochter Iphigenie der Artemis opfern.

Agamemnon schickte eine Nachricht an seine Frau Klytaimnestra, er habe alle Vorbereitungen für eine Heirat zwischen Iphigenie und Achill getroffen. Daraufhin reisten Mutter und Tochter nach Aulis. Nach ihrer Ankunft tötete der König seine Tochter auf einem Altar gleich einem Opferlamm. Die Winde flauten ab und die Streitmacht konnte ihre Schiffsreise aufnehmen. Dieser erste scheußliche Mord war der Startschuss für den Trojanischen Krieg. Agamemnons Frau sollte ihrem Mann den Mord an ihrer gemeinsamen Tochter auf ewig nachtragen. In Kapitel 8 erfahren Sie, wie die Strafe aussah, die den König für seine Tat ereilen sollte.

Die Teilnehmer am Feldzug

Im Zusammenhang mit dem Trojanischen Krieg müssen Sie sich vor allem eines merken: Die Kriegsgegner waren die Griechen auf der einen Seite und die Bewohner Trojas auf der anderen.

Die Griechen

Die Krieger auf der griechischen Seite stammten aus allen Teilen Griechenlands. Es waren Abgesandte aus Mykene, Sparta, Pylos, Kreta, Thessalien und noch zahllosen anderen Orten. Im zweiten Buch der *Ilias* führt Homer sie alle detailliert auf in einem Teil, der als »Schiffskatalog« bekannt ist. Die Liste ist so lang, dass selbst Homer zu verzagen droht und während seiner Aufzählung einige Male die Musen um Beistand anruft. Hier die Kurzfassung der Teilnehmer am Feldzug:

- ✔ **Agamemnon:** König von Mykene, der Anführer der Griechen.
- ✔ **Menelaos:** Der Kläger in der ganzen Angelegenheit, König von Sparta und Ehegatte der Helena. Menelaos wird ein wenig wie ein Schwächling dargestellt (ähnlich wie sein trojanischer Gegenpart Paris).
- ✔ **Achill:** Der »Beste der Achaeer«.
- ✔ **Patroklos:** Der beste Freund des Achills.
- ✔ **Phoenix:** Ein älterer Mann, der Achill mehr oder weniger an Vaters Statt großgezogen hatte, da dieser zu sehr mit seinen Geschäften als König zu tun hatte.
- ✔ **Odysseus:** Aus Ithaka; er war der Klügste unter den Achaeern.
- ✔ **Ajax** (sein griechischer Name lautet Aias): Ein Held durch und durch. In der *Ilias* führt Homer Ajax als Prototyp des Kriegers an. Achill dagegen läuft die meiste Zeit schmollend durch die Gegend (warum, erfahren Sie in den folgenden Abschnitten).
- ✔ **Diomedes:** Ein Held in jeder Beziehung. In der Ilias zeichnet Homer Diomedes als Prototyp eines großen Kriegers, weil Achilles fast die ganze Zeit über schmollt.

- **Nestor:** Der »Gerenische Reiter«. Keiner weiß so genau, was gerenisch eigentlich bedeutet, nicht einmal die Dichter in der Antike, die über die *Ilias* schrieben. Nestor ist zwar schon zu alt, um aktiv an den Kämpfen teilzunehmen; er steht den Griechen aber durch seinen Rat bei und weiß sie außerdem durch Erzählungen aus seiner Jugendzeit zu unterhalten.

Die Trojaner

Auch die Trojaner stammten nicht alle aus Troja. Viele ihrer Helden kamen aus anderen Teilen Kleinasiens. Trotz ihrer unterschiedlichen Herkunft waren doch alle Helden und Krieger auf beiden Seiten nichts anderes als Griechen. Alle sprachen die gleiche Sprache, sie hatten dieselben Sitten und Gebräuche und beteten zu den gleichen Göttern. Auf Seiten Trojas kämpften:

- **Priamos:** König von Troja, schon ein alter Mann.
- **Paris (auch unter seinen Beinamen Alexandros oder Alexander bekannt):** Der Sohn des Priamos. Er war es, der Helena raubte. Paris wird als unheldischer Schwächling dargestellt.
- **Hektor:** Priamos' anderer Sohn. Mit Bestimmtheit kein Waschlappen. Jeder weiß, dass nur Hektor Troja retten kann. Da aber allgemein bekannt ist, dass Trojas Schicksal besiegelt und es zum Untergang verdammt ist, wissen wir, dass auch Hektors Schicksal besiegelt ist.
- **Andromache:** Hektors Frau.
- **Aeneas:** Eine Art trojanischer Diomedes. Keine besonders interessante Figur. Mehr über ihn erfahren Sie in Kapitel 11.
- **Sarpedon:** Einer der vielen unehelichen Söhne des Zeus.

Der Trojanische Krieg, neun Jahre später: Die Ilias

Homers Versepos *Die Ilias* (benannt nach Ilium oder Ilon, einem anderen Namen für Troja), beginnt im neunten Jahr des Trojanischen Krieges. Die im Epos geschilderten Ereignisse umfassen nur eine kurze Zeit des gesamten Kriegsgeschehens (kaum mehr als einige wenige Wochen). Der große Ruf, der der Dichtung vorauseilt, erklärt sich teilweise aus der Fähigkeit des Verfassers, Ereignisse, Themen und Motive des gesamten Kriegsverlaufes in die Dichtung mit aufzunehmen, die außerhalb der erzählten Zeit liegen, und sich insbesondere auf die Auseinandersetzung zwischen Achill und Agamemnon und das sich daraus ergebende Schicksal Hektors zu konzentrieren.

Wenn zwei sich streiten - fällt eine Stadt in Schutt und Asche

Die Griechen hatten die letzten Jahre damit verbracht, Städte in Trojas Umgebung auf der Suche nach Beute, Gefangenen oder aus reiner Unterhaltung zu plündern. Bei einem dieser Angriffe besiegten Achill und seine Männer eine Stadt namens Chryse, deren Frauen sie unter sich als Kriegsbeute aufteilten.

Zu Beginn der *Ilias* lagern die Griechen etwa zwei Kilometer vor den Toren der Stadt Troja entfernt an einem Strand. Trojas Bewohner sind hinter ihren Mauern in Sicherheit. Ein alter Mann namens Chryses aus der Stadt Chryse, ein Priester des Apoll, nähert sich dem Lager der Belagerungsarmee, weil er seine Tochter Chryseïs zurückkaufen möchte. (Übrigens sind die erwähnten Namen gar keine echten Namen; sie bedeuten lediglich »Mann aus Chryse« bzw. »Tochter des Chryses«. Nicht als Individuen sind sie von Bedeutung, sondern als Teil der Geschichte.)

Chryseïs wurde von Agamemnon beansprucht, der sie aber nicht herausgeben wollte. Er sagte Chryses, er solle machen, dass er fortkomme, und drohte ihm für den Fall, dass er sich wieder bei ihm sehen ließe. Dies erwies sich aber als sehr unklug von ihm, da es sich *niemals* auszahlt, einen Priester des Apoll anzugreifen und einzuschüchtern. Als Strafe schickte Apoll den Griechen eine Seuche.

Der Streit zwischen Agamemnon und Achill

Nachdem eine Reihe von griechischen Kämpfern gestorben war, baten die Griechen den Seher Kalchas, ihnen den Grund für deren Tod zu nennen. Kalchas antwortete ihnen, dass es nur eine Möglichkeit gebe, das Unglück abzuwenden. Sie müssten die geraubte Tochter ihrem Vater wieder zurückgeben. Agamemnon aber weigerte sich strikt und geriet darüber in Streit mit Achill. Agamemnon gab schließlich im Interesse des Weiterbestehens der Armee nach und händigte Chryseïs ihrem Vater aus. Im Gegenzug forderte er, dass Achill ihm seine weibliche Kriegsbeute überlassen solle, eine Frau namens Briseïs. Achill ergab sich wütend dieser Forderung und weigerte sich danach weiterzukämpfen.

Diese Auseinandersetzung ist die Ursache von Achills Zorn, der sich durch die weiteren Verse des Epos hindurchzieht.

Ruhm und Ehre unter Helden

Warum war Achill so erzürnt? Nun, weil es sich um eine Angelegenheit handelte, die seine Ehre verletzte. Alle Helden bemühten sich nach Kräften darum, so viele ehrenhafte Taten im Kampf oder auf andere Weise zu vollbringen wie nur möglich. Preise (Gold, Silber, Pferde, verschleppte Frauen usw.) waren das sichtbare Symbol für diese erlangte Ehre und den damit verbundenen Ruhm. (Mehr über die Helden in der griechischen Mythologie können Sie in Kapitel 6 nachlesen.) Als Agamemnon nun Achill seine erbeutete Frau wegnahm, da vermehrte er seinen eigenen Ruhm auf Kosten des anderen. Die Sache verkompliziert sich dadurch, dass Achills Mutter ihrem Sohn mitgeteilt hatte, dass ihm vom Schicksal nur ein kurzes Leben beschieden sei. Ihm blieb also in seinem Leben nur wenig Zeit, Ruhm und Ehre zu vermehren.

Achills Plan, seine Ehre wiederherzustellen

Achill betete zu seiner Mutter Thetis, sie möge Zeus dazu bewegen, die Trojaner für eine Weile im Kampf die Oberhand gewinnen zu lassen, um so Agamemnon bei seinen eigenen Männern schlecht aussehen zu lassen und Achills Bedeutung für die griechische Seite herauszustellen. Obwohl Thetis wusste, dass so nur weiterer Zwist gesät werden würde, erklärte sie sich bereit, Zeus zu überreden. Während sich Achill schmollend zurückzog, tobte auf dem Landstrich zwischen der Stadt und dem Meeresufer eine erbitterte Schlacht zwischen den Angreifern und den Verteidigern, die mit einer Niederlage der angreifenden Griechen endete.

Patroklos' Plan

Die Griechen verloren auch die darauf folgenden Schlachten. Achills bester Freund Patroklos bemitleidete sie. Er schlug einen Plan vor, der den Griechen helfen würde, ohne dass Achill nachgeben und wieder in den Kampf eingreifen müsste. Er sah vor, dass Patroklos Achills Rüstung anziehen und sich so den Trojanern zeigen würde. Diese sollten darauf in Panik geraten und die Griechen hätten anschließend leichtes Spiel zurückzuschlagen. So lautete der Plan.

Patroklos aber ließ sich so mitreißen, dass er selbst in die Kämpfe eingriff. Anfangs war er durchaus erfolgreich und tötete Dutzende Trojaner. Dann aber musste er sich dem trojanischen Heerführer Hektor stellen. Sie kämpften mit Wurfspeeren. Patroklos verfehlte sein Ziel, nicht aber Hektor. Er tötete seinen Gegner und nahm ihm Achills Rüstung ab.

Achills Entschluss, Rache zu nehmen

Als Achill erfuhr, dass Patroklos in der Schlacht getötet worden war, verlor er fast seinen Verstand. Er konnte nur noch den einen Gedanken fassen, Rache an Hektor zu üben. Er ließ die Leiche Patroklos' in sein Zelt bringen und ordnete an, ihm eine neue Rüstung zu machen.

Achill wird sauer - wie alte Milch im Kühlschrank

Zu Beginn der *Ilias* wird der Charakter Achills als positiv und liebenswert dargestellt. Selbst bei den Trojanern genoss er diesen Ruf. Mit dem Tode des Patroklos aber erfährt sein Wesen eine radikale Veränderung. In diesem Sinne ist die *Ilias* eine Tragödie – Achill hält an seiner Vorstellung von Ehre fest, er verliert aber seinen guten Charakter dabei. Als er sich schließlich den Kämpfen wieder anschließt, tötet er alle Gegner, die sich in seiner Nähe befinden. An einer Stelle trifft er auf einen Jungen aus Troja, den er schon einmal gefangen genommen und gegen Lösegeld wieder laufen gelassen hat. Der Junge fleht Achill an, ihn zu verschonen. Dieser aber kennt kein Erbarmen und erschlägt den Wehrlosen. Er greift sogar den Fluss Skamander an und gewinnt fast den Kampf gegen ihn. Schließlich stehen sich Hektor und Achill Auge in Auge gegenüber.

Hektor, der bis dahin ein Vorbild an Mut und kühl überlegendem Verstand abgegeben hat, dreht sich um und rennt weg. Achill verfolgt ihn um die ganze Stadt herum, bis Hektor innehält und sich dem Kampf stellt. Es ist ein ungleicher Kampf, besonders weil die Götter auf Seiten Achills stehen. Er tötet Hektor und schleift den Körper des Unglücklichen hinter seinem Streitwagen 33 Mal um Patroklos' Grabmal herum.

Achills Zorn ebbt ab

Nachdem er Hektor getötet und seine Leiche entehrt hatte, legte sich Achills Zorn. Die ihm angetane Schmach rückte in den Hintergrund. Zum Gedenken an seinen Freund Patroklos veranstaltete er Wettkämpfe unter den Athleten und vergab für die Sieger Preise. Selbst der alte Nestor, der mit den jungen Männern körperlich nicht mehr mithalten konnte, erhielt eine Auszeichnung für seine Weisheit. Schließlich suchte König Priamos Achill in dessen Zelt auf, um ihn um die Herausgabe der Leiche seines Sohnes Hektor zu bitten. Voller Ergriffenheit vergossen Achill und Priamos zusammen Tränen um ihre Toten – Priamos für seinen Sohn und die Stadt Troja, Achill für seinen Freund Patroklos. König Priamos zog am Ende mit seinem toten Sohn zurück nach Troja. Die *Ilias* endet mit der Verbrennung Hektors auf einem Scheiterhaufen und dem sich anschließenden Festmahl zu Ehren des Toten.

Das Ende des Trojanischen Krieges

Einige der wunderbaren Geschichten und Ereignisse rund um den Trojanischen Krieg stammen nicht aus der *Ilias* des Homer. Der Tod des Achill und der sich daraus ergebende Konflikt und auch die Geschichte vom Trojanischen Pferd stammen aus anderen Quellen.

Der Untergang des Helden: Achills Tod

Nach Hektors Tod war der Untergang Trojas nur noch eine Frage der Zeit. Die Kämpfe gingen weiter. Kurz nach den in der *Ilias* geschilderten Ereignissen wurde Achill durch einen von Paris abgefeuerten Pfeil getötet. Ausrechnet Paris! Darin liegt natürlich eine gewisse Ironie verborgen, galt doch Paris als der unheldischste Kämpfer des ganzen Krieges. Pfeil und Bogen wurden darüber hinaus als eine feige Waffe erachtet. Wie dem auch sei – Achill war tot. Die Prophezeiung seiner Mutter bewahrheitete sich: Er lebte ein zwar kurzes, aber ausgesprochen ruhmreiches Leben.

Wer bekommt Achills Rüstung?

Achill war tot. Wer aber würde seine prächtige Rüstung bekommen? Sowohl Odysseus als auch Ajax wollten sie haben. In einer Version der Geschichte würfeln beide um das Kriegsgerät. In einer anderen entscheiden sie die Frage, indem sie sich in einem athletischen Wettkampf messen. Die Trojaner sollten als unparteiische Richter herhalten.

Am Ende erhielt Odysseus die Rüstung. Ajax erwies sich als sehr schlechter Verlierer. Er verlor den Verstand und wollte alle Griechen umbringen. Aber er war noch nicht einmal dazu in der Lage und so tötete er schließlich mehr aus Versehen eine Reihe von friedlich herumstehenden Rindern. Diese letzte Erniedrigung ließ ihm nur den Ausweg des Selbstmords offen. Wegen seines ehrlosen Todes beschlossen die Griechen, ihn nicht auf dem Scheiterhaufen zu verbrennen, sondern ihn stattdessen zu beerdigen.

Der Bogen des Philoktetes und der Tod des Paris

Philoktetes war ein Krieger, der mit den Griechen nach Troja aufgebrochen war. Als sie bei der Insel Tenedos ihre Reise unterbrachen und an Land gingen, da biss eine Schlange Philoktetes in den Fuß, der infolgedessen anfing, ganz fürchterlich zu riechen. Der clevere Odysseus setzte den armen Kerl, dessen Fuß einfach nicht heilen wollte, auf der Insel Lemnos aus. Alles, was er dort zu essen hatte, waren einige Vögel, die er mit seinem großartigen Bogen, der einstmals Herakles gehört hatte, vom Himmel holen konnte.

Die Troja belagernden Griechen waren noch mit einer anderen Prophezeiung konfrontiert. Sie verhieß, dass sie Troja niemals einnehmen würden, solange sie nicht im Besitz des Bogens des Philoktetes wären. Odysseus und Diomedes segelten also zurück und nahmen Philoktetes wohl oder übel wieder mit. Er schloss sich am Ende den Kämpfen wieder an. In Sophokles' Tragödie *Philoktet* versuchen Odysseus und Achills Sohn Neoptolemos, Philoktetes mit einer List wieder zurück nach Troja zu bringen. Zwar gelingt ihre List nicht; Herakles erscheint aber in letzter Sekunde und befiehlt

Philoktetes, mit den beiden nach Troja zurückzukehren. Dort angekommen, nahm er seinen Bogen und erschoss damit Paris.

Die List aller Listen: Das Trojanische Pferd

Nun, da Patroklos, Hektor, Achill, Paris und Ajax tot waren, gingen beiden Seiten so langsam die Helden aus. Es wurde Zeit, den Krieg zu beenden. Odysseus (wer auch sonst) entwarf schließlich den Plan, der dem Krieg ein Ende setzen sollte. Nachts ließ er seine Leute ein riesiges hohles hölzernes Pferd bauen. (In Abbildung 7.2 ist eine Nachbildung des Pferdes zu sehen.) Eine Auswahl der besten Männer versteckte sich im Inneren des Pferdes, während der Rest der Krieger die Schiffe bestieg und davonsegelte. Hinter einer nahe gelegenen Insel versteckten sie sich und die Boote und harrten dort aus. Das Pferd ließen sie vor den Toren Trojas stehen.

Abbildung 7.2: Die türkischen Behörden ließen dieses hölzerne Pferd als Touristenattraktion errichten.

Bei Tagesanbruch erwachten die Trojaner und sahen, dass die griechische Armee fortgezogen war. Nur das hölzerne Pferd war von ihnen zurückgeblieben. Ein griechischer

»Deserteur« erschien und erzählte den Trojanern eine erfundene Geschichte. Die Griechen hatten angeblich ein Zeichen erhalten, das sie aufforderte, Troja zu verlassen. Vor ihrer Abreise hätten sie noch dieses Pferd als Abschiedsgeschenk dagelassen.

Es muss nicht extra erwähnt werden, dass nicht alle Bewohner Trojas auf diese fingierte Geschichte hereinfielen. Manche blieben skeptisch und ahnten Böses. So auch ein Priester namens Laokoon, der mutmaßte, dass das Pferd vielleicht mit griechischen Kriegern gefüllt sein könnte, die nur darauf warteten, dass man das Pferd in die Stadt hineinzöge. Die Trojaner versuchten herauszubekommen, ob an dieser Theorie etwas Wahres sein könnte. Sie holten Helena herbei (die über eine Reihe von magischen Fähigkeiten verfügte); diese sagte mit verstellter Stimme einige Namen der griechischen Krieger laut auf, wobei sie die Stimmen der Ehefrauen dieser Männer imitierte. Odysseus, der mit den anderen Männern im Pferd ausharrte, hatte Mühe, seine Krieger ruhig zu halten, auf dass sie sich nicht verrieten.

Schließlich schleuderte Laokoon seine Lanze nach dem Pferd. Die Göttin Athene, die die Stadt Troja verabscheute, Odysseus aber bewunderte, sandte daraufhin eine Schlange von gewaltiger Größe, die Laokoon und seine zwei Söhne verschlingen sollte. Die Plastik in Abbildung 7.3 hält den dramatischen Augenblick fest. Die Trojaner deuteten dies als göttliche Strafe und zogen das Pferd in ihre Stadt. Sie gingen zu Bett und beabsichtigten, erst am kommenden Tag ihr Geschenk näher unter die Lupe zu nehmen. Dies sollte sich als verhängnisvoller Fehler erweisen.

So geschah es also, dass Troja fiel ...

Nach Einbruch der Dunkelheit geschahen nacheinander drei Dinge, die den Griechen den entscheidenden Vorteil einräumten:

1. Die Griechen segelten mit ihren Schiffen zurück zum Strand vor den Toren Trojas und rückten auf die Tore der Stadt zu.
2. Odysseus und seine Männer stiegen aus dem hölzernen Pferd und öffneten die Stadttore.
3. Sie brannten die Stadt nieder, töteten die männliche Bevölkerung und versklavten alle Frauen der Stadt.

Der Untergang Trojas war wirklich eine hässliche Angelegenheit. König Priamos suchte Schutz bei einem Altar, der eigentlich als sakrosankt galt und ihn hätte beschützen müssen. Die Griechen aber kannten kein Erbarmen: Achills Sohn Neoptolemos, auch Pyrrhos genannt, schlug ihm den Kopf ab, während er sich noch an den Altar klammerte. Die Griechen griffen sich auch Hektors kleinen Sohn Skamandrios, dessen Beiname Astyanax »Beschützer der Stadt« lautete, und warfen ihn von einem Turm herunter in den Tod. Am Ende ihres schändlichen Tuns vergaßen die meisten Griechen, den Göttern zum Dank für ihren Sieg Opfergaben darzubringen – bis auf den schlauen Odysseus natürlich. Alle ihre Untaten und Verfehlungen sollten auf die Krieger in anderer Form wieder zurückkommen und sie verfolgen.

Abbildung 7.3: Laokoon und seine Söhne, wie sie gerade von zwei Schlangen angegriffen werden

Odysseus' lange währende Rückkehr aus dem Trojanischen Krieg: Homers Odyssee

Die Heimkehr aus Troja gestaltete sich für alle Griechen schwierig. Menelaos trieben die Winde in achtjähriger Irrfahrt quer übers Mittelmeer bis nach Ägypten und in viele andere Länder. Er musste sich mit Proteus, einem Wassergott, messen, um wieder in seine Heimat Sparta zurück zu kommen. Agamemnon hatte nicht so viel Glück. Gleich nach seiner problemlosen Heimkehr wurde er von seiner Frau Klytaimnestra getötet. In Kapitel 8 widmen wir uns dieser Geschichte etwas näher.

Die berühmteste aller Heimfahrten ist aber die des Odysseus, dessen Erlebnisse in einem eigenen Versepos geschildert werden – der *Odyssee*. Die *Odyssee* ist *die*

Abenteuergeschichte der Menschheit, voller Erotik, Gewalt, Täuschungen und Ungeheuer. Sie wirft aber auch die interessante Frage auf, wer denn schrecklicher ist: die absonderlichen Kreaturen, denen Odysseus unterwegs begegnet, oder die zahllosen Freier, die um sein Haus in Ithaka schleichen und es gar nicht abwarten können, seine Frau Penelope zu bekommen.

Warte nicht auf mich, Liebling

Als Odysseus von seiner heimatlichen Insel Ithaka nach Troja aufbrach, ließ er seine Frau Penelope und seinen kleinen Sohn Telemachos zurück. Zu Beginn der in der Odyssee geschilderten Ereignisse liegt der Krieg bereits zehn Jahre zurück. Odysseus aber ist da noch immer nicht nach Hause zurückgekehrt.

Penelope hatte es nicht leicht während Odysseus' Abwesenheit. Sie war eine vermögende, schöne und begehrenswerte Frau in mittlerem Alter und eine wirklich gute Partie für jeden Mann. War sie aber noch zu vergeben? Viele Männer aus Ithaka und den umliegenden Inseln nahmen an, dass dem so wäre. Odysseus musste nach so langer Zeit einfach schon längst tot sein, mutmaßte man. Die an Penelope interessierten Männer kamen nach Ithaka und machten ihr den Hof. Sie sind die Freier, die in der Odyssee als die Bösen erscheinen.

Penelope versprach immer wieder, unter ihnen einen Mann auszusuchen, den sie heiraten würde. In der Hoffnung, Odysseus könnte doch wieder zu ihr zurückkehren, tat sie dies aber nie. Sie zeigte allen Freiern ein Tuch, das sie, sobald sie es fertig gestellt haben würde, als Leichentuch für Odysseus' alten Vater Laërtes, den früheren König von Ithaka, verwenden wollte. Sobald ihre Arbeit an diesem Tuch beendet war, würde sie einen von ihnen auswählen und zum Manne nehmen. Jeden Tag saß Penelope am Webstuhl und arbeitete an dem Tuch. In der Nacht aber setzte sie sich hin und löste die gewebten Bahnen wieder auf. So ging es zwei Jahre lang. Eines Tages verriet eine ihrer jungen Sklavinnen dies den nichts ahnenden Freiern. Diese zwangen sie daraufhin, mit ihrer Arbeit zum Ende zu kommen.

Warum – so könnte man fragen – hat Penelope ihren Freiern nicht gesagt, sie sollten verschwinden und sie in Ruhe lassen? Dafür gab es zwei Gründe:

- ✔ Homer konnte so in seiner Dichtung die Spannung aufrecht erhalten. Odysseus tat gut daran, sich zu beeilen, solange zu Hause die Freier ungeduldig Schlange standen.
- ✔ Solange Penelope mit ihren Freiern spielte und sie im rechten Glauben ließ, konnten diese nicht zu ihrem Vater gehen und *ihn* darum bitten, für seine Tochter eine Hochzeit zu arrangieren. Durch ihre listige Verzögerungstaktik konnte sie Zeit gewinnen, die Odysseus dringend brauchte, um nach Hause zurückzufinden. Penelope konnte so die Kontrolle über ihr eigenes Leben zu behalten.

Odysseus' Sohn Telemachos war zu diesem Zeitpunkt etwa zwanzig Jahre alt. Er musste mit ansehen, wie all die jungen Männer, die seine Mutter umwarben, deren Vermögen nach und nach verprassten, das doch eigentlich sein Erbe sein sollte. Aber was sollte er dagegen tun – einer gegen siebzig?

Odysseus' Heimfahrt

Bei ihrer Abreise aus Troja ahnten Odysseus und seine Männer nicht, welche Abenteuer ihnen noch bevorstanden. Als Erstes segelten sie ins Land der Kikonen und begannen dort einen Krieg mit den Bewohnern. Fast wären sie dabei alle ungekommen. (Odysseus beging auf den ersten Etappen seiner Reise viele dumme Fehler. Aber aus Fehlern wird man klug: Seine dort gemachten Erfahrungen halfen ihm später dabei, mit den um seine Frau Penelope buhlenden Männern fertig zu werden.) Die Lektion, die er dort lernte, war: Fange keinen Krieg an, bevor du nicht sicher bist, ihn auch gewinnen zu können.

Von dort führte ihr Weg sie ins Land der Lotos-Esser (Lotophagen). Die Bewohner dort aßen den ganzen Tag nichts als Lotos, eine Art rauschfördernde Droge, die die Menschen in einen entspannten und ruhigen Zustand versetzte. Auch einige von Odysseus' Männern probierten davon und mussten anschließend aufs Schiff zurückgeschleift werden.

Odysseus' Begegnung mit dem Zyklopen

Odysseus' berühmtestes Abenteuer war seine Begegnung mit dem Zyklopen Polyphem. Zusammen mit seinen Männern ging er auf einer unbekannten Insel an Land. Er sagte seinen Männern, dass die dortigen Bewohner vielleicht Geschenke für sie hätten, die sie unterwegs gut gebrauchen könnten. Auf der Insel fanden sie eine große Höhle, die mit allerlei Dingen gefüllt war. Sie beschlossen, in der Höhle auf seinen Bewohner zu warten. Dieser kam auch prompt. Es war der riesenhafte Zyklop Polyphem, auf dessen Stirn ein einziges Auge prangte. Er trieb seine Schafherde mit in seine Höhle und verschloss den Eingang mit einem Stein, den er davor rollte.

Polyphem wandte sich daraufhin an seine uneingeladenen Gäste: »Wer seid ihr und woher kommt ihr? Seid ihr Seeräuber?« (Diese Frage wurde Odysseus gestellt, wo immer er hinkam. Seeräuber schien damals ein gängiger Beruf gewesen zu sein.) Odysseus sprach, sein Name sei »Niemand«, und deutete an, dass sein »Gastgeber« ihm doch ein passendes Gastgeschenk geben möge. Odysseus schien dies stets zu erwarten, egal wo er hinkam.

Der Zyklop entgegnete, dass sein Name Polyphem sei und dass er sich kein bisschen darum schere, ob Odysseus ein Gastgeschenk erwarte oder nicht. *Sein* Vater sei Poseidon! Als kleine Gefälligkeit sei er aber bereit, ihn als Letzten zu verspeisen. Sodann ergriff er zwei von Odysseus' Männern und schlang sie mit Haut und Haaren hinunter. Er legte sich schlafen und verspeiste am nächsten Morgen zwei weitere Männer zum Frühstück. Dann führte er seine Herde zurück ins Freie und verschloss die Höhle hinter sich mit dem Stein. Die Männer saßen in der Falle.

Odysseus verbrachte den Tag damit, einen Plan auszuhecken. Er fand ein langes Stück Holz in der Höhle, spitzte das eine Ende an und härtete es sodann in einem Feuer. Am Abend kam Polyphem wieder zurück in die Höhle und vertilgte zwei weitere der gezwungenermaßen ausharrenden Männer. Aber anschließend gab Odysseus ihm viel Wein zu trinken, so viel Wein, dass er berauscht war. Odysseus und seine Gefährten nahmen das lange Stück Holz, erhitzten es in einem Feuer und stießen es dem Riesen mitten in sein Auge. Der erblindete Polyphem versuchte, seine Angreifer zu fangen, schaffte es aber, blind wie er war, nicht. Er rief die anderen Zyklopen auf der Insel herbei, damit sie ihm in seiner misslichen Lage zu Hilfe eilten. Als sie aber eintrafen und ihn fragten, wer es sei, der ihn angegriffen habe, da konnte er nur antworten, »Niemand« sei es gewesen. Da zogen die anderen Zyklopen ratlos wieder von dannen. Odysseus war wahrlich ein schlauer Fuchs.

Odysseus griff sich nun die Schafe und band sie in Dreiergruppen Seite an Seite aneinander. Bei Tagesanbruch, als die Schafe wie jeden Morgen zusammen mit Polyphem die Höhle verließen, klammerten sich Odysseus und seine Gefährten an die Unterseite der Schafe und verließen so mit ihnen die Höhle. Polyphem kontrollierte mit seinen Händen die Rücken der Tiere, um zu schauen, ob jemand auf ihnen ritte; die Unterseite der Schafe befühlte er allerdings nicht. So konnten die Männer entkommen. Sie rannten zu ihren Booten und setzten die Segel. Odysseus schleuderte dem Zyklopen noch eine letzte Beleidigung hinterher. Erzürnt griff dieser sich einen immensen Felsbrocken und schleuderte ihn in Richtung des Schiffes, das fast getroffen worden wäre. Bevor sie ganz verschwunden waren, schrie Odysseus ihm noch seinen wahren Namen hinterher. Ein Fehler, wie sich herausstellen sollte, denn Polyphem verpetzte ihn bei seinem Vater und so zog Odysseus den Hass Poseidons auf sich.

Die widrigen Winde

Ihre nächste Station waren die Äolischen Inseln (nordöstlich von Sizilien), Heimat des Königs Aiolos, des Herren über die Winde. Dieser nahm die Mannschaft für einen Monat auf und gab Odysseus beim Abschied einen Ledersack mit auf den Weg, in dem er alle widrigen Winde eingeschlossen hatte. Unter günstigen Winden segelten sie rasch vorwärts in Richtung Heimat. Kurz vor Ithaka öffneten Odysseus' törichte Männer aber den Sack. Anstatt wie erhofft Gold zu finden, entkamen dem Sack alle zuvor eingesperrten Winde und bliesen die Boote wieder zurück zur Insel des Königs. Dieser aber weigerte sich, den Seefahrern noch einmal zu helfen.

Kirke und die Unterwelt

Ihre Irrfahrt führte die Seefahrer als Nächstes auf die Insel der Kirke, einer mächtigen Zauberin, deren besondere Kunst darin bestand, Menschen in Tiere zu verwandeln. Sie verwandelte alle Männer des Odysseus in Schweine. Nur Odysseus selbst konnte dem Schicksal entgehen. Ihn schützte ein magisches Kraut, das er von Hermes erhalten hatte. Hermes teilte ihm auch mit, wie er seine Männer wiederbekommen könne. Er müsse dazu der Kirke drohen, sie mit seinem Schwert zu durchbohren, wenn sie sich nicht bereit erklärte, seine Männer wieder zurückzuverwandeln. Kirke gab nach und verliebte sich gleich darauf in Odysseus. Zusammen mit seinen Männern verbrachte er schließlich ein angenehmes Jahr in Kirkes Haus.

Sie war es auch, die ihnen sagte, was sie als Nächstes zu tun hätten: Sie trug Odysseus auf, mit seinen Männern in die Unterwelt hinabzusteigen und dort Teiresias, einen blinden, thebanischen Seher aufzusuchen. (Mehr über ihn in Kapitel 8.) Dieser würde ihnen dann verraten, wie sie sicher wieder nach Hause gelangen könnten. Da die Toten Blut liebten, nahm Odysseus ein Schaf mit hinunter und füllte einen kleinen Teich mit dem Blut des Tieres. Die Toten kamen alle herbei, um von dem Blut zu probieren. Odysseus aber hielt sie so lange zurück, bis Teiresias schließlich erschien. Er trank von dem Blut und erklärte, dass Odysseus ganz sicher nach Hause würde zurückkehren können. Auf alle Fälle aber sollten sie es tunlichst vermeiden, den heiligen Rindern des Sonnengottes Helios Leid zuzufügen. Nach diesem guten Rat verließen die Männer die Unterwelt wieder und segelten weiter.

Die Sirenen (nicht die auf Polizeiwagen)

Die Insel der Sirenen war das nächste Hindernis auf ihrem Rückweg. Die *Sirenen* waren Vögel mit weiblichen Menschenköpfen, die durch ihren wunderschönen Gesang die vorbeifahrenden Seefahrer auf ihre Insel lockten, um sie dann zu töten. Den Rat Kirkes befolgend, verstopfte Odysseus vor der Vorbeifahrt seinen Männern die Ohren mit Wachs und ließ sich selbst mit unverschlossenen Ohren an einen Mast binden, damit er dem Gesang der Sirenen lauschen konnte. Seinen Männern trug er auf, ihm unter keinen Umständen die Fesseln zu lösen. Als der Sirenengesang losging, bettelte er und flehte, sie möchten ihn losbinden. Da sie ihn aber nicht hören konnten, segelten alle sicher aus dem Gefahrenbereich heraus.

Skylla und Charybdis

Als Nächstes stand die Schiffspassage an Skylla und Charybdis vorbei auf dem Programm. (Heute wird allgemein angenommen, dass tatsächlich wohl die Straße von Messina zwischen Sizilien und dem italienischen Festland gemeint ist.) Bei Skylla handelte es sich um ein furchtbares Ungeheuer, das in einer Felsenhöhle gegenüber von Charybdis hauste und auf dessen Leib sechs lange Hälse mit sechs grässlichen Tierschädeln saßen, die, kam man ihnen zu nahe, sechs Seeleute auf einmal packten und verschlangen. Charybdis dagegen war ein Meerwesen, das die Meeresfluten dreimal pro Tag einsaugte und wieder ausspie. Kam man ihm zu nahe, konnte es ein ganzes Schiff auf einmal in seinem Schlund verschwinden lassen. Odysseus entschied sich also für das kleinere Übel der Skylla. Als sie sich ihr näherten, wurden auch gleich sechs Unglückliche von ihr gepackt und vor den Augen der anderen zermalmt. Das Schiff aber konnte mit dem Rest der Mannschaft seine Reise sicher fortsetzen.

Müde, hungrig und demoralisiert machten die Männer Rast auf der Sonneninsel, auf der Apoll die berühmten Rinder des Sonnengottes Helios hielt. Teiresias hatte sie noch eindringlich gewarnt, den Tieren kein Leid zuzufügen. Die Mannschaft aber kümmerte die Warnung herzlich wenig, so hungrig wie sie waren. Während Odysseus' Abwesenheit töteten und aßen sie die heiligen Rinder. Kurz nachdem die Männer wieder in See gestochen waren, zerstörte Apoll ihr Schiff. Alle Männer außer Odysseus wurden getötet. Er klammerte sich an eines der Wrackteile und trieb auf die Insel der Kalypso zu, einer Nymphe und Tochter des Atlas. Für mehrere Jahre hielt Kalypso Odysseus auf der Insel fest. Sie begehrte ihn und wollte ihn zum Mann haben. Dieser ging auf die Werbungsversuche seiner Retterin aber nicht ein. Zeus musste erst Hermes schicken und ihr befehlen, den Gefangenen endlich freizugeben, bevor Odysseus seine Reise mit einem Floß fortsetzen konnte, das ihn nach einer Weile an die Küste der Phaíaken trug.

In welcher Lage befand sich Odysseus jetzt? Da saß er nun an einem Strand und vergoss bittere Tränen über sein Schicksal. Die Nymphe Kalypso hatte ihn jahrelang gefangen gehalten und als Liebessklaven missbraucht. Athene, seine Schutzgöttin, entschied nun, dass es genug sei, und bat Zeus um Erlaubnis, ihren Schützling endlich nach Hause zu führen. Zeus hatte ein Einsehen, gab aber zu bedenken, dass der Meeresgott Poseidon noch immer sehr erzürnt sei über Odysseus wegen dessen Misshandlung seines Sohnes Polyphem.

Athene aber leitete alles in die Wege. Sie suchte Telemachos auf und schlug ihm vor, er solle sich aufmachen und nach Neuigkeiten über seinen verschollenen Vater suchen. Dies würde zwei Vorteile mit sich bringen:

- ✔ Es würde einen Mann aus ihm machen.
- ✔ Er wäre außerhalb der Reichweite der Freier seiner Mutter Penelope, die ein Mordkomplott gegen ihn hegten, da er der legitime Erbe von Odysseus' Vermögen war und verhindern wollte, dass irgendein anderer Mann sich dieses Vermögen aneignete.

Floßbrüchig auf der Insel der Phaiaken

Odysseus also segelte mit seinem Floß Richtung heimatliche Gestade. Alles schien gut zu verlaufen, bis Poseidon ihn bemerkte und durch einen gewaltigen Sturm zu töten versuchte. Fast hätte Poseidon gesiegt. Odysseus' Floß wurde von den Wellen in Stücke geschlagen. Es gelang ihm aber mit Hilfe der Göttin Leukothea, sich bis an den Strand einer Insel zu retten.

Dort fand ihn Nausikaa, die Tochter des Königs der Insel. Sie brachte ihn zu ihrem Vater in den Palast, der ihn freundlich aufnahm. Er erzählte dem König die ganze Geschichte seiner abenteuerlichen Reise bis zu seinem Schiffbruch auf seiner Insel.

Ankunft in der Heimat: Es werden Köpfe rollen

Nachdem Odysseus seine Geschichte erzählt hatte, stellte der König ein neues Schiff für ihn bereit und gab ihm alles Nötige für seine Reise nach Hause mit auf den Weg. Zusammen mit Seeleuten von der Insel machte er sich auf den Weg nach Ithaka. Als das Boot Ithaka endlich erreicht hatte, schlief Odysseus gerade. Ohne ihn aufzuwecken, brachten die Seeleute ihn und seine Sachen an Land und stachen wieder in See. Als Odysseus erwachte, wusste er zunächst nicht, wo er sich befand.

Athene kam als junger Mann verkleidet zu ihm und teilte ihm mit, dass er sich in seiner Heimat Ithaka befände. Sie sagte ihm auch, dass sein Haus voller junger Männer sei, die um seine Frau Penelope buhlten. Sie versprach ihm, dass sie ihm dabei behilflich sein würde, sie allesamt zu bestrafen. Gemeinsam erdachten sie einen Plan.

Odysseus verkleidet sich als alter Bettler

Odysseus, der sich als Bettler verkleidet hatte, suchte Unterschlupf bei seinem alten, treuen Schweinehirten. Athene brachte während dessen seinen Sohn Telemachos zu ihm. Odysseus legte seine Verkleidung als Bettler ab und stellte sich ihm als sein Vater vor. Diesen hatte Telemachos vor zwanzig Jahren zum letzten Mal gesehen.

Am nächsten Tag machte sich Odysseus in seiner Verkleidung als Bettler auf den Weg zu seinem Haus. Niemand erkannte ihn, wie er so durch die Straßen ging, bis auf einen – seinen alten Hund Argos, der krank und verlassen auf einem Misthaufen lag. Er hatte zwanzig Jahre auf die Heimkehr seines Herrchens gewartet, um ihn noch ein letztes Mal begrüßen zu können. Nun, da Odysseus erschienen war, wedelte er ein letztes Mal mit dem Schwanz und starb gleich darauf.

Bei seinem Haus angekommen, fand er die um die Hand seiner Frau buhlenden Burschen vor. Sie saßen schlaff herum und verdauten gerade ihr üppiges Mittagsmahl. Alle machten sich über die alte, abgerissene Gestalt lustig. Schließlich erschien Penelope und sprach mit dem Bettler, den sie jedoch nicht erkannte. Zuerst aber beschwerte sie sich bei ihren Freiern, dass sie ihr keine Geschenke gebracht hätten, wie es sich doch gehörte. Dann sprach sie mit Odysseus, der ihr sagte, er hätte noch vor kurzem ihren Mann lebend gesehen. Penelope brach darüber in Tränen aus und lud den Bettler ein, die Nacht in ihrem Haus zu verbringen.

Nur seine alte Amme Eurykleia erkannte Odysseus in seiner Bettlerverkleidung. Als sie ihm die Füße wusch, bemerkte sie nämlich eine alte, unverkennbare Narbe, die Odysseus sich als Kind zugezogen hatte. Odysseus nahm ihr das Versprechen ab, ihn nicht zu verraten.

Der Bogen des Odysseus: Wer wagt, gewinnt (Penelope)

Am nächsten Morgen erschien Penelope, die noch immer nicht ahnte, wen sie denn da als Gast in ihrem Haus tatsächlich beherbergte, mit dem alten Bogen ihres Mannes. Ihren Freiern stellte sie folgende Aufgabe: Wem es gelänge, den Bogen zu spannen und einen Pfeil durch zwölf hintereinander aufgereihte eiserne Ringe zu schießen, der solle sie zur Frau nehmen dürfen. Telemachos bereitete alles vor und ermunterte die Konkurrenten, ihr Glück zu versuchen. Alle taten ihr Möglichstes; niemandem aber gelang es, die Aufgabe zu meistern.

Nun war die Stunde des Bettlers Odysseus gekommen. Er erbat sich auch einen Versuch. Obwohl die Freier sich beschwerten (da sie wohl ihre Ehre gekränkt sahen, mit einem Bettler auf gleiche Stufe gestellt zu werden), bestand Telemachos darauf, dass auch der Bettler es versuchen dürfe. Im Nu spannte Odysseus seinen alten Bogen und schickte einen Pfeil durch alle Ringe hindurch. Telemachos reichte seinem Vater immer weitere Pfeile. Dieser streckte mit seinem Bogen einen Freier nach dem anderen nieder, bis nur noch zwei lebendig vor ihm standen. Diese flehten um Gnade. Odysseus nahm sein Schwert und tötete den einen. Den zweiten verschonte er, da es sich um einen Musiker handelte.

Die alten Sklaven jubelten, nun, da ihr Herr wieder zurück war. Sie rannten zu Penelope, um ihr die frohe Botschaft mitzuteilen. Penelope aber wollte sichergehen und bestand auf einem zweiten Test für den Bettler. Sie sprach zu ihm: »Wohl denn. So hilf mir doch dabei, mein Bett ein wenig zur Seite zu rücken, auf dass wir uns darin betten können.« Odysseus durchschaute das Ganze natürlich sofort. Er erwiderte: »Niemand ist in der Lage, das Bett zu verrücken. Es wurde über dem Stumpf eines Baumes errichtet, dessen Wurzeln immer noch fest im Erdreich gründen.« Da wusste Penelope sicher, dass ihr Mann Odysseus vor ihr stand.

Die Familien der getöteten Freier beklagten das diesen angetane Unrecht. Athene aber schaltete sich ein und erklärte, dass ihnen nur das widerfahren sei, womit zu rechnen gewesen sei. Niemand solle sich also beklagen. Um Poseidons Zorn zu besänftigen, musste Odysseus noch eine letzte Reise unternehmen. Damit aber war seine lange Odyssee schließlich zu Ende.

Die griechische Tragödie

8

In diesem Kapitel

- Aufführungen zu Ehren von Dionysos und Athene: Die griechische Tragödie
- Ein weit verbreiteter Irrtum – der Rummel um die Hybris
- Die Dramendichter
- Das Geschlecht der Atriden
- Oedipus und die Nachfahren des Kadmos

Man kann am meisten über die griechischen Mythen erfahren, wenn man sich mit der Tragödiendichtung im antiken Griechenland beschäftigt. Es handelt sich um Stücke, die etwa um 500 vor Christus geschrieben wurden und mit Hilfe von öffentlichen Geldern in Athen aufgeführt wurden. Die meisten Tragödien haben mythologische Themen zum Inhalt; besonders interessant sind die Stücke, in denen die berühmten Geschichten zweier zerrütteter Familien erzählt werden (mehr dazu weiter unten), oder die, die sich dem Trojanischen Krieg widmen. Nur eine vergleichsweise geringe Zahl an Dichtungen ist bis heute überliefert. Aber auch so verraten uns die erhaltenen Texte eine Menge über die griechische Mythologie, insbesondere darüber, wie unterschiedliche Versionen eines einzelnen Mythos nebeneinander bestehen konnten.

Welches Stück wird heute gespielt?

Theaterbesucher reden gerne über die Stücke, die sie gesehen haben. Manche machen aus dieser Neigung einen Beruf. Der Erste seiner Art war der griechische Philosoph Aristoteles (der im Übrigen wie alle seine Philosophen-Kollegen damals nicht nur »philosophierte«, sondern auch in anderen Wissensbereichen forschte, sei es die Astronomie, die Physik, Medizin oder irgendein anderes Gebiet, das er spannend fand). Neben zahlreichen anderen Schriften ist uns von Aristoteles auch ein Buch über die Dichtkunst mit Namen *Poetik* erhalten geblieben, das sich mit den unterschiedlichsten Genres beschäftigte – Epik, Komödie, Tragödie. Der Teil des Buches, der uns am besten überliefert ist, handelt von der Tragödie. Aristoteles war ein methodisch und denkerisch sorgfältig vorgehender Philosoph. Die Art, wie er sich dem Thema Tragödie näherte, bestimmt in großen Teilen, wie auch die heutigen Literaturwissenschaftler mit dem Thema Dramendichtung umgehen.

Aristoteles unterschied mehrere Merkmale an der Tragödie, deren Umsetzung, so sagte er, auch mitentscheidend sei für den Erfolg beim Publikum:

- **Musik:** Alle dramatischen Aufführungen wurden damals von Musik begleitet.
- **Schauwert:** Der Bühnenaufbau und die Kostüme.
- **Handlung:** Das, was im Stück geschieht.
- **Art des sprachlichen Vortrags:** Die Art, wie die Verse vorgetragen werden.
- **Figuren:** Wer sagt was und wie wird es gesagt.

Die *Poetik* des Aristoteles ist von präskriptiver Art. Dies bedeutet, dass der Dichter erläutert, wie der Dichter vorgehen *soll*, natürlich gemessen daran, was Aristoteles für gut hielt. Da Aristoteles aber ein wirklich schlauer Bursche gewesen ist, hatten seine Ansichten damals ein hohes Gewicht. Dies haben sie in gewissem Grade übrigens bis heute.

Das griechische Drama erforderte drei Schauspieler und einen Chor. Es gab nur männliche Schauspieler und Chormitglieder, selbst wenn Frauenrollen gespielt wurden. Sowohl die Schauspieler als auch der Chor trugen Masken und Kostüme. Die Stücke wurden von Musik begleitet – mindestens wohl von Flötenspielern und einer Trommel –, deren Klang wir aber leider nicht mehr rekonstruieren können.

An manchen Tagen ein Tempel, an anderen ein Theater

In Athen wurden Tragödien und Komödien im Theater des Dionysos aufgeführt. Es handelte sich um ein für Griechenland typisches Theater mit einer Bühne und halbkreisförmig angeordneten, aufsteigenden Sitzreihen. Besucher, die heute die Akropolis in Athen hinaufsteigen, können sich einen schönen Eindruck von diesem Theater verschaffen, da es in eine Seite des Akropolis-Hügels hineingebaut wurde. (Tatsächlich handelt es sich zwar um das alte Theater; es wurde jedoch von den Römern erneuert und verbessert.) Dieses Theater war mehr als nur ein Theater; es war ein Dionysos geweihter Tempel. Es war der einzige Dionysos zu Ehren erbaute Tempel in Athen. Die Besucher, die sich dort hinbegaben, mussten sich anständig aufführen, da jede Form von ungebührlichem Verhalten als Sakrileg (als Affront gegen die Götter) angesehen und entsprechend hart bestraft wurde. Einmal stritten sich zwei Besucher um einen Sitz. Derjenige, der den Streit angefangen hatte, wurde des Sakrilegs für schuldig befunden. Sein Hab und Gut wurde beschlagnahmt und er musste die Stadt schließlich sogar verlassen.

Die Feste zu Ehren des Dionysos

Dionysos war der Gott des Weines, des Rausches und des Theaters. Das verbindende Element dieser drei Bereiche ist, dass die normale Realität dabei zeitweise aufgehoben wird. In Athen wurde Dionysos gehuldigt, indem zweimal im Jahr ein großes »dramatisches Fest« gefeiert wurde, d.h. große Feiern, bei denen die Aufführung von Theaterstücken im Mittelpunkt stand. Diese beiden Feiern in Athen waren die *Dionysia*, ein großes Frühlingsfest zu Ehren des Dionysos, und die etwas weniger orgiastischen *Lenaia* während des Winters, die zu Ehren der Göttin Demeter veranstaltet wurden.

Und der Gewinner ist ...

Während beider Feste, der Dionysia und der Lenaia, wurde ein Theaterwettbewerb veranstaltet. Nach der Dramenvorführung vergab eine Jury Preise für die beste Trilogie, die besten Kostüme und die besten Schauspieler. Das Ganze erinnert ein wenig an die heutigen Rituale bei Preisverleihungen auf Filmfestivals. Der Gewinn eines Wettbewerbs war damals sicher förderlich für die Laufbahn eines Dichters.

Förderung des Theaters

Außer den Sklaven konnten alle Athener, alle Fremden und Besucher in der Stadt eine Eintrittskarte für eine Vorführung erwerben. Das Theater nahm im Laufe der Zeit eine so große Bedeutung für die Menschen an, dass die Athener im 4. Jahrhundert vor Christus einen aus öffentlichen Geldern gespeisten Fonds einrichteten, dessen Aufgabe es war, Eintrittskarten zu subventionieren, damit auch die armen Bewohner der Stadt die Möglichkeit zu einem Theaterbesuch bekamen.

Die Tragödie

Was Theaterstücke zu Tragödien im eigentlichen Sinne macht, lässt sich nur sehr schwer bestimmen. Die meisten Tragödien, aber eben lange nicht alle, enthalten eine Figur, die im Verlauf stirbt oder die ein gewisses Maß an Leiden erdulden muss. Die meisten Tragödien schlagen einen ernsten Ton an – aber eben nicht alle. Euripides' Tragödie *Helena* ist ziemlich komisch, niemand wird getötet und sie hat sogar ein glückliches Ende. Aristoteles behauptet, dass die seiner Meinung nach gelungensten Tragödien gewisse gemeinsame Elemente haben; er sagt aber nicht, dass allen Tragödien etwas gemeinsam sein muss.

Was machte eine Tragödie zur Tragödie? Vielleicht ist ja ein Teil der Antwort die Mythologie. Von den bis heute überlieferten Tragödien haben alle bis auf eine Mythen als stoffliche Grundlage. Die eine Ausnahme ist das Stück *Die Perser* des Aischylos, dessen Handlung auf der während der Perserkriege zu Beginn des 5. Jahrhunderts v. Chr. ausgetragenen historischen Schlacht von Salamis beruht. Man könnte in diesem Fall sogar sagen, dass dieser (anfangs höchst unwahrscheinlich erscheinende) Sieg über die Perser für die Griechen damals so bedeutsam war, dass er kurze Zeit danach schon mythisch überhöht wurde. Wie dem auch sei – das Stück *Die Perser* ist die einzige uns bekannte Tragödie aus der Antike, der kein Mythos zugrunde liegt. Diese Tatsache grenzt die tragischen Dichtungen deutlich von den Komödien ab, die eher alltägliche Geschichten aus dem Leben der Athener auf derb-komische Weise erzählten.

Der Chor in der griechischen Tragödie ist sozusagen die Verkörperung des »normalen Bürgers«. Seine Aufgabe ist es, das Geschehen zu verfolgen und das Verhalten der Figuren kommentierend zu begleiten. Tragödien erschienen in Form von *Trilogien*, d.h. Gruppen von drei Theaterstücken. Ein Dichter schrieb eine Trilogie bestehend aus drei Dramen, die zusammen, eines nach dem anderen, aufgeführt werden sollten. Mitunter kam es vor, dass die drei Stücke eine zusammenhängende, in drei Teile untergliederte Geschichte erzählten. (Die *Orestie* des Aischylos ist so ein Beispiel.) In anderen Fällen erzählten die drei Teile ganz unterschiedliche, nicht zueinander gehörende Geschichten.

Mythen und mythologisches Recycling

Worum geht es in den griechischen Tragödien? Natürlich geht es um tragische Ereignisse, aber eben nicht um irgendwelche beliebigen. Tragödien handeln in der Mehrzahl von mythologischen Figuren und Ereignissen bzw. Geschichten. Der Trojanische Krieg etwa bot den Tragödiendichtern reichhaltiges Material für ihre Stücke. Bei anderen Mythen war es genauso. Material für die Ausarbeitung neuer Stoffe in ihren Theaterstücken fanden die Dichter auch bei den zwei mythologischen Königsfamilien: den Nachkommen des Kadmos, des Königs von Theben, sowie dem Geschlecht der Atriden aus Mykene. In vielen Tragödien legt der Dichter einer der Figuren die Bemerkung in den Mund: »Ist eine Familie einmal verflucht, wird das Unglück sie für immer verfolgen.« Die Existenz dieser beiden Familien ist sicher der beste Beweis für die Wahrheit dieser Aussage.

Der Mythenschatz der Griechen versorgte die Tragödiendichter der Antike mit umfangreichem Material. Dennoch gibt es ein und dieselbe Geschichte mitunter in mehrfachen Bearbeitungen. Es erschienen damals vielleicht zwanzig bis dreißig Stücke pro Jahr und das über einen Zeitraum von etwa einhundert Jahren. Einige Stoffe sind uns heute in der Bearbeitung von mehreren Dichtern der Antike überliefert. Dazu gehört etwa der *Elektra*-Stoff, der uns in den Versionen von Aischylos, Sophokles und Euripides vorliegt. Alle drei Stücke unterscheiden sich etwas voneinander, was die Athener aber damals nicht weiter störte.

Missverständnisse bei der Tragödie

An dieser Stelle erscheint es angebracht, dass wir uns einmal den weit verbreiteten Irrtümern zuwenden, die über die griechische Tragödie im Umlauf sind. Viele Leute denken, dass das Wesentliche der Tragödien wie z.B. *Ödipus der Tyrann* darin besteht, dass die Hauptfigur (hier Ödipus – auch Oedipus oder Oidipus geschrieben) in ein selbst verschuldetes tragisches Scheitern verstrickt ist, d.h. durch seine Hybris (ein griechisches Wort, das in etwa Hochmut, Stolz bedeutet) Leid erfährt und schließlich zugrunde geht. Stimmt das? Kurz gesagt: Nein!

Ein Fehler, der auf Unwissenheit beruht ...

Woher kommt also diese Idee eines selbst verschuldeten tragischen Scheiterns? Nun, sie stammt aus einer fehlerhaften Lektüre bzw. Übersetzung der *Poetik* des Aristoteles aus dem Griechischen. Aristoteles stellt in seinem Buch die These auf, dass man gute Tragödien daran erkennt, dass das Tragische sich aus etwas entwickelt, was er *hamartia* nannte. Für Aristoteles bedeutete das Wort »einen aus Unwissenheit begangenen Fehler im Gegensatz zu einem planvollen Vergehen«. Nehmen wir an, ich decke das Dach meines Hauses neu und ein Dachziegel fällt herunter und erschlägt einen Menschen, so wäre dies hamartia. Ein Mensch wurde getötet, aber nicht absichtlich; es war kein Verbrechen, da ich es gar nicht wollte.

... wird zu einer handfesten Sünde

Nun geschah der Fehler. Als nämlich die Gelehrten im 19. Jahrhundert Aristoteles im griechischen Original studierten, da lasen sie es quasi mit der Bibel im Hinterkopf. Im Neuen Testament (etwa 500 Jahre nach Aristoteles) bedeutet *hamartia* so viel wie Sünde. Man übertrug diese Wortbedeutung auf Aristoteles und nahm an, Aristoteles wollte sagen, dass sich gelungene Tragödien durch ein Element der Sünde auszeichnen, bzw., wie wir es hier nennen, durch ein selbst verschuldetes Scheitern. Es stellte sich heraus (und dies machte die Verwirrung nur noch größer), dass diese Art der Aristoteleslektüre – die neutestamentarische also – sehr gut zu funktionieren schien, etwa wenn man sie auf die Tragödiendichtung Shakespeares überträgt: Hamlet gerät in Schwierigkeiten, weil er unentschlossen ist; König Lear ist eitel und eingebildet; Macbeth ist ein Pantoffelheld usw.

Die Griechen aber hatten ein anderes Tragödienverständnis

Dies entspricht aber nicht der altgriechischen Auffassung dessen, was eine gute Tragödie ausmacht. Was, so fragen wir Sie, ist denn auch tragischer: Jemand, der »bekommt, was er verdient«, oder jemand, der tut, was er kann, und dann trotzdem scheitert?

Die großen Drei

Die drei bedeutendsten Tragödiendichter der Antike waren Aischylos, Sophokles und Euripides. Sie lebten im 5. Jahrhundert v. Chr. Aischylos war der Älteste von ihnen. Ihm folgte Sophokles und als Dritter kam Euripides. Es gab in der Antike natürlich viele andere Dramendichter. Agathon ist ein weiterer bekannter Name. Zwar ist von ihm kein einziges Stück überliefert, dennoch haben wir von ihm Kenntnis durch andere Quellen, etwa durch sein Auftreten in Platos *Symposion*. Der vielseitige Ion von Chilos schrieb neben vielen anderen Dichtungen auch Tragödien, vielleicht sogar Komödien, was ihn zum einzigen bekannten Dichter der Antike machen würde, der sich an beiden Genres versucht hätte. Nach dem fünften vorchristlichen Jahrhundert war die Zeit der großen Tragödiendichtungen vorbei und die Griechen beschränkten sich darauf, ihre Klassiker immer wieder neu aufzuführen.

Aischylos

Aischylos wirkte von etwa 499 bis 456 v. Chr. Er war der Erneuerer des griechischen Theaters. Vor ihm traten im Theater nur jeweils zwei Schauspieler auf, was die dramatischen Möglichkeiten doch erheblich einschränkte. Aischylos kam die Idee, einen dritten Schauspieler auftreten zu lassen. Dies ermöglichte die Entstehung echter dramatischer Konstellationen, da der neu hinzugekommene dritte Darsteller als Folie, als Hintergrund für die anderen beiden agieren konnte. Denken Sie etwa an folgende Beispiele: zwei Liebende und ein böser Nebenbuhler; ein Mörder, ein Opfer und ein Zeuge; oder auch ein Betrüger/Hochstapler, ein ehrlicher Charakter und eine dritte Figur, die beide auseinander halten muss. Bei Theaterwettbewerben gewannen Aischylos' Stücke wenigstens dreizehn Mal den ersten Preis. Seine bekanntesten Stücke sind *Agamemnon*, *Sieben gegen Theben* und *Der gefesselte Prometheus* (mehr über sie in späteren Abschnitten).

Sophokles

Sophokles kam zeitlich nach Aischylos. Seine Wirkungszeit überschnitt sich mit der von Aischylos und Euripides. Seine ersten Stücke erschienen um 468 v. Chr.; seine letzten um das Jahr 406 v. Chr. Mit an die 120 Dramen ist er der produktivste der antiken Tragödiendichter. Er gewann um die 20 Preise bei dramatischen Wettbewerben. Seine berühmtesten Stücke sind *Ödipus der Tyrann* (auch *Ödipus Rex* genannt) sowie *Antigone*. Seine Stücke sind überwältigend, teilweise aus dem Grund, weil er eine direktere, sparsamere Diktion wählte als etwa Aischylos, dessen Sprache eher geschwollen und hochtrabend ist.

Euripides

Euripides ist der letzte in der Reihe der bedeutenden Tragiker. Er starb um 407/406 v. Chr. Soweit wir wissen, schrieb er ungefähr 90 Stücke, gewann aber nur selten bei Theaterwettbewerben. Euripides gilt uns heute als der innovativste der drei großen Dramendichter. Er nahm gerne weit verbreitete Stoffe als Grundlage seiner Stücke und gab diesen dann einen neuen Dreh, etwa in seinem Drama *Elektra*. Die Heldin Elektra z.B., Agamemnons Tochter, wird als rotznäsiges, verzogenes Balg porträtiert. Euripides baute in seine Stücke gerne Witze und ironische, geistreiche Bezüge zu anderen Stücken seiner Zeit ein.

Lernen Sie die Eltern kennen: Die Nachkommen des Kadmos

Die bedeutendste Familie, das berühmteste Geschlecht in der griechischen Tragödie sind die Nachfahren des Kadmos, Sohn des Königs von Phönizien, die königliche Familie von Theben. Theben war eine Stadt in Zentralgriechenland mit einer realen Geschichte und Herkunft. Theben hatte aber auch eine mythologische Geschichte, die sehr viel seltsamer und beunruhigender als ihre reale war.

In der Antike gab es zwei Städte mit Namen Theben. Die eine in Griechenland und die andere, viel bekanntere, in Ägypten. Das griechische Theben war das »siebentorige Theben«. Das ägyptische Theben hieß das »Theben der hundert Tore«.

Seltsame Anfänge

Alles begann mit der Lust und einer Kuh. Agenor, Sohn des Gottes Poseidon und der Göttin Lybia, war König von Phönizien (dem heutigen Libanon). Er hatte eine wunderschöne Tochter namens Europa. Zeus verliebte sich in sie und entführte sie nach Kreta, wofür er sich in einen Stier verwandelte. Agenor schickte seinen Sohn nach ihr zu suchen. Kadmos begab sich also von Kleinasien aus auf den Weg nach Westen zu dem Kontinent, der später Europa heißen sollte.

Was haben Kühe mit der Gründung von Städten zu tun?

Kadmos gelang es nie, seine Schwester Europa zu finden. Er begab sich zum Orakel von Delphi, um Apoll zu fragen, was er tun solle. Apoll sprach, er solle nicht weiter nach seiner Schwester suchen, sondern stattdessen einer Kuh folgen und dort eine Stadt gründen, wo sie sich niederließ, um zu rasten. Kadmos verließ also Delphi und ging nach Boeotien (einer Region in Mittelgriechenland). Dort traf er auf einen Mann namens Pelagon, der eine große Herde Kühe besaß. Eine von ihnen scherte aus der Herde aus und lief davon. Kadmos folgte ihr.

Dort, wo die Kuh Halt machte, war der Ort, an dem Kadmos seine Stadt gründen wollte. In der Nähe fand sich sogar eine Wasserquelle. Leider wurde sie von einem Drachen, einem Sohn des Gottes Ares, bewacht. Kadmos tötete den Drachen schließlich nach langem Kampf und opferte die Kuh der Göttin Athene. Athene trug ihm auf, die Zähne des Drachen auszusäen. Kaum hatte er die Anweisung befolgt, da entstiegen der Erde auch schon bewaffnete Krieger in vollem Harnisch, genannt *spartoi* (die Sparten) oder übersetzt »ausgesäte Männer«.

Drachenzähne und die ersten Bewohner der neuen Stadt

Kadmos begann Steine mitten unter die Krieger zu werfen, die sich daraufhin selber – einer gegen den anderen – bekämpften und töteten. Am Ende hatten nur fünf der Krieger überlebt. Kadmos machte sie zu den ersten Bewohnern seiner neuen Stadt. Sie wurden später zu den Ahnen des thebanischen Geschlechts.

Eine erfolgreiche Familie

Da Kadmos Ares' Drachen getötet hatte, musste er diesem als Wiedergutmachung für acht Jahre dienen. Als er wieder frei war, gab Ares ihm seine Tochter Harmonia, deren Mutter Aphrodite hieß, zur Frau und Athene richtete es so ein, dass Kadmos König der neuen Stadt Theben wurde. (Haben Sie es mitbekommen? »Krieg« und »Liebe« zeugten ein gemeinsames Kind namens »Harmonia«.)

Kadmos und Harmonia bekamen die Kinder Semele, Agave, Polydoros, Ino und Illyrios.

Abbildung 8.1 gibt einen Überblick über die Abstammungsverhältnisse. Kadmos' Tochter Agave heiratete Echion, mit dem sie das Kind Pentheus zeugte. Als Kadmos Theben verließ, wurde sein Nachfolger als König entweder sein Sohn Polydoros oder sein Enkel Pentheus. Dieser Teil des Mythos ist etwas verwirrend. Illyrios wurde als Letzter geboren, nachdem Kadmos und Harmonia nach Illyria (in Nordgriechenland) gezogen waren, wo sie in hohem Alter von Zeus in sanftmütige Schlangen verwandelt wurden.

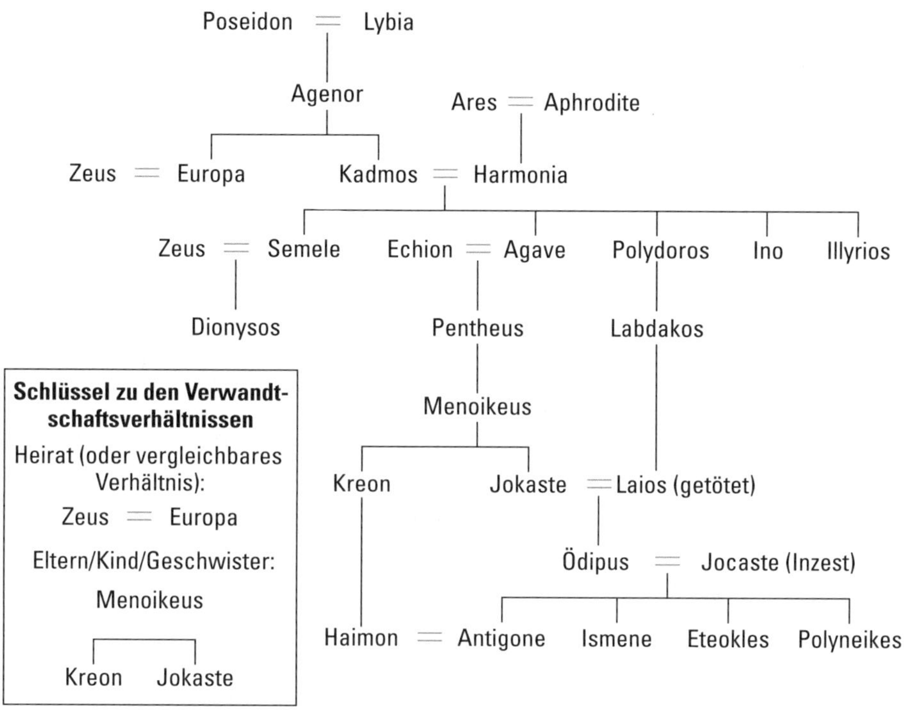

Abbildung 8.1: Das Geschlecht des Kadmos: Was stimmt mit der Tafel nicht?

Die Sage von Ödipus

Polydoros' Sohn Labdakos wurde König von Theben. Nach ihm bestieg sein Sohn Laios den Thron. Dieser heiratete Jokaste (auch Iokaste geschrieben), die Tochter des Menoikeus, des Sohnes des Pentheus. Laios und Jokaste waren also Cousins dritten Grades, was aber angesichts der späteren Ereignisse ein eher unbedeutendes Detail war. Jokaste hatte auch einen Bruder mit Namen Kreon.

Ohne Orakel geht es nicht

Nach der Heirat zwischen Laios und Jokaste vernahm dieser einen Orakelspruch, der etwa so lautete: »Apoll ist untröstlich, mitteilen zu müssen, dass du einen Sohn bekommen wirst, der dich eines Tages töten wird.« Das Problem für Laios war, dass die Orakelsprüche des Orakels von Delphi *sich immer erfüllen, was auch immer sonst geschehen mag!*

Als Jokaste einen Jungen gebar, da legten sie ihm Fußfesseln an und setzten ihn an der Flanke eines Berges aus, wo ihn Raubtiere fressen sollten. »Leider« hatten die Eltern mit ihrem Versuch kein Glück. Ein Schäfer fand das Kind, übergab es einem anderen

Schäfer, der den Jungen in die Obhut des Königs und der Königin von Korinth gaben, die just zu dem Zeitpunkt nach einem Adoptivkind Ausschau hielten. Das Baby nannten sie wegen seiner angeschwollenen Füße »Ödipus«. Dass sie ihm verschwiegen, dass er ein Adoptivkind war, sollte sich später als großer Fehler herausstellen.

Die andere Seite des Orakels

Noch in jungen Jahren erfuhr er von einem Orakel, dass das Schicksal ihn dazu ausersehen habe, seinen Vater zu töten und seine Mutter zu heiraten. Um seinem Schicksal entgehen zu können, beschloss er, seine Adoptiveltern zu verlassen. Auf seiner Reise gelangte er in die Nähe von Delphi. Dort gab es drei Straßen, die sich an einem Punkt trafen. Ein Wagen, der – wie es schien – eine bedeutende Person transportierte, kam gerade in diesem Moment vorbei. Eine der Begleitpersonen dieses Wagens schlug Ödipus mit einem Knüppel, damit er den Weg frei gäbe. Ödipus geriet in Wut, griff den Wagen an und tötete alle seine Insassen, auch den älteren Mann in seinem Inneren.

Das Rätsel der Sphinx

Als er weitermarschierte, gelangte er an den Rand der Stadt Theben. Dort sah er eine Sphinx, ein Ungeheuer mit dem Kopf einer Frau, dem Körper eines Löwen, einem Flügelpaar und dem Schwanz einer Schlange. Dieses Ungeheuer ging auf die Einwohner der Stadt zu, stellte ihnen ein Rätsel und tötete jeden, dem es nicht gelang, das Rätsel zu lösen. Ödipus hörte, dass der König der Stadt vor kurzem nach Delphi aufgebrochen war, um die Antwort auf das ihm gestellte Rätsel zu finden. Unterwegs wurde er von einem Unbekannten erschlagen. Theben hatte seinen Herrscher verloren. Siehe Abbildung 8.2.

Abbildung 8.2: Ödipus und die Sphinx

Ödipus wollte nun selbst versuchen, das Rätsel zu lösen. Es lautete: Welches Wesen geht morgens auf vier, mittags auf zwei und am Abend auf drei Beinen? Ödipus war sofort klar, dass nur der Mensch gemeint sein konnte, da er als Kleinkind sich auf allen Vieren fortbewegt, als Erwachsener auf zwei Beinen läuft und im Alter einen Stock benutzt.

Die Sphinx, deren Pläne nun durchkreuzt waren, brachte sich selbst um. Die Bewohner der Stadt Theben wählten Ödipus zu ihrem *tyrannos*. Die Bedeutung des Wortes entspricht nicht unserem heutigen Wort »Tyrann«; die Griechen bezeichneten mit *tyrannos* einen einzelnen, vom Volk gewählten Führer oder Herrscher (im Gegensatz zu einem Herrscher, der seinen Titel und seine Position durch Geburtsrecht erlangt hatte).

Ödipus heiratet

Vom neuen Herrscher wurde erwartet, dass er die Witwe des früheren Königs zur Frau nahm. Diese hieß Jokaste, Ödipus' Mutter. Sie heirateten und bekamen vier Kinder:

- ✔ Eteokles
- ✔ Polyneikes
- ✔ Antigone
- ✔ Ismene

Nach vielen Jahren breitete sich in Theben eine Seuche aus. Ödipus schickte den Bruder der Königin, Kreon, nach Delphi, um Apoll um Rat zu fragen, wie man der Seuche Herr werden könne.

Ödipus Tyrannos

Kreon begab sich also zum Orakel von Delphi. An dieser Stelle setzt die Handlung der berühmtesten aller griechischen Tragödien ein: Sophokles' *Ödipus der Tyrann* (bzw. *Ödipus Rex*, wie sie auch genannt wird). Die Handlung des Stücks ist schnell erzählt: Kreon kehrte nach Theben zurück und berichtete, das Orakel hätte ihn wissen lassen, dass die Seuche erst dann weichen würde, wenn die Bewohner von Theben den Mörder ihres alten Königs Laios gefunden und ihn seiner gerechten Strafe zugeführt hätten. Ödipus begann nach dem Mörder zu forschen. Was er herausfand, war beunruhigend. Alle sagten ihm, er solle mit den Nachforschungen aufhören. Er aber konnte nicht, da er versprochen hatte, die Stadt vor der Seuche zu retten. Am Ende kam die ganze Wahrheit ans Tageslicht.

Seine Mutter Jokaste erhängte sich aus Scham. Ödipus stach sich die Augen aus, tötete sich aber nicht. Er tat dies aus Angst, nach einem Selbstmord seinen Eltern in der Unterwelt begegnen zu müssen. Seine Töchter Antigone und Ismene führten ihn aus der Stadt. Als Bettler verließ er Theben und fand in Attika im Heiligen Hain von Kolonos bei Theseus Asyl. Er blieb dort bis zu seinem Tod.

Kreon wurde vorübergehend König von Theben, bis die Söhne des Ödipus unter sich ausgemacht hatten, wer die Nachfolge ihres Vaters antreten sollte. Sie einigten sich darauf, die Macht unter sich aufzuteilen und sich nach einem Jahr jeweils abzulösen. Natürlich hielt diese Vereinbarung nicht lange. Eteokles vertrieb seinen Bruder Polyneikes. Dieser ging nach Argos, sammelte mehrere Verbündete um sich und machte sich daran, die Macht in Theben zurückzuerobern.

Sophokles und sein Stück Ödipus auf Kolonos

Ödipus' Lebensende ist Thema von Sophokles' Drama *Ödipus auf Kolonos*. Die beiden Brüder Eteokles und Polyneikes (der sich wieder auf den Thron von Theben zurückwünschte) erhielten Kunde von einem Orakelspruch. Er lautete: Wer den Leichnam des Ödipus in seinen Besitz zu bringen vermöchte, der würde für immer gesegnet sein. Ödipus war insofern bedeutungsvoll, als auf ihm ein großer Fluch lastete und er zu seinen Lebzeiten großes Leid erfahren hatte (keines von beidem hatte er wirklich verdient). Ödipus erfuhr ebenfalls von diesem Orakelspruch. Er wollte aber um keinen Preis zum Faustpfand der Machtranküne zwischen seinen beiden Söhnen werden. Also begab er sich nach Athen zum dortigen König Theseus, der ihn mit offenen Armen empfing. Nun, da er auf jemanden gestoßen war, der ihn wegen seines bemerkenswerten Lebens hoch achtete, entschied er, dass sich sein Leben erfüllt hatte. Er begab sich zu einem kleinen Wäldchen (dem Hain von Kolonos) am Rande der Stadt Athen. Ein Lichtblitz erschien und Ödipus wurde von da an nie mehr gesehen.

Viele Leser des Stücks *Ödipus der Tyrann* sind der Auffassung, dass der Held wegen eines selbst verschuldeten tragischen Scheiterns, seiner Hybris also, untergeht. Wir denken, dies stimmt so nicht. Das entscheidende tragische Moment liegt eher darin begründet, dass Ödipus *alles richtig macht und dennoch scheitert!* Apoll trug ihm auf, den Mörder des alten Königs zu finden, und er tat es! Im ganzen Stück ist Ödipus der Einzige (selbst den Seher Teiresias eingeschlossen), der die Götter ernst nimmt. Er muss die Stadt vor der Pest retten. Genau dies gelingt ihm auch!

Sieben gegen Theben

Nach dem Tod des Ödipus lastete der Fluch weiter auf Theben. Polyneikes sammelte um sich eine Armee mit sechs treuen Verbündeten an der Spitze. Mit ihm zusammen waren es insgesamt sieben Heerführer, einer für jedes Tor der Stadt Theben. Gemeinsam griffen sie an. Die weiteren Ereignisse sind Thema im Drama *Sieben gegen Theben* von Aischylos. Der Krieg endete für die Angreifer tödlich. Die Heerführer starben.

Die beiden Brüder standen sich im Zweikampf gegenüber und brachten sich gegenseitig um. Am Ende wurde Kreon, der Onkel der beiden, wieder auf den Thron von Theben gesetzt.

Ein bitteres Vermächtnis: Antigone

Dort, wo die Ereignisse in Aischylos' Stück *Sieben gegen Theben* endeten, nimmt Sophokles den Faden in seiner Tragödie *Antigone* wieder auf. Nach dem Tod ihres Vaters war Antigone wieder in der Stadt Theben. Sie verlobte sich mit Kreons Sohn Haimon und sollte diesen bald heiraten. Nach dem Krieg bestimmte Kreon, dass alle Verteidiger der Stadt Theben, die bei den Kämpfen ums Leben gekommen waren, ehrenvoll begraben werden sollten. Die Angreifer aber, die tot vor den Toren der Stadt lagen, solle man so, wie sie lagen, verrotten lassen. Antigone erschien dies unerträglich. Sie konnte sich nicht damit abfinden, einem Bruder alle Ehren zukommen zu lassen und den anderen, der tot im Staub lag, zu entehren. Den Göttern zu gehorchen war vordringlicher als alles andere. War die Familie nicht wichtiger als alle Politik, selbst wenn die eigene Familie so problembeladen war wie die ihre?

Antigone ignorierte das Gebot des Königs, schlich sich aus der Stadt und begrub ihren Bruder Polyneikes (mehr symbolisch, da sie nur etwas Erde auf seinen Körper häufte). Die Beerdigung eines Toten war ausgesprochen bedeutsam, da die Seele eines nicht Bestatteten nicht in die Unterwelt gelangen konnte. Kreon entging der Frevel nicht. Antigone wurde beobachtet und verraten. Er ordnete an, dass Antigone »getötet« werden sollte. Genauer gesagt, ordnete er es nicht direkt an, da der Mord an einem Blutsverwandten ja ein großes Tabu war (vgl. Kapitel 4). Stattdessen ließ er sie lebend in ein Felsengrab einschließen. Zu essen und zu trinken gab er ihr nur so viel mit, dass es für einen Tag ausreichte.

Antigones Verlobter Haimon hört von all den schrecklichen Ereignissen und will seiner Verlobten zu Hilfe eilen. Er kommt aber zu spät! Antigone hat sich in der Höhle schon erhängt. König Kreon überkommen am Ende, als alles schon zu spät ist, Zweifel. Er eilt zur Höhle und will Antigone begnadigen. Haimon sieht ihn herannahen und nimmt sich ebenfalls das Leben. Den Schlusspunkt bildet der Selbstmord von Haimons Mutter, Kreons Frau. Am Ende bleibt der König ganz allein zurück.

Das Geschlecht der Atriden - der Nachfahren des Atreus

Die zweite große und weit verzweigte Familie der griechischen Mythologie war das Geschlecht der Atriden, dessen Geschichte den Tragödiendichtern der Antike zahlreiche Stoffe lieferte. Im Unterschied zu den Nachkommen des Kadmos, deren Unglück im Wesentlichen unverschuldet ist, finden sich im Geschlecht der Atriden zahlreiche verdorbene, verachtenswerte Figuren. Dies beginnt schon mit dem Patriarchen der Sippe – Tantalos.

Tantalos war König von Sipylos in Kleinasien. Er war so wohlhabend, dass er es sich leisten konnte, die Götter selbst einzuladen. Als er ihnen aber seinen Sohn Pelops zum Essen servierte, da verscherzte er es sich dauerhaft mit ihnen. Er wollte auf diese Weise offensichtlich testen, ob die Götter allmächtig waren. Es stellte sich heraus – sie waren es! Natürlich ließen sie sich nicht hereinlegen und sorgten für eine besonders furchtbare Bestrafung in der Unterwelt (vgl. Kapitel 12 in dem Abschnitt *Ovids Metamorphosen*). Den armen Pelops stellten die Götter wieder einigermaßen her. Aber eben nur einigermaßen. Die Göttin Demeter, die in Sorge um ihre Tochter war (Sie erinnern sich), aß versehentlich Pelops' Schulter. Die Götter machten ihm allerdings netterweise eine neue aus Elfenbein.

Der unheilvolle Fluch des Streitwagenlenkers

Pelops zog nach Griechenland. Er beschloss, Hippodameia, Tochter des Oinomaos, des Königs von Pisa, zu heiraten. (Gemeint ist hier nicht das italienische Pisa, sondern eine Landschaft gleichen Namens in Griechenland.) Der König hatte erklärt, dass nur der seine Tochter zur Frau bekommen würde, dem es gelänge, ihn bei einem Wagenrennen zu besiegen. Der Verlierer müsse sterben. Die Tochter des Königs, die sich in Pelops verliebt hatte, beschloss, ihr Schicksal in die eigene Hand zu nehmen. Sie ging zu Myrtilos, dem Wagenlenker ihres Vaters, und überredete ihn, Pelops gewinnen zu lassen. Myrtilos ging also hin und lockerte den Sicherungszapfen, der für die Stabilität der Achsen am Wagen sorgte. Der König verlor das Rennen und sein Leben.

Nach dem Rennen warf Pelops Myrtilos ins Meer, entweder weil er die ehrlose Art seines Sieges vertuschen wollte oder weil er sich des Wagenlenkers als eines Nebenbuhlers um Hippodameia entledigen wollte. Kurz bevor ihn die Wogen für immer verschluckten, verfluchte Myrtilos Pelops und sein ganzes Geschlecht. Durch diesen Mord moralisch verunreinigt, wandte er sich an den Gott Hephaistos, der ihn von seiner Schuld wieder reinigte. Er gab ihm außerdem ein Zepter mit auf den Weg, in ganz Südgriechenland das Symbol der Macht. Von ihm stammt auch der Name für den südlichen Teil der griechischen Halbinsel, die Peloponnes.

Aber ich wollte das Königreich!

Das Ehepaar hatte viele gemeinsame Kinder, die groß wurden und in anderen Teilen der Halbinsel Königreiche gründeten. Es stellte sich aber irgendwann die Frage, wer den Vater als König beerben sollte.

Pelops hatte einen unehelichen Sohn aus der Zeit, bevor er seine Frau Hippodameia heiratete. Der Sohn hieß Chrysippos. Hippodameia (die für den unehelichen Bastard ihres Mannes nicht allzu viel übrig hatte) stiftete ihre beiden Söhne Atreus und Thyestes dazu an, ihren Halbbruder zu ermorden. Sie warfen ihn in einen Brunnenschacht und sicherten sich damit den Anspruch auf den Thron. Als Pelops von der ungeheuerlichen Tat erfuhr, verfluchte er seine beiden Söhne. Von nun an lastete ein doppelter Fluch auf der Familie. Siehe Abbildung 8.3.

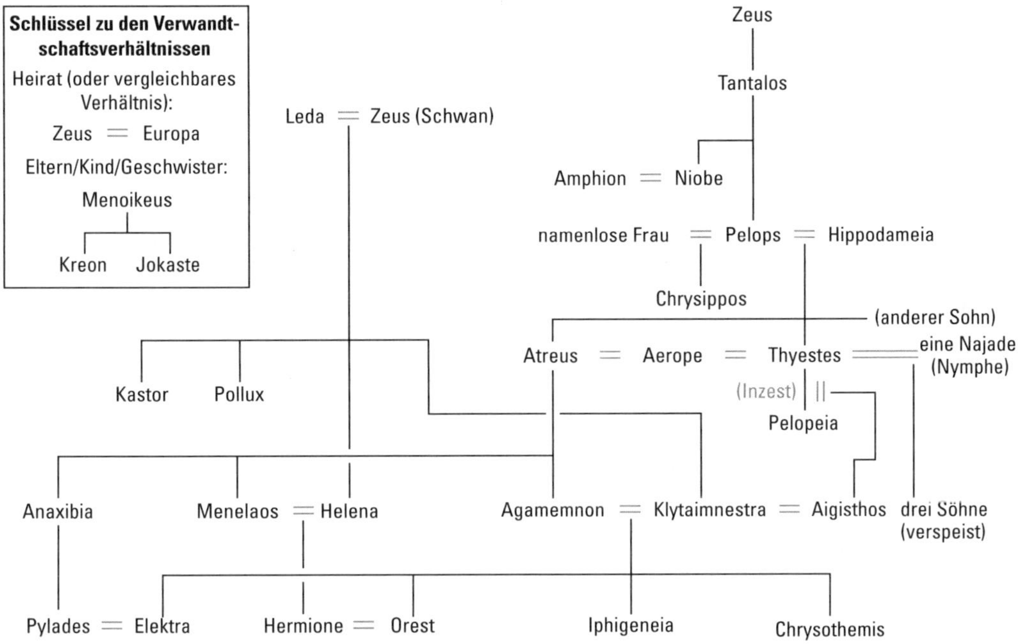

Abbildung 8.3: Das Atridengeschlecht: Dort, wo man kein *Essen zu sich nehmen sollte.*

Atreus war mit Aerope verheiratet. Diese liebte aber Thyestes. Eines Tages wollte Atreus der Göttin Artemis ein Opfer darbringen. Als er ein wunderschönes goldenes Lamm sah, griff er es und verbarg es in einer Truhe. Er vergaß jedoch, Artemis das versprochene Opfer zu bringen. Ein Sakrileg! Aerope stahl die Truhe mit dem Lamm und gab sie Atreus' Bruder Thyestes.

Kurze Zeit später vernahmen die Einwohner Mykenes einen Orakelspruch, der ihnen gebot, einen der Söhne des Pelops zu ihrem König zu machen. Atreus und Thyestes erschienen und stellten sich als mögliche Kandidaten zur Verfügung. Atreus (der nicht ahnte, dass seine Frau sein goldenes Lamm gestohlen hatte) schlug vor, denjenigen zum König zu machen, der ein goldenes Lamm vorweisen könne. Thyestes war sofort einverstanden. Dies versetzte seinen Bruder sicher sehr in Erstaunen; noch größer aber war seine Überraschung, als dieser eine Truhe herbeiholte, sie öffnete und allen das Goldene Vlies zeigte.

Zeus aber gefiel diese List des Thyestes gar nicht sonderlich. Er schickte Hermes zu Atreus und ließ ihm einige Ratschläge erteilen: Er solle sich zunächst als guter Verlierer präsentieren, Thyestes dann aber fragen, ob er sich damit einverstanden erkläre, ihm den Thron von Mykene zu überlassen an dem Tag, an dem die Sonne im Westen aufginge. Thyestes erklärte sich einverstanden (obwohl er es hätte besser wissen müssen). Die Sonne wanderte prompt verkehrt herum über den Himmel und Atreus wurde zum König ernannt. Seinen Bruder schickte er in die Verbannung.

Atreus' furchtbare Rache

Erst jetzt erfuhr Atreus vom Ehebruch seiner Frau und beschloss, sich dafür grausam an seinem Bruder zu rächen. Er lud ihn unter dem Vorwand, er wolle sich mit ihm aussöhnen in seinen Palast ein. Atreus tötete die drei Söhne des Thyestes (Kinder einer Nymphe, die an einem Altar des Zeus Schutz vor den Häschern suchten) und ließ aus ihnen eine Mahlzeit für seinen Bruder zubereiten. Dieser verspeiste ahnungslos seine Kinder. Nach dem Mahl zeigte Atreus dem Vater die Hände und Köpfe seiner toten Kinder. Da erkannte Thyestes, was ihm angetan wurde.

Apoll gab ihm einen Rat, wie er sich rächen könne. Er müsse mit seiner Tochter Pelopia einen Sohn zeugen, der ihn dann später rächen werde. Der Sohn hieß Aigisthos. Pelopia versuchte noch, das Kind loszuwerden, indem sie es in der Wildnis aussetzte. Schäfer aber fanden es und päppelten es mit Hilfe einer Ziege, die dem Kleinen als Amme diente, wieder auf. (Dies mag der Ursprung des Namens Aigisthos sein, da das Wort Ziege im Griechischen *aix* (Plural: *aiges*) lautet.) Atreus erfuhr von der Existenz dieses ausgesetzten Kindes, nahm es in seine Obhut und zog es wie seinen eigenen Sohn groß. Thyestes wurde König von Mykene (und die Bewohner der Stadt hatten vermutlich ihre Zweifel, ob es wirklich so ratsam gewesen war, einen Sohn des Pelops zu ihrem König zu machen). Sophokles schrieb eine Tragödie mit dem Titel *Thyestes*, die aber leider verloren gegangen ist.

Atreus' Söhne Agamemnon und Menelaos überlebten die Ereignisse. Sie wuchsen heran und Menelaos wurde schließlich König von Sparta. Agamemnon kehrte nach Mykene zurück, tötete Thyestes (nicht aber Aigisthos, dessen Sohn) und wurde selbst König. Die zwei Brüder heirateten zwei Schwestern: Agamemnon nahm Klytaimnestra zur Frau und Menelaos heiratete Helena. Das alles hört sich fast nach einem glücklichen Ende an – ein Brüderpaar heiratet ein Schwesternpaar und alle leben glücklich und zufrieden; aber natürlich kam alles ganz anders.

Weiteres Ungemach im Hause des Atreus

Agamemnon war der Anführer des griechischen Feldzugs gegen Troja. Komplizierte Gründe führten dazu, dass es dazu kam, dass er seine Tochter Iphigenie opfern musste. (Siehe hierzu auch Kapitel 7.)

Während der zehn Jahre, die Agamemnon in Troja kämpfte, fraß sich die Verzweiflung über den Tod ihrer Tochter immer weiter in Klytaímnestra hinein. Thyestes' Sohn Aigisthos, der ja alle Gründe dieser Welt hatte, einen der Söhne des Atreus zu hassen, stachelte Klytaimnestra in ihrem Hass noch weiter an.

Agamemnon bringt seine Kriegsbeute mit nach Hause

Agamemnon kehrte als Sieger aus Troja in seine Heimat zurück und wurde zu Hause freudig begrüßt. In Aischylos' Drama *Agamemnon* wird seine Heimkehr beschrieben. In diesem Stück wird sein Charakter eher negativ geschildert. So kehrt er zum Beispiel mit seiner weiblichen Kriegsbeute, einer Frau namens Kassandra, von Troja nach Hause zurück. Das Erste, was er zu seiner Frau sagte, war: »Bitte kümmere dich doch um sie, Liebes.«

Agamemnon wurde schließlich von seiner Frau Klytaimnestra und Aigisthos getötet. Sein Sohn Orest und seine Tochter Elektra, die ihren Bruder vor den Mördern rettete, blieben verschont. Orest kehrte nach Hause zurück und brachte gemeinsam mit seiner Schwester ihre Mutter und Aigisthos um. Diese Geschichte ist Thema von drei überlieferten Tragödien:

- ✔ Aischylos' *Choephoroi*
- ✔ Sophokles' *Elektra*
- ✔ Euripides' *Elektra*

Verfolgt von den Furien

Orest war nun in großen Schwierigkeiten, da der Mord an seiner Mutter ein absolutes Tabu war. Die in der römischen Mythologie Furien (bzw. mit dem griechischen Begriff *Erinnyen*) genannten weiblichen Rachegöttinnen, die den Mörder verfolgen und ihn durch ihren grauenvollen Anblick in den Wahnsinn treiben, setzten ihm von nun an zu. Dass Orest Ärger mit ihnen bekam, war insofern unfair, als Apoll Orest ausdrücklich dazu ermuntert hatte, sich zu rächen. Euripides' Stück *Orest* erzählt diese Geschichte, genauso wie Aischylos' Drama *Eumenides*. In Aischylos' Stück gelangt Orest nach Athen, die Furien immer auf seinen Fersen. Dort angekommen, wird auf Betreiben Athenes eine Art göttliches Gerichtsverfahren gegen Orest eröffnet. Apoll wird zu seinem Verteidiger bestellt und die Furien übernehmen die Anklage. Die Jury aus Athener Bürgern ist unentschieden, so dass Athene zu Gunsten Orests ihre Entscheidung fällt. Als Grund führt sie an, dass Mütter weniger wert seien als Väter. Orest tat also recht daran, seine Mutter aus Rache für seinen Vater zu ermorden. Wie kommt Athene zu ihrer Theorie? Nun, sie selbst hatte zwar einen Vater, aber keine Mutter (vgl. Kapitel 5, wenn Sie mehr über ihre selbst für Götter ungewöhnliche Entstehung erfahren möchten). Mütter scheinen also wirklich keine so große Bedeutung zu haben, war ihre Schlussfolgerung.

Orest konnte seiner Bestrafung also noch einmal knapp entgehen. Er heiratete Hermione, die Tochter von Menelaos und Helena, eben jener Helena, die »eintausend Schiffe loszuschicken vermochte« und die Grund und Ursache des Trojanischen Krieges war. Orests Schwester Elektra wurde die Frau des Pylades, der genauso wie Helena Cousin ersten Grades des anderen Ehepartners war.

Teil III

Eine Kultur wird geplündert: Die Römische Mythologie

Die römische Mythologie

9

In diesem Kapitel

- Die Eroberung der Welt
- Die Erfindung einer akzeptablen »Geschichte«
- Religion im Spannungsfeld von Pragmatismus und Aberglaube
- Import von Religionen, z.B. der ägyptischen Religion und des Christentums

Die römische Kultur hat fast ihre gesamten Mythen aus Griechenland und anderen Ländern importiert. Die Römer hatten natürlich ihre eigenen originären Gottheiten und liebten es genauso wie die Menschen anderer Kulturen auch, Geschichten zu erzählen. Das Römische Reich dehnte sich aber immer weiter aus und mit dieser Ausdehnung wurden auch die Götter der unterworfenen Völker Teil der römischen Mythologie. Im Laufe der Zeit wurde die Trennlinie zwischen »römischer« und »fremder« Mythologie immer unschärfer und verschwand schließlich ganz.

Aber selbst wenn die römischen Götter den griechischen sehr ähneln oder ein römischer Mythos wie das Plagiat eines Mythos aus Ägypten oder Persien erscheint – all diese Götter und Mythen sind doch voll und ganz römisch. Sie haben eine Bedeutung und eine Wahrheit für die römische Bevölkerung jener Zeit und sie tragen die unverkennbaren Merkmale der römischen Kultur. Dies macht sie einzigartig. Vergils Dichtung *Aeneis*, die die Geschichte des frühesten Ursprungs Roms und seinen einzigartigen Aufstieg zum Imperium Romanum erzählt, beschreibt z.B., wie ein trojanischer Prinz, eine afrikanische Königin, griechische Götter und ein italischer Seher alle gemeinsam den Bedürfnissen der Welteroberer schlechthin gedient haben – der Römer!

In diesem Kapitel erläutern wir, warum die römische Mythologie ein gewisses Moment der Flüchtigkeit besitzt. Es beschäftigt sich auch damit, wie das Römische Reich funktioniert hat, wie die Römer miteinander gearbeitet haben und wie sie mit den »barbarischen« Völkern umgegangen sind, die schließlich ein Teil des großen Römischen Reiches wurden.

Die Zeit vor Entstehung des Imperiums

Auf dem Höhepunkt der Machtausdehnung des römischen Weltreiches lebten etwa eine Million Menschen in der Stadt Rom und ungefähr fünfzig Millionen Menschen in allen Provinzen des Reiches zusammengenommen. Die Menschen sprachen hunderte verschiedener Sprachen und beteten zu einer großen Anzahl der unterschiedlichsten Gottheiten. Rom behielt die Kontrolle über das Riesenreich, weil es über eine ausgesprochen effiziente, Lateinisch sprechende Zentralverwaltung verfügte und weil es den Völkern erlaubte, ihre eigenen Sitten und Gebräuche weiterhin auszuüben.

Rom aber war nicht immer das machtvolle Zentrum eines Riesenreiches, so wie es heute bekannt ist. Gehen wir ins achte oder siebte vorchristliche Jahrhundert zurück, so finden wir eine Stadt von bescheidener Größe vor, die nur eine unter vielen war. In jenen frühen Zeiten römischer Geschichte beteten die Menschen gestaltlose Gottheiten an (so dass wir heute keine Statuen oder dergleichen von ihnen besitzen), die eng mit der Erde verbunden waren (weswegen ihnen keine Tempel errichtet wurden) und die keine ausgeprägten Persönlichkeiten besaßen (was zur Folge hat, dass es über sie keinen großen Mythenschatz gibt, der von ihren Abenteuern, Liebesaffären, ihren Kriegen und so fort berichten könnte).

Erst als die römische Kultur in Kontakt mit der griechischen und anderen Kulturen wie der etruskischen kam, setzte eine Initialzündung ein. Die Griechen hatten außerdem viele Siedlungen im heutigen Italien gegründet, was den Austausch beschleunigte. Erst ab diesem Zeitpunkt also bekamen die römischen Götter ein menschliches Antlitz und die Römer begannen, Mythen über sie zu erzählen.

In den frühen Tagen des Reiches wiesen die Religion und Mythologie der Römer starke Ähnlichkeiten mit der Religion der in Italien damals lebenden Bevölkerung auf. Ein Blick auf jene Menschen und Völker, hauptsächlich die Etrusker, wird uns dabei helfen können zu verstehen, woran die Römer glaubten.

Einheimische Götter: Die ursprünglichen Italer

Rom war eine Stadt in Italien; nicht alle Italer waren allerdings auch Römer (zumindest nicht zu Beginn und »Italiener« nennt man sie erst seit dem Mittelalter). Es dauerte viele Jahrhunderte, bis Rom die gesamte italische Halbinsel dominierte. Vor diesem Zeitpunkt und selbst teilweise noch danach besaßen die unterschiedlichen nicht-römischen Italer ihre eigenen Götter und ihre eigenen Mythen. Einige dieser Gottheiten ähnelten denen der Römer sehr stark, andere überhaupt nicht.

Im Folgenden sind die anderen Völker aufgelistet, die sich gemeinsam mit den Römern Italien teilten:

- ✔ Osker
- ✔ Umbrer
- ✔ Sabiner
- ✔ Etrusker
- ✔ Vestiner
- ✔ Marser

Alle Völker Italiens teilten sich eine Anzahl Götter, zu denen sie gemeinsam beteten. Jede dieser Volksgruppen hatte jedoch etwas unterschiedliche Namen für sie. Die Praxis der Rituale und Zeremonien unterschied sich ebenfalls. Jede dieser Gruppen besaß aber auch ihre jeweils spezifischen Götter.

Der Gott Jupiter

Der Gott Jupiter wurde in ganz Italien unter dem Namen Jupiter, Juve, Juveis, Juvei oder anderen angebetet. Das Gleiche galt für den Kriegsgott Mars (auch unter dem Namen Mamars bekannt), Herkules (auch Herkle, Herkele, Herekleis), Juno, Hera und Venus. Einige Italer verehrten Fortuna, von der es hieß, sie sei die erstgeborene Tochter des Jupiter. In der Gegend von Iguvium wurde besonders eine Dreiheit von Göttern verehrt:

- ✔ Jupiter des Eichenbaums
- ✔ Mars des Eichenbaums
- ✔ Vofionus des Eichenbaums

Man braucht ein Göttin für das Getreide

Die Göttin der Erde und ihrer Früchte (besonders des Getreides) hieß bei den Römern Ceres. In ganz Italien wurde sie unter den unterschiedlichsten Namen verehrt: Ammai, Diumpais, Pernai, Fluusai, Anafriss und Maatuis. Als Göttin des Getreides war sie von besonderer Bedeutung, sorgte sie doch für das tägliche Brot der Menschen. Jedes Volk unterhielt daher wohl eine besondere Beziehung zu gerade dieser Göttin. Abbildung 9.1 zeigt eine Statue der Göttin Ceres.

Abbildung 9.1: Eine Statue der Göttin Ceres

Die Etrusker - Wir lieben Kinder!

Von allen Völkern und Nationen, die während der frühen Phase des Aufstiegs Roms zur Macht in Italien lebten, hatten die Etrusker wahrscheinlich die am höchsten entwickelte Kultur und den reichsten Schatz an Mythen. Soweit wir aus ihrer Sprache (insofern sie uns überliefert wurde), ihrer Kunst und den Überresten ihrer Bauwerke und ihrer Keramik schlussfolgern können, waren die Etrusker eng verbunden mit den Griechen. Leider haben die Etrusker keine allzu umfangreichen schriftlichen Zeugnisse hinterlassen. Das meiste wurde zerstört, als die Römer sie unterwarfen, ihre Kultur zerstörten und sie schließlich zu Römern machten. Die Wissenschaftler haben also nur unzureichende schriftliche Quellen, um herauszufinden, inwieweit ihre Sprache und die der Griechen und dementsprechend auch ihre Kultur zusammengehören.

Was hinterließen die Etrusker? Grabmale und Spiegel beispielsweise. Diese erzählen mehr über sie, als man glauben könnte. Die Grabmale der Etrusker waren kleine Räume, deren Wände mit wunderbaren Malereien ausgestattet waren. In jedem dieser Grabmale stand ein Sarkophag aus Stein, dessen Außenseiten oftmals mit Gravierungen verziert waren. Die Spiegel waren aus Bronze und ähnlich den heutigen Toilettenspiegeln, wie sie Frauen z.B. beim Bürsten der Haare verwenden. Die spiegelnde Vorderfläche war glatt und auf Hochglanz poliert. Die Rückseite aber hatte es in sich. Auf ihnen finden sich oft bildliche Darstellungen aus der Mythologie der Etrusker. Eines ihrer Lieblingsmotive war der Trojanische Krieg oder auch Frauen mit kleinen Kindern im Arm.

Diese häuslichen Szenen mit Mutter und Kind vermitteln uns eine Vorstellung von dem, was im Zentrum des Lebens der damaligen Menschen gestanden hat (zumindest was die Frauen anbelangt, die wohl Besitzerinnen dieser Spiegel waren). Die Etrusker legten anscheinend viel Wert auf Häuslichkeit und ihr Familienleben. Die Darstellung von Kampfszenen und Schlachtengetümmel ist eher untypisch für sie. Selbst die Darstellungen des Trojanischen Krieges spiegeln vermehrt weibliche Themen wider – Mütter mit ihren Kindern und Szenen des Ehebruchs. Mehrere erhaltene Spiegel zeigen Uni (der etruskische Name für Hera), wie sie gerade den erwachsenen Herkules an ihrer Brust stillt. Auf einem dieser Bilder hat Herkules sogar einen Bart, höchste Zeit also, dass er entwöhnt wird. Ein anderer Spiegel zeigt eine Gruppe von Göttern – Minerva/Athene, Merkur/Hermes sowie eine Reihe anderer Götter, die alle kleine Kinder in ihren Armen halten. Selbst Mythen, die eigentlich ziemlich Furcht erregend sind, erfahren bei den Etruskern eine liebliche und sentimentale Wiedergabe. Auf einem Spiegel ist Pasiphaë, die Königin der Kreter, abgebildet. Sie hält gerade das Baby Minotauros auf ihrem Schoß. (Mehr über den Minotauros können Sie in Kapitel 6 nachlesen.)

Die gravierten Darstellungen auf den Sarkophagen sind nicht ganz so fröhlich und unbeschwert. Viele beinhalten Szenen, die direkt der griechischen Mythologie entnommen worden zu sein scheinen. Besonders die Mythen rund um die Geschlechter des Atreus und Kadmos (siehe Kapitel 8) tauchen immer wieder auf. Auf einem Sarg sieht man die Söhne des Ödipus, Eteokles und Polyneikes, wie sie in Theben gegeneinander kämpfen. Auf wieder einem anderen ist der Moment dargestellt, in dem Pelops Oinomaos tötet. (Mehr zu diesen Mythen können Sie in Kapitel 8 nachlesen.)

Der Aufstieg Roms

Rom wurde angeblich um das Jahr 753 vor Christus gegründet. Zu Beginn war es nur eine Stadt unter anderen und wurde von einem König regiert. Etwa 250 Jahre später wurde Rom zu einer Republik, die von einem von der Aristokratie der Stadt gewählten Senat regiert wurde. Diese »republikanische« Periode dauerte von 509 bis ins Jahr 31 v. Chr. Während dieser Zeit entwickelte sich Rom von einer Stadt unter vielen zu demjenigen Machtzentrum, das schließlich ganz Italien, Sizilien, Sardinien und Griechenland unter seine Kontrolle gebracht hatte. Was ein wenig seltsam anmutet, ist die Tatsache, dass die Römer lange bevor sie selbst von *einem* Herrscher regiert wurden, ein Weltreich beherrschten.

Am Schluss aber wurde es doch ein Reich, an dessen Spitze ein einzelner Herrscher stand (auch wenn die Römer weiterhin vorgaben, es handele sich noch um eine Republik). Die Herrscher Roms, die Cäsaren, erweiterten das Imperium so lange, bis es schließlich fast ganz Europa, den Mittleren Osten und Nord-Afrika umfasste, siehe Abbildung 9.2. Das Imperium Romanum bestand bis etwa 476 n. Chr., als der letzte römische Kaiser des weströmischen Reiches abgesetzt wurde. In den Jahrhunderten davor hatte es allerdings mit der Aufsplitterung des Reiches in mehrere Teile schon einen Großteil seiner Macht eingebüßt.

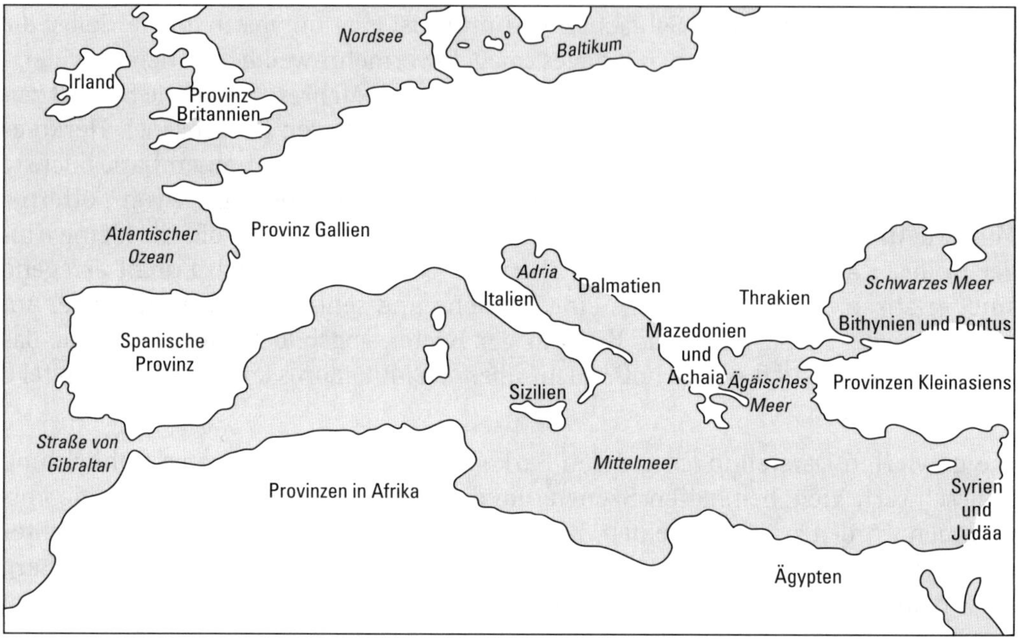

Abbildung 9.2: Das Römische Weltreich zum Zeitpunkt seiner größten Ausdehnung

Die Mythologie der Römer bleibt dem ein Rätsel, der sich nicht immer wieder vor Augen führt, dass ihr Reich eine unerhörte Ausdehnung hatte, in dem eine große Anzahl verschiedener Völker lebte. Dazu gehört auch, dass man verstehen muss, wie die Römer ein derart großes Herrschaftsgebiet kontrollieren konnten.

Die Entstehung des Imperiums: Kriegsbeute

Ein Grund für die immerfort betriebene Ausdehnung des Reiches war, dass die römischen Politiker ständig auf der Suche nach neuen monetären Einnahmequellen waren. Sie brauchten sehr viel Geld. Ehrgeizige Politiker besetzten eine Reihe von Ämtern, deren höchstes das Amt des Konsuls war, das etwa dem eines heutigen Präsidenten entspricht außer dass es damals immer zwei Konsuln gab. Um die Karriereleiter hochzusteigen, brauchte man sehr viel Geld, Geld, das häufig Schulden nach sich zog. Ein guter Politiker aber war in der Lage, seine Schulden zurückzuzahlen, indem er weit genug aufstieg, um zum Gouverneur einer Provinz ernannt zu werden.

Hatte er Glück, so kam es dort zu einem Krieg, was ihm die Möglichkeit gab, enorme Reichtümer in Form von Kriegsbeute anzuhäufen. So konnte er als wohlhabender Mann nach Hause zurückkehren und seine Schulden begleichen. (Gab es keinen Krieg, so konnte der Gouverneur der Provinz immer noch Steuern erheben, was ebenso einträglich war.) Es lag also im Interesse eines jeden Gouverneurs einer jeden römischen Provinz, nach Möglichkeit Krieg zu führen. Der Gewinn des Krieges hatte sogar den Nebeneffekt, dass er das Reich vergrößerte. Die römische Zivilisation folgte der römischen Gier nach Geld und Macht und breitete sich fast in der gesamten damals bekannten Welt (von Europa aus gesehen) aus. Dadurch – denn kultureller Austausch ist nicht nur eingleisig – bereicherten die neuen Völker die Vorstellungswelt der Römer mit ihrer jeweils eigenen Religion und Mythologie.

Natürlich sind auch sie Römer

»Rom« ist in gewisser Weise das Gegenteil von »Griechenland«. Das antike Griechenland umfasste eine große Zahl von verstreut im Mittelmeerraum und in verschiedenen voneinander unabhängigen Städten lebenden Menschen, die unterschiedliche Regierungsformen und ihre eigene Art zu leben hatten. Das, was die Bewohner zusammenhielt, war die gemeinsame Sprache und Mythologie. Das »antike Rom« ist bloß eine Stadt, in der verhältnismäßig wenig Römer lebten. Die Bewohner dieser Stadt aber schafften es, sehr viel Macht über viele andere Völker zu erlangen. Ein beträchtlicher Teil der Völker der damaligen Welt (aus europäischer Sicht gesehen) wurde Teil des Römischen Reiches, ohne dass die Menschen selbst im eigentlichen Sinne zu Römern wurden. Sie behielten ihre Sprache und ihre eigene Mythologie.

Das Ergebnis war, dass die römische Religion ein Schmelztiegel unterschiedlichster religiöser Bräuche und Vorstellungen wurde. Die Römer liebten die griechische Kultur. Sie waren der Ansicht, Griechenland sei die maßgebende Nation in Sachen feiner Lebensart und Kultur. Sie übernahmen also die griechischen Götter als ihre eigenen. Die Bewohner der italischen Halbinsel, die vor der römischen Dominanz dort lebten, besaßen ebenfalls ihre eigene Religion und eigenen Mythen, die die Römer später dann teilweise übernommen haben, genauso wie sie es bei den Ägyptern (z.B. den Mythos von Isis und Osiris) und andern Völkern auch gemacht haben.

Römische Gründungsmythen: Rom ist die Welt!

Die Geschichten von Romulus und Remus und den sieben Königen Roms waren als Erklärungen für die Vormacht Roms sehr willkommen und ermöglichten es den Römern, ohne Reue oder Schuldgefühl andere Völker zu erobern.

Man nehme zum Beispiel die uralten Zwistigkeiten zwischen Rom und Karthago. Natürlich konnten die Politiker erklären, dass die Bewohner Siziliens sich für Rom und gegen eine Herrschaft Karthagos über sie ausgesprochen hatten. Außerdem gab es handfeste wirtschaftliche Gründe, warum Rom das Sagen in Sizilien haben sollte. Wenn man den Menschen aber sagte, dass Karthago schon seit Jahrhunderten Roms Intimfeindin war, deren Königin noch dazu die Römer verflucht hatte, so klang das in den Ohren des gemeinen Mannes viel zufrieden stellender. Die Römer benutzten die Geschichte von Aeneas und seine Affäre mit Dido (mehr dazu später), um die Tatsache zu verschleiern, dass sie Teile Nordafrikas einfach so aus purem Machtkalkül erobert und behalten hatten.

Die römische Religion als kultureller Schmelztiegel

Die römische Religion, und daher auch die römische Mythologie, ist ein einziger in die Länge gezogener Prozess der Verschmelzung und Aneignung der Gottheiten, Geschichten und Rituale unterschiedlicher Kulturen und Völker im Einflussbereich Roms. Der Fachbegriff für diesen Prozess ist *Synkretismus*.

Morgens beim Aufstehen mag ein Römer kurz zu Laren und Penaten gebetet (authentische römische Götter), mittags dann Isis angerufen (eine Göttin des alten Ägypten), einige Zeit später ein Festmahl zu Ehren des Herakles (eines griechischen Gottes) besucht, am späten Nachmittag seine Zukunft von einem *Haruspex* gedeutet bekommen haben (also einem Priester, der die etruskische Kunst der Zukunftsdeutung anhand der Leber eines Opfertieres praktizierte), um am Abend dann einer kultische Versammlung zu Ehren des Mithras (einer persischen Gottheit, deren Anhänger sich in Höhlen oder Katakomben trafen) beizuwohnen.

Auch wenn er all diesen Göttern gehorchte, so stand er dennoch nicht im Widerspruch zu seiner römischen Kultur. Im Gegenteil – er bewies, dass er ein guter Römer war. Irgendeinen Vorteil muss man ja von der Eroberung der Welt haben – und seien es nur neue Götter und neue Mythen.

Warum der griechische Götterhimmel?

In Kapitel 10 beschäftigen wir uns genauer mit dem römischen Götterhimmel. Es ist aber kein Geheimnis, dass die Hauptgötter der Römer im Großen und Ganzen dieselben waren, die wir auch von den Griechen kennen, nur dass ihnen andere Namen verliehen wurden. Wie kamen die griechischen Götter nach Rom? Ganz einfach: Sie folgten den Römern nach Hause und diese beschlossen, sie zu behalten!

Die Geschichte dazu lautet folgendermaßen: Sie beginnt mit einem Griechen namens Livius Andronicus, der von etwa 284 bis 207 v. Chr. lebte. Er wohnte in der in Süditalien gelegenen Stadt Tarentum, die überwiegend von Griechen besiedelt war. Im Jahre 272 v. Chr. eroberten die Römer die Stadt und Livius wurde Sklave eines Römers. Dieser Römer brachte seinen neuen Sklaven nach Rom und entließ ihn einige Zeit später wieder in die Freiheit.

Der Name unseres Sklaven hieß vermutlich im Original Andronikos, da er ja Grieche war. Als er aus der Sklaverei entlassen wurde, übernahm er den Namen seines früheren Herrn, der dem Geschlecht der Livii entstammte, einer alten römischen Familie. Er wurde also zu Livius Andronicus.

Nach seiner Entlassung in die Freiheit wurde er Lehrer an einer Schule. Nebenbei dichtete er aber auch. Seine bedeutendste Arbeit war seine Übersetzung der *Odyssee* des Homer ins Lateinische. (Versuchen Sie das mal nachzumachen!) Sein Werk nannte er *Odyssia*. Er musste sich sehr mühen, um das Epos in die Sprache der Römer zu übersetzen. Die griechischen Götter passten aber nicht immer reibungslos mit den schon existierenden Göttern der Römer zusammen. Er nahm also einige Ersetzungen vor. So tauschte er zum Beispiel die griechische Muse (eine der Töchter des Zeus, die die Poeten inspirierte) gegen die römische Camena (eine Göttin des Brunnens) aus. Für Moira, die griechische Göttin des Schicksals, nahm er die römische Göttin Morta (die römische Göttin der tödlich verlaufenden Geburt) usw.

Durch diese und sehr viele andere Veränderungen am Text des Originals gelang Livius Andronicus mehr als nur die Anfertigung einer simplen Kopie des großen Epos. Er schuf ein echtes lateinisches Versepos nur für Römer. Und indem er die Geschichte des Odysseus mit der Götterwelt der Römer verband (Jupiter, Venus, Juno und all den anderen), gelang es ihm, die Gottheiten beider Kulturen in enge Verbindung zueinander zu setzen. Sein Werk fand Anklang und die römische Mythologie wurde innerhalb kurzer Zeit »griechischer«, als sie es vor ihm gewesen war.

Importierte Gottheiten anderer Erdteile

Einige seiner Götter erhielt Rom aber aus anderen kulturellen Quellen. Ein großes Reich ist vielen Einflüssen unterworfen. Die Provinzgouverneure und die sie schützenden und begleitenden Heere wurden sehr vielen unterschiedlichen Kulturen ausgesetzt und heirateten oftmals auch die Frauen jener Völker. In umgekehrter Richtung machten sich viele Menschen aus den Provinzen auf den Weg nach Rom. Dabei brachten sie natürlich auch ihre fremden Ideen und Vorstellungen in die Mitte des Reiches. Da die Römer als Gruppe immer schon neuen Moden gegenüber aufgeschlossen gewesen waren, hatten sie keine Scheu, Teile dieser neuen Glaubensvorstellungen in ihre täglichen Rituale aufzunehmen.

Ägypten

Die bekannte ägyptische Göttin Isis war bei den Römern in der Antike besonders beliebt. Die Menschen erkannten in ihr verschiedene Göttinnen wieder – Demeter, Selene (die römische Mondgöttin) oder auch Hera. Sie verschmolz mit anderen Muttergottheiten und wurde auf der griechischen Insel Kreta als Diana verehrt. Die Römer setzten den Gott Osiris mit Dionysos und Horus mit Apoll gleich.

Der König der altägyptischen Götter war Amun/Ammon. Die Griechen hatten schon vor langer Zeit beschlossen, dass Ammon niemand anderes als Zeus selbst sein müsse. Kamen sie also nach Ägypten, so verehrten sie ihn als Zeus-Ammon. Nach der Eroberung Ägyptens durch Alexander den Großen waren alle folgenden Herrscher Ägyptens Griechen. Es war eine lange Reihe von Königen, die alle Ptolemäus mit Namen hießen, und eine ebensolche von Königinnen, deren Namen fast alle Kleopatra lauteten. Durch diese Einflüsse wurde die ägyptische Religion immer griechischer (oder »hellenisiert«, wie der Fachbegriff hierfür lautet).

Die letzte Königin Kleopatra war gleichzeitig auch die berühmteste (nämlich die, die viele, viele Jahre später von Elizabeth Taylor im Film verkörpert werden sollte). Nach ihr wurde Ägypten zur römischen Provinz. Hierdurch vermischte sich die römische mit der ägyptischen Kultur, die sich wiederum vorher mit der griechischen vermischt hatte. (Dies wiederholte sich, wann immer Römer in fremde Länder eindrangen – sie begegneten neuen Gottheiten und integrierten sie in ihre eigene Mythologie.) Gab es zum Beispiel einen Tempel, der einst Ammon geweiht war, so wurde derselbe Tempel ab dem ersten Jahrhundert n.Chr. für die Anbetung von Jupiter-Zeus-Ammon verwendet.

Als schließlich das Christentum Rom und dann Ägypten erreichte, wurden die Verhältnisse noch komplizierter. Viele Besucher, die heute Ägypten besuchen, sind überrascht, Wandmalereien zu sehen, auf denen man meint, die Heilige Mutter Maria mit Jesus auf dem Schoß zu sehen, obwohl es sich doch nur um Isis mit dem kleinen Horus handelt. Die beiden Geschichten mit einem heiligen Mutter-Sohn-Verhältnis im Mittelpunkt waren sich so ähnlich, dass sie sich gegenseitig beeinflussten. Die Kunst brachte dies dann zum Ausdruck.

Persien

Bevor Rom zum Weltreich aufstieg, war ein großer Teil der antiken Welt unter dem Macht- und Herrschaftsbereich der Perser. Auf dem Höhepunkt seiner Machtausdehnung reichte das persische Reich von Indien bis zum Ägäischen Meer und von Russland bis nach Äthiopien. Die Perser herrschten viele hundert Jahre lang in Ägypten und in vielen griechischen Städten in Kleinasien. Persien war also von großer Bedeutung.

Alexander dem Großen, einem makedonischen Griechen, gelang es, das persische Riesenreich zu erobern. Der Kultur der Perser konnte er mit seinem militärischen Sieg aber kein Ende bereiten. Er ersetzte die persischen Verwaltungsbeamten durch Beamte aus seiner Heimat; die Dinge liefen aber weiter, wie sie es immer getan hatten. Später wurden dann dieselben Beamten wieder ersetzt, dieses Mal von den Römern. Die persische Kultur aber blieb immer lebendig und war ein das römische Imperium bereicherndes Element.

Die Perser kannten zwei Religionen, die sich überlappt haben könnten oder auch nicht:

- ✔ Die Perser im Osten des Reiches, im heutigen Iran, waren Anhänger des Religionsstifters Zoroaster. Ihr Gott hieß Zarathustra.
- ✔ Die Hauptgottheit im Westen des Reiches war Ahuramazda.

Die Griechen und Römer kamen mit diesen Gottheiten und Religionen natürlich in Berührung und interssierten sich auch für sie.

Der Dichter Plutarch – Grieche von Geburt, aber römischer Bürger – schrieb ein Buch über die ägyptischen Götter Isis und Osiris, in dem er aber auch ausführlich über die persische Mythologie berichtet. Er erzählt, wie fünfhundert Jahre vor dem Trojanischen Krieg die Religion der Zoroaster von einem Priester namens Zoroaster ins Leben gerufen wurde. Dieser Religionsstifter verkündete, dass es zwei Götter gab, die um die Vorherrschaft auf der Welt kämpften. Der eine von ihnen war gut, er heißt entweder Zarathustra oder Oromased; der andere war böse und heißt mit Namen Ahriman. Der »Schiedsrichter« in dieser Auseinandersetzung um die Kontrolle über die Welt war Mithra.

Ungeachtet der Tatsache, dass dieser Gott Mithra ursprünglich persischen Ursprungs war, erfreute er sich großer Beliebtheit bei den Römern; so sehr, dass er schließlich zu einem echten römischen Gott gemacht wurde, den man unter dem Namen Mithras anbetete (mehr zu diesem Gott in Kapitel 10).

Der heutzutage bekannteste Teil der alten persischen Religion ist das Amt und der Titel des Magus. Viele Menschen, die mit der christlichen Mythologie vertraut sind, kennen die Magi in Form der Heiligen Drei Könige, die einem Stern folgend dem neu geborenen Jesuskind einen Besuch abstatten. Die Magi waren persische Priester, die sich auf die Entschlüsselung von Träumen verstanden, Geschichten von der Geburt der Götter erzählten und junge Herrscher ausbildeten. Die beiden letztgenannten Aufgaben könnten ihre Reise zum kleinen Jesus erklären.

Der Mittlere Osten

Die Römer waren die herrschende Macht im Palästina des ersten Jahrhunderts n.Chr.. Die Juden waren wie andere Völker auch in dieser Region ein Teil des Römischen

Reiches. In Rom selbst gab es auch sehr viele Juden, die für ihren Lerneifer und ihre Frömmigkeit bekannt waren, aber auch im Ruf standen, ein wenig merkwürdig zu sein.

Zum einen hatten Juden eine monotheistische Religion. Sie beteten also nur zu einem Gott und verehrten nicht Jupiter, Isis, Ahuramazda oder irgendeinen anderen (außer Gott selbst). Ganz sicher würden sie niemals anfangen, Caesar oder Augustus anzubeten und als Gott zu verehren. Für Römer war dies alles sehr seltsam und beunruhigend. Würden sie den Zorn Jupiters auf sich ziehen, wenn sich eine merkwürdige Sekte in ihrer Mitte starrsinnig weigerte, ihn zu verehren?

Wie es leider mitunter vorkommt, entwickelten die Römer eine Abneigung und ein Misstrauen gegen Menschen mit einem anderen Glauben. Sehr häufig finden sich in der römischen Literatur Stellen, an denen der Autor über die Juden klagt. Besonders in den *Satiren* des Dichters Horaz finden sich gegen die Juden gerichtete Bemerkungen.

Diese Spannungen wie auch die generell schwierige politische Situation trugen zu den Problemen der Römer im Mittleren Osten bei (dies kommt uns heute irgendwie bekannt vor). Sie taten aber ihr Bestes, um mit all dem fertig zu werden. Sie erlaubten es z.B., dass jüdische Könige über Palästina herrschten (König Herodes der Große ist der bekannteste unter ihnen); ihre Militärgouverneure sorgten dafür, dass die Steuern weiterhin flossen und der Frieden gewahrt wurde. Das war auch die Position, die Pontius Pilatus (der später seine Rolle bei einem Zwischenfall mit einem gewissen Jesus von Nazareth spielen sollte) in Jerusalem inne hatte.

Um das Jahr 70 n. Chr. spitzten sich die Ereignisse dramatisch zu. Das Volk von Palästina erhob sich gegen die Besatzer aus Rom, die den Aufstand niederwarfen und große Teile Jerusalems zerstörten. Viele Juden verließen daraufhin den Mittleren Osten, was den Beginn der so genannten Diaspora markierte, d.h. der Verstreuung des Volkes Israel über die ganze Welt.

Die römische Religion

Die Religion war ein bedeutender Teil im Leben des Römer sowohl während der republikanischen als auch während der nachfolgenden monarchischen Phase des Imperium Romanum. Dies traf auch auf das öffentliche Leben zu. Die Römer waren unerhört abergläubische Menschen. Man darf sich ihre Religion nicht so wie die unserer Zeit vorstellen. Im Zentrum stand nicht der »Glaube«. Wichtig war für sie, die religiösen Regeln und Rituale genauestens einzuhalten. Diese Rituale und ihre genaue Befolgung waren für das Wohlergehen der Menschen von entscheidender Bedeutung; sie bestimmten, ob das Wetter gut war, die Stadt keiner Not ausgesetzt war, der Sieg in der Schlacht auf ihrer Seite war, das Vieh in den Ställen und das Korn auf den Feldern gedieh und Rom als Reich fortbestand. Die von den Priestern ausgeführten Zeremonien und Rituale mussten *vollkommen* eingehalten werden oder – so fürchtete man – das unstete Glück würde sich von der Stadt abwenden. Die mit der genauen Befolgung und Ausführung der Rituale betrauten Menschen waren die Priester. Es lag in der Natur der römischen Religion, dass man so viele Priester brauchte, dass – einige Verbindungen zu den richtigen Leuten und eine Portion Ehrgeiz vorausgesetzt – so gut wie jeder Mann (und jede Frau!) Priester werden konnte.

Wir alle dienen irgendjemandem

Da es kein Gesetz gab, das die Trennung von Kirche und Staat zum Grundsatz erhob, war es für eine Einzelperson jederzeit möglich, gleichzeitig sowohl ein hohes politisches als auch ein wichtiges Priesteramt inne zu haben. Tatsächlich war es so, dass die bedeutenderen Priester gewählt wurden. Mit diesen wichtigen Priesterämtern ging auch die Übertragung politischer Macht einher. Das Amt des Pontifex Maximus etwa – also der Hohe Priester des Jupiter – war so ein Amt. Priester zu sein war aber kein Erwerbsberuf. Die Menschen gingen oft anderen Berufen nach und übten ihr Priester-Sein quasi nebenbei aus.

Es gab insgesamt fünfzehn Hauptpriester in Rom. Man nannte sie im Plural *flamines*. Ein einzelner Priester hieß *flamen*. Es gab zwölf niedriger gestellte Flamines; jeder Einzelne von ihnen war für die kultischen Handlungen für einen bestimmten Gott zuständig – Ceres, Flora und Vulcanus sind drei dieser Götter, von denen wir Kenntnis haben. Es gab drei oberste Flamines:

- ✔ Flamen Dialis
- ✔ Flamen Martialis
- ✔ Flamen Quirinalis

Sie dienten jeweils den Göttern Jupiter, Mars und Quirinus (dies ist der andere Name des Gründers von Rom Romulus; siehe auch Kapitel 11). Anders als andere Priester wurden diese wichtigen Priesterämter nur an ausgewählte Bürger aus aristokratischen Familien vergeben. Eine Gruppe von Priestern wählte die in Frage kommenden Kandidaten aus. Eine Wahl im eigentlichen Sinne fand aber nicht statt. Die meisten Flamines trafen es mit ihrem Amt wirklich gut. Das Priesteramt wurde auf Lebenszeit gewährt und man bekam ein schönes Haus auf Kosten des Steuerzahlers. Dazu kam, dass die Arbeit, die man in Ausübung seiner Priesterfunktion auszuüben hatte, relativ überschaubar war.

Die Aufgaben des römischen Priesters

Eine der wichtigsten Aufgaben des Priesters war es, die Zukunft vorherzusagen. Dazu gab es verschiedene Techniken. Eine davon war das Wetter, in dessen stetem Wechsel man Anzeichen fand, dass sich die Dinge zum Guten oder Schlechten hin entwickelten, je nachdem. Auch wie sich ein Stier bei seiner Opferung verhielt, war bedeutsam und voller Zeichen. Von besonderer Wichtigkeit war, dass das Tier mit dem Kopf nickte (wie man es von Stieren ja kennt) und so seine »Zustimmung« zu dem folgenden grausamen Schauspiel signalisierte. Im Idealfall kam der Stier seiner Pflicht auf dem Opferaltar nach.

Die Priester konsultierten auch den Himmel und seine Konstellationen, um Nachrichten der Götter zu empfangen. Die Astrologie war in Rom ein einträgliches Geschäft, auch wenn es sporadische Versuche gab, den Betrügern unter ihnen Herr zu werden. Von weltlichen Würdenträgern erwartete man ebenfalls ein gewisses Maß an astrologischer Kenntnis. Von den zwei gewählten Konsuln – das Amt ähnelte dem eines Präsidenten der Republik mit dem einen Unterschied, dass es gleich zwei von ihnen gab – erwartete man, dass sie vor ihrer Amtseinführung die ganze Nacht über aufblieben, um in den Sternen nach etwaigen Omina Ausschau zu halten.

Selbst im Flug der Vögel am Himmel konnte man erkennen, ob die Götter wohl oder übel gesonnen waren – zumindest konnte dies der erkennen, der die Zeichen zu deuten wusste: Welche Vogelart war es, wohin flog der Vogel, was trug er im Schnabel und wo würde er schließlich rasten, all dies waren Zeichen, die den Willen der Götter zum Ausdruck bringen konnten.

Die Kunst, aus der Leber zu deuten

Eines der kulturellen Vermächtnisse der Etrusker, das auf die Römer überging, war eine *Haruspizium* (lat.: Eingeweideschau) genannte Kunst, bei der die Zukunft aus der Leber eines geopferten Tieres herausgelesen wurde. Wie um alles in der Welt verfielen die Etrusker auf eine derart nützliche Technik? Ein Mythos kann uns die Frage beantworten. (Er findet sich in Ovids *Metamorphosen*.)

Im Lande der Etrusker, in Etrurien, lebte einst ein Bauer. Eines Tages bestellte er sein Feld, als auf einmal eine kleine Gestalt aus dem Boden vor ihm auftauchte. Es war Tages, das »greise Kind«. Er sah wie ein Kleinkind aus, hatte aber die Weisheit eines alten Mannes. Tages brachte dem Bauer bei, wie er mit Hilfe einer Tierleber die Zukunft auf elegante Weise vorhersagen konnte. Als er seine Kunst den Bauern ganz gelehrt hatte, verschwand er wieder im Boden und ward nimmermehr gesehen.

Als die Römer diese zwar blutige, aber auch unterhaltende Art der Zukunftsvoraussage einmal gelernt hatten, da gab es für sie kein bedeutendes Opferritual mehr, dass ohne sie vollständig gewesen wäre.

In diesem Teil ...

Die Römer scheinen irgendwie zu faul gewesen zu sein, ihren eigenen Götterhimmel zu erfinden. Stattdessen bedienten sie sich großzügig bei den griechischen Göttern und Göttinnen. Dies passte auch gut zu der Mentalität und dem Gestus eines Volkes, das gerade ein Imperium errichtete. Trotz ihres wild zusammengewürfelten Götterhimmels entwarfen sie ein komplexes und sehr flexibles System aus Glaubensvorstellungen und Ritualen. Für jeden war etwas Passendes dabei.

Erbettelt, entliehen und gestohlen: Die römische Religion

10

In diesem Kapitel

- Vergleich zwischen den griechischen und römischen Gottheiten
- Echte römische Götter und Geistwesen
- Die weibliche Seite der römischen Religion

Viele Forscher tun die römische Mythologie oftmals leichthin ab und behaupten, dass die Römer ihren Götterhimmel einfach von den Griechen »geklaut« hätten, ohne einen eigenen Beitrag zu ihrer Religion geleistet zu haben. Wir sind der Meinung, dass man dies so nicht stehen lassen kann.

Es stimmt, dass viele Gottheiten der Römer griechischen Ursprungs sind. Die Römer haben aber nicht nur ihren eigenen Zugang zu den griechischen Göttern, sondern sie hatten auch vorher schon ganz eigene Gottheiten und Geistwesen. Die Römer waren sehr abergläubisch und liebten kultisch-religiöse Rituale (ein wenig vergleichbar mit der römisch-katholischen Kirche). Eifersucht auf andere Götter kannten sie nicht, genauso wenig wie Misstrauen gegenüber Nachbarn, die zu anderen Göttern beteten. Die römische Religion war eine Art Wahlfreiheitsübereinkommen; sie bestand aus Ritualen, privater Andacht, öffentlicher Einhaltung der religiösen Gebräuche, Festen zu Ehren der Götter und der Freiheit des Einzelnen, sich das zu Eigen zu machen, was ihm am meisten gefiel. Und das soll nicht authentisch sein?

Der griechisch-römische Götterhimmel

Während der republikanischen Periode (509–31 v. Chr.) wurde Griechenland zur maßgeblichen Instanz in Sachen Kultur und Lebensart. Die vornehmen Römer importierten die Gottheiten der Griechen und machten sie zu ihren eigenen. Viele dieser Götter wurden in die römische Kultur durch die Übersetzung der *Odyssee* ins Lateinische eingeführt. Die griechischen Namen des Originals wurden durch lateinische ersetzt. Die vertrauten griechischen Unsterblichen erfuhren so eine kleine kulturelle Transformation (vgl. Kapitel 9).

Als die Römer erst einmal den griechischen Götterhimmel übernommen hatten, bauten sie ihren neuen Gottheiten auch gleich Tempel, veranstalteten ihnen zu Ehren Feste und erfanden sogar einige neue Geschichten über sie. Mehr zu diesen mythologischen Geschichten in Kapitel 12.

In Tabelle 10.1 geben wir einen Überblick über die römischen Götter und ihr griechisches Gegenüber. Ursprünglich waren die meisten dieser Götter originär römischen Ursprungs. Mit der Zeit aber ähnelten sie immer mehr ihrem griechischen Gegenstück (weil sich die Römer immer stärker mit der griechischen Literatur beschäftigten und sich der direkte Kontakt mit der Bevölkerung Griechenlands intensivierte). Im zweiten vorchristlichen Jahrhundert unterschieden sich die Götter beider Völker nur noch geringfügig.

Römisch	Griechisch	Funktion
Jupiter	Zeus	König der Götter
Juno	Hera	Göttin der Ehe
Neptun	Poseidon	Gott des Meeres
Saturn	Kronos (vielleicht)	König der Titanen
Gaea	Gaia	Göttin der Erde
Venus	Aphrodite	Göttin der Liebe
Pluto (Dis Pater)	Hades	Gott der Unterwelt
Vulcanus	Hephaistos	Gott der Schmiede
Ceres	Demeter	Göttin der Ernte
Apoll	Apollon	Gott der Musik
Minerva	Athene	Göttin der Weisheit
Diana	Artemis	Göttin der Jagd
Merkur	Hermes	Götterbote
Bacchus	Dionysos	Gott des Weines
Proserpina	Persephone	Göttin der Unterwelt
Cupido	Eros	Gott der Liebe
Mars	Ares	Gott des Krieges

Tabelle 10.1: Römische Götter und ihre griechischen Entsprechungen

Die Astronomie der Römer

Die neun Planeten unseres Sonnensystems sind nach römischen Göttern benannt: Merkur, Venus, Erde, Mars, Jupiter, Saturn, Uranus, Neptun und Pluto. Die Wissenschaftler vermuten, dass noch ein zehnter, bislang unentdeckter Planet existieren könnte. Weil sie Unregelmäßigkeiten in der Bewegung Plutos beobachteten, tauften sie diesen noch unbekannten Planeten nach Plutos geheimnisvoller Frau »Persephone«.

Die Planetenmonde sind oft nach den Kindern der Götter benannt. Mars zum Beispiel hatte zwei Kinder, Phobos und Deimos, nach denen heute die beiden kleinen Marsmonde benannt sind. Jupiter dagegen hatte sehr viele Kinder. Bekannter aber sind seine zahlreichen Geliebten, so dass die Monde dieses Planeten nach ihnen benannt sind. Zwei der größten Monde sind Europa und Ganymed (benannt nach einem der männlichen Geliebten des Jupiter).

Abbildung 10.1: Sandro Botticellis Primavera

Das kommt uns alles sehr römisch vor

Die Namen unserer Monate entstammen ebenfalls der römischen Mythologie (bzw. Geschichte):

- ✔ Januar ist (wahrscheinlich) nach dem römischen Gott Janus bzw. Ianus benannt, dem zweigesichtigen Gott der Tore und allen Anfangs.
- ✔ Februar ist nach einem lateinischen Kult zur Vergebung der Sünden benannt.
- ✔ März geht auf den Gott Mars zurück.

- April wurde entweder nach Aphrodite benannt oder es geht auf das Verb *aperire* »öffnen« zurück, ein Hinweis auf das Erblühen der Natur im April.
- Mai wurde nach Maia, der Mutter Merkurs benannt.
- Juni leitet sich ab von der Göttin Juno.
- Juli verdanken wir Julius Caesar, der fand, ein Monat, der seinen Namen trüge, sei eine prima Sache.
- August verdanken wir Augustus, seinem Nachfolger im Amt, der natürlich seinem großen Vorgänger nicht nachstehen wollte.
- September bedeutet »siebter Monat«. Ursprünglich begann das römische Jahr im März, so dass der September eben der siebte Monat des Jahres war und nicht, wie später, der neunte.
- Oktober heißt übersetzt »achter Monat«.
- November heißt übersetzt »neunter Monat«.
- Dezember heißt übersetzt »zehnter Monat«.

Die Monatsnamen sind über 2000 Jahre hinweg gleich geblieben.

Besondere römische Götter

Bevor die Römer anfingen, griechische Götter »einzugemeinden«, waren die Verhältnisse durchaus nicht so, dass es ihnen oder den frühen Bewohnern der Halbinsel an eigenen Gottheiten gemangelt hätte. Auch nach den Griechen hörten sie nicht auf, ihre eigenen Götter zu verehren. Parallel zur Anbetung von Jupiter oder Ceres in den ihnen zu Ehren gebauten Tempeln existierten immer auch die alten Kulte. Diese alten Geister und Götter durchdrangen und beeinflussten alle Bereiche der Existenz eines römischen Bürgers, vom Kochen bis hin zum Dasein als Bewohner des Imperium Romanum.

Gottheiten im privaten und öffentlichen Raum

Als Römer begegnete man auf Schritt und Tritt Gottheiten. Übersinnliche Wesen waren überall: *Laren* waren die Schutzgötter der Wegkreuzungen (an denen man oft kleine, ihnen geweihte Heiligtümer aufstellte) sowie der einzelnen Familien und ihres Hab und Gutes. Jedes Haus verehrte seinen speziellen *lar familiaris*. *Penaten* lebten in Schränken, der zweigesichtige Gott Janus wachte über die Türen und Tore. Keinem Römer war es außerdem vergönnt, ungeliebte Eltern durch deren natürlichen Tod loszuwerden. Die Ahnen blieben trotzdem Teil des Hauses, da von ihnen zu Lebzeiten sorgfältig angefertigte Masken abgenommen wurden, die man *imagines* nannte.

Ursprüngliche italische Götter

Die Religionsforscher nennen die ursprünglichen, also sehr alten italischen und römischen Gottheiten *numína* (Singular: *numen*), was übersetzt ungefähr Göttlichkeit bedeutet. Die Numína unterschieden sich wesentlich von den griechischen Gottheiten. Bei jenen handelt es sich eher um spirituelle Kräfte; sie besaßen weder eine Persönlichkeit noch ein Geschlecht oder irgendein anderes dem Menschen entlehntes Attribut. Sie besaßen also kein *anthropomorphes* Wesen. Da sie keine Körper besaßen, konnten sie auch keine Nachkommen zeugen, nicht essen, sich gegenseitig besuchen oder auch gegeneinander intrigieren. Die Römer wussten sich also nicht viel über sie zu erzählen.

Aber selbst ohne gute Geschichten über sie handelte es sich bei diesen Numina um Kräfte, die buchstäblich *alles* bestimmten. Sie wachten über die Wegkreuzungen und die Stadt, sie sorgten für Regen, Wind und das Wohlergehen der Häuser und ihrer Bewohner. Von ihnen hing das Wohl und Wehe des Einzelnen und der Gemeinschaft ab.

Die Schutzgötter des Heimes - Laren

Die *Laren* (Einzahl: *Lar*) waren Geister/Gottheiten, die Plätze, Gruppen von Menschen und deren Tun sowie ganze Nationen beschützten. Sie besaßen keine Gestalt, kein Geschlecht und keine Zahl. Geschichten über sie gibt es daher nicht. Eine Familie hatte ihren eigenen persönlichen Lar und die Nation als Ganzes teilte sich die öffentlichen Laren Roms. Einige der bedeutenderen Laren wachten über Straßenkreuzungen und es gab spezielle Gemeinschaften, die Rituale aufführten, damit die Laren den Menschen wohl gesonnen blieben.

In vielen Häusern gab es kleine Schreine für den Lar Familiaris. In diesen Schreinen waren kleine Statuen oder Gemälde aufgestellt, die junge in eine Tunika gehüllte Männer mit Opferschale und Füllhorn zeigten, manchmal auch mit einem Hund. Fiel während der Mahlzeiten bei Tisch Essen auf den Boden, so wurde es in aller Regel vor dem Altar des Lar Familiaris verbrannt.

Es gibt Hinweise darauf, dass die Laren auch die Geister der Verstorbenen verkörperten. Eine überlieferte in Stein gemeißelte Inschrift aus dem alten Rom teilt uns mit, dass einem Lar Familiaris ein Geschenk dargebracht wurde. Dieser Lar wird als Geist eines Vorfahren vorgestellt. Während eines *Compitalia* genannten römischen Festes war es Brauch, dass dort anwesende Familien kleine Puppen aufhängten, die alle Familienmitglieder sowie die Sklaven repräsentieren sollten. Der Zweck war es, den Lar, der vielleicht gerade an diesem Tag ein Familienmitglied ins Reich der Toten mitnehmen wollte, mit den Puppen zu verwirren, so dass er vielleicht unbeabsichtigt nur eine Puppe und nicht den Menschen selbst mitnahm.

Geister in der Speisekammer - Penaten

Die *Penaten* (häusliche Geister) zählten auch zu den Numina; sie waren die Götter des Vorratsschrankes. Die Römer verehrten sie zu Hause zusammen mit Vesta und dem Lar Familiaris. Der römische Staat hatte seinen eigenen Penaten, der dafür sorgen sollte, dass der Staat als Ganzes finanziell solvent blieb. Genauso wie die Laren wurden auch die Penaten in der Kunst als Jünglinge dargestellt. Mitunter vermutet man heute, dass die Penaten nichts anderes als die aus der griechischen Mythologie bekannten Dioskuren Kastor und Pollux sind, also die Zwillingssöhne von Zeus und Leda.

Der berühmteste Auftritt der Laren und Penaten in der Mythologie findet sich in Vergils Werk *Aeneis*. Der mythologische Gründer Roms war der aus Troja stammende Aeneas. Nach Ende des Trojanischen Krieges segelte er nach Italien und ließ sich dort nieder (vgl. Kapitel 7). In Vergils Gedicht wird geschildert, wie er das brennende Troja verlässt. Das Einzige, was er retten kann, sind sein alter Vater, sein Sohn und die Statuen seiner Laren und Penaten. Seine Frau hatte er aus den Augen verloren. Über seine Prioritäten lässt sich also trefflich spekulieren.

Der doppelgesichtige Janus

Janus (auch Ianus) war der Gott der Türen und Tore (durch die man ja in beide Richtungen hindurchgehen kann). Er war auch der Gott des Beginns, des Anfangs aller Dinge. Aus diesem Grund ist auch der erste Monat des Jahres nach ihm benannt. In Gebeten rief man Janus gewöhnlich als Ersten an.

Es gab im Norden des Forum Romanum einen besonderen nach ihm benannten Torbogen, den *Janus Geminus*. Herrschte irgendwo im Römischen Reich Krieg, stand dieses Tor auf (um die zurückkehrende Armee willkommen zu heißen). Nur in Friedenszeiten wurde es geschlossen. Da die Römer aber praktisch ständig im Kriegszustand lebten, ihre Grenzen verteidigten oder neues Terrain erobern wollten, war das Tor fast niemals zu. Geschlossen war es nur im Jahre 235 v. Chr., drei Mal am Ende des ersten vorchristlichen Jahrhunderts zu Zeiten des Augustus sowie einige wenige Male in späterer Zeit.

Imagines - die Masken des Ahnen

Die Römer besaßen nicht viele mythische Erzählungen über ihre eigenen Götter. Dies glichen sie aber durch endlose Erzählungen über ihre Vorfahren aus. Für einen Römer war es absolut nichts Außergewöhnliches zu wissen, was seine Vorfahren vor hunderten von Jahren getan hatten. Durch ihre Ahnenmasken, die *imagines*, wussten sie sogar, wie sie ausgesehen hatten.

Gelang einem Römer etwas Außergewöhnliches – wie die Verleihung eines militärischen Ordens oder der Aufstieg in ein politisches Amt –, so berechtigte ihn das dazu, sich eine Imago seines Gesichtes anfertigen zu lassen. Seine Familie bewahrte diese Maske dann in einer speziellen Vitrine auf, die wie ein kleiner Schrein oder Tempel aussah. Dort hinein legte man auch ein schriftliches Dokument über den Ahnen, das besondere Kennzeichen des Menschen festhielt, aber auch, welche besonderen Gesten er zu machen pflegte, so dass ein anderer perfekt den Verstorbenen nachmachen konnte.

War der jeweilige Mensch gestorben, so engagierte man einen Schauspieler, der die Maske des Toten bei dessen Beerdigung und während des Leichenzuges trug. Er verstand den Verstorbenen so täuschend echt nachzuahmen, dass die Trauergäste meinen konnten, der Tote weile immer noch unter ihnen. Dieser Auftritt des Schauspielers sollte aber nicht sein einziger Auftritt bleiben. Bei allen weiteren Trauerfeiern der Familie erschien er wieder mit seiner Maske und marschierte mit den anderen mit. Eine alte römische Familie hatte sicher eine ganz Vitrine voller Masken gleich neben den Vitrinen und Schreinen mit ihren Penaten und Laren. Eine römische Beerdigungsprozession war daher ein beeindruckendes Spektakel mit all den toten Ahnen, die Seite an Seite mit den Lebenden marschierten.

Götter der Ideale und geheimnisvolle Götter

Einige der Götter Roms verkörperten Ideale. Andere wiederum waren mehr »Ideen« als echte Gottheiten. Einige der wichtigsten dieser Geistwesen personifizierten menschliche Eigenschaften wie etwa die Treue (Fides), die Ehre (Honor/Honos) oder die Hoffnung (Spes). Der interessanteste der »Götter der Ideale« war Quirinus (d.h. Romulus, vgl. Kapitel 11), der das römische Staatsbürgertum verkörperte. Der Ursprung anderer Götter dagegen ist uns heute ein vollkommenes Rätsel. Ein Beispiel hierfür ist der Gott des Ackerbaus Saturn. Ihm zu Ehren feierte man einst gegen Ende Dezember das heitere Fest der Saturnalien, bei dem unter anderem die Herren zur Abwechslung einmal ihre Sklaven bedienen mussten.

Der römische Bürger: Quirinus

Der Gott Quirinus war einer der wichtigsten ursprünglichen italischen Götter. Auch wenn niemand genau sagen konnte, wofür er stand, so war er doch für die Menschen damals die Verkörperung des römischen Bürgers. Die Römer ernannten einen besonderen Priester zu seinen Ehren und hielten einmal pro Jahr ein Fest mit Namen Quirinalia ab.

Quirinus war ursprünglich entweder Latiner oder Sabiner. Seine Heimat war auf dem Quirinal-Hügel in Rom. Dieser Hügel verschmolz mit Romulus' neuer Stadt Rom und Quirinus und Romulus wurden schließlich eins. Die alten Erzählungen berichten, dass Romulus, nachdem er die Stadt Rom ins Leben gerufen hatte und gestorben war, einem seiner Soldaten im Traum erschien und verkündete, er sei nun der Gott Quirinus. Da er also identisch mit dem mythischen Gründer Roms geworden war, erschien es nur natürlich, dass man in ihm von da an die Verkörperung der Idee der Stadt und ihrer Bürger sah.

Die Saturnalien

Das fröhlichste Fest des alten Rom war das Saturnalien-Fest, das am 17. Dezember eines jeden Jahres gefeiert wurde. Zu diesem Anlass verkehrte sich die gewöhnliche Ordnung der Welt ein wenig. Die Sklaven speisten zusammen mit ihren Herren, ja wurden von ihnen bedient, man zündete Kerzen an und tauschte gegenseitig Geschenke aus. Ein König des Festes wurde gekrönt, der *Saturnalicius Princeps*, dessen Aufgabe es war, den Vorsitz bei allen Feiern und Festmahlen des Festes zu haben. Der römische Dichter Catull nennt diese Feier »den glücklichsten Tag des Jahres«.

Wer aber war Saturn, dessen Verehrung den Römern Gelegenheit zu solch ausgelassenen Festen bot? Nun, das weiß keiner so genau. Einige Experten meinen, Saturn sei die römische Entsprechung des griechischen Gottes Kronos, der aber lange kein so fröhliches Naturell besaß. Andere wiederum vertreten die Ansicht, er könnte etwas mit dem etruskischen Gott Satre zu tun haben, von dem wir aber auch nichts Genaueres wissen. Man hat Saturn aber auch in Verbindung mit Satus bringen wollen, einer Gottheit, die mit dem Ackerbau und der Getreideerzeugung zu tun hatte.

Wie auch immer es um Saturns Herkunft bestellt ist, er hatte seinen eigenen Tempel in einer Ecke des Forum Romanum und sein eigenes ihm zu Ehren gegebenes Fest, das eine ganze Woche dauerte.

Falls Sie dieses Fest ein wenig an Weihnachten erinnert, so ist dies kein Zufall. Da kein Christ, weder damals noch heute, weiß, wann genau Jesus geboren wurde, bürgerte sich der Brauch ein, das Fest anlässlich seiner Geburt zur selben Zeit wie das römische Saturnalien-Fest zu feiern.

Ein Gott für jeden Geschmack

Es ist hinlänglich bekannt, dass Rom über eine sehr große Armee verfügte. Fast jeder Mann des Reiches, ob zu Zeiten der Republik oder des Imperiums, wurde irgendwann in seinem Leben zum Militär eingezogen. In Rom wimmelte es außerdem nur so von Händlern und Kaufleuten. Eine große, wohlhabende Metropole wirkt natürlich wie ein Magnet auf diesen Menschenschlag. Sie waren einfach überall. Jedem heutigen Besucher in Italien werden außerdem bestimmt die vielen Gärten auffallen. Genauso wie die Italiener heute, so hatten auch die Römer in der Antike eine große Vorliebe für Pflanzen.

Die Römer hatten Götter für jeden Geschmack und für alle Lebenslagen. Die Soldaten verehrten den persischen Gott Mithras; die Kaufleute schätzten Herkules Invictus. Wie jeder weiß, brauchen Gärten aber Statuen als Verschönerung und Zierde. Hier kommt Priapus ins Spiel. Mehr zu ihm weiter unten.

Mithras, Mittler zwischen Gut und Böse

Der Gott Mithras gelangte von Persien aus nach Rom. In Persien nannte man ihn Mithra. In der Religion dieses Landes gab es die Vorstellung, dass das Gute und das Böse in einem ständigen Kampf um die Vorherrschaft auf der Welt stünden. Mithra war der Schiedsrichter in diesem Streit. Außerdem war er der Hüter des Rechts. Er verlangte von seinen Anhängern soldatischen Gehorsam und unbedingte Treue. Er war für eine Reihe von Dingen zuständig, und alle waren gleichermaßen wichtig.

Ein Gott für den arbeitenden Menschen

Der Mithras-Kult scheint von Seeräubern von Kleinasien aus nach Italien gebracht worden zu sein. Als der Kult Rom erreichte, wurde er mit dem Sonnengott in Verbindung gebracht. Seinen Anhängern, die sich in einem unterirdischen Raum trafen – dem so genannten »Mithräum« –, galt er beinahe als der eine und einzige unter den Göttern. Sein Titel war *Deus Sol Invictus Mithras* oder »Unbesiegbarer Sonnengott Mithras«.

Vor allem gewöhnliche Menschen wurden Anhänger des Mithras-Kultes, besonders aber Soldaten und niedrige Beamte in der Regierungsverwaltung. Dies deutet darauf hin, dass der Kult von nüchterner Natur war. Außerdem mussten sich die Teilnehmer des Kultes bestimmten Prüfungen unterziehen, die viel abverlangten und eine Hierarchie von sieben Stufen erzeugten. Leider aber haben die Mitglieder dieses Kultes keine schriftlichen Aufzeichnungen hinterlassen, denen wir heute entnehmen könnten, was genau bei ihren Treffen vor sich gegangen ist.

Konkurrenz für das Christentum

Der Mithras-Kult war besonders im Rom des zweiten und dritten Jahrhunderts n.Chr. populär, zur selben Zeit also, als der Kult um Jesus von Nazareth an Bedeutung gewann und sich langsam zu dem entwickelte, was wir heute Christentum nennen. Tatsächlich ist es so, dass es einige verblüffende Ähnlichkeiten zwischen beiden Kulten gibt.

Der Kult um Mithras wurde in bestimmten so genannten *Kultvereinen* abgehalten. Die Anhänger des Kultes gehörten einem bestimmten Kultverein an, der oft im Mittelpunkt ihres sozialen Lebens stand. Man könnte dies mit der Rolle vergleichen, die heutzutage eine Kirche, eine Synagoge oder eine Moschee für das soziale Leben der Gemeindemitglieder spielt.

Abbildung 10.2: Der Gott Mithras tötet den Stier, mit dessen Blut er die Welt rettet.

Jeder Kultverein traf sich in einem unterirdischen Versammlungsraum, also so ziemlich dem genauen Gegenteil der Tempel, die zu Ehren der traditionellen griechischen und römischen Götter errichtet wurden. Tempel waren auf ihren Außenseiten über und über mit Ornamenten und Dekorationen versehen, ohne dass der Raum innen im eigentlichen Sinne genutzt worden wäre. Die Menschen standen außen um den Tempel herum und opferten den Göttern, die im Tempelinneren beheimatet waren. Das Mithräum dagegen war außen unscheinbar, bot aber im Inneren viel Raum für die Anbetung und die Kulthandlungen zu Ehren des Gottes.

Jeder Kultverein verfügte über eine komplexe Hierarchie, in der Anhänger des Kultes verschiedene Führungspositionen einnehmen konnten, ähnlich einem heutigen Diakon oder Presbyter in einer christlichen Kirche. Eines der Laienämter trug den Titel *Nymphus*, ein lateinischer Ausdruck, der wohl so viel wie »männliche Braut« bedeutet. Ein seltsamer Ausdruck, gewiss, aber auch in den Paulusbriefen im *Neuen Testament* finden sich viele Stellen, an denen die Kirche mit einer dem Gebiet Braut/Bräutigam entlehnten Metaphorik beschrieben wird.

Es gibt einige Mithräen, die bis heute erhalten geblieben sind – beispielsweise unter der Kirche San Clemente in Rom. Der Grund hierfür ist, dass oftmals christliche Kirchen an derselben Stelle errichtet wurden, ein weiteres Indiz für die Verbindung, zwischen den beiden Glaubensrichtungen. Auch unter der Kirche Santa Prisca in Rom können Sie sich noch heute ein Mithräum anschauen. Dort findet sich auch eine Inschrift, dass Mithras »uns alle mit seinem vergossenen Blute gerettet hat«. Dies erinnert sehr an die Sprache christlicher Riten. Wahrscheinlich aber handelt es sich nicht um sein eigenes Blut, sondern um das eines von ihm getöteten Opfertieres. In Abbildung 10.2 sehen Sie eine Darstellung dieses Gottes, wie er gerade den Stier tötet.

Der römische Gott Herkules

Bei den Römern war Herakles, der griechische Held, der später zu einem Gott wurde, unter den Namen Herkules bekannt. Den Römern galt er als einer der ihren. Sie verehrten ihn ebenso sehr wie die Griechen.

Herkules wurde als gewöhnlicher Sterblicher geboren. Er tat Zeit seines Lebens das Beste, um den Menschen zu helfen. Persönliches Leid war ihm alles andere als unbekannt. Er starb durch einen Verrat, wurde aber von den Göttern nach seinem Tod in ihre Reihen aufgenommen. In Kapitel 6 können Sie seine ganze Geschichte noch einmal nachlesen. Sein Leben machte den Menschen Mut, nicht zuletzt weil es für ihn ja ein glückliches Ende gab. Die Römer verehrten ihn als »Hercules Invictus« (»Unbesiegter Herkules«).

Der Herkuleskult war bei Römern aus allen Schichten der Gesellschaft beliebt, besonders aber bei den Kaufleuten. Die Kaufleute arbeiteten wie Herkules ununterbrochen und ihre Tätigkeit zwang sie dazu, ständig Reisen zu unternehmen. Da die Anhänger des Kultes ein Zehntel ihres Gewinns Herkules darbringen mussten, häufte dieser Kult große Reichtümer an.

In Rom gab es ein ihm zu Ehren errichtetes Heiligtum mit Namen *Ara Maxima*, d.h. der »größte Altar«. An dieser Stätte brachten die Menschen ihm ihre täglichen Opfer dar. Zutritt zu diesem Heiligtum hatten nur Männer, die in Scharen dort hinströmten. Mit ein Grund hierfür war vielleicht eine Vorschrift des Kultes, die besagte, dass alles Fleisch aus Tieropfern zu Ehren des Gottes noch am selben Tag verzehrt werden musste. Der Tempel war wohl so eine Art täglich geöffnetes kostenloses Buffet. Das wollte sich natürlich keiner entgehen lassen.

Der Gott des Phallus: Priapus

Priapus war eine sehr alte römische Gottheit. Ein griechischer Dichter in Italien mit Namen Xenarchos schrieb im vierten vorchristlichen Jahrhundert ein Stück über ihn. Im Verlaufe des dritten Jahrhunderts v. Chr. wurde Priapus immer beliebter und sein Kult verbreitete sich rasch über ganz Italien.

Darstellungen von ihm zeigen ihn mit übergroßem Phallus. Er symbolisierte alles Erotische und war der Gott der Fruchtbarkeit; auch die als besonders wichtig erachtete Fruchtbarkeit des Ackers und des Viehs wurde ihm zugeschrieben. Nur selten wurde einem männlichen Gott die Verantwortung für die Fruchtbarkeit der Erde überantwortet. In den allermeisten Fällen waren es weibliche Gottheiten wie Demeter, Ceres oder Bona Dea, die diese Aufgabe übernahmen.

Viele Römer stellten sich eine Statue des Priapus in ihren Garten. Sie sollte Eindringlinge fernhalten. Das Mittel dazu war Priapus' übergroßer Phallus, den er allen Fremden drohend entgegenstreckte.

Es gibt ein ganzes poetisches Genre, genannt *Priapeia*, das aus kurzen und sehr komischen Gedichten besteht, in denen Priapus solchen Eindringlingen Drohungen entgegenschleudert, die oft von krassem Humor gekennzeichnet sind. Oft gehen die Scherze in diesen Gedichten auf Kosten des Gottes selbst. In einem Gedicht des Horaz z.B. berichtet Priapus (als Statue), dass er als Feigenbaum sein Dasein begonnen habe. Der Bildhauer fällte den Baum und bearbeitete den Stamm so lange, bis schließlich die Priapusstatue dabei herauskam. Diese monologisiert weiter und bemerkt, dass sie ja noch Glück gehabt habe, da sie auch als Stuhl hätte enden können. In Gedichten wie diesem überdenkt Priapus oft sein Schicksal als untergeordnete Gottheit, was ihm aber nichts auszumachen schien.

Die weiblichen Gottheiten der Römer

Einige der wichtigsten Götter der Römer waren weiblich. Vesta, die Göttin des Altar- und Herdfeuers, sorgte dafür, dass im Haus alles richtig verlief. Ihre sechs jungfräulichen Priesterinnen, die Vestalinnen, waren für Roms Glück im Ganzen zuständig. Die Magna Mater, die große Muttergöttin, war dafür verantwortlich, dass jedes Frühjahr aufs Neue das Grün spross. Die sehr alte italische Gottheit Bona Dea, die »Gute Göttin«, eine Erdgöttin, die Fruchtbarkeit und Segen spendete, wurde von Frauen in nächtlichen, geheimen Feiern verehrt. Auch wenn einige männliche Götter vorzugsweise von bestimmten Gruppen verehrt wurden, so gehörten diese Göttinnen doch allen Römern.

Obwohl die Frauen in der römischen Gesellschaft wie in fast allen anderen Gesellschaften klar benachteiligt wurden, so erfüllten sie doch wichtige Funktionen innerhalb der Städte. Viele beteiligten sich aktiv an der Politik, sie waren für den Fortbestand der Familien zuständig und sie konnten religiöse Ämter übernehmen.

Die Göttin Vesta und die Vestalinnen

Vesta war wie schon erwähnt die Göttin des Herdfeuers. Sie war eine der ältesten römischen Gottheiten und innerhalb von Familie und Heim ausgesprochen bedeutsam. Jede römische Familie verehrte sie zusammen mit den anderen Göttern des Hauses, den Laren und Penaten.

Vesta zu Ehren wurde auch ein wichtiger öffentlicher Kult von einer Gruppe spezieller Priesterinnen abgehalten, beaufsichtigt vom höchsten Priester in Rom, dem *Pontifex Maximus*. Diese Priesterinnen wurden *Vestalinnen* genannt, von denen es insgesamt sechs gab. Sie mussten sich streng an ihr Keuschheitsgelübde halten. In Abbildung 10.3 ist die Statue einer Vestalin abgebildet.

Abbildung 10.3: Eine vestalische Jungfrau: Hüterin von Roms Glück und Bewahrerin des letzten Willens und der Testamente

Eine Jungfrau fürs Leben

Das Glück und Wohlergehen Roms hing von der Keuschheit der Vestalinnen ab. Beschuldigte jemand eine der sechs Priesterinnen, gegen ihre Gelübde verstoßen zu haben, so wurde sie vor ein spezielles Gericht gestellt. Wurde sie schuldig gesprochen, war die Strafe grausam. Entweder wurde sie lebendig begraben oder man stürzte sie von einer Anhöhe, dem »Tarpeischen Felsen« in Rom, in den Tod.

Die Vestalinnen wurden noch in jungen Jahren in ihr Priesteramt eingeführt und schieden erst etwa dreißig Jahre später wieder daraus aus. Die dreißig Jahre waren eingeteilt in zehn Jahre »Novizität«, zehn Jahre Kultdienst und zehn Jahre Ausbildung der nächsten Vestalinnen. Danach war es ihnen gestattet zu heiraten. Die Frauen nutzten aber diese Möglichkeiten nur selten, weil sie nicht das Unglück auf sich ziehen wollten. Die Vestalinnen waren während ihres Priesterinnenamtes nicht von der übrigen Gesellschaft abgesondert. Sie konnten sich frei bewegen und hatten auch »normale« Freunde. Sie waren beliebte Gäste bei Festen und genossen eine gewisse Berühmtheit in Rom.

Die Aufgaben der Vestalinnen

Die Vestalinnen hatten verschiedene wichtige Aufgaben zu erfüllen. Sie sorgten dafür, dass die ewig brennende, heilige Flamme in ihrem Tempel niemals erlosch. Eine weitere wichtige Funktion war es, private und öffentliche Dokumente aufzubewahren. Alle Testamente, der letzte Wille eines Verstorbenen, Geburts- und Todesurkunden, Aufzeichnungen über die Entlassung von Sklaven in die Freiheit, Dokumente über den Status als römischer Bürger usw. wurden ihnen überantwortet zur Aufbewahrung und Katalogisierung im Tempel der Vesta.

Magna Mater - die Große Mutter

Die Magna Mater wurde von den Römern aus Anatolien in der heutigen Türkei übernommen. Man nannte sie auch Kybele (in der persischen Mythologie auch Agdistis). Sie wurde im gesamten Mittelmeerraum verehrt. Die Römer hießen sie mit offenen Armen willkommen. Man erbaute ihr zu Ehren einen Tempel auf dem Palatinhügel in Rom. Alle Priester in diesem Tempel mussten aus dem Osten stammen, damit sich die Göttin auch zu Hause fühlte.

Für die Göttin Magna Mater feierte man jeden Frühling Feste, da sie gemeinsam mit Ceres und Demeter auch als Göttin des Wachstums und der Fruchtbarkeit verehrt wurde. Eines der kultischen Rituale war das Fällen eines Pinienbaumes, den man dann anschließend in den Tempel der Göttin brachte. Vielleicht liegen hier die Ursprünge unseres Weihnachtsbaum-Rituals.

Die Geschichte von Attis

Magna Mater stand aber nicht nur für Liebreiz und sprießende Pflanzen. Ein Mythos, der mit ihr verbunden ist, ist die Geschichte von Attis. Es gibt verschiedene Versionen dieser Geschichte, keine davon ist aber nett.

Der Dichter Catull verfasste ein Gedicht, das die berühmteste römische Version dieses Mythos erzählt. Er beschreibt Attis als einen römischen Jüngling, der sich zum Kult der Kybele hingezogen fühlte. In mystisch-religiösem Rausch segelte er zu einer Insel, wo er sich selbst entmannte. Später bedauerte er seine Tat und fragte sich, wie er das Geschehene zu Hause erklären sollte.

Von den Anhängern der Magna Mater wurde Attis später ebenfalls verehrt, wenngleich nie als Gott.

Aus Persien mit Liebe

Ein persischer Mythos besagt, dass Agdistis (ein anderer Name der Magna Mater/Kybele) ursprünglich beide Geschlechter in sich vereinte und erst später von den Göttern entmannt wurde. Sein abgetrenntes Geschlecht verwandelte sich in einen Mandelbaum. Die Göttin Nana aß von den Mandeln und wurde schwanger. Sie gebar einen Sohn – Attis. Agdistis, nach seiner Entmannung nur noch Frau, verliebte sich in Attis. Um sicherzustellen, dass er ihr auch immer treu bliebe, entmannte sie ihn ebenfalls. Er wurde schließlich ihr ergebener Diener.

Bona Dea - die Gute Göttin

Die Gute Göttin hatte keinen eigenen Namen bzw. ihr Name war ein Geheimnis, das auszusprechen verboten war. Man kannte sie also nur unter ihrem Titel Gute Göttin. Sie ist vor-römischen Ursprungs, eine Fruchtbarkeit und Segen spendende Göttin, die über die Erde und das ihr Entsprießende wachte. Sie war die Schutzgöttin der Frauen und für deren Keuschheit und Fruchtbarkeit zuständig .

Ihre Priesterinnen verliehen ihr die Namen Fauna (»Lebewesen«), Maia (nur ein Name) und Ops (»Reichtum«). Die Priesterinnen wussten aber, dass dies nicht ihre wahren Namen waren.

Eine Göttin nur für Frauen

Auf Darstellungen sieht man die Göttin mit einem Kranz aus Weinranken um ihren Kopf, einem Krug Wein neben sich und einer heiligen Schlange in Reichweite. Man errichtete ihr einen Tempel auf dem Aventin-Hügel in Rom. In seinem Inneren konnte man zahlreiche heilige Schlangen antreffen. Im Garten des Tempels wuchsen zahlreiche Heilpflanzen.

Männer durften den Tempel nicht betreten. Er war ausschließlich den Frauen vorbehalten.

Das Fest zu Ehren der Göttin Bona Dea

Es gab ein jährliches, in den Dezember fallendes Fest zu Ehren der Bona Dea. Sinn des Festes war es, die Göttin für den Rest des Jahres zum Schlafen zu bringen. Gelang dies nicht richtig und schlief sie nur schlecht, so waren die Ernte und das Wachstum des nächsten Jahres gefährdet.

Das Fest fand im Hause eines der beiden Konsuln von Rom statt. Der Konsul selbst war beim Fest nicht zugegen. Nur Frauen waren als Gäste willkommen. Die Ehefrau des Konsuls sowie die Vestalinnen waren mit der Leitung der Feierlichkeiten beauftragt und wachten über alles. Während des Festes nannten die Römerinnen den geheimen Namen der Göttin und es wäre ein großes Unglück für jeden Mann gewesen, diesen zu hören. Alle Frauen tranken Wein, nannten ihn aber »Milch«. Dies war ebenfalls Teil der geheimen Natur des ganzen Festes, da nämlich nach uraltem, inzwischen aber außer Kraft gesetzten römischem Recht ein Ehemann seine Frau töten konnte, falls er sie beim Genuss von Wein »erwischte«. Den Frauen musste es eine geheime Freude bereiten, sich hemmungslos dem Genuss des Weins hinzugeben, ohne dass ihre Männer auch nur ahnen konnten, was vor sich ging.

Im Jahre 61 v. Chr., in der Nacht des 4. Dezember, mischte sich ein Mann namens Publius Clodius Pulcher verkleidet als Frau unter die Teilnehmerinnen des Festes. Er wurde entdeckt und wegen Religionsfrevels vor ein Gericht gestellt. Die Frauen waren dadurch in Angst und Schrecken versetzt worden, war doch zu befürchten, dass er den Namen der Göttin gehört hatte. Sie mussten befürchten, dass alle Geburten des kommenden Jahres nun unter einem Fluch stehen würden. Der berühmte Redner Cicero persönlich war der Ankläger. Am Ende sprachen ihn bestochene Richter frei.

Vergils Aeneis und die Gründung Roms

11

In diesem Kapitel

- Mythologie in Vergils *Aeneis*
- Romulus und Remus
- Die sieben Könige Roms

Es ist eine der Aufgaben der Mythologie, eine Rechtfertigung oder Bestätigung für den jeweiligen Status quo einer Gesellschaft zu liefern. Die Bewohner der griechischen Stadt Theben erzählten sich einen Mythos, dass die allerersten Siedler in ihrer Stadt gerade dort aus dem Boden ans Licht gestiegen seien, wo sich heute Theben befindet. Dies war für die Menschen in Theben Bestätigung genug zu sagen: Wir haben immer hier gewohnt und wir tun recht daran, hier zu bleiben. Ein anderer Mythos (der gleichzeitig auch reale Geschichte ist) ist der von Christopher Kolumbus. Er besagt, Kolumbus habe Amerika »entdeckt«, und diente den Europäern dazu, die Unterdrückung der eingeborenen Bevölkerung sowie ihre Kontrolle über den Kontinent als rechtmäßig zu erklären. Jeder verdient ja schließlich einen Finderlohn, oder etwa nicht? Dass der Kontinent (schon seit etwa 40.000 Jahren, wie sich später herausstellte) von Menschen bevölkert war, wurde einfach ausgeblendet. Mythen wie diese nennen wir *Gründungsmythen*.

Rom hatte zwei derartige Gründungsmythen, einmal die Geschichte über die von einer Wolfin großgezogenen Zwillinge Romulus und Remus und zum anderen die Geschichte von Aeneas aus Troja, wie sie in der Dichtung *Aeneis* von Vergil nacherzählt wird. Es gab außerdem einen Mythos darüber, wie die römische Regierung in Kraft gesetzt wurde, eine Geschichte, in der es um die Vergewaltigung einer tugendhaften Frau geht. Diese und andere Erzählungen halfen dem römischen Volk zu verstehen, warum die römische Ökumene, also das römische Siedlungsgebiet, am Ende den ganzen Mittelmeerraum und fast ganz Europa umspannte.

Warum die Römer noch einen weiteren Mythos benötigten: Nieder mit Karthago!

Um mehr über die Gründungsmythen der Römer zu erfahren, wollen wir zunächst einen Blick auf die Stadt Karthago werfen. Sie war eine Stadt in Nord-Afrika und lag im heutigen Tunesien. Die Bewohner der Stadt hießen Karthager.

Sizilien, wichtiger als man vielleicht denken mag

Schaut man auf eine Karte, so liegen sich Italien und Karthago direkt gegenüber. Nur etwas trennt sie – die Insel Sizilien (und ein Stück Mittelmeer).

Die Insel war nicht immer die rückständige Provinz, als die sie vielleicht heute erscheinen mag. Während der überwiegenden Zeit ihrer Geschichte war Sizilien von großer Bedeutung gewesen. Mitten im Mittelmeer gelegen, also strategisch von großem Interesse, reich an natürlichen Ressourcen, war sie immer ein begehrtes und lohnenswertes Angriffsziel gewesen. In der Römerzeit war Sizilien eine der Kornkammern des Reiches.

Im Jahre 264 v. Chr. gerieten die Römer und Karthager in Sizilien aneinander. Die Bevölkerung der Insel war überwiegend griechischen Ursprungs. Anfangs besaß die Insel keine zentrale Regierung und Verwaltung und gehörte auch nicht zu Griechenland, Rom oder irgendeinem anderen Reich. Die sizilischen Städte kontrollierten das sie umgebende Land und wetteiferten miteinander um ein größeres Einflussgebiet auf der Insel. Einige Städte waren groß und mächtig; Syrakus war die bedeutendste unter ihnen.

Zu Wohlstand und Bedeutung gelangte die Stadt in ihrer Funktion als Handelszentrum. Die fleißigsten und geschicktesten Kaufleute kamen aus Karthago. Die Bewohner der beiden Städte empfanden es nur als natürlich, dass sie die fruchtbare Insel untereinander aufteilten.

Die Römer eilen zur Rettung - der erste Punische Krieg

Einigen Bewohnern der Insel schmeckte das Ganze aber überhaupt nicht. Die Bewohner der im Nordosten Siziliens gelegenen Stadt Messina lehnten eine Vorherrschaft von Syrakus oder Karthago über die Insel strikt ab. Sie baten die Römer um Schutz.

Zu diesem Zeitpunkt war Rom jedoch noch keine große Macht. Die Stadt war von mittlerer Größe; ihre Bewohner standen aber im Ruf, ihre Angelegenheiten effizient bewältigen zu können. Rom erklärte sich einverstanden, Messina zu helfen, und trat in einen Krieg gegen Syrakus und Karthago ein.

Da die Karthager ursprünglich Phönizier waren und aus dem Teil der Erde stammten, den wir heute als Libanon bezeichnen, und weil im Lateinischen das Wort für Phönizier *punici* ist, nennen wir den Krieg heute den ersten Punischen Krieg. Er dauerte die immens lange Zeit von 264 bis 241 v. Chr.

Sowohl Syrakus als auch Karthago verfügten über eine beträchtliche Seeflotte. Die Römer dagegen überhaupt nicht. Sie mussten also zuerst eine Seestreitmacht aufbauen. Sizilien war schließlich eine Insel. Am Ende besiegten sie ihre Gegner und erlangten die Kontrolle über Sizilien. Abbildung 11.1 zeigt ein Beispiel für ein römisches Kriegsschiff.

Abbildung 11.1: Ein römisches Kriegsschiff

Alles begann mit dem Trojanischen Krieg

Was hat aber der erste Punische Krieg mit der Mythologie zu tun? Nun, ein solider Gründungsmythos kann dabei behilflich sein, die Eroberung Siziliens zu rechtfertigen und die lang dauernde Erbfeindschaft zwischen Karthago und Rom plausibel und natürlich erscheinen zu lassen. (Wenn Sie jetzt meinen, dass alles sei altertümlich und nicht mehr nachzuvollziehen, müssen Sie nur an die Mythen denken, die vor noch gar nicht so langer Zeit die »Erbfeindschaft« zwischen Deutschland und Frankreich begründen sollten und die mit ein Grund für den Ausbruch zweier verheerender Weltkriege waren.)

Die Römer besaßen immer schon gute und nützliche Mythen, die ihnen ihren Ursprung aufzeigten (Romulus und Remus und andere). Ein Mythos aber, der die Kontrolle über griechische Siedlungen auf Sizilien gerecht und unausweichlich erscheinen lassen würde, war für sie besonders hilfreich.

Die Römer waren hervorragende Ingenieure. Sie konnten jedes Problem lösen, das sich ihnen stellte. Auch in einem Seekrieg gegen erfahrene Seefahrervölker fanden sie Lösungen, die sie zum Erfolg führten. Und als sie einen neuen Gründungsmythos benötigten, beauftragten sie eben ihre »mythologischen Ingenieure« damit, sich etwas Geeignetes einfallen zu lassen.

Noch während des Krieges, aber nach seinem Ausscheiden aus dem aktiven Militärdienst, schrieb ein Römer mit Namen Gnaeus Naevius ein Versepos mit dem Titel *Der Punische Krieg* (*Bellum Poenicum*, um 210 v. Chr.). Dieses Epos war das erste große Stück römischer Literatur, das die Geschichte des Aeneas erzählte. Aeneas stammte aus Troja, verließ seine Heimatstadt aber nach der Besetzung durch die Griechen. In Naevius' Dichtung verlässt Aeneas seine Heimat und reist mit dem Segelschiff nach Karthago. Dort verliebt er sich in die Königin Dido. Nach einiger Zeit verlässt er sie, um sein eigenes Reich zu gründen. Aus Gram begeht Dido Selbstmord, nicht aber, ohne ihren Geliebten vorher zu verfluchen. Der Fluch verkündete, dass auf ewig erbitterte Feindschaft zwischen Karthago und den Bewohnern des neuen Reichs bestehen solle.

Der Grund für die Feindschaft zwischen Rom und Karthago

Schon seit dem sechsten vorchristlichen Jahrhundert wurde Aeneas mit der Gründung neuer Städte im Mittelmeerraum in Verbindung gebracht. Der Mythos um ihn existierte also schon sehr lange. Erst die Römer aber stellten ihn in den Mittelpunkt ihrer Existenz. Einige Jahrhunderte nach Naevius nahm sich Vergil erneut des Stoffes an. Naevius' Intention war politisch:

- ✔ Naevius schrieb ein Versepos; jeder in der Antike wusste, dass die Versdichtung *wichtig* war und dass der Stoff immer *mythologischer* Natur war und somit *wahr* sein musste. Die Tatsache allein, dass er das Epos schrieb, genügte also, um ihm Bedeutung zu verleihen.

- ✔ Aeneas stammte aus Troja. Jeder Leser von Homers Dichtung weiß, dass die Trojaner durch und durch Griechen waren. Sie teilten mit ihnen dieselbe Sprache und Religion.

Indem er behauptete, dass die Gründung Roms auf einen Trojaner zurückgeht, sagte er gleichzeitig, dass die Römer nichts anderes als Griechen bzw. nahe mit ihnen verwandt seien. Roms Kampf gegen Karthago um die Kontrolle in Sizilien (das ja hauptsächlich von Griechen bevölkert war) war also laut Naevius' Epos insofern gerecht, als die Römer anders als die Karthager ja mit der Bevölkerung der Insel verwandt waren.

Die Dichtung des Naevius lieferte eine mythologische Entschuldigung für den Kampf Roms gegen Karthago. Dido hatte Aeneas verflucht; also war ein Krieg unausweichlich. Sein Versepos lieferte sogar eine doppelte Rechtfertigung: Die von einem Trojaner abstammenden Römer führten ja auch gegen die griechischstämmigen Bewohner der Stadt Syrakus auf Sizilien Krieg. Durch die Kämpfe konnten also die Nachfahren des Aeneas Vergeltung dafür üben, was Jahrhunderte vorher den Bewohnern Trojas durch die Hand der griechischen Eroberer widerfahren war.

Hier schließt sich der Kreis. Ein neuer Mythos, passend darauf zugeschnitten, den Römern das Recht für einen jahrhundertelangen Krieg zu geben.

Kaiser Augustus und Vergils Aeneis

Als Augustus sich im ersten vorchristlichen Jahrhundert in Rom zum Kaiser aufschwang, beendete er damit die Epoche der römischen Republik. Mit ihm begann die Reihe der absoluten Herrscher in Rom, die Kaiserzeit. Darauf bedacht, seinen Ruhm für die Nachwelt zu sichern, beauftragte er um das Jahr 30 v. Chr. den Dichter Vergil damit, ein Epos darüber zu verfassen, wie er persönlich Rom nach einem ein Jahrhundert dauernden Bürgerkrieg gerettet hatte. Vergil nahm sich die *Ilias* und die *Odyssee* zum Vorbild (vgl. Kapitel 7). Dazu kam noch *Der Punische Krieg* des Naevius. Am Ende hatte er seinen perfekten Helden gefunden: Aeneas. Vergil begann die Arbeit an seinem großen Versepos um 29 v. Chr. und schrieb bis zu seinem Tod am 20. September des Jahres 19 v. Chr. daran. In seinem letzten Willen hatte er verfügt, dass das Manuskript verbrannt werden sollte, da es ihm noch nicht vollkommen genug erschien. Augustus aber, dessen Statue Sie in Abbildung 11.2 sehen, erkannte die Qualitäten des Werks und bestimmte dessen Veröffentlichung.

Die *Aeneis* des Vergil erzählte die Geschichte des Aeneas (oder wie er bei den Griechen hieß Aineias). Sie war voller »Prophezeiungen« darüber, wie die Gründung Roms durch Aeneas von Kaiser Augustus vollendet werden würde. Das Gedicht erscheint in gewisser Hinsicht wie eine Propagandaschrift, deren Sinn es ist, den Lesern der Antike Augustus als einen von den Göttern geschickten und an der Erfüllung der schicksalhaften Mission Roms arbeitenden Retter vor Augen zu stellen. Das soll aber natürlich nicht heißen, dieses Versepos erschöpfe sich ganz in dieser Funktion. Jedes Werk der Dichtung besitzt ganz unterschiedliche Ebenen, die es künstlerisch wertvoll und »wahr« erscheinen lassen. Die *Aeneis* ist also Propaganda genauso wie sie mythologische Geschichte und noch einiges mehr ist. Alles zusammen macht sie zu einer außergewöhnlichen Dichtung.

Abbildung 11.2: Nicht nur, dass Vergil ihm ein griechisch anmutendes Epos auf den Leib schneidern musste – Augustus ließ auch eine Plastik von sich anfertigen, die ihn wie den griechischen Gott Apoll zeigte.

Die Pflicht ruft: Aeneas

Warum eignete sich Aeneas so gut für Vergils Zwecke? Wie schon erwähnt, stammte er aus Troja. Nach der Eroberung der Stadt durch die Griechen floh er. All dies wird in Homers *Ilias* beschrieben (siehe Kapitel 7). Andere Erzählungen über ihn berichten, er sei nach Italien gesegelt und hätte sich dort niedergelassen. Seine Mutter war die Göttin Venus. Vor seiner Geburt hatte sie schon prophezeit, dass er einst über die Trojaner (sprich: die Römer) herrschen und ein immerwährendes Reich gründen würde (Rom natürlich, wie sich herausstellen sollte). In der *Ilias* wird er als positiver Held geschildert. Das Wichtigste für die Römer war, dass er den Krieg lebend überstanden hatte.

Flucht aus Troja

Am Ende des Trojanischen Krieges brannten die Griechen die Stadt nieder und töteten alle Männer. Aeneas gelang es zu fliehen. Seinen alten Vater Anchises und seinen Sohn Ascanius trug er aus der Stadt. Außerdem nahm er die Bildnisse seiner Hausgötter, die Laren und die Penaten mit (vgl. Kapitel 10).

Der Grund, warum Anchises zu schwach zum Gehen war, ist, dass er vor langer Zeit eine Nacht mit der Göttin Venus verbracht hatte. Für einen Sterblichen bedeutete dies aber eine dauerhafte Schwächung seiner Kräfte. Jedenfalls wurde so Venus zu Aeneas' Mutter.

Die Pflichterfüllung ist eines der großen Themen in der *Aeneis* Vergils. Das Bild des Helden, der nur seinen Vater und Sohn sowie seine Hausgötter aus Troja heraussträgt, ist bezeichnend für den Helden. Er war pflichtbewusst. Odysseus war schlau und von großem Einfallsreichtum; Achill war tapfer (vgl. Kapitel 7); Aeneas aber tat, was ihm die Pflicht gebot. Ein anderes Thema des Buches ist der Zorn der Göttin Juno, die Aeneas und die Tatsache, dass er eines Tages die Stadt Rom gründen würde, hasste.

Die Reise über das Mittelmeer

Aeneas und seine Gefährten segelten aus ihrer Heimat davon. Sie erlebten unterwegs sehr viele Abenteuer, wodurch die erste Hälfte der *Aeneis* mitunter an Homers *Odyssee* erinnert. Ihr Schiff segelte sogar in Sichtweite der Insel der Zyklopen vorbei, nahe genug, dass sie die einäugigen Kreaturen sehen konnten. Sie waren aber klug genug, nicht anzuhalten.

Aeneas' Vater empfahl ihnen, in Epirus halt zu machen. Dort war Helenus König, der ebenfalls ein Überlebender aus Troja war. Sein Vater war Priamos, der König von Troja. Genau wie seine Schwester Kassandra war auch ihm die Gabe der Hellseherei zuteil geworden. Aeneas und seinen Kameraden machte er eine Prophezeiung. Was genau er sagte, das erfahren Sie in dem Abschnitt *Die Prophezeiung erfüllt sich* weiter unten in diesem Kapitel. Aeneas wäre gerne mit den anderen bei König Helenus geblieben. Da aber die Pflicht rief, segelten sie weiter.

Meine karthagische Königin

Nachdem sie den König verlassen hatten, gerieten sie auf See in einen Sturm. Juno hatte ihn geschickt, damit ihr Schiff zerschmettert würde. Junos Gatte Jupiter aber (mehr zu den beiden in Kapitel 10) gebot ihr Einhalt. Aeneas umzubringen wäre ein Frevel, tue er doch nur das, was er tun müsse. (Sie wissen schon: Rom zu gründen etc.)

Aeneas' Schiff strandete schließlich an der Küste Karthagos im heutigen Tunesien. Dort traf er auf Dido, die Königin der Karthager.

Dido stammte eigentlich aus Phönizien; sie wurde in der Stadt Tyros im heutigen Libanon geboren. Nach der Ermordung ihres Ehemannes musste sie aus dem Land fliehen. Als Aeneas mit seinen Männern in Karthago eintraf, war der Bau der Stadt gerade abgeschlossen worden.

Dido und Aeneas

Dido hieß die Männer willkommen und verliebte sich (wer hätte es gedacht) auch gleich in Aeneas. Ihm erging es ebenso. Eines Tages gingen sie zusammen auf die

Jagd und wurden von einem Sturm überrascht. Sie versteckten sich in einer Höhle und nutzten die Gelegenheit, sich leidenschaftlich zu lieben. Nach diesem Tag lebten beide wie ein verheiratetes Paar zusammen. Aeneas war nun faktisch König über Karthago. Dido hoffte heimlich, dass er sie zur Frau nehmen würde.

Die Götter aber hatten ganz andere Pläne. Die Trödelei des Aeneas müde, sandten sie den Gott Merkur, der ihn daran erinnerte, dass er in Italien das neue Troja gründen solle. Pflichtbewusst beschloss Aeneas, das gastliche Karthago zu verlassen und seine Reise fortzusetzen. Sein Plan sah jedoch nicht vor, Dido mitzunehmen.

Unser »Held« erwies sich in dieser Angelegenheit auch nicht unbedingt als der Mutigste. Er versuchte nämlich, heimlich und ohne Didos Wissen die Stadt zu verlassen. Das klappte aber nicht. Dido erwartete ihn am Hafen, um ihn zur Rede zu stellen.

Didos Fluch: Der Grund für die Feindschaft zwischen Rom und Karthago

Dido war sehr, sehr wütend auf Aeneas, der ihr erklärte, dass die Götter ihm befohlen hätten, sich auf den Weg zu machen. Dido ließ ein großes Feuer anzünden und behauptete, es sei ein magisches Ritual, um Aeneas zum Bleiben zu bewegen. In der Nacht fand sie keine Ruhe. Als sie am nächsten Tag aufstand, berichtete man ihr, dass Aeneas und seine Männer fort seien. Er hatte sich nicht einmal bei ihr verabschiedet.

Rasend vor Wut sprach sie einen Fluch aus, demzufolge ewige Feindschaft zwischen dem Volk der Karthager und den Nachfahren ihres treulosen Geliebten (d.h. den Römern) herrschen solle. Am Ende beging sie mit seinem Schwert Selbstmord.

Genau wie Vergil es »prophezeit« hatte (wobei es ja keine große Kunst ist, Ereignisse, nachdem sie geschehen sind, vorherzusagen), kamen beide Völker tatsächlich niemals in ihrer Geschichte gut miteinander aus. Die Römer verwendeten die Geschichte um Didos Fluch als Rechtfertigung dafür, gegen Karthago während der Herrschaft Hannibals ins Feld zu ziehen (218–201 v. Chr.).

Aeneas landet in Italien

Aeneas ging in Cumae in Italien an Land. Dort traf er auf eine Priesterin des Gottes Apoll, eine Sibylle (vgl. Kapitel 4). Sie nahm ihn mit hinab in die Unterwelt, wo er seinen inzwischen verstorbenen Vater wiedertraf. Sein Vater sagte ihm, dass er ausersehen sei, ein neues, zu großen Taten bestimmtes Volk zu gründen, und zeigte ihm die noch ungeborenen Seelen der zukünftigen Römer.

In der Unterwelt traf er auch die Seele seiner toten Geliebten Dido. Er versuchte, sie ein weiteres Mal zu beschwichtigen, was ihm aber nicht gelang. Sie verließ ihn, um sich der Seele ihres phönizischen Gatten anzuschließen.

Die Prophezeiung erfüllt sich

Erneut begab sich Aeneas auf die Reise. Dieses Mal landete er in dem Königreich Latium in Italien. Gemeinsam mit seinen Männern segelte er den Fluss Tiber hinauf. An einer Stelle machten sie Rast, um eine Mahlzeit einzunehmen. Nachdem sie alle ihre Vorräte verzehrt hatten, war ihr Hunger noch so groß, dass sie auch ihr Fladenbrot aßen, das sie bisher als Teller benutzt hatten.

Es schien sich genau die Prophezeiung des Helenus zu erfüllen, die er vor langer Zeit in Epirus ausgesprochen hatte (vgl. den Abschnitt *Die Reise über das Mittelmeer*). Wie so häufig bei den Prophezeiungen der Seher, so war auch die des Helenus nur schwer zu durchschauen und wurde erst nach dem Eintreten des Vorausgesagten wirklich klar verständlich.

Sollte Aeneas einmal wirklich müde werden, so sprach einst Helenus zu ihm, dann würde er einen Platz an einem Flusslauf finden, an dem er auch ein gewaltiges Schwein vorfinden würde, das gerade seine dreißig Ferkel säugte. Dort könne er rasten. Auch solle er sich keine Sorgen machen, die Teller zu verspeisen, da Apoll alles zum Besten einrichten würde.

Da rasteten sie nun am Flussufer und aßen ihre Fladenbrote auf. Was hatte es aber nur mit dem mächtigen Tier mit den weißen Borsten und seinen dreißig Ferkeln auf sich?

Das große weiße Schwein repräsentierte die Stadt, die Aeneas mit seinen Gefährten gründen sollte. Zwar handelte es sich noch nicht um Rom; Aeneas' Sohn Ascanius aber gründete später einen Ort mit Namen »Alba Longa« (*alba* ist das lateinische Wort für »weiß«, daher die Farbe des Schweins). Ascanius wurde auch der erste König von Alba Longa. Die dreißig Ferkel stellten symbolisch die dreißig Stämme der Italiker dar, die alle »Latiner« waren und sich später im Latinischen Bund zusammenschließen sollten, der dann von Rom bezwungen wurde. Die Stadt Alba Longa war also die »Mutter« aller latinischen Völker.

Eine Braut und ein Krieg

Um seine Mission erfolgreich beenden zu können, musste Aeneas Verbindung zur einheimischen Bevölkerung aufnehmen. Er begab sich also zum dort beheimateten König mit dem Namen Latinus. Der König versprach ihm seine Tochter Lavinia zur Frau, genau wie es ein Orakel ihm einst vorausgesagt hatte.

Der König wollte aber auf Nummer Sicher gehen. Er hatte seine Tochter nämlich schon Turnus, dem Führer eines anderen italischen Stammes, der Rutuler, versprochen. Turnus war wie vorherzusehen in seiner Ehre gekränkt und zog in einen Krieg gegen Latinus und Aeneas. Im Zweikampf tötete Aeneas Turnus.

Wer genau gründete nun Rom?

Überraschend an der *Aeneis* ist die Tatsache, dass Aeneas nie in eine Stadt Rom gelangt oder gar eine Stadt mit diesem Namen gründet. Wegen Didos Fluch ist es Aeneas nicht möglich, eine Stadt zu gründen. Alles was er tut, ist, seine Männer zum Tiber zu bringen.

Aeneas aber gelangt immerhin zu der Stelle, an der einst die Stadt Rom entstehen sollte. Einer seiner Gefährten im Kampf gegen Turnus war ein Mann mit Namen Euander, ein Grieche, der König in der Stadt Pallanteum war. Euander führte Aeneas durch seine Stadt, die auf einem Hügel errichtet worden war, von dem aus man weitere sechs ganz in der Nähe gelegene Hügel sehen konnte.

Diese sieben Hügel sollten natürlich eines Tages zu den Sieben Hügeln Roms werden: Palatin (dort stand Euanders Stadt), Capitol, Viminal, Esquilin, Aventin, Quirinal und Caelius.

Romulus und Remus und die Gründung Roms

Rom ist nach Romulus, einem der legendären Gründer der Stadt benannt. Zusammen mit seinem Zwillingsbruder bildet er das Zwillingsgespann Romulus und Remus.

Unser Onkel mochte uns nicht

Procas war der König von Alba Longa, der von Aeneas' Sohn Ascanius gegründeten Stadt. Er hatte zwei Söhne: Numitor und Amulius. Numitor war der ältere. Amulius aber bestieg den Thron und ließ (sicherheitshalber) noch die Söhne seines Bruders töten. Außerdem zwang er Numitors Tochter Rhea Silvia, eine vestalische Jungfrau zu werden, so dass er sicher sein konnte, dass sein Bruder keine männlichen Nachfahren mehr bekommen würde.

Amulius' Plan schien bombensicher zu sein. Nur hatte er nicht mit den Fährnissen und Unwägbarkeiten der Mythologie gerechnet. Rhea Silvia wurde nämlich vom Gott Mars verführt und bekam ein Zwillingspaar von ihm.

Als ihr Onkel erfuhr, dass sie ein Kind erwartete, ließ er sie gefangen nehmen. Nach der Geburt ihrer Zwillingssöhne ordnete er an, diese am Ufer des Flusses Tiber auszusetzen. Dort würden sie gewiss zu Grunde gehen, so dachte er.

Der Kindsmord war in der Antike und auch später ein relativ häufiges Vorkommnis. Entweder aus schierer Not oder weil ein uneheliches Kind die Mutter stigmatisiert hätte, griffen die Frauen zu diesem Mittel und töteten ihre Kinder oder setzten sie irgendwo aus. Auf diese Weise konnten sie denken, sie hätten das Kind nicht ermordet, da ja immer die Möglichkeit bestand, dass ein Fremder sich des Kindes angenommen hatte und es noch lebte.

Romulus und Remus jedenfalls entgingen dem Tod. Eine Wölfin mit Jungen (oder auch eine Kurtisane, da es im Lateinischen nur ein Wort für beides gibt) fand und nährte sie. Abbildung 11.3 zeigt die berühmte Plastik mit den beiden Brüdern und ihrer Amme.

Abbildung 11.3: Romulus und Remus und die Wölfin

Schließlich fand ein Schäfer mit Namen Faustulus die beiden und adoptierte sie. Sie wuchsen auf und widmeten ihr Leben erst einmal dem Verbrechen.

Als Remus einmal beim Diebstahl von Schafen erwischt wurde, brachte man ihn zu seinem Onkel, König Amulius. Faustulus entschied, dass nun der richtige Moment gekommen sei, Romulus die Geschichte seiner Herkunft zu erzählen. Voller Wut erstürmte dieser daraufhin die Burg des Königs, brachte seinen Onkel um, rettete seinen Bruder und setzte seinen Großvater Numitor auf den Thron von Alba Longa.

Rom reimt sich auf Romulus

Nachdem die Ehre der Familie und die Ordnung der Dinge wiederhergestellt worden waren, dachten die Brüder bei sich, dass es eine gute Idee wäre, an der Stelle, an der die Wölfin beide gerettet hatte, eine neue Stadt zu gründen. Auf die genaue Stelle konnten sich beide aber nicht einigen. Romulus sagte, die Götter hätten ihm eine bestimmte Stelle genannt. Er begann also, ein Gebiet auf dem Palatin-Hügel abzugrenzen, indem er einen Graben (lateinisch *pomerium*) aushob. Remus sprang über den Graben hinweg und zeigte seinem Bruder so seine Missbilligung. (Nach anderen Versionen war es die noch niedrige Stadtmauer, über die er sprang.) Romulus erzürnte dies so sehr, dass er seinen Bruder tötete. Die Stadt, die er gründete, benannte er nach seinem Namen. So entstand Rom.

Der Raub der Sabinerinnen

Nun hatte Romulus also eine Stadt. Was noch fehlte, waren ihre Einwohner. Er machte daher bekannt, dass alle Heimatlosen und Verfolgten in seiner Stadt ein Asyl finden könnten. Bald hatte er eine schöne Sammlung von Dieben, Mördern und anderen Kriminellen zusammen.

Der Anfang war immerhin getan. Mit einer ausschließlich männlichen Bevölkerung war die Stadt aber nicht überlebensfähig. Romulus musste zu einer List greifen: Er sandte eine Botschaft an die Bewohner der umliegenden Gegenden, die Stämme der Sabiner, in der er alle, Männer, Frauen und Kinder, zu einem Fest einlud. Nichts ahnend erschienen die Sabiner auch sehr zahlreich. Auf sein Zeichen hin überfielen seine Männer jedoch die waffenlosen Gäste und entführten deren Töchter.

Die Sabinerinnen verhindern einen Krieg

Angesichts des zwielichtigen Rufes der Männer Roms mag dieses Vorgehen nicht überraschen. Die Sabiner waren darüber empört, aber sie ließen sich Zeit mit der Rache. Nach einigen Monaten stellte der König der Sabiner, Titus Tatius, eine Armee zusammen, mit der er auf Rom zu marschierte. Kurz nach Beginn der Kämpfe kam es zu einer Intervention der Sabinerinnen. Einige von ihnen hatten mittlerweile Römer geheiratet und schon Kinder bekommen, so dass ihnen eine Fortsetzung der Feindseligkeiten sinnlos erschien.

Die Sabiner und Römer schlossen also Frieden. Ihre beiden Völker vereinten sich zu einem. Zunächst herrschten beide Könige gemeinsam. Nach Titus Tatius' Tod wurde Romulus einziger König in Rom und herrschte für die nächsten 33 Jahre.

Die Götter nehmen Romulus zu sich

Nach seinem Tod verschwand Romulus auf seltsame Weise. Er erschien eines Nachts einem Bürger Roms in dessen Träumen. Er erklärte, die Götter hätten ihn zu sich genommen und zu einem der ihren gemacht. Sein neuer Name lautete nun Quirinus. Einer der wichtigsten Götter Mittelitaliens (vielleicht sogar ein Gott der Sabiner) hatte den gleichen Namen. Wie so oft wurden also beide Götter mit der Zeit zu einer einzigen Gottheit verschmolzen.

Die sieben Könige Roms

Bevor die Epoche der römischen Republik begann, hatte Rom sieben sagenumwobene Könige (Romulus eingeschlossen) – sieben König für die Stadt auf sieben Hügeln. Die sieben Könige hießen:

- ✔ Romulus (herrschte von 753 bis 715 v. Chr.)
- ✔ Numa Pompilius (herrschte von 715 bis 673 v. Chr.) gründete Roms wichtigste religiöse Institutionen.
- ✔ Tullus Hostilius (herrschte von 673 bis 642 v. Chr.) verdankt seinen Namen seiner Neigung zum Krieg.
- ✔ Ancus Marcius (herrschte von 642 bis 616 v. Chr.) vergrößerte das Gebiet Roms.
- ✔ Tarquinius Priscus (herrschte von 616 bis 579 v. Chr.) baute viele Tempel und Gebäude in der Stadt, z.B. den Tempel von Jupiter und Minerva auf dem Kapitolshügel.
- ✔ Servius Tullius (herrschte von 579 bis 534 v. Chr.) schuf eine neue Verfassung für die Stadt.
- ✔ Tarquinius Superbus (herrschte von 534 bis 510 v. Chr.) erweiterte das Stadtgebiet, war aber ein schlechter König. Nach der Schändung Lucretias wurde er gestürzt.

Die Römer hatten diesen Königen gegenüber gemischte Gefühle. Auf der einen Seite genossen sie es, ihre frühe Geschichte zu feiern. Auf der anderen Seite war es so, dass während der republikanischen Phase der Titel »König« gleichbedeutend mit der Machtanmaßung eines einzelnen Herrschers war und die Segnungen eines gemeinschaftlich entscheidenden Senates noch fehlten. Vielleicht ist dies ein Grund dafür, dass besonders der letzte König einen derart schlechten Ruf genoss. Im Grunde war man über die Einrichtung der Republik froh.

Die Geschichte von Lucretia und Roms letztem König

Der letzte König Roms, der tyrannische Tarquinius, verliebte sich in eine Frau mit Namen Lucretia. Sie war mit einem anderen Mann verheiratet und wegen ihrer Tugendhaftigkeit hoch gerühmt.

Tarquinius besuchte sie eines Tages, als ihr Mann gerade nicht da war. Sie hieß ihn willkommen und bewirtete ihn, wie es sich gehörte. Schließlich packte er sie und zwang sie, sich ihm hinzugeben. Weigerte sie sich, so drohte er, würde er sie und einen ihrer Sklaven umbringen und es wie Ehebruch aussehen lassen.

Lucretia ließ es also geschehen. Als der König weg war, rief sie ihren Mann und ihren Vater zu sich und berichtete, was geschehen war. Sie versicherten ihr, dass sie nichts Böses getan habe, konnten aber nicht verhindern, dass sie sich selbst umbrachte. (Dies war wohl als Lehre und »Vorbild« für die römischen Frauen gedacht.)

Ihre Verwandten griffen zu den Schwertern und verfolgten den König, der in eine benachbarte Stadt floh. Dann entschieden sie, dass sie keine weiteren Könige mehr wollten, und riefen eine Republik aus. Lucretias Ehemann wurde zu einem der ersten Konsuln ernannt. Die Schändung Lucretias wurde Teil des römischen Gründungsmythos.

Verwand'le dich (nicht): Ovids Metamorphosen

12

In diesem Kapitel

- Die Verwandlung von Menschen in Spinnen und andere Gestalten
- Pygmalion und Galatea
- Wohlklingende Musik bei Orpheus und Eurydike
- Pyramus und Thisbe (und ein Löwe!)
- Alt werden mit Philemon und Baucis
- Die Verschmelzung von Liebe und Seele bei Amor und Psyche

In der römischen Mythologie gibt es sehr viele wunderbare Geschichten über die romantische Liebe zwischen Göttern, Sterblichen sowie zwischen Göttern und Sterblichen. Die Römer besaßen ein echtes Talent dafür, Geschichten zu erzählen. Ihre Erzählungen über vergebliche Liebe, falsche Identitäten und magische Veränderungen sind oft so gelungen, dass sie heute berühmter als ihre griechischen Vorbilder sind.

Der römische Dichter Ovid (43 v. Chr. bis 17 n. Chr.) konnte mit seinem Werk *Metamorphosen* einen großen Erfolg verbuchen. Das Buch enthält eine Reihe von Erzählungen, in denen Menschen ihre Gestalt verändern. Ovid entnahm viele seiner Motive der griechischen Mythologie, so z.B. die Geschichte vom Raub der Persephone durch Hades oder auch Themen und Ereignisse aus dem Trojanischen Krieg. Auch der Held Odysseus (bzw. Ulysses, wie er bei den Römern hieß) war als Vorlage sehr willkommen. Nicht alle Vorlagen und Anregungen zu seinem Buch waren griechischen Ursprungs. Am Ende aber hatte Ovid die griechischen Mythen und Geschichten in etwas authentisch Römisches verwandelt.

Die Metamorphosen beginnen mit der Erschaffung der Welt (als das Chaos der Ordnung weichen musste), gehen über zu Jupiter, der eine Sintflut über die Erde hereinbrechen lässt, die alle Menschen bis auf das tugendhafte Ehepaar Deukalion und Pyrrha tötet. Es folgt eine Reihe von Kapiteln, die sich den Abenteuern der Götter widmen, besonders ihren Liebesgeschichten. Daran anschließend folgen die Taten der Helden des Trojanischen Krieges. Am Schluss aber, und vielleicht ist dies der gelungenste Teil des Buches, wird erzählt, wie Julius Caesar sich nach seinem Tod in einen Stern verwandelt.

Ovid war nicht der einzige römische Dichter, der Mythen in unterhaltsame Literatur verwandeln konnte. Die Geschichte von Amor und Psyche stammt ursprünglich von Apuleius, einem Dichter aus dem zweiten Jahrhundert nach Christus. Er erzählt sie in seinem ebenfalls *Metamorphosen* betitelten Buch. Auch die Gedichte und Epen Vergils, insbesondere sein großes Werk *Aeneis*, sind sozusagen bis zum Rand mit Mythen voll gestopft, wobei ihn natürlich die griechischen Vorbilder maßgeblich beeinflusst haben. Trotz seiner Vorbilder sind aber auch bei ihm die Mythen in originär römische Geschichten verwandelt worden.

Überraschende Verwandlungen und heldenhafte Jäger

Ovids Buch heißt deswegen *Metamorphosen*, weil es Geschichten voller magischer Verwandlungen enthält. Arachne etwa, von der im nächsten Abschnitt die Rede sein wird, verwandelt sich in eine Spinne. Nicht in allen Geschichten des Buches steht die Verwandlung selbst im Mittelpunkt, sondern sie ist nur ein Motiv unter anderen. In der Geschichte von der Jagd auf den Kalydonischen Eber fügt Ovid erst ganz am Ende sozusagen pro forma eine Verwandlungsszene ein.

Arachne und Minerva

Arachne war eine weit und breit für ihre Webkunst berühmte junge Frau. Sie beherrschte ihre Kunst so ausgezeichnet, dass die Menschen dachten, die Göttin Minerva selbst (die für ihre Webkunst bewundert wurde) müsse sie das Weben gelehrt haben. Arachne aber bestand darauf, dass nur sie selbst für ihr Können verantwortlich sei. Sie forderte am Ende sogar die Göttin Minerva heraus, um allen zu beweisen, dass niemand sie übertreffen könne. Ihr Hochmut ging so weit, dass sie ankündigte, die Siegerin könne mit ihr machen, was immer sie wolle, falls sie denn den Wettkampf gegen sie gewönne.

Die Göttin hörte von all dem und beschloss, die Herausforderung anzunehmen. Alle anderen Frauen waren furchtbar verängstigt; Arachne aber bestand darauf, dass alles so geschehen sollte, wie sie es angekündigt hatte. So setzten sich also beide hin und webten. Minerva wob einen Teppich, auf dem sie die großen Taten der Götter bildlich darstellte und außerdem die Sterblichen porträtierte, die töricht genug waren, die Götter herausgefordert zu haben. Arachne dagegen nahm auf ihrem Teppich alle Schwächen der Götter aufs Korn, besonders Jupiters Seitensprünge mit sterblichen Frauen. Ihr Teppich war ausgesprochen gelungen, so gut, dass niemand auch nur einen Makel entdecken konnte. Minerva bebte vor Zorn; sie schlug Arachne mit einem Weberschiffchen und zerstörte Arachnes Teppich. Arachne fühlte sich tief gedemütigt und wollte sich erhängen.

Die rachsüchtige Göttin Minerva aber hatte Erbarmen und sagte, Arachne müsse sich nicht umbringen, sondern dürfe weiterleben, allerdings müsse sie den Rest ihres Lebens in luftiger Höhe verbringen. Mit Hilfe von magischen Kräutern verwandelte sie Arachne in eine Spinne. Daher rührt unser Wort Arachnefaden für Spinnweben.

Hermaphroditos

Venus und Merkur hatten einen Sohn, den sie Hermaphroditos tauften (im griechischen Original entstand der Name aus der Verbindung der Namen seiner Eltern »Hermes« und »Aphrodite«). Als er fünfzehn Jahre alt war, verliebte sich eine schöne Quellnymphe namens Salmakis in ihn. Hermaphroditos wollte aber nichts mit ihr zu tun haben. Sie ließ ihn also für einige Zeit alleine an dem Teich, in dem sie lebte. Sie ging aber nicht ganz fort, sondern versteckte sich im Laubwerk, um ihn heimlich zu beobachten. Der Knabe näherte sich dem Wasser und beschloss, ein erfrischendes Bad zu nehmen. Er zog sich aus (was Salmakis natürlich sehr erfreute) und watete ins Wasser.

Nun kam Salmakis hervor aus ihrem Versteck, sprang ebenfalls ins Wasser und schlang ihre Glieder um seinen Körper. Er aber schüttelte sie ab. All ihre Werbungsversuche schlugen fehl. So flehte sie schließlich die Götter um Hilfe an und bat, sie auf ewig mit ihm vereinen. Die Götter erfüllten ihre Bitte und verschmolzen beide zu einem einzigen Zwitterwesen, das sowohl weiblich als auch männlich war. So entstand der erste Hermaphrodit.

Hermaphroditos sah, was mit ihm geschehen war, und bat daraufhin seine Eltern um einen Gefallen. Jeder Mann, der in den Teich hineinstieg, sollte das gleiche Schicksal erfahren wie er. Voller Mitleid erfüllten Venus und Merkur ihm den Wunsch. Ovid zufolge verlor von da an jeder Mann, der in dem Teich badete, einen Teil seiner Männlichkeit und wurde zur Hälfte weiblich.

Die Jagd auf den Kalydonischen Eber

Eines Tages vergaß König Oineus von Kalydon bei seinen jährlichen Opfergaben auch der Göttin Diana die ihr gebührende Ehre zu erweisen. Gekränkt wie sie war, rächte sie sich, indem sie einen furchtbaren, riesengroßen wilden Eber im Land des Königs frei ließ, der von da an die Menschen in Angst und Schrecken versetzte. Der Eber hatte die Größe eines Stieres; seine Stoßzähne glichen denen eines Elefanten und sein Atem war reines Feuer. Er trampelte die Ernte nieder, zerstörte die Reben und tötete ganze Schafherden – kurz er war ungeheuer lästig.

Die Helden eilen zur Hilfe

Ein Mann namens Meleager beschloss, dem Spuk ein Ende zu bereiten. Er versammelte eine Reihe anderer Helden um sich (über deren heldenhafte Taten Sie schon in Kapitel 6 etwas erfahren konnten). Unter den Helden befanden sich: Jason, Theseus, Peirithoos, Peleus (der Vater des Achill), Nestor (der in der *Ilias* als alter Mann auftritt), das Dioskurenpaar Kastor und Pollux sowie die Kriegerin Atalanta. Meleager hatte sich in Atalanta verliebt.

Zwei Punkte für Atalanta

Die Krieger verfolgten den Eber bis zu einem Wald. Es gelang ihnen aber nicht, ihn mit ihren Speeren tödlich zu verletzen. Einer der Angreifer wurde von ihm sogar getötet. Atalanta traf den Eber schließlich mit einem ihrer Pfeile, als dieser gerade fliehen wollte. Die anderen Helden waren deswegen ein wenig beschämt. Der Held Ankaios verfolgte das verwundete Tier und wollte es mit seiner Axt erlegen; dabei wurde aber sein Bauch von den Hauern des Ebers aufgerissen, so dass seine Innereien zu Boden fielen. Theseus und Jason warfen mit ihren Speeren nach dem Eber, konnten ihn aber auch nicht treffen. Dann versuchte sich Meleager. Der erste Speer verfehlte noch sein Ziel; der zweite aber durchbohrte den Nacken des Ebers. Alle stürmten auf das Tier los und erlegten es schließlich mit ihren Schwertern.

Meleager überreichte Atalanta den Kopf des Ebers, seine Hauer und das Fell. Zwei der Männer aber wurden ungehalten und nahmen ihr die Trophäen wieder fort. Was, so fragten sie, habe sie denn schon geleistet, dass sie eine solche Ehre verdiene. Dies erzürnte nun wiederum Meleager, der die Männer auch prompt mit seinem Schwert niederstreckte.

Nichts für Meleager

Wie das Schicksal so spielt, handelte es sich bei den beiden um seine Onkel, die Brüder seiner Mutter. Als Meleager gerade geboren worden war, erfuhr seine Mutter, dass ihr Sohn in dem Augenblick stürbe, in dem ein bestimmtes Holzscheit im Feuer ganz verbrannt sein würde. Sie kam gerade noch rechtzeitig, um dieses Scheit aus dem Feuer zu ziehen, und verwahrte es danach an einem sicheren Ort auf. Nach den Morden an ihren Brüdern war sie sich aber nicht mehr so sicher, dass sie ihren Sohn jetzt weiter leben lassen wollte. Sie rang für eine Weile mit ihren Gefühlen. Am Schluss hatte die Liebe zu ihren Brüdern mehr Gewicht für sie als die Liebe zu ihrem Sohn. Sie warf das Scheit ins Feuer und kaum war es von den Flammen aufgezehrt, da starb Meleager. Nachdem sie ihn getötet hatte, nahm sie ein Schwert und beendete auch ihr Leben. Meleagers Schwestern vergossen bittere Tränen an seinem Grab. Diana entschloss sich, dass es nun der Rache genug sei. Sie verwandelte die Schwestern in Vögel und beendete alle Qualen.

Die Liebenden bei Ovid

Ovid liebte die romantische (oder wie immer man sie damals nannte) Liebe. Vor seinen *Metamorphosen* hatte er ein Buch mit dem Titel *Die Kunst der Liebe* verfasst, eine Art Handbuch bestimmt zum Gebrauch unter den Angehörigen der höheren Stände im alten Rom. Es ist also alles andere als überraschend, dass die *Metamorphosen* eine große Bandbreite von Liebesgeschichten enthalten.

Pygmalion und Galatea

Der Bildhauer Pygmalion hasste Frauen. Er wollte rein gar nichts mit ihnen zu tun haben. Nun ja, fast nichts. Sie anzuschauen bereitete ihm durchaus Freude, so dass er beschloss, die Plastik einer vollkommen schönen Frau zu erschaffen. Er arbeitete mit solcher Besessenheit an ihr, dass sie am Ende schöner war als alle lebenden Frauen auf Erden. Die Statue war so gelungen, dass sie fast wie eine lebendige Frau anmutete.

Die Statue wurde mit der Zeit zum Mittelpunkt von Pygmalions Dasein. Er liebkoste sie, zog ihr schöne Kleider an, ja brachte ihr sogar kleine Geschenke mit, ganz so, als hätte er eine Frau aus Fleisch und Blut vor sich. Er nahm sie mit sich ins Bett, breitete eine Decke über ihr aus, so als könnte die Kühle der Nacht sie frösteln machen, und kam schließlich zu der Auffassung, dass er eine lebendige Gefährtin in seinem Leben brauchte.

Die Göttin Venus erfuhr von diesen recht merkwürdigen Begebenheiten und war doch beeindruckt davon, dass ein Sterblicher sich eine solch neue und ungewöhnliche Form der Liebe hatte ausdenken können. Am Tage des Venusfestes begab sich Pygmalion zu ihrem Tempel und erbat sich Hilfe von der Göttin bei der Suche nach einer Frau, die seiner Statue aufs Haar gleichen sollte. Die Flammen auf ihrem Altar loderten empor, als er sein Gebet sprach, was gemeinhin als gutes Omen gewertet wurde. Schließlich begab Pygmalion sich nach Hause.

Seine geliebte Statue stand unverändert, war nur noch begehrenswerter als zuvor. Wie er es sich zur Gewohnheit gemacht hatte, schlang er zur Begrüßung seine Arme leidenschaftlich um sie und küsste ihre Lippen. Da passierte es – die Statue bewegte sich und erwiderte seinen Kuss. Es durchfuhr ihn. Der zuvor kalte Stein wurde warm und gab unter seiner Berührung nach. Er schaute in die Augen der Statue und siehe da – sie lächelte ihn an. In Abbildung 12.1 ist dieser Moment von einem Maler festgehalten worden.

Abbildung 12.1: Pygmalions Statue erwacht zum Leben.

Bald danach heiratete Pygmalion seine lebendig gewordene Statue. Sie hatten einen Sohn zusammen, den sie Paphos tauften. Später nahm eine von Venus besonders geschätzte Stadt den Namen dieses Sohnes an.

Wir haben diese Geschichte »Pygmalion und Galatea« genannt. Ovid aber gibt Pygmalions Frau gar keinen Namen. Der Name Galatea scheint in der Renaissance zum Mythos hinzugedichtet worden zu sein. Mittlerweile hat er sich aber eingebürgert. Liest man heutzutage eine Übersetzung von Ovids Werk, so wird man sicher an irgendeiner Stelle des textkritischen Apparates auf diesen Namen aufmerksam gemacht, selbst wenn der Name an sich gar nicht im Text der Dichtung erscheint. In der griechischen Mythologie findet sich noch eine andere Galatea, eine Meernymphe, in die sich ein Zyklop verliebt. Diese Galatea hat aber nichts mit der hier erwähnten Galatea zu tun.

Die berühmte, von George Bernard Shaw stammende Bühnenadaption des Stoffes nimmt einige Änderungen an der Geschichte vor. So wird Galatea hier zu einem ordinären Mädchen von der Straße, dessen sich ein Mann der feinen britischen Gesellschaft des 19. Jahrhunderts annimmt, um sie in eine Dame zu verwandeln. Dieses Stück war die Grundlage für das berühmte, äußerst gelungene Musical *My Fair Lady*.

Orpheus und Eurydike

Orpheus war der Sohn einer der Musen. Er war der größte Musiker, der jemals gelebt hat. Hob er zu Spielen an, so hielten alle Dinge – ob belebt oder unbelebt – inne, um ihm zu lauschen. Eine ihn darstellende Plastik finden Sie in Abbildung 12.2.

Abbildung 12.2: Orpheus

Orpheus heiratete eine Frau mit Namen Eurydike. Kurz nach ihrer Hochzeit wurde die Braut von einer Schlange gebissen und starb. Eurydike gelangte direkt in die Unterwelt. Orpheus aber wollte sie nicht einfach so gehen lassen. Er entschloss sich, hinabzusteigen und seine geliebte Eurydike wieder heraufzuholen.

Die Kraft der Musik half ihm dabei. Der die Unterwelt bewachende dreiköpfige Hund Kerberos schlief friedlich ein, als Orpheus seine Musik erklingen ließ. Sisyphus hörte auf, seinen Stein den Berg hinaufzurollen, Tantalos vergaß für einen Moment seinen unmäßigen Durst und selbst die Furien vergossen bei der Schönheit seiner Musik Tränen.

Einige der Figuren in Ovids Werk wurden mit der Zeit Teil des Wortschatzes unserer Sprache. Sisyphus und Tantalos (bzw. Tantalus) mussten beide nach ihrem Tod ewige Qualen ertragen. Sisyphus war dazu verurteilt, auf ewig den immer gleichen Stein einen Berg hinauf zu rollen. Kurz vor seinem Ziel, der Spitze des Berges, geschah es aber immer wieder aufs Neue,

> dass ihm der Stein entglitt und er wieder den Berg hinabrollte. Diese Art von vergeblicher Anstrengung, die nie ans Ziel führt und keine Früchte trägt, ist die sprichwörtliche *Sisyphusarbeit*. Tantalos servierte den Göttern seinen Sohn als Speise. Er wurde dazu verurteilt, in der Unterwelt auf ewig an quälendem Hunger und Durst zu leiden und dabei von Speisen und köstlichem Wasser umgeben zu sein, ohne sie essen oder trinken zu können. Auch sein Name wurde sprichwörtlich. So sprechen wir noch heute von den *Tantalusqualen*, die ein Mensch erleiden kann. Midas wiederum bat den Weingott Bacchus um die Erfüllung des folgenden Wunsches: Alles, was er anfasse, solle sich augenblicklich in Gold verwandeln. Natürlich wurde der arme Midas mit seiner neuen Gabe keinen Deut glücklicher.

Nicht einmal Hades, der König der Toten, konnte der Süße von Orpheus' Musik widerstehen. Er versprach ihm, dass er Eurydike wiederhaben könne, aber unter einer Bedingung: Sie müsse die ganze Zeit hinter ihm gehen; erst oben bei den Lebenden dürften sie sich wieder ansehen. Orpheus dürfe sich auf keinen Fall umdrehen, so lange sie die Unterwelt noch nicht verlassen hätten.

Orpheus ging also voraus, Eurydike hinter ihm. Er konnte ihre Schritte hören, widerstand aber der Versuchung, seiner Geliebten ins Antlitz zu schauen. Bis, ja bis er kurz vor dem Ausgang aus der Unterwelt – er konnte das Tageslicht schon sehen – dem Drang nicht mehr widerstehen konnte und sich umdrehte. Da sie aber die Unterwelt noch nicht ganz verlassen hatte, verschwand sie gerade in dem Moment, als Orpheus die Hand nach ihr ausstreckte. Alles, was er noch hörte, war ihre Stimme, die ihm ein »Lebewohl« nachschickte.

Darauf wanderte Orpheus allein in der Welt umher, spielte seine Musik sich selbst und den Tieren in der Natur vor. Eines Tages traf er auf eine Gruppe vom Wein berauschter Mainaden, also wilden weiblichen Gestalten, die als Begleiterinnen des Dionysos bekannt waren (vgl. Kapitel 4). In ihrer Verzückung rissen sie den Unglücklichen kurzerhand in Stücke. Seine Gliedmaßen verstreuten sie; sein Kopf aber trieb singend einen Fluss hinunter bis ans Meer. Auf der Insel Lesbos trieb er schließlich an Land. Orpheus gelangte nach seinem Tod ein zweites Mal in die Unterwelt, wo er sich mit seiner Eurydike wieder vereinen konnte.

Pyramus und Thisbe

Pyramus war der bestaussehende Jüngling weit und breit; das Mädchen Thisbe stand ihm in dieser Hinsicht nicht nach. Sie lebten Tür an Tür; nur eine Wand trennte die beiden. Beide waren furchtbar ineinander verliebt, nur wollten ihre Eltern von einer Heirat partout nichts wissen.

Die Liebenden wussten sich nicht zu helfen, da sie nicht zueinander kommen konnten. Sie fanden jedoch einen Spalt in der sie trennenden Wand in ihrem Haus. Jede Nacht nutzten die beiden diesen Spalt, um sich Liebesbotschaften zuzuflüstern. Bevor sie zu Bett gingen, küssten sie die Wand, die sie trennte.

Eines Tages beschlossen sie, sich heimlich außerhalb des Hauses zu treffen. Ihr Treffpunkt war ein Maulbeerbaum am Grabmal des Ninos. Dort wollten sie nach Sonnenuntergang zusammen kommen. Thisbe gelangte als Erste an den geheimen Treffpunkt. Sie wartete und wartete – Pyramus aber kam nicht. Plötzlich bemerkte sie einen Löwen, der gekommen war, um an einer Quelle in der Nähe zu trinken. Sie rannte fort und versteckte sich. Dabei verlor sie ihren Umhang.

Der Löwe hatte gerade ein Tier getötet; sein Maul war noch ganz blutig. Er stürzte auf den Umhang zu, packte ihn mit seinem Maul und schüttelte ihn hin und her. Dann trottete er von dannen. Gerade in dem Moment tauchte Pyramus aus dem Dunkel auf. Er bemerkte den zerrissenen und blutigen Unhang seiner geliebten Thisbe und gelangte zu dem Schluss, dass der Löwe sie getötet und verspeist haben musste. Verzweifelt und außer sich griff er sein Schwert und tötete sich selbst.

Nach kurzer Zeit kam Thisbe aus ihrem Versteck zurück. Sie fand Pyramus tödlich verletzt und sterbend vor. Sie nahm ihn in ihre Arme und sagte ihm Lebewohl. Darauf öffnete er seine Augen, sah ihr noch einmal in die Augen und tat dann seinen letzten Atemzug. Thisbe sah sein Schwert neben ihm liegen, ergriff es und erstach sich ebenfalls. Im Tod vereint, lagen beide Seite an Seite.

Der Widerstand ihrer Eltern legte sich nach ihrem Tod. Sie beschlossen, die Asche ihrer tragisch gestorbenen Kinder in einer gemeinsamen Urne zu bestatten. Die blutroten Beeren des Maulbeerbaumes, deren Farbe von Weiß nach Rot gewechselt war, nachdem Pyramus' Blut von den Wurzeln des Baumes aufgenommen worden war, sollten von da an zum Ausdruck ihrer ewigen Liebe werden.

Die Erzählung von Pyramus und Thisbe muss eine von William Shakespeares Lieblingsgeschichten gewesen sein. Nicht nur erinnert viel von der Handlung seines Stückes *Romeo und Julia* an diese Geschichte – in einem anderen Stück von ihm mit dem Titel *Ein Mittsommernachtstraum* führt eine Gruppe von ungebildeten Handwerkern anlässlich einer königlichen Hochzeit eine sehr lustige Parodie auf den Mythos von Pyramus und Thisbe auf.

Philemon und Baucis

Eines Tages beschlossen die Götter Jupiter und Merkur, die Gastfreundschaft der Menschen auf der Erde zu testen. Dazu verkleideten sie sich als arme Reisende und klopften an die Türen der in Phrygien (im heutigen Kleinasien) lebenden Menschen.

Sie baten um eine Mahlzeit und Obdach. Niemand aber wollte sie aufnehmen oder auch nur bewirten. Die meisten schlugen ihnen einfach die Tür vor der Nase zu.

Gerade rechtzeitig zum Essen

Ganz zum Schluss ihrer Reise kamen sie an ein Haus, das diesen Namen eigentlich gar nicht verdiente. Sie klopften an die Tür und baten die Bewohner des Hauses um Speis und Trank. Dieses Mal wurden sie auch wirklich hereingebeten. Die Hausbewohner waren ein altes Ehepaar mit Namen Philemon und Baucis (auch Baukis geschrieben).

Philemon schob eine Bank in die Nähe des Feuers und lud seine Gäste ein, Platz zu nehmen. Baucis bereitete derweil eine eher kärgliche Mahlzeit zu. Als sie fertig war, bat sie die Götter, am Tisch Platz zu nehmen, und bewirtete sie mit gekochtem Kohl und Wein. Das alte Ehepaar war entzückt über seine Gäste und plauderte während des Essens lebhaft mit ihnen.

Da bemerkten sie etwas Seltsames: Obwohl ihre Gäste große Mengen gegessen und getrunken hatten, wollten der Kohl und der Wein nicht weniger werden. Philemon und Baucis erkannten, dass ihre Gäste nur Götter sein konnten. Sie entschuldigten sich für das allzu frugale Mahl und erklärten, dass sie sich gleich daran machen würden, ihre Gans zu Ehren ihrer Gäste zu schlachten und zu kochen.

Die Gans aber wollte sich nicht fangen lassen. Sehr zur Unterhaltung der Götter mühte sich das alte Ehepaar eine Weile ab. Schließlich gaben sie erschöpft auf.

Das alte Ehepaar wird für seine Gastfreundschaft belohnt

Nun war für Jupiter und Merkur die Zeit gekommen, ihre Gastgeber zu belohnen. Sie ließen sie wissen, dass sie Götter seien und dass alle außer ihnen beiden sterben würden. Philemon und Baucis schauten daraufhin um sich und sahen, dass alles Land ringsum plötzlich unter Wasser stand. Ihre kleine Hütte aber hatte sich in einen marmornen Tempel mit einem goldenen Dach verwandelt.

Jupiter versprach ihnen, er würde ihnen jeden Wunsch erfüllen, was es auch sei. Das alte Ehepaar überlegte eine Weile. Worum sie die Götter schließlich baten, war wie ihr ganzes Leben ein Zeugnis ihrer Bescheidenheit. Sie ersuchten sie lediglich darum, die Priester des neuen Tempels zu Ehren Jupiters werden zu dürfen. Außerdem wollten sie beide gleichzeitig sterben dürfen. Sie hatten so viele Jahre gemeinsam verbracht, dass der Gedanke, auch nur einen Tag ohne den anderen auskommen zu müssen, sie erschreckte.

Philemon und Baucis lebten noch viele weitere Jahre in dem Tempel. Eines Tages saßen sie zusammen und unterhielten sich über die glückliche Zeit in ihrer kleinen

Hütte. Während sie noch sprachen, da wuchsen ihnen plötzlich Blätter aus dem Körper und ihre Haut wurde zu Baumrinde. Sie hatten gerade noch Zeit, sich voneinander zu verabschieden, bevor sie sich schließlich ganz in Bäume verwandelt hatten – eine Eiche und ein Lindenbaum, die aus einem einzigen Stamm wuchsen.

Amor und Psyche

Diese Geschichte stammt ursprünglich von dem römischen Dichter Apuleius. Sie ist einer der bekanntesten römischen Mythen und schildert, wie die Liebe und die Seele vereint wurden.

Die schöne Psyche und die geflügelte Schlange

Psyche, deren Name übersetzt »Seele« bedeutet, war die schönste von drei Königstöchtern. Sie war so schön, dass die Menschen begannen, sie mit der Göttin Venus zu vergleichen, und ihr sogar die Ehre erwiesen, die die Göttin für sich alleine beanspruchte. Venus geriet über all dies in Wut.

Venus rief ihren Sohn Amor herbei und bat ihn darum, einen seiner Pfeile auf Psyche abzuschießen, damit sie sich in irgendein Scheusal von einem Sterblichen verliebte. Amor versprach zu tun, was sie verlangte. Psyches Anblick aber lenkte ihn so sehr ab, dass er, statt sie zu treffen, sich versehentlich selbst mit einem seiner Pfeile durchbohrte. Nun war er es, der sich unsterblich in sein Opfer verliebt hatte.

Venus erfuhr zunächst nichts von diesem Missgeschick. Sie ging weiter davon aus, dass Psyche alsbald einem scheußlichen Rohling in die Hände fallen müsste. Dies geschah aber nicht. Überhaupt nichts geschah. Auch Psyches Eltern waren schon ganz verzweifelt, da sich einfach kein Heiratskandidat einstellen wollte. Ihr Vater machte sich auf, um das Orakel von Delphi zu befragen, woran es lag. Amor hatte derweil Apoll seine Liebe zu Psyche gebeichtet. Apoll wollte ihm helfen. Das Orakel gab also Psyches Vater einige Anweisungen mit auf den Weg. Psyche solle sich Trauerkleidung anlegen und alleine einen felsigen Hügel hinaufsteigen. Sie solle dort warten, bis ihr zukünftiger Ehegatte dort erscheinen würde (das war die gute Nachricht). Ihr Ehemann aber würde eine geflügelte Schlange sein (dies war die schlechte Nachricht; wer will schon einen Drachen zum Ehemann?).

Psyches Familie erschreckte dies sehr. Sie fürchtete, die Schlange würde ihre Tochter töten. Psyche aber sagte, sie stürbe lieber, als ihr ganzes Leben lang alleine und still vor sich hin leidend zu verbringen, nur weil Venus neidisch auf ihre Vorzüge sei. So zog sie also die Trauergewänder über, verabschiedete sich von ihrer Familie und wartete auf der Kuppe des Hügels auf ihr Ende.

Psyches Reise ins Wunderland

Da saß sie nun auf der felsigen Anhöhe, als plötzlich Wind anhob, sie erfasste, durch die Lüfte davontrug und auf einer grünen Wiese wieder absetzte. Dort überfiel Psyche eine große Müdigkeit und sie schlief ein. Als sie die Augen wieder aufschlug, sah sie ein prächtiges Haus vor sich, das eines Gottes würdig gewesen wäre. Es schien leer zu stehen.

Psyche betrat das Gebäude und hörte sogleich Stimmen, die zu ihr sprachen. Sie sagten, dies sei ihr Haus und sie ihre Diener. Auch wenn sie sie nicht sehen könne – sie seien immer zugegen und ihr stets zu Diensten. Sie verbrachte den Tag alleine und ging am Abend in Erwartung ihres Ehemannes zu Bett. Ihre Furcht aber war nicht mehr ganz so stark, wie sie es noch am Tage zuvor gewesen war.

Nachdem sie in ihr Bett gestiegen war und das Licht gelöscht hatte, da beschlich sie ein Gefühl, als wäre noch jemand mit ihr im Bett. Sie konnte zwar nicht sehen, wer oder was es war – wie ein scheußliches Ungeheuer aber fühlte es sich nicht an. Die beiden Bettgenossen liebten sich die ganze Nacht.

Zu sehen bekam Psyche ihren Liebhaber aber nie. Den Tag verbrachte sie alleine in dem großen Haus; nachts vereinte sie sich mit ihrem unsichtbaren Ehegatten. Sie fragte sich, wer er sei und wie er wohl aussehe.

Ärger im Paradies

Eines Nachts erzählte er ihr, dass ihre Schwestern den Hügel hinaufsteigen würden, um an ihrem Grab, dort, wo sie verschwunden war, Blumen abzulegen. Er bat sie, bei ihm zu bleiben. Sie aber bettelte und flehte ihn an, sie gehen zu lassen, weil sie ihre Schwestern unbedingt wieder sehen wollte. Er gab schließlich nach warnte sie aber, sich ja nicht überreden zu lassen, herauszufinden, wer er sei. Dies würde das Ende ihres Glückes bedeuten.

Am nächsten Tag ging sie zu ihren Schwestern und lud sie ein, gemeinsam ihr neues Zuhause anzuschauen. Sie waren beeindruckt von der Pracht des Gebäudes und wollten natürlich unbedingt wissen, wer denn ihr Mann sei. Psyche erwiderte einsilbig, dass er jung sei und sich gerade auf der Jagd befinde. Zum Abschied gab sie ihren Schwestern Geschenke.

In der folgenden Nacht teilte ihr unsichtbarer Ehemann Psyche mit, dass sie ihre Schwestern von nun an nicht mehr sehen könne. Sie weigerte sich jedoch, dies zu akzeptieren und beschwerte sich bei ihm darüber, dass es ungerecht sei, so etwas von ihr zu verlangen, müsste sie ihr Leben doch schon mit einem unsichtbaren Geliebten teilen. Wieder gab er nach. Am nächsten Tag erschienen die Schwestern erneut zu Besuch.

Dieses Mal bedrängten die Schwestern Psyche ein wenig stärker. Sie erklärten, ihre knappen Erläuterungen hätten sehr zu wünschen übrig gelassen, und sie äußerten den Verdacht, dass Psyche ihren Mann vielleicht noch gar nicht gesehen habe. Sie sagten, sie hätten von Apolls Orakel gehört, ihr Gatte sei in Wirklichkeit ein Drache, der sich nur vorübergehend verstellen würde. Er könne sich jederzeit gegen sie wenden und sie einfach verspeisen.

Psyche bekam Angst. Zweifel stellten sich ein und begannen an ihr zu nagen. Was, wenn die Schwestern recht hatten? Sie befolgte den Rat, den sie ihr gegeben hatten, nahm eine Lampe und ein Messer und verbarg beides neben ihrem Bett. In derselben Nacht noch, kaum dass ihr Gatte neben ihr eingeschlafen war, nahm sie das Messer in die Hand und entzündete die Lampe.

Im Bett aber lag kein scheußliches Ungeheuer, sondern der schönste und anmutigste Jüngling, den sie jemals erblickt hatte. Ihre Hand fing an zu zittern und etwas von dem heißen Öl der Lampe tropfte auf seine Schulter. Er erwachte, schaute ihr ins Antlitz und verschwand noch in derselben Sekunde. Psyche rannte ihm ins Dunkel der Nacht hinterher. Sie konnte ihn aber nicht sehen; nur seine Stimme war vernehmbar. Er sagte, sein Name sei Amor. Ihr mangelndes Vertrauen habe alles zerstört.

Amor ging nach Hause zu seiner Mutter, um seine Wunde behandeln zu lassen. Als Venus erfuhr, wie sie zustande gekommen war, machte sie sich gleich auf, um sich an Psyche zu rächen.

Venus rächt sich an Psyche

Überall suchte Psyche nach ihrem verschwundenen Mann. Schließlich suchte sie Venus selbst auf. Voller Verachtung trug Venus ihr verschiedene erniedrigende Aufgaben auf. Sie schüttete einen Eimer mit winzigen Getreidekörnern auf dem Boden aus und befahl ihr, sie solle sie bis zum Abend fein säuberlich wieder von Boden aufklauben und sortieren. Kleine Ameisen kamen herbeigeeilt und halfen der armen Psyche bei ihrer Arbeit. Als Nächstes sollte sie die goldenen Vliese der am Flussufer weidenden Schafe herbeiholen. Sie ging dort hin und wartete, bis die Tiere wieder nach Hause getrottet waren. Dann sammelte sie die von den Tieren am Buschwerk abgeriebene goldene Wolle ein.

Als Nächstes wurde Psyche von Venus in die Unterwelt geschickt, wo sie von der Göttin Persephone eine Schönheitssalbe besorgen sollte. Psyche stieg hinab und Persephone übergab ihr eine Schachtel mit dem gewünschten Inhalt. Auf dem Weg zurück zu Venus öffnete sie aber aus Neugier den Behälter, um zu sehen, was sich innen befand. Als sie den Deckel beiseite klappte, fiel sie in einen tiefen Schlaf.

Amors Verbrennung an seiner Schulter war schließlich verheilt, so dass er das Haus verlassen konnte. Er fand die schlafende Psyche, weckte sie auf und sagte ihr, dass er alles zum Guten hin wenden würde. Er ging zu Zeus und bat ihn darum, Psyche zu einer Göttin zu machen. Zeus erklärte sich einverstanden damit und berief eine Versammlung der Götter ein, bei der Psyche und Amor feierlich miteinander verheiratet wurden. Die Liebe und die Seele hatten sich miteinander vereint.

Teil IV

Eine einzige Familienfehde: Die nordeuropäische Mythologie

»Es ist das Nachbarskind, der Sohn Surts, des Wächters über die Feuer von Muspell. Er will wissen, ob wir einen Feuerlöscher haben.«

In diesem Teil ...

Es muss an dem kalten Klima in Nordeuropa liegen, dass die Mythen dieser Region so sehr um heldenhafte Themen kreisen. Meist handeln die Geschichten von Kriegern, Schlachten und Ungeheuern. Nur selten finden wir Erzählungen mit zarten erotischen Anklängen wie z.B. in der Artussage. In diesem Teil beschäftigen wir uns mit den Gottheiten des Nordens, einigen wichtigen Helden nordischer Sagen (wie Beowulf oder den Heroen der Wölsungen-Dichtung) und natürlich mit der berühmten Artuslegende.

Die altnordischen Gottheiten

13

In diesem Kapitel

- Das Leben und die Liebe im kalten Norden
- Die nordischen Götter und Göttinnen aus der Nähe betrachtet
- Die Erschaffung und das Ende der Welt

Die nordische bzw. nordgermanische Mythologie ist von Kälte und Dunkelheit geprägt und somit ein Spiegelbild der dortigen klimatischen Verhältnisse. Die mythischen Geschichten dieser Region stammen von den Wikingern, dem berühmten kriegerischen Seefahrervolk, das zwischen 780 und 1070 große Teile Nordeuropas eroberte. Sie kolonisierten auch große Teile der Britischen Inseln, Teile von Spanien, Frankreich, Russland, Island sowie Grönland. Wahrscheinlich schafften sie sogar noch vor Kolumbus den Sprung über den Atlantik bis nach Nordamerika.

Die germanischen Vorfahren der Wikinger erzählten sich sehr viele Mythen, die vom Streit zwischen Gottheiten und Ungeheuern berichteten. Den Göttern gelang es, die Unordnung, die die Ungeheuer und Giganten anzurichten versuchten, nach und nach in Ordnung zu verwandeln. Die Skandinavier bewahrten viele dieser Geschichten, die genau zu ihrem eigenen rastlosen, einem rauen Klima ausgesetzten Leben passten, für die Nachwelt auf. Die Menschen in Skandinavien hielten auch lange Zeit an ihrer ursprünglichen, »heidnischen« Religion fest. Während die Britischen Inseln und Kontinentaleuropa schon lange christlich waren, fasste das Christentum erst im 11. Jahrhundert im Norden des europäischen Kontinents Fuß.

Die Völker Nordeuropas besaßen eine hoch entwickelte Dichtkunst und Dichter waren ein angesehener Teil der Gesellschaft. Die Mythen wurden wie in anderen Gesellschaften hauptsächlich in mündlicher Überlieferung weitergegeben. Man stelle sich die Menschen um ein Feuer herum sitzend vor, wie sie in einer der langen skandinavischen Nächte gebannt einem Erzähler lauschten, der stundenlang von den Abenteuern der Götter und Helden berichtete, die sie liebten und verehrten. Es war mindestens ebenso gut wie Fernsehen.

Mündlich tradierte Gedichte und Erzählungen ändern sich natürlich im Laufe der Zeit. Die mythischen Geschichten über die germanischen Gottheiten sind schon älter als 2000 Jahre. Die meisten Gedichte der nordischen Mythologie wurden erst ab dem 10. Jahrhundert schriftlich festgehalten, und auch wenn sich langsam so etwas wie eine kanonisierte, endgültige Form herauskristallisierte, so gab es doch immer mehrere Versionen ein und desselben Mythos. Deshalb ist es unmöglich, ein in sich konsistentes, widerspruchsfreies Gesamtbild der nordgermanischen Mythologie zu liefern.

Unser Wissen um die Mythologie der nordischen Völker beruht auf verschiedenen literarischen Quellen. Die *Prosa-* oder *Snorra-Edda* und andere von dem isländischen Dichter Snorri Sturluson (1179–1241) verfasste Schriften sind hier besonders zu nennen. Eine weitere wichtige Quelle ist eine ebenfalls aus Island stammende Sammlung von Gedichten mit dem Titel *Lieder-* oder *Sæmundar-Edda*, der wir unsere Kenntnis zahlreicher nordischer Mythen verdanken. Auch die isländischen Sagen wie etwa die *Wölsungen-Sage* (vgl. Kapitel 14) sind von großer Bedeutung. Erhalten geblieben sind uns auch die Texte von frühen Geschichtsschreibern aus dieser Epoche – oft Reisende aus Mitteleuropa –, denen wir wichtige Informationen entnehmen können. Alle diese schriftlichen Zeugnisse zusammengenommen helfen dabei, uns ein Bild davon zu machen, wie Skandinavien vor der christlichen Missionierung ausgesehen haben muss.

Asche zu Asche und Staub zu Zwergen: Die Erschaffung der Welt

Die nordischen Mythen sind voller witziger und interessanter Geschichten, die wir hier aber aus Platzgründen nicht in voller Breite wiedergeben können. Im Folgenden eine Kurzfassung ihrer Vorstellung von der Erschaffung der Welt.

Am Anfang gab es ein Gebiet leeren Raums, genannt *Ginnungagap*. Nördlich davon lag das eisige *Niflheim*; im Süden befand sich das sengend heiße *Muspell*. Ginnungagap war zu Beginn vollständig zu Eis gefroren, taute dann aber langsam auf. Das Eis schmolz und Wasser tropfte herab. Aus einigen der Tropfen entstand das Eisungeheuer Ymir. Es war der Ahn aller anderen Eisungeheuer.

Während Ymir lag und schlief, tropfte ihm der Schweiß aus den Achseln und verwandelte sich in eine Frau und einen Mann. Schweiß, der von seinem Bein rann, verwandelte sich in einen weiteren Mann. Noch mehr Eis schmolz und es entstand eine Kuh mit Namen *Audumla*. Ymir trank von ihrer Milch, und sie leckte am salzigen Eis, bis sie einen im Eis eingeschlossenen Mann freilegte, dessen Name Buri war.

Buri hatte (irgendwie) einen Sohn namens Bor. Bor heiratete ein Eisungeheuer mit Namen Bestla. Zusammen hatten sie drei Söhne: Odin, Vili und Ve. Diese drei Kinder hassten Ymir so sehr, dass sie ihn schließlich umbrachten. Seinem Körper entströmte derart viel Blut, dass alle Eisungeheuer bis auf eines mit Namen Bergelmir und dessen Frau ertranken. Beide entkamen der Flut in einem hohlen Baumstamm, den sie als Boot nutzten.

Odin und seine Brüder trugen Ymirs Leichnam bis ins Zentrum Ginnungagaps und erschufen aus seinem Körper die Welt. Aus seinem Fleisch machten sie die Erde, aus seinen heilen Knochen erschufen sie die Berge, seine gebrochenen Knochen wurden zu Felsen und Steinen. Aus seinem Blut machten sie einen Ozean und richteten es so ein, dass er die Erde ringförmig umgab. Ymirs Schädel hoben sie in den Himmel und setzten vier Zwerge unter ihn; ihre Namen waren Norden, Süden, Westen und Osten. Aus Glut und Funken erschufen sie die Sonne, den Mond, die Sterne und die Planeten. Das Gehirn Ymirs schleuderten sie in den Himmel und machten so die Wolken.

Auf der Erde legten die Götter ein Gebiet namens *Jotunheim* fest, das nur für die Riesen bestimmt war. Den schönsten Teil der Erde aber gestalteten sie aus Ymirs Augenbrauen und nannten ihn *Midgard*. Dort sollten die Menschen leben.

Nun machten sich die Götter an die Erschaffung des Menschen. Sie fanden zwei umgestürzte Bäume und verwandelten sie in einen Mann namens Ask und eine Frau namens Embla. Alle Menschen stammen von diesem einen Paar ab.

Einer der Riesen hatte eine Tochter, die auf den Namen Nacht hörte. Sie gebar einen Sohn, der Tag hieß. Odin gab jedem von ihnen einen von Pferden gezogenen Wagen und ließ sie jeden Tag einmal um die Erde reisen. Es gab noch einen Mann, der ebenfalls zwei Kinder hatte. Seinen Sohn taufte er Mond und seine Tochter Sonne. Odin nahm auch diese Kinder und setzte sie an den Himmel, wo sie die beiden Wagen auf ihrem täglichen Weg rund um die Erde lenken sollten.

Eines Tages bemerkten die Götter, dass sich die Maden in Ymirs verrottendem Fleisch vermehrten. Sie verwandelten sie in Zwerge und wiesen ihnen die Gänge und Höhlen in der Erde als Wohnort zu.

Schließlich bauten die Götter noch *Asgard*, eine mächtige Festung hoch über Midgard. Die beiden Regionen verband eine flammende Regenbogenbrücke, die *Bifröst* (nord. »schwankende Himmelsstraße«, auch Bifrost geschrieben) hieß. Alle *Asen*, so hießen die Wächter über die Menschen, überquerten die Brücke und zogen nach Asgard. Es gab dort oben zwölf Götter, die gleiche Anzahl Göttinnen und eine Reihe von Asen.

Alles wurde von einem mächtigen Baum überspannt, der Weltesche *Yggdrasill*. Ihre drei Wurzeln gründeten in Asgard, Jotunheim und Niflheim; am Fuß jeder der drei Wurzeln befand sich eine Quelle. In den Zweigen des Baumes saßen ein Adler und ein Falke, ein Eichhörnchen lief seinen Stamm hinauf und hinunter, Rotwild knabberte an der Rinde und ein Drache am Fuß seines Stammes versuchte, ihn zu verschlingen. Yggdrasill war immer, ist immer und wird auf ewig sein.

Die Guten, die Bösen und die Sterblichen: Die Gottheiten des Nordens

Die nordischen Gottheiten gibt es in zwei Spielarten – die *Vanen* und die *Asen*. Die Vanen waren die älteren Fruchtbarkeitsgötter. Zu ihnen gehörten z.B. Freyr, Freya und Njord. Die Asen waren modernere, kriegerische Götter wie etwa Odin und Thor. Im Altnordischen wird die Geschichte eines Krieges zwischen den Vanen und den Asen nach der Erschaffung der Welt erzählt. Die Gottheiten schlossen einen Waffenstillstand und vermischten sich, was dazu führte, dass sie zu einem Geschlecht verschmolzen und nur noch als Asen bekannt waren. Die Mythenexperten sind heute der Ansicht, dass diese Geschichte wohl aus einer Zeit stammt, als die Kulte um beide Göttergeschlechter miteinander konkurrierten und sich schließlich zu einem einzigen verbanden.

Vor der Herrschaft der Wikinger waren es ihre direkten Vorfahren, die germanischen Stämme, die in weiten Teilen Mitteleuropas die Macht ausübten. Diese Völker besaßen ihre eigenen Mythen und Sagen, die dann später in der altnordischen bzw. nordgermanischen Mythologie aufgingen. Dies ist auch der Grund dafür, warum die Namen der germanischen und altnordischen Gottheiten so ähnlich klingen und bestimmte Wesensmerkmale der Götter und erzählerische Details und Motive in den Geschichten sich wiederholen. Viele Figuren in der Mythologie beider Regionen sind im Wesentlichen gleich; sie tragen höchstens etwas abweichende Namen. Der Gott Odin beispielsweise hieß bei den Germanen Wodan; seine Frau Frigg hatte den Namen Freya.

Etwas ist besonders interessant an den altnordischen Göttern – sie sind nicht unsterblich. Sie sterben im Verlauf der mythischen Erzählungen, ganz anders als z.B. bei den Griechen mit ihren unsterblichen Göttern (vgl. Kapitel 4 und 5). Ihre Interessen deckten sich nicht mit denen der Menschen. Je nach Lust und Laune taten sie entweder Gutes oder Böses. Die Götter bei den Wikingern widmeten ihr Dasein dem Kampf gegen die Ungeheuer und die äußere Finsternis. Die Menschen waren insoweit für sie von Interesse, als sie unter ihnen Krieger rekrutieren konnten, die ihnen in der letzten Schlacht zur Seite stehen sollten.

Die altnordischen Götter: Ein Haufen recht rauer Gesellen

Schenkt man den Erzählungen Glauben, verbrachten die Götter die meiste Zeit damit, ziellos und ohne konkrete Aufgaben auf der Suche nach Herausforderungen durchs Land zu streifen. Sie hatten, anders als die Götter anderer Mythologien, die wir schon kennen gelernt haben, keinen Job, der sie tagtäglich in Anspruch genommen hätte. Also konnten sie jederzeit für einige Tage verschwinden.

Göttervater Odin

Odin war der König unter den Göttern. Er war der Vater der meisten anderen Gottheiten und hat, wie in einigen Erzählungen berichtet wird, auch die gesamte Welt, Himmel und Erde und alles Leben auf ihr erschaffen. Dies erklärt auch seinen Beinamen »Allvater«. Er besaß einen speziellen Hochsitz, eine Art Aussichtsturm mit Namen Hlidskjalf, von dem aus er seine gesamte Schöpfung im Auge behalten konnte. Nur ihm und seiner Frau Frigg war es gestattet, dort oben Platz zu nehmen. Hin und wieder aber maßten sich andere Gottheiten dieses Privileg an, wenn er gerade nicht hinsah. Abbildung 13.1 zeigt eine Darstellung des Gottes.

Abbildung 13.1: Der einäugige Odin

Odin war ausgesprochen weise. Für seine Weisheit musste er aber einen hohen Preis zahlen: Für einen Schluck aus der Quelle der Weisheit hatte er ein Auge geopfert. Der Schluck machte ihn aber nur begieriger auf noch mehr Weisheit; deshalb hing er neun Tage lang, durchbohrt von einem Speer, am Baum Yggdrasill. Dabei starb er symbolisch und wurde anschließend wiedergeboren. Seine leere Augenhöhle verbarg Odin fortan unter einem breitkrempigen Hut oder einer tief ins Gesicht gezogenen Kapuze. Erscheint in einer Sage Nordeuropas ein alter Mann mit einer Kapuze, so handelt es sich in aller Regel um den Gott Odin.

Odin war der Gott des Krieges und der Schlacht. Er hatte diese Titel von zwei älteren germanischen Göttern mit Namen Wodan und Tiwaz geerbt. Er tat nichts lieber, als Menschen zum Krieg anzustiften. Getöteten Kriegern wurde die Ehre zuteil, in seiner Heimstatt *Walhalla* (altnordisch Valhöl: »Halle der Gefallenen«) ein Fest mit ihm zu feiern. Den *Walküren* kam dabei die Aufgabe zu, die Einherjer, die gefallenen Helden, von der Erde hoch in den Himmel zu Odin zu geleiten. Dazu wurden nur die allertapfersten Krieger ausersehen.

Es gab damals einen Kriegerkult, bei dem in Bärenfelle gehüllte Krieger in die Schlacht zogen. Sie kämpften wie von Sinnen und waren allseits gefürchtet, da Schmerz ihnen nichts auszumachen schien. Man spricht heute noch von blindwütigen Berserkern.

Odin war auch der Gott der Dichtkunst, was vielleicht erklären kann, warum er in so vielen Gedichten auftaucht. Seine Aufgabe war es auch, den heiligen Met der Poesie nach Asgard zu bringen. Ein Riese hatte den Met gestohlen und seine Tochter damit beauftragt, darauf aufzupassen. Odin schlich sich in Gestalt einer Schlange in ihre Höhle und verwandelte sich dort in seine eigene, recht ansehnliche Gestalt zurück. Er verbrachte drei Tage und drei Nächte bei ihr. Dann trank er den ganzen Met, schluckte ihn aber nicht hinunter, sondern behielt ihn im Mund. Er verwandelte sich in einen Adler, flog zurück nach Asgard und spuckte den Met dort schließlich in eine Schüssel, von dem nun alle Götter probieren konnten (Mmmh, lecker!).

Loki, der Schlaufuchs

Loki ist eine merkwürdige Figur in der Mythologie. Zum einen war er ein gewiefter, trickreicher Geselle, immer zu einem Spaß aufgelegt und äußerst einfallsreich, wenn es darum ging, sich selbst und den Göttern aus der Bredouille zu helfen. Auf der anderen Seite hatte er aber auch einen übel wollenden und boshaften Charakter. Er kämpft an der Spitze der Krieger in der letzten Schlacht am Ende der Welt. Man weiß nie so recht, ob man ihn mögen oder hassen soll.

Loki war der Sohn zweier Riesen, wuchs aber als Odins Stiefbruder auf. Die Erzählungen und Geschichten über Loki geben keinen eindeutigen Anhaltspunkt, ob er zu den Riesen oder den Göttern gehörte. Er benahm sich mal so, mal so; einmal war er ein freundliches und hilfsbereites Mitglied der Götterfamilie in Asgard, dann wieder wurde er zu ihrem Feind. Er war dynamisch und unberechenbar und brachte so ein gewisses Moment der Instabilität in ein ansonsten langweiliges Götter-Dasein. Es gibt viele nordische Mythen, in denen Loki sich oder die Götter in Schwierigkeiten bringt, nur weil er laufend den Drang verspürt, sich ständig irgendwo einzumischen.

Loki konnte nach Belieben seine Gestalt verändern. Er verwandelte sich gerne in Tiere, um seine Ziele zu erreichen. So stahl er zum Beispiel Freyas Halskette, indem er die Gestalt eines Flohs annahm. Nach dem Tod des Götterlieblings Balder, den er verschuldet hatte, entkam er dem Zorn der Götter in Gestalt eines Lachses. Einmal bot ein Riese seine Dienste an, um eine Mauer um ganz Asgard zu errichten. Als Gegenleistung wollte er Freya zur Frau. Kurz bevor der Riese seine Aufgabe beendet hatte, verwandelte sich Loki in eine Stute und lockte den Hengst des Riesen fort, so dass dieser sein Werk nicht vollenden und entsprechend auch nicht mehr seinen Lohn einfordern konnte. Loki verließ Asgard und kehrte einige Monate später wieder mit einem achtbeinigen Fohlen zurück, das er mit dem Hengst gezeugt hatte. Das Fohlen mit Namen Sleipnir übergab er Odin.

Dieses Pferd war nicht das einzige Kind Lokis. Obwohl er verheiratet war, hielt ihn dies nicht von gelegentlichen Techtelmechteln mit einer Riesin namens Angrboda ab. Gemeinsam hatten sie drei Kinder, die für die anderen Götter von großer Bedeutung waren:

- ✔ Fenrir, ihr erster Sohn, war ein Wolf. Er wuchs heran und wurde schließlich so groß, dass die Götter sich entschlossen, ihn vorsichtshalber anzuketten. Der Kriegsgott Tyr spielte dabei eine entscheidende Rolle.
- ✔ Jormungand, ihr zweiter Sohn, war eine riesenhafte Schlange. Odin warf ihn in den Ozean, der Asgard rings umschloss. Er wurde so groß, dass er am Ende die ganze Erde umfasste und sich in den eigenen Schwanz biss. Die Menschen nannten ihn die Midgard-Schlange.
- ✔ Hel, ihre einzige Tochter, lebte von der Taille an aufwärts; die andere Hälfte ihres Körpers war tot. Odin warf sie nach Niflheim, in die unter einer Wurzel der Weltesche Yggdrasill liegende Unterwelt. Sie wurde zur Göttin der Toten.

Alle drei monströsen Kreaturen warten auf das Ende der Welt, genannt Ragnarök, wenn sie alle in die Freiheit entlassen werden und ungehindert am Zerstörungswerk mitarbeiten dürfen.

Thor, der Donnernde

Thor war der Sohn Odins und der Erde. Während Odin für Gewalt und Krieg stand, verkörperte Thor die Ordnung. Ihn riefen die Menschen in ihren Gebeten an, wenn sie wünschten, dass Ruhe und Stabilität wieder einkehren sollten. Er war außerordentlich stark und männlich und trug immer einen riesengroßen Hammer bei sich, der Mjölnir genannt wurde. Damit konnte er die Riesen in Schach halten. Egal wie weit er ihn warf, er kehrte wie ein Bumerang in seine Hand zurück. Thor hatte einen roten Rauschebart, einen enormen Appetit und ein reizbares Temperament. Er blieb aber nie lange böse. Er war der Schutzgott der Bauern. Am bekanntesten ist Thor als der Gott, der die Kontrolle über Blitz und Donner ausübte. Der Donner wurde von den Rädern seines Streitwagens erzeugt und der Blitz entzündete sich an den Donnerkeilen, die er zur Erde schleuderte.

Einmal gelang es dem König der Eisriesen, Thors Hammer zu stehlen. Er wollte ihn erst dann wieder hergeben, wenn man ihm Freya zur Frau versprochen hatte. Die Götter erklärten sich scheinbar einverstanden, überlisteten den Riesen dann aber. Thor verkleidete sich als Braut, und Loki spielte seine Brautjungfer. So gingen beide zum Palast des Königs. Die Riesen waren erfreut (scheinen wohl aber eine Brille bitter nötig gehabt zu haben) und luden die beiden ein, Platz zu nehmen. Dann legte Thor los: In einer Manier, die für eine Braut absolut unschicklich gewesen wäre, verschlang er die gesamten aufgefahrenen Speisen und trank allen Met. Loki erklärte sein Ungestüm damit, dass die »Braut« seit Tagen nichts mehr gegessen habe und außerdem so aufgeregt sei. Hingerissen vom Temperament seiner zukünftigen Braut rief der König nach Thors Hammer, damit sie darüber ihre Heiratsschwüre sprechen könnten. Als der Hammer gebracht wurde, ergriff ihn Thor und erschlug auf der Stelle alle versammelten Riesen.

Freyr, der Fruchtbare

Freyr war der Gott des Überflusses. Er scheint von der uralten Erdmuttergottheit abzustammen, die die Dänen vor Urzeiten schon anbeteten. Freyr entschied, wann die Sonne schien und wann es regnete. Die Fruchtbarkeit der Erde unterlag also ganz seinem Einfluss.

Die Menschen richteten ihre Gebete an ihn, wenn sie sich mehr Wohlstand oder Nachkommen wünschten. Die einst in der schwedischen Stadt Uppsala aufgestellte Statue Freyrs verfügte über einen sehr großen Phallus, woraus unschwer zu erkennen ist, was sich die Menschen von ihm erhofften. Seine typischen Attribute, ein magisches Schiff und ein Eber, waren für lange Zeit ebenfalls Fruchtbarkeitssymbole.

Tyr, der Tapfere

Tyr war Odins Sohn. Er war der tapferste der Asen, der Kriegsgötter. Ursprünglich handelte es sich bei ihm um den germanischen Kriegsgott Tiwaz. Er erschien zeitlich auch vor Odin auf der mythologischen Bühne, verlor aber im Laufe der Geschichte an Bedeutung.

Tyr hatte nur eine Hand. Seine rechte Hand hatte er verloren, als er den Wolf Fenrir, Lokis Sohn, fesselte. Fenrir war mit der Zeit immer größer geworden und die Götter fürchteten, er könne eines Tages Odin töten. So entschlossen sie sich, ihn an die Kette zu legen. Die ersten beiden Fesseln konnte der Wolf noch abschütteln. Die Zwerge aber schmiedeten eine dritte, dieses Mal viel stärkere Kette. Diese Fessel, die aussah wie ein Seidenband, nannten sie *Gleipnir*.

Als Fenrir sie sah, war ihm gleich bewusst, dass ihm Gefahr drohte. Er sagte, dass er sich nur dann fesseln ließe, wenn einer der Götter seine Hand in sein Maul legen würde. Nur Tyr hatte den Mut dazu. Mit Hilfe Gleipnirs gelang es den Göttern, den Wolf festzubinden. Alles Sträuben half nichts. Da biss er Tyrs Hand ab. Die Götter banden ihn schließlich an einen gewaltigen Felsbrocken, den sie tief in der Erde versenkten.

Andere Götter

Es gab noch eine Reihe weiterer Gottheiten im nordischen Götterhimmel. Im Folgenden sind einige wenige aufgeführt:

✔ Njord regierte über das Meer und die Winde; er war der Schutzpatron der Schiffe und Seefahrer. Njord war der Vater Freyrs und Freyas.

✔ Heimdall war der Wächter der Götter. Keiner weiß so genau, was für ein Gott er war; bekannt ist aber, dass er in Verbindung mit dem Meer stand. Er war der Sohn von neun Töchtern (oder vielleicht neun Wellen). Er besaß ein großes Horn namens Gjall, dessen Laute man in allen neun Welten hören konnte.

✔ Balder, der Schöne, war der weiseste, liebreizendste und gütigste unter allen Göttern. Hatte er erst einmal eine Entscheidung getroffen, so konnte daran nicht mehr gerüttelt werden. Sein Tod beschleunigte die Ereignisse, die schließlich das Ende der Welt herbeiführen sollen.

Göttinnen: Stark, erotisch und gleichberechtigt

Die Frauen des Nordens besaßen vor dem Gesetz die gleichen Rechte wie Männer. Sie waren wohl von eher rauer Natur. In vielen Gedichten begegnen uns Frauen von freimütigem, unverblümten Wesen und Charakter. Die gleichen Zustände finden wir also auch in der Götterwelt des Nordens. Leider sind uns nur wenige Mythen überliefert, in denen Göttinnen eine zentrale Rolle spielen.

Freya, die Göttin der Liebe

Freya war die Göttin der Lust und der Liebe. Jedes männliche Wesen begehrte sie aufs Äußerste. Sie war wunderschön und mit Goldschmuck behängt. War sie traurig, so vergoss sie Tränen aus purem Gold. Wenn sie besonders heftig weinte, war der Boden rings um sie vollständig mit Gold bedeckt. (Dies geschah recht häufig, da Freya ständig irgendwelchen grässlichen Ungeheuern zur Frau versprochen wurde.) Sie besaß ein vollständiges Falkengefieder, das sie verwendete, um sich in einen Vogel zu verwandeln. In dieser Gestalt pflegte sie die Unterwelt zu besuchen. Abbildung 13.2 gibt einen Eindruck von ihrem Aussehen.

Abbildung 13.2: Die schöne Göttin Freya

Ihr berühmtestes Attribut war die Halskette der Brisings. Sie erhielt die Kette von den vier Zwergen, die sie hergestellt hatten. Als Gegenleistung verlangten sie, dass sie mit einem jeden von ihnen eine Nacht verbringen müsse. Da sie die Halskette wirklich sehr gerne haben wollte, erklärte sie sich einverstanden. Als Loki davon erfuhr, erzählte er es gleich Odin weiter. Dieser befahl Loki, die Kette zu stehlen. Loki verwandelte sich in einen Floh (wie es scheint, einen besonders großen) und biss Freya in die Wange, dass sie abgelenkt wurde. So konnte Loki den Verschluss ungesehen öffnen. Odin weigerte sich, Freya die Halskette zurückzugeben, es sei denn, ihr gelänge es, Krieg unter den Menschen zu schüren.

Es überrascht ein wenig zu hören, dass Freya auch eine Göttin des Krieges war. Sie zog in einem von zwei Katzen gezogenen Streitwagen in die Schlacht. Odin half ihr dabei, die auf dem Schlachtfeld tot daliegenden Krieger aufzuteilen; die eine Hälfte war ausersehen, mit ihm nach Walhalla zu kommen, die andere Hälfte begab sich mit Freya in ihr Reich *Sessrumnir*.

Frigg, Frau und Mutter

Frigg war Odins Ehefrau. Ihre Mutter war die Erde. Wie Freya entwickelte sie sich wahrscheinlich aus einer sehr alten Erd-/Muttergottheit. Wie Odin konnte sie das Schicksal der Menschen vorhersehen. In den Wehen liegende Frauen riefen sie um Beistand an.

Die Mythenexperten halten gerne nach Ähnlichkeiten bei unterschiedlichen Mythen Ausschau. Was die Götter Nordeuropas anbelangt, so erkannten sie, dass die Göttinnen Frigg und Freya zwei Seiten der Weiblichkeit darstellen: Frigg verkörpert die Ehefrau und Mutter, während Freya als Geliebte und Verführerin erscheint. Diese Typisierung unterschiedlicher Rollen bei ein und demselben Geschlecht findet sich in ähnlicher Weise auch in der griechischen Mythologie. Dort sind es Hera und Aphrodite, die auf diese Weise symbolisch kodiert werden. Bei den Griechen stellt Artemis als selbstbestimmte Jungfrau eine weitere Variante dar. In der altnordischen Mythologie hat diesen Platz vielleicht einmal die Wintergöttin/Skigöttin Skadi eingenommen.

Hel - halb tot

Hel war die Göttin der Toten. Sie war die Tochter Lokis und der Riesin Angrboda. Ihre Erscheinung war ungewöhnlich: Von der Taille aufwärts war sie rosig und warm; ihr Unterkörper aber war von grünlicher Farbe und halb verfault. (Dies dürfte wahrlich kein schöner Anblick gewesen sein.) Hel hatte ihre Burg (die man ebenfalls Hel nannte) in Niflheim. Alle Toten kamen an diesen Ort.

Hel, der Ort der Toten, ist nicht vergleichbar mit der Hölle nach christlicher Vorstellung. Man musste kein »böser« Mensch zu Lebzeiten gewesen sein, um dorthin verfrachtet zu werden. Auch wenn es sicher nicht so gemütlich wie zu Hause gewesen ist, so war Hel doch auch kein Ort ewig währender Qualen. Nur sehr kalt war es dort.

Andere Göttinnen

Einige der anderen Göttinnen waren:

- Idun, die Wächterin der Äpfel der Jugend. Die Götter mussten diese Äpfel essen, um jung zu bleiben. Loki half den Riesen, sie zu stehlen, und über Nacht alterten die Götter. Wiederum mit Lokis Hilfe holten sie die Äpfel aber wieder zurück.
- Skadi war die Göttin des Skis und die Tochter des Riesen Thiazi. Sie heiratete den Meeresgott Njord. Ihre Ehe zerbrach aber, weil sie in den verschneiten Bergen leben wollte, er aber partout einen Wohnsitz an den milden Gestaden des Meeres vorzog.
- Sif war Thors Frau. Loki schnitt ihr im (schlechten) Scherz ihre wunderschönen blonden Haare ab, machte es aber später wieder gut, indem er die Zwerge dazu brachte, ihr neues Haar aus Gold zu flechten. Gleichzeitig fertigten sie noch weitere Geschenke für die Götter, u.a. Thors Hammer.

- ✔ Die Nornen (nor. »Raunende«) waren die altgermanischen Schicksalsgöttinnen und Geburtshelferinnen. Sie hießen: Urd (das Gewordene), Verdandi (das Werdende) und Skuld (das, was werden soll), d.h. Vergangenheit, Gegenwart und Zukunft. Mitunter werden sie wie die Schicksalsgöttinnen in der griechischen Mythologie auch als Webende dargestellt.

Noch mehr übernatürliche Wesen

Die Götter und Göttinnen besaßen kein Monopol auf magische Fertigkeiten. In der nordgermanischen Mythologie gibt es noch eine Reihe weiterer fantastischer Kreaturen. Die meisten unterhielten keine besonders guten Beziehungen zu den Gottheiten in Asgard. Nur selten gab es friedliche Kontakte zwischen ihnen.

Riesen

Die Riesen waren meistens böse Geschöpfe. Ständig versuchten sie auf Kosten der Götter, einen Vorteil zu erringen. Trotz dieser Tatsache waren die Beziehungen zu den Göttern fast normal. Thor und Loki verbrachten viel Zeit damit, mit den Riesen herumzureisen und sich mit ihnen zum Feiern zu treffen.

Das Wort »Riese« vermittelt natürlich die Vorstellung von enormer Größe. Da die Götter mit den Riesen Nachkommen zeugten, waren die Götter wohl in etwa gleich groß wie die Riesen. Die schöne Freya wurde ständig von Riesen umworben, und Odin und Loki hatten Geliebte unter den weiblichen Riesen. Vielleicht gehörte Loki selbst zum Geschlecht der Riesen. Erst am Ende der Welt wird die Grenze zwischen Göttern und Riesen endgültig gezogen werden. Dann werden sie sich auf unterschiedlichen Seiten feindlich gegenüberstehen.

Zwerge

Zwerge waren in der Mythologie des Nordens unangenehme, kleine, menschenähnliche Wesen, die unter der Erde lebten. Sie mussten sich vom Sonnenlicht fernhalten, da es sie in Stein verwandelt hätte. Niemand konnte sie in der Metallverarbeitung schlagen. Sie waren in der Lage, magische Gegenstände herzustellen wie etwa Freyas großartige Halskette oder Thors Hammer. Da sie den Göttern entsprechend nützlich waren, standen sie sich einigermaßen gut mit ihnen.

Weitere fantastische Wesen

Die nordgermanische Mythologie wird noch von weiteren magischen Kreaturen bevölkert. Es gab z.B. die Elfen, lichte und dunkle. Die dunklen Elfen scheinen den

Zwergen zu ähneln; die lichten Elfen hatten ein gutes Wesen. Sie werden mitunter in Mythen erwähnt, spielen aber insgesamt eine nur untergeordnete Rolle. Außerdem gab es noch Trolle. Thor kämpfte manchmal gegen sie. Schließlich gab es noch die Drachen, denen wir uns in Kapitel 22 widmen werden.

Tolkien

J. R. R. Tolkien, bekannt durch sein monumentales, mehrbändiges Werk *Herr der Ringe*, entnahm viel von seinem für den Bereich Mittelerde verwendeten Stoff direkt aus der nordgermanischen Mythologie. Besonders seine Idee, unbewegten Objekten wie z.B. einem Schwert Namen zu geben, stammt daher. Viele alte nordeuropäische Geschichten kennen dieses Verfahren. Die Namen der Zwerge in seinem Buch *Der kleine Hobbit* sind direkt der um 1220 niedergeschriebenen *Prosa-Edda* von Snorri Sturluson entnommen. Der Name »Mordor« beispielsweise bedeutet im Altenglischen »Mörder«. Tolkien studierte englische Literatur in Oxford. Später unterrichtete er dort selbst als Dozent. Ihn interessierte vornehmlich die älteste englische Literatur, das altenglische Versepos *Beowulf* war einer seiner Favoriten. Er kannte viele mittelalterliche Sprachen – zum Beispiel Altenglisch, Alt- und Mittelhochdeutsch sowie Gotisch.

Ein großes Baumhaus: Die Welt, in der sie lebten

Trotz ihres kriegerischen Rufes lebten die meisten Völker im Norden Europas friedlich nebeneinander und widmeten sich dem Ackerbau, der Jagd und der Fischerei; sie trieben Handel miteinander und dachten sich nebenher Geschichten aus, um sich so die langen Winternächte Skandinaviens ein wenig zu verkürzen. Ihre Mythologie spiegelt die Not und die Entbehrungen wider, die ein derart karges Leben mit sich bringt. Die Götter müssen lange Strecken durch schwieriges Gelände zurücklegen, um von einer Siedlung zur nächsten zu gelangen. Ihre ständigen Wegbegleiter sind Hunger und Schnee.

Wie die meisten Völker machten sich die Skandinavier eine Vorstellung von der Welt, die sich an ihren spezifischen Erfahrungen orientierte. In der nordgermanischen Mythologie hatten alle ihr eigenes Heim. Die Menschen kannten genau ihren Platz zwischen den Göttern und den Toten.

Nach der nordischen Vorstellung von der Welt ist das Universum in drei Hauptebenen aufgeteilt, die von einem magischen Baum namens Yggdrasill überspannt werden. An der Spitze von allem steht Asgard, Heimstatt der Götter und Göttinnen. Die Gottheiten besaßen ihre eigenen Häuser innerhalb der Mauern einer Burg. *Vanaheim* ist ebenfalls dort oben beheimatet; dort lebten die Vanen (alte Fruchtbarkeitsgötter), bevor sie mit den Asen verschmolzen. Auch das Zuhause der lichten, hilfreichen Elfen, genannt *Alfheim*, lag dort oben.

In der Mitte der Welt lag Midgard, das Reich der Menschen. Es war umgeben von einem Ozean, der von einer riesigen Schlange umschlossen wurde: Jormungand, die Midgard-Schlange. Jotunheim, das Land der Riesen, lag entweder auf der gleichen Ebene oder es befand sich jenseits des Ozeans. Die Zwerge lebten in *Nidavellir*; die dunklen, bösen Elfen in *Svartalfheim*. Zwischen Asgard und Midgard gab es eine brückenförmige, von Flammen eingeschlossene Verbindung mit Namen Bifröst.

Auf der untersten Ebene lag Niflheim, die Heimat der Toten, ein Ort bitterster Kälte und ewiger Finsternis. Hel, die Göttin der Toten, hatte dort ihr Haus gleichen Namens stehen. In Abbildung 13.3 finden Sie eine anschauliche Darstellung des Ganzen.

All diese Orte zusammen ergeben die »neun Welten« der nordischen Mythologie. Die Achse der neun Welten bildet der Weltenbaum Yggdrasill, eine unsterbliche Esche, der Baum des Lebens. Yggdrasill hat keinen Anfang und wird selbst Ragnarök, das Ende der Welt, überleben. Er gründet mit einer mächtigen Wurzel jeweils in Asgard, Jotunheim und Niflheim. Seine tiefste Wurzel wird von einem Drachen beständig angeknabbert. Viele verschiedene Tiere leben auf ihm oder in seiner Nähe. Seine Früchte sollten für eine sichere Niederkunft der Frauen sorgen.

Ragnarök: Das Ende der Welt

In der nordgermanischen Mythologie gibt es eine genaue Vorstellung vom Ende der Welt. Die Geschichte ist ein wenig verwirrend, weil Ragnarök, die letzte große Schlacht und die Zerstörung der Welt noch nicht stattgefunden haben, wohl aber die Ereignisse, die bis zu diesem Punkt geführt haben. Abgesehen von dieser zeitlichen Inkongruenz ähnelt dieser Weltuntergangsmythos denen anderer Kulturen, die vom Tod allen Lebens auf Erden und der Wiedererschaffung der menschlichen Rasse durch zwei Überlebende künden.

Die Nordeuropäer waren sehr schicksalsbewusst und hatten eine Vorstellung von der Vergänglichkeit allen Lebens. Dieses Wissen spiegelt sich auch in diesem Mythos wider. Lange vor Ragnarök weiß der Gott Odin, was einstmals geschehen wird. Da Odin ein sehr wissbegieriger Gott war, fragte er einmal die Toten, wie er denn sterben würde; sie antworteten ihm, dass ihn der Wolf Fenrir zerreißen werde. Odin weiß auch, dass der trickreiche Loki ein Komplott ersonnen hat, mit dessen Hilfe er die guten Götter stürzen will. Dieses Komplott wird am Ende auch erfolgreich sein. Dies ist das Schicksal der Götter. Entrinnen können sie ihm nicht.

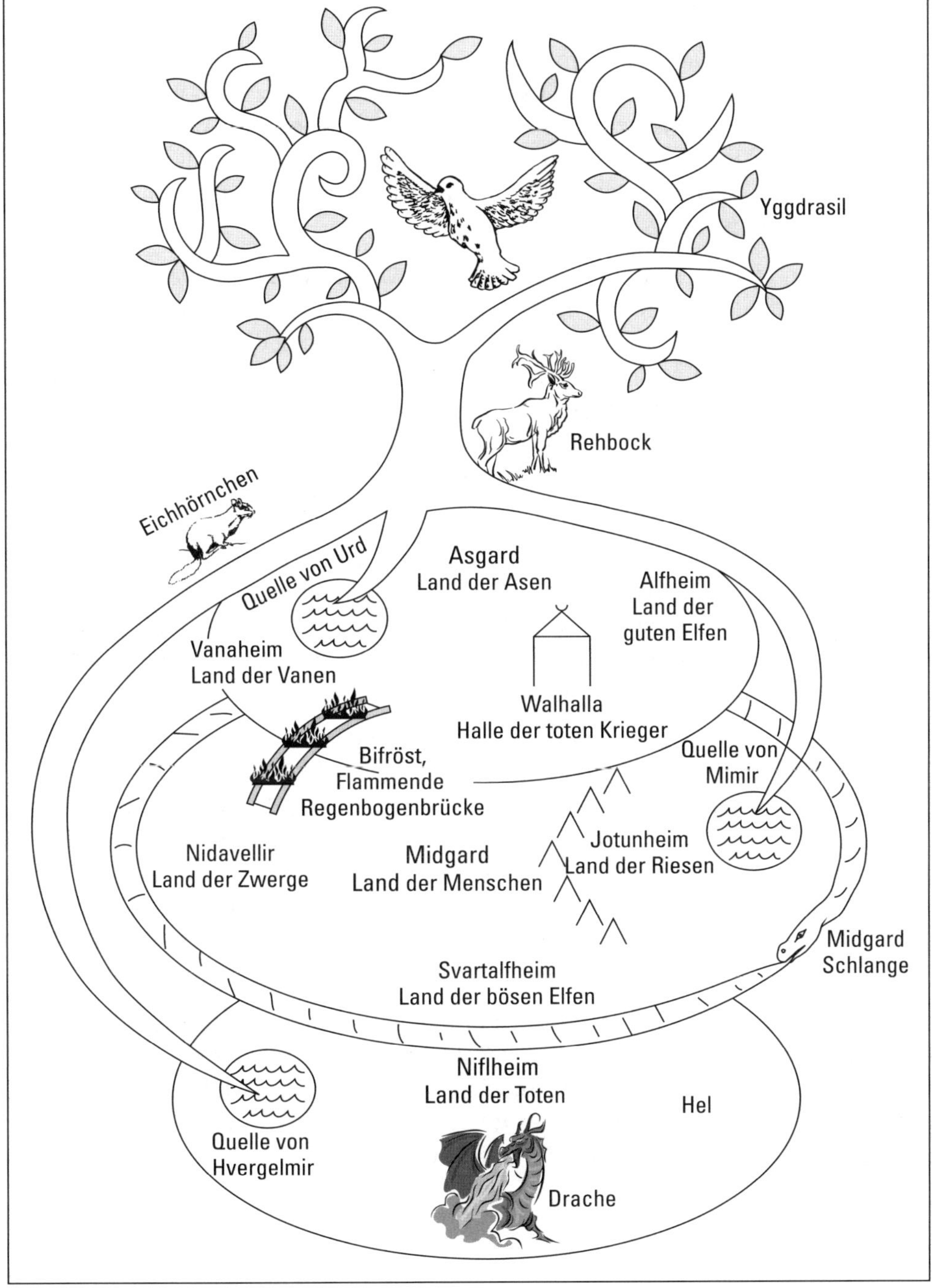

Abbildung 13.3: Yggdrasill, der Baum des Lebens, und die neun Welten der nordgermanischen Kosmologie

Der Tod Balders

Das Ende der Welt begann mit dem Tod des sympathischsten aller Götter, Balders, den jeder mochte. Balders Mutter Frigg hatte in der Absicht, ihn zu schützen und vor dem Bösen zu bewahren, die ganze Welt bereist und jedes Ding, das sie antraf, schwören lassen, dass es für ihren Sohn ungefährlich sei. Alle Dinge hatten den Schwur geleistet bis auf eines – die Mistel, die Frigg aber als zu harmlos einstufte, als dass sie sich deswegen Sorgen gemacht hätte.

Die Gottheiten machten daraus ein Spiel: Sie bewarfen Balder mit verschiedenen Gegenständen und lachten wie von Sinnen, wenn die Dinge an ihm abprallten, ohne ihn zu verletzen. Jeder hatte Spaß an diesem Spiel bis auf Loki, der Gott des Schalks und des Unfriedens. Er liebte es, wenn andere litten oder in Schwierigkeiten gerieten. Es machte ihn schier verrückt zu sehen, dass Balder nicht zu verwunden war. (Auch wenn Loki in anderen Mythen als hilfsbereites Mitglied der Götter in Asgard erscheint, an dieser Stelle erweist er sich als ihr Feind. Wie schon erwähnt – Loki ist als Figur nicht so recht fassbar.)

Loki besorgte sich einen Mistelzweig und schnitzte daraus einen kleinen Wurfpfeil. Er gab ihn Balders blindem Bruder Hod, der sich vom Spiel ausgeschlossen fühlte, und half ihm dabei, ihn auf seinen Bruder zu werfen. Der Pfeil traf ins Ziel und Balder fiel tot zu Boden. Der tapfere Gott Hermod begab sich zu Hel, der Göttin der Toten, und bat um seine Herausgabe. Sie aber lehnte ab.

Nun wollten sich alle an Loki rächen. Die Götter fingen ihn ein, verschleppten ihn in eine Höhle und ketteten ihn an einen Felsen. Die Göttin Skadi brachte eine lebende Schlange in die Höhle und hängte sie über Loki auf, so dass das Gift des Tieres auf sein Gesicht tropfte. Lokis treue Frau Sigyn blieb bei ihrem Gatten und versuchte mit einer Schale, das heruntertropfende Gift aufzufangen. Hin und wieder aber musste sie die Schale leeren; in diesen Momenten trafen Tropfen des Giftes sein Gesicht. Loki krümmte sich jedes Mal vor Schmerzen. Das Winden seines Körpers spürte man auf der Erde dann als Erdbeben. So bleibt es bis zum Tage von Ragnarök.

Balders Tod ist der Anfang vom Ende, da er die Götter zwingt zu begreifen, dass Loki ihr Feind und ihre Macht nicht unbeschränkt ist. Die Fronten des Krieges stehen nun fest und es ist nicht schwer zu sehen, wer auf welcher Seite stehen wird. Nach der Gefangennahme Lokis ist klar, dass er und seine drei bösen Kinder (Fenrir, Hel und die Midgard-Schlange) sich gegen die Götter wenden werden.

Ragnarök, die Götterdämmerung – das Ende von allem

So wird die Welt an ihr Ende gelangen: Zunächst wird in drei aufeinander folgenden Wintern Krieg herrschen in Midgard. Die Familien werden zerfallen, Väter werden ihre Söhne töten, Bruder wird sich gegen Bruder erheben, Mütter werden ihre Söhne und Brüder ihre Schwestern verführen. Im Anschluss wird das Land nacheinander drei grimmige Winter ohne dazwischen liegende Sommer erleben.

Zwei Wölfe werden die Sonne verschlingen; der Mond und die Sterne werden am Himmel erlöschen. Die Bäume und Berge werden herunterstürzen und der Wolf Fenrir wird frei durch die Welt streifen. Die Meeresfluten werden ansteigen, wenn die Midgard-Schlange sich zu winden und nach trockenem Land Ausschau zu halten beginnt.

Die Riesen werden sich ein Schiff aus den Nägeln der Toten machen und darin fortsegeln. Auch Loki wird sich aufs Wasser begeben in einem Boot mit den Toten aus Hels Reich.

Fenrir und die Midgard-Schlange (Lokis Söhne) greifen Seite an Seite an. Fenrir wird sein Maul aufsperren und sein Unterkiefer wird die Erde aufreißen, während sein Oberkiefer den Himmel durchpflügen wird. Die Midgard-Schlange wird überall ihr Gift verspritzen und so die Erde vergiften. Alle Riesen, alle Toten und alle anderen bösen Geschöpfe werden sich zusammenrotten.

In der Zwischenzeit werden sich alle Götter gesammelt und mit den Kriegern aus Walhalla vereint haben. Gemeinsam werden sie mit Odin und Thor an der Spitze auf den Feind losmarschieren. Yggdrasill, der Baum des Lebens, wird sich schütteln und erzittern, wenn zwei Sterbliche sich in ihm verstecken.

Odin wird sich gleich auf den Wolf Fenrir stürzen. Nach einem langen Kampf wird der Wolf Odin hinunterschlingen und das Schicksal des Allvaters besiegeln. Die Midgard-Schlange wird sich auf Thor stürzen. Beide werden im Kampf umkommen. Der Feuerriese Surt wird Freyr töten. Tyr wird im Kampf mit einem grimmigen Jagdhund sterben. Loki wird gemeinsam mit seinem langjährigen Feind Heimdall im Kampf sterben. Odins Sohn Vidar wird Fenrirs Maul ergreifen, die Kiefer der Bestie auseinander reißen und so seinen Vater rächen.

Der Feuerriese Surt wird mit seinen Flammen alle neun Welten in Brand setzen. Alles und jeder wird verbrennen und untergehen und die Erde wird im Meer versinken.

Alle werden beim Weltenbrand sterben bis auf die zwei Menschenwesen, die sich im Baum Yggdrasill verbergen konnten (sowie einige wenige Götter wie z.B. Balder, die wieder auferstehen). Die überlebenden Menschen heißen Lif und Lifthrasir (nord. »Leben« und »der nach Leben Strebende«). Die Erde wird sich wieder aus den Fluten erheben, üppig und grün; die Vögel und die Fische werden zurückkehren. Das Menschenpaar wird Kinder und Enkel haben und das Leben wird wieder seinen Gang nehmen.

Drachentöter: Die großen nordeuropäischen Sagen

14

In diesem Kapitel

- Wissenswertes über die nordeuropäische Literatur
- Die Eskapaden des ehrgeizigen Wölsungen-Klans
- Der Untergang der Nibelungen
- Das Töten von Ungeheuern mit Beowulf

In Nordeuropa sind die Winter lang und dunkel. Man musste etwas tun und seine Zeit sinnvoll nutzen, wollte man nicht dem Trübsinn verfallen. So webte man wunderschöne Wandteppiche, fertigte raffinierte Metallarbeiten an oder ersann Gedichte. Bei jeder Feier gab es Unterhaltung in Form eines *scop*, eines berufsmäßigen Sängers also, der sich selbst auf der Harfe begleitete und für Stunden Epen rezitierte, Erzählungen über die Taten großer Helden und schöner Frauen, über Drachen, Ungeheuer und lang zurückliegende Schlachten.

Die Vortragenden gaben die Erzählungen mündlich weiter; schriftliche Aufzeichnungen gab es in der Regel nicht. Papier und Tinte waren kostbare Güter und die allermeisten Menschen konnten sowieso weder lesen noch schreiben. In vielen hundert Jahren war es den Menschen gelungen, effektive Erinnerungstechniken zu entwickeln, mit denen es möglich war, selbst sehr lange Epen auswendig zu lernen. Die Dichter bauten u.a. kleine Hilfen in ihre Texte ein. Beispielsweise konnte es sein, dass das letzte Wort einer Zeile mit demselben Buchstaben begann wie das erste Wort des folgenden Verses. Allerdings verändern sich mündlich überlieferte Texte im Laufe der Zeit, so dass es heute fast unmöglich ist zu entscheiden, welche Fassung nun die »authentische« ist. In der Regel besitzen wir nur die Abschrift von Dichtungen, die zufällig bis heute überliefert worden sind. Andere dagegen sind irgendwann im Laufe der Zeit verloren gegangen.

Berühmte Versepen wie der *Beowulf* und die *Wölsungen-Sage* sind eine Mischung aus Wahrheit und Fiktion. In der *Wölsungen-Sage* treten historische Figuren wie etwa Attila der Hunnenkönig sowie tatsächlich existierende Völker auf. Reale Personen wie etwa Gregor von Tours erscheinen auch im *Beowulf*. Beide Sagen enthalten aber auch rein mythische Elemente, etwa die Ungeheuer im *Beowulf* oder auch Odins häufiges Auftreten in der *Wölsungen-Sage*. (Ein Dichter im *Beowulf* erzählt sogar die Geschichte der Wölsungen bei einem Fest.)

Die Mythenexperten haben sich in den letzten zweihundert Jahren bemüht, die nordgermanische Mythologie zu deuten und dabei eine Menge Wissenswertes zu Tage gefördert. Der Grund aber, warum auch heute noch die alten Heldengeschichten gelesen werden, ist noch derselbe wie im Mittelalter – es sind einfach sehr lesenswerte und unterhaltsame Geschichten.

Die Wölsungen-Sage

Diese Sage schildert die Geschichte einer Heldenfamilie. Die namengebende Figur Wölsung erscheint nur kurz am Anfang der Sage. Er ist aber dennoch wichtig: Alle seine Nachfahren nennen sich selbst Wölsungen; sie sind die stärksten, tapfersten und ehrgeizigsten aller Helden. Die mittelalterlichen Bewohner Skandinaviens haben wohl samt und sonders diese Erzählung gekannt. Sie kannten aber nicht nur den Inhalt des Epos, sondern wussten auch, was es bedeutete, ein Leben unter der ständigen Bedrohung des Krieges führen zu müssen. Die Wikinger waren ja nicht gerade ein friedliebendes Volk.

Eine *Sage* ist eine Geschichte, die von den Mythen und Legenden der frühen germanischen Helden oder von historischen Königen handelt. Zwischen den Jahren 1200 und 1400 n. Chr. entstanden in Skandinavien viele derartige Sagen. Heute wird dieser Begriff auch für Geschichten verwendet, die zumindest entfernt an die ursprünglichen Sagen erinnern.

Die Wölsungen-Sage wurde von einem unbekannten Autor im Island des 13. Jahrhunderts niedergeschrieben. Die Quellen, auf die er sich beziehen konnte, waren ältere nordgermanische Dichtungen und volkstümliche Erzählungen. Er vermischte in seiner Dichtung reale Ereignisse aus der Zeit der Hunnenkriege, Geschichten von Burgundern und Goten, mythische Heldentaten Sigurds des Drachentöters und fügte noch eine Prise unerwiderte Liebe und die Rachsucht einer barbarischen Königin hinzu. Die Handlung spielt irgendwo in Nordeuropa im 4. oder 5. nachchristlichen Jahrhundert. Es war die Zeit der Völkerwanderung, als sich die Nordgrenzen des zerfallenden römischen Reiches auflösten und germanische Stämme sowie das asiatische Reitervolk der Hunnen in die vormals von Römern besetzten Teile des Kontinents einfielen.

Die Ereignisse vor Sigurds Geburt

Es waren einmal ein König namens Rerir und eine Königin von Hunnenland, die keine Kinder bekommen konnten. Die Göttin der Geburt, Frigg, bat Odin um Hilfe. Dieser sandte dem König einen magischen Apfel. Daraufhin wurde dessen Frau endlich schwanger. In einer Schlacht verlor der König sein Leben. Die Königin blieb sechs

Jahre lang schwanger, ohne das Kind zur Welt zu bringen. Schließlich bat sie ihre Diener, sie möchten doch das Kind aus ihrem Körper herausschneiden. Die Diener machten sich ans Werk und brachten den Sohn der Königin auf die Welt. Bevor sie starb, küsste ihr sechsjähriger Sohn sie noch. Sein Name war Wölsung; er wurde zum Urahn aller Mitglieder des Wölsungen-Geschlechts.

Wölsung wuchs auf und nahm sich eine Frau, die ihm Zwillinge gebar, ein Mädchen namens Signy und einen Jungen mit Namen Sigmund. Später hatten sie neun weitere Söhne zusammen. Wölsung baute für sich und seine große Familie ein riesiges Schloss. Ein enorm großer Baum namens Barnstock befand sich genau in der Mitte des Hauses und seine mächtigen Äste wölbten sich über das ganze Dach des Gebäudes.

Drum prüfe, wer sich ewig bindet

Wölsung gab seine Tochter Signy dem König von Gautland (ein Gebiet in Schweden) zur Frau. Sein Name war Siggeir. Während des Hochzeitsfestes betrat ein alter einäugiger Mann die Halle, in der sich die Gesellschaft versammelt hatte, zog ein Schwert und rammte es in den Baum Barnstock. Er forderte alle Männer dazu auf, es herauszuziehen, und machte sich danach wieder davon. Alle Krieger versuchten ihr Glück; keiner aber schaffte es. Schließlich trat Sigmund hervor und zog es ohne Mühe aus dem Stamm. König Siggeir wurde darüber sehr wütend, da er das prächtige Schwert gerne für sich selbst gehabt hätte. Er beschloss, Rache zu nehmen.

Der einäugige Mann war niemand anderer als Odin, der Gott der altnordischen Mythologie. Von Zeit zu Zeit erschien er auf der Erde, entweder um den Helden aus der Patsche zu helfen oder um Ärger zu stiften. In Kapitel 13 können Sie mehr über ihn erfahren.

Am darauf folgenden Tag ließ Signy ihren Vater wissen, dass sie ihren neuen Ehemann gar nicht mochte. Er bestand aber darauf, dass sie ihm folgen müsse. Das frisch vermählte Paar segelte also fort; Siggeir lud vor der Abfahrt noch alle Verwandten seiner Braut zu einem Gegenbesuch in drei Monaten ein. Als die drei Monate um waren und die Familie der Braut beim König ankam, griff Siggeir sie an, tötete Wölsung und nahm seine zehn Söhne in Gewahrsam. Signy bettelte um das Leben ihrer Brüder, so dass der König sie schließlich gefesselt im Wald aussetzte. In den folgenden neun Nächten wurde jedes Mal einer von ihnen von einem Wolf angefallen und getötet. Am Ende war nur noch Sigmund übrig. In der zehnten Nacht benetzte Signy das Gesicht ihres Bruders mit Honig. Der Wolf erschien erneut und leckte Sigmund den Honig vom Kopf. Da nutzte Sigmund die Gelegenheit, schnappte mit seinen Zähnen nach der Zunge des Wolfes, riss sie ihm heraus und tötete ihn.

Sigmund verbarg sich vor den Häschern des Königs in den Wäldern, und Signy schickte ihre beiden Kinder zu ihm hinaus, um ihm zu helfen. Beide erwiesen sich aber als Feiglinge, so dass sie Sigmund aufforderte, sie zu töten. Eines Tages tauschte sie mit einer Hexe den Körper und suchte ihren Bruder in dieser Gestalt auf. Sie blieb drei Nächte bei ihm. Nach neun Monaten gebar sie Sigmunds Sohn Sinfjotli. Als er groß war, sandte sie ihn zu Sigmund (der annahm, er wäre Siggeirs Sohn). Sinfjotli bewies Mut und Stärke, so dass Sigmund ihn unter seine Fittiche nahm, um ihn und seine Fähigkeiten für die Rache an Siggeir weiter auszubilden. Sie fanden im Wald magische Wolfsfelle, die sie überstreiften. In Wölfe verwandelt, durchstreiften sie den Wald, was sich als hervorragendes Training für den jungen Krieger erwies.

Sigmunds und Signys Rache

Schließlich war der Tag der Rache gekommen. Sinfjotli sollte seinem Vater helfen, Rache für den Tod seines Großvaters Wölsung zu nehmen. Vater und Sohn machten sich zum Schloss des Königs auf, wurden dort aber gefangen genommen. Der König befahl, sie lebendig zu begraben. Signy gelang es aber noch, Sigmunds Schwert zu den beiden zu schmuggeln, bevor sie eingemauert wurden. Das Schwert benutzten sie dazu, sich einen Weg durch den Fels zu schneiden. Als sie endlich frei waren, schlichen sie in die Halle, in der alle Männer des Königs schliefen, und setzten sie in Brand.

Signy erzählte ihrem Bruder nun, dass Sinfjotli sein eigener Sohn sei. Nachdem der Frevel ihres Mannes nun endlich gerächt war, entschloss sie sich dazu, mit ihm in den Flammen zu sterben. Vater und Sohn begaben sich darauf nach Hause und erlebten noch viele Abenteuer zusammen.

Zu Hause angekommen, heiratete Sigmund eine Frau namens Borghild. Sinfjotli und Borghilds Bruder gerieten wegen einer Frau in Streit, in dessen Verlauf Sinfjotli seinen Nebenbuhler tötete. Da vergiftete Borghild aus Rache ihren Stiefsohn Sinfjotli. Sigmund blieb nichts anderes übrig, als seine Frau zu verstoßen. Kurze Zeit später starb auch sie.

Diese Geschichte erinnert sehr stark an eine ähnliche in der griechischen Mythologie; dort war es Medea, die den Helden Theseus am Hofe seines Vaters zu vergiften trachtete. In Kapitel 6 können Sie sie noch einmal nachlesen.

Sigmund heiratete ein zweites Mal. Seine Frau war Hjordis, die Tochter eines mächtigen Königs namens Eylimi. Sie war die gerechteste und weiseste aller Frauen. Neben Sigmund erhoffte sich noch ein zweiter Mann Hjordis' Hand. Ihr Vater wusste, dass er Zwietracht säen würde, wen auch immer er auswählen würde. Daher wählte er einen überraschend modernen Weg und ließ seine Tochter alleine entscheiden. Hjordis entschied sich für Sigmund, obwohl er zu diesem Zeitpunkt schon recht betagt war.

Wie es nicht anders kommen konnte, war der Ausgebootete ein schlechter Verlierer, der nach der Heirat gleich einen Krieg gegen die zwei vom Zaune brach. Sigmund wurde tödlich verletzt und sein berühmtes Schwert zerbrach. Nach dem Kampf fand ihn Hjordis im Sterben liegend auf dem Schlachtfeld vor. Er sagte ihr, dass sie einen Sohn gebären würde, der die Wölsungen-Linie fortführen werde. Die Teile des Schwertes solle sie aufsammeln und daraus ein neues machen lassen, das den Namen Gram tragen solle. Einst würde sein Sohn mit diesem Schwert in die Schlacht ziehen. Dann starb er.

Der große Däne Sigurd

Nach dem Tod Sigmunds kam der König der Dänen zum Ort des Geschehens, sah Hjordis und hörte sich ihre Geschichte an. Er nahm sie mit nach Hause und heiratete sie. Sie bekam einen Sohn und nannte ihn Sigurd. Er war der größte und stärkste Junge weit und breit, und jeder liebte ihn.

Sein Erzieher wurde Regin. Er brachte ihm Sprachen bei, lehrte ihn Sport und Schach und führte ihn in die Kunst der Runen ein. Gemeinsam mit Odin half er Sigurd, ein Pferd auszusuchen. Sie wählten einen der Nachkommen von Odins Pferd Sleipnir. Man nannte es Grane. Regin flüsterte Sigurd außerdem ein, wo er nun auch noch Reichtum herbekommen könne. Er solle den Drachen Fafnir töten, der einen Schatz hütete. (Fafnir war Regins Bruder.)

Die Runen sind germanische und altnordische Schriftzeichen, die die Menschen für Inschriften auf Holz oder Stein verwendeten. Sie hatten sowohl einen praktischen als auch einen magischen Nutzen. J. R. R. Tolkien machte in seinem Buch *Der Herr der Ringe* reichlich Gebrauch von ihnen.

Der Drache Fafnir und sein Kampf gegen Sigurd

Um dem Drachen seinen Schatz abzunehmen, brauchte Sigurd ein gutes Schwert, mit dem er das Untier töten konnte. Er begab sich zu seiner Mutter, die ihm die Teile des zerbrochenen Schwertes seines Vaters aushändigte. Regin schmiedete daraus ein neues Schwert namens Gram, das alles durchschneiden konnte. Bevor Sigurd sich zum Drachen Fafnir aufmachte, stattete er aber erst noch dem für den Tod seines Vaters verantwortlichen König einen Besuch ab, den der König nicht überlebte.

Regin zeigte Sigurd, wo der Drache lebte, und riet ihm, er solle einen Graben ausheben und sich in ihm verstecken. Regin selbst suchte in sicherer Entfernung Deckung. Während Sigurd noch grub, erschien ein alter Mann – Sie können sich denken, wer es war; es handelte sich wie gewöhnlich um Odin – und wies ihn darauf hin, dass sein Graben nichts tauge. Er solle lieber verschiedene Kanäle anlegen, um das giftige Blut des Drachen aufzufangen. In einem weiteren Graben solle er sich verstecken, um ihn dann zu überraschen und mit seinem Schwert zu durchbohren. Darauf verschwand der alte Mann/Odin. Sigurd machte es genau so, wie er es von ihm gehört hatte. (Die Angewohnheit, plötzlich zu erscheinen, kluge Ratschläge zu erteilen und dann mir nichts dir nichts wieder zu verschwinden, ist typisch für den Gott Odin.)

Schließlich erschien Fafnir, um zu trinken. Mit jedem seiner Schritte erbebte die Erde. Sigurd verbarg sich in seinem Graben. Als der Drache genau über ihm war, zögerte er keine Sekunde und stieß sein Schwert bis zum Heft in die Brust des Drachen. Fafnir schlug wütend um sich und zerstörte alles in seiner Nähe Befindliche. Dann starb er.

Ein kleines Vögelchen hat es mir zugeflüstert ...

Als die Luft rein war, erschien Regin wieder und gratulierte Sigurd zu seinem Sieg. Weil sein Bruder aber nun doch tot war und ihn die eigentliche Schuld traf, blies er ein wenig Trübsal. Er bat Sigurd um einen Gefallen. Er solle dem Drachen das Herz herausschneiden, es über dem Feuer rösten und es ihm zu essen geben. Sigurd erklärte sich einverstanden. Er bereitete es also zu und berührte es dabei unweigerlich auch mit den Fingern. Als er aber seine blutigen Finger ableckte und so das Drachenblut in seinen Mund gelangte, da war es ihm plötzlich auf wundersame Weise möglich, die Sprache der Vögel zu verstehen.

Und worüber sprachen die Vögel? Dass Regin ihn betrügen wolle und dass er besser daran täte, ihn zu töten, den Schatz für sich zu behalten und sich auf den Weg zur schönen Brunhilde zu machen. (Die Sage erklärt nicht weiter, wie die Vögel all dies eigentlich wissen konnten.)

Sigurd befolgte den Rat der Vögel und tötete Regin mit seinem Schwert. Er aß ein wenig von dem Herzen des Drachen und verwahrte den Rest für später auf. Dann spazierte er in die Drachenhöhle, wo er unermessliche Reichtümer fand. Er belud sein Pferd mit den Schätzen und machte sich auf, um Brunhilde einen Besuch abzustatten.

Die Walküre Brunhilde

Brunhilde war eine Walküre, eine jungfräuliche Kriegerin. Sigurd fand sie schlafend und in voller Rüstung in einem Turm vor. Als er ihr die Rüstung abnahm, wachte sie auf. Dann stellte er sich als Wölsunge vor. Brunhilde erzählte ihm von ihrem Schwur, dass sie nur jemanden heiraten würde, der keine Furcht kenne.

Neben ihren kriegerischen Fähigkeiten besaß Brunhilde auch eine prophetische Gabe, die es ihr erlaubte, in die Zukunft zu blicken. Sigurd bat sie um ihre Hand; die Auserwählte war einverstanden mit einer baldigen Heirat. Zunächst aber trennten sie sich für eine Weile. Sigurd rang seine Gegner in vielen folgenden Schlachten nieder, und Brunhilde fertigte einen prachtvollen Wandteppich an, auf dem sie seine Heldentaten farbenfroh darstellte. Schließlich kehrte Sigurd zu ihr zurück und sie erneuerten ihre Verlobung. Brunhilde aber warnte ihn, dass er am Ende eine Frau mit Namen Gudrun heiraten würde.

Der Trank des Vergessens

Brunhilde sollte Recht behalten. Es erschien tatsächlich die Königstochter Gudrun auf der Bildfläche. Sie und Brunhilde waren Freundinnen. Sie stattete Brunhilde einen Besuch ab, um sie wegen eines Traumes um Rat zu fragen. Brunhilde erzählte ihrer Freundin von Sigurd und sagte ihr die Zukunft voraus: Sigurd werde sie bald besuchen, dabei werde Gudruns Mutter Grimhild ihm einen Trank verabreichen, der ihn alles vergessen machen lasse. Er werde Gudrun schließlich heiraten, aber schon kurze Zeit danach sterben. Die Witwe werde danach König Atli zum Mann nehmen, den sie am Ende töten werde. Schockiert von dieser Prophezeiung ritt Gudrun schleunigst zurück nach Hause.

Alles, was Brunhilde prophezeit hatte, sollte sich auch genau so erfüllen. Sigurd besuchte Gudrun; ihre Mutter erkannte in ihm einen prima Ehemann für ihre Tochter, mischte für ihn ihren Trank des Vergessens, woraufhin er Brunhilde einfach vergaß. Sie heirateten, und er schwor ihrer Familie die Treue.

Ein Ring aus Feuer

Nach ihrer Heirat stellte sich das Problem, dass Gudruns Bruder Gunnar noch keine Frau hatte. Sigurd versprach, ihm zu helfen. Als geeignete Kandidatin kam schnell Brunhilde ins Gespräch. Sie hatte sich in einen Turm zurückgezogen, der von einem Ring aus Feuer umschlossen war und erklärt, sie würde nur den Mann heiraten, dem es gelänge, durch diesen Feuerring hindurch zu reiten.

Gunnar gelang es nicht, sein Pferd dazu zu bewegen, durch das Feuer zu galoppieren. Also tauschte er mit Sigurd den Körper und schaffte es, mit dessen magischem Pferd Grane die Sperre zu überwinden. Er stellte sich Brunhilde als Gunnar vor, verbrachte drei Nächte mit ihr und ritt schließlich mit seinem Schwager nach Hause zurück.

Brunhilde berichtete ihrem Vater, was geschehen war, und erklärte, dies wäre der furchtlose Held, den sie zum Manne nehmen wolle. Sie begab sich zu Gunnars Schloss und heiratete ihn.

Als Brunhilde und Gudrun eines Tages gemeinsam ein Bad im Fluss nahmen, gerieten sie in Streit, in dessen Verlauf Gudrun im Zorn erklärte, dass nicht Gunnar, sondern Sigurd es gewesen sei, der die lodernde Sperre überwunden hätte. Brunhilde verlor bei dieser Enthüllung dermaßen die Fassung, dass sie nicht mehr dazu zu bewegen war, ihr Bett zu verlassen. Alle versuchten sie aufzuheitern; sie aber weigerte sich standhaft, da man sie durch einen üblen Trick dahin gebracht hatte, einen Mann zu heiraten, der ihrer nicht würdig war. So wollte sie nicht mehr weiterleben.

Schließlich bat sie Gunnar, Sigurd umzubringen. Gunnar war hin und her gerissen. Am Ende erklärte er sich bereit dazu und beauftragte seinen Bruder Guttorm mit der Tat. Dieser erstach Sigurd im Bett. Bevor er verblutete, gelang es ihm aber noch, seinem Angreifer ebenfalls das Leben zu nehmen. Voller Verzweiflung erstach sich nun auch Brunhilde. Gunnar teilte sie noch ihren letzten Wunsch mit – man sollte sie und Sigurd gemeinsam verbrennen, was auch geschah.

Gudrun und Atli (alias Attila der Hunnenkönig)

Nach dem Tode ihres Mannes verließ Gudrun ihre Heimat und zog für sieben Jahre an den Hof des dänischen Königs. Dort erreichte sie schließlich eine Botschaft ihrer Mutter Grimhild, sie sollte sich wieder verheiraten, damit ihre Seele wieder ins Lot käme. Die Mutter schickte der Tochter auch ein Getränk, das Gudrun alles sie Bedrückende vergessen ließ. Grimhild gab schließlich bekannt, dass ihre Tochter Atli heiraten würde. Abbildung 14.1 zeigt ein Porträt von ihm.

Abbildung 14.1: Attila der Hunnenkönig

Wer will schon Attila den Hunnenkönig zum Mann?

Gudrun erklärte, sie wolle diesen Mann nicht heiraten, da er sicher grausam gegen ihre Brüder vorgehen würde. Ihre Mutter aber bestand darauf. Die Hochzeit fand wie geplant statt. Die Ehe war aber alles andere als harmonisch. Atli verbrachte die meiste

Zeit damit, einen Plan auszuhecken, wie er an das Gold kommen konnte, das sich nun in den Händen der Brüder seiner Frau, Gunnar und Hogni, befand.

Er lud beide zu einem Besuch ein. Ihre Schwester Gudrun warnte sie noch eindringlich, sie sollten fernbleiben. Töricht wie sie waren, kamen sie aber doch. Atli lockte sie in einen Hinterhalt, schnitt Hogni das Herz heraus und zeigte es seinem Bruder Gunnar. Dann warf Atli Gunnar in eine Schlangengrube. Gudrun schickte ihm eine Harfe. Da seine Hände gefesselt waren, spielte er sie mit den Zehen, bis eine Schlange schließlich zubiss und er starb.

Atli wollte sich wieder mit seiner Frau versöhnen, was Gudrun natürlich zurückwies. Am Ende nahm sie für das Geschehene Rache. Sie tötete ihre gemeinsamen Söhne (mit deren Einverständnis; sie sagten ihr, sie könne mit ihnen tun, was sie wolle) und servierte ihrem Mann deren Blut und Herzen. Dann erzählte sie ihm, was sie getan hatte. Schließlich erstach sie Atli eines Nachts im Schlaf. Nach seiner Beerdigung setzte sie den Saal in Brand, in dem sich das Gefolge des Königs befand. In der entstehenden Panik töteten sich seine Soldaten gegenseitig.

Das Ende der Wölsungen-Sage

Gudrun heiratete noch ein drittes Mal und gebar noch weitere Söhne. Ihr Leben glitt nun in etwas ruhigere Bahnen, so dass sie die Zeit fand, für ihre Tochter, die sie gemeinsam mit Sigurd hatte, einen Mann zu finden und die Hochzeitsfeier auszurichten. Ihre wunderschöne Tochter trug den Namen Svanhild. Der Sohn ihres zukünftigen Ehemanns aber deutete gegenüber seinem Vater an, dass er früher schon mit Svanhild geschlafen hatte. Dieser ließ sie daher zur Strafe von Pferden tot trampeln. Als Gudrun vom gewaltsamen Tod ihrer Tochter hörte, beauftragte sie ihre drei Söhne, sie zu rächen. Sie sprach einen Zauber, der bewirkte, dass die Rüstungen ihrer Söhne nicht von Eisen durchbohrt werden konnten. Zwei der Brüder töteten den dritten auf dem Weg zum Ort ihrer Rache. Schließlich fanden die übrig gebliebenen Brüder den König, der ihre Schwester auf dem Gewissen hatte, und schnitten ihm Hände und Füße ab. Die Männer des Königs kamen und griffen sie an; da sie aber unempfindlich gegen Eisen waren, konnten sie ihnen nichts anhaben. Ein einäugiger Mann erschien auf der Bildfläche (Odin mal wieder) und schlug vor, die Krieger des Königs sollten doch mal Steine anstelle ihrer Eisenklingen versuchen. Damit war das Schicksal der letzten Kinder Gudruns besiegelt. Hier endet die Wölsungen-Sage.

Das Nibelungenlied

Für alle, die das mittelhochdeutsche Nibelungenlied kennen, sieht es so aus, als hätte sich Sigurd, der Drachentöter, irgendwann auf die Socken gemacht und wäre aus seiner nordischen Heimat in eine neue Geschichte hineingestolpert, besser gesagt hineingeritten. Dabei war es höchst wahrscheinlich umgekehrt. Was man sich an dunklen Winterabenden in Schweden und Dänemark erzählte und was dann in der Edda und in anderen Sagas niedergeschrieben wurde (siehe *Die Wölsungensaga*), wurde vermutlich aus West- und Südosteuropa in den Norden mitgebracht; der Kern der Geschichte hat sich höchst wahrscheinlich während der Völkerwanderungszeit am Rhein zugetragen.

Damals lebte ein Burgunderstamm, der aus Nordosteuropa an den Rhein gewandert war, unter Führung seines Königs Gundaher für einige Zeit in der Region und verteidigte die Grenzen des römischen Reiches gegen die nachrückenden Völker aus dem Osten. Dieser Stamm wurde von den Römern und/oder den mit ihnen verbündeten Hunnen um 436/37 vernichtend geschlagen. Die genauen Umstände dieser Schlacht konnten bis heute nicht erschlossen werden.

Die schöne Kriemhild fasst einen unhaltbaren Vorsatz

Gunther heißt auch der König der Burgunder im Nibelungenlied, der mit seinen Brüdern Gernot und Giselher in Worms am Rhein residiert; ihre über die Maßen schöne Schwester ist Kriemhild. Sie träumt eines Nachts, dass ihr geliebter Falke von zwei Adlern zerrissen wird. Der Falke sei ein Mann, dem Gefahr drohe, deutet ihre Mutter, die Königin Ute, den Traum.

Um allen Problemen aus dem Weg zu gehen, beschließt Kriemhild sich gar nicht erst zu verlieben. Aber daraus wird nichts, denn in diesem Moment reitet der starke Siegfried von Xanten, Sohn des Königs Siegmund und seiner Gemahlin Sieglinde, mit seinen Mannen auf den Burghof in Worms. Hagen, der finstere Berater der Könige, weiß, dass der Ankömmling einen Drachen getötet hat (Sigurd lässt grüßen) und durch das Bad im Drachenblut unverwundbar wurde. Auch ist ihm bekannt, dass Siegfried bei der Schlichtung eines Streits mit tödlichem Ausgang den sagenhaften Nibelungenhort samt Schwert Balmung und Tarnkappe eingeheimst hat. Deshalb bekommen die Burgunder es ein bisschen mit der Angst zu tun, als sich der junge Held zunächst ziemlich streitsüchtig zeigt.

Doch dann erinnert sich Siegfried daran, dass er ja eigentlich gekommen ist, um die schöne Kriemhild zu heiraten. Ganz schnell wird er friedlich und wenig später zieht er für die Burgunderkönige gegen die Dänen und Sachsen in den Krieg, natürlich unerhört erfolgreich. Als er Kriemhild anschließend zum ersten Mal sieht, ist er völlig hingerissen von ihr. Gunther macht deshalb mit ihm ein Geschäft: Wenn Siegfried ihm hilft, die schöne Brünhild (so wird Brunhilde im Nibelungenlied genannt) zu gewinnen, will er ihm seine Schwester zur Frau geben.

Die starke Brünhild setzt alle matt

Aus den nordischen Sagen ist sie als zauberkundige Walküre bekannt (siehe oben), im Nibelungenlied legt sie sich als amazonenhafte Königin von Isenland mit den Männern an. Nur dem stärksten will sie gehören. Alle Freier, die um ihre Hand anhalten, müssen sich in einem Dreikampf bewähren, wer unterliegt, büßt sein Leben ein. Darum macht sich Siegfried, der die Kraft von zwölf Männern besitzt, nützlich. Er streift sich die Tarnkappe über und führt Gunthers Hand beim Speer- und Steinwurf, ja, er trägt ihn sogar beim Weitsprung. So kommt es, dass bald Doppelhochzeit in Worms gefeiert wird.

Aber Brünhild ahnt, dass sie den falschen Mann geheiratet hat, und als er sich ihr in der Hochzeitsnacht nähern will, fesselt sie ihn und hängt ihn kurzerhand an einen Nagel, bis seine Gelüste abgekühlt sind.

In der nächsten Nacht muss Siegfried deshalb ein zweites Mal zur Tarnkappe greifen. Er kämpft mit Brünhild, dass die Knochen knacken – so steht es im Nibelungenlied – und entwendet ihr ihren Ring und ihren zauberkräftigen Gürtel. Dummerweise überlässt er beides Kriemhild und erzählt seiner Frau auch, wie er dazu gekommen ist.

Das in mittelhochdeutscher Sprache abgefasste Nibelungenlied, bestehend aus 39 Aventüren, wurde um 1200 von einem Dichter geschrieben, der seinen Namen nicht nennt. Die Forscher haben ihn noch nicht eindeutig identifizieren können. Die einen behaupten, dass er eventuell ein Mönch aus dem süddeutschen Passau war, der eine bisher nicht aufgefundene lateinische Vorlage bearbeitete. Andere vermuten, dass er identisch ist mit Bligger von Steinach, einem viel gelobten Epiker, dessen Geschlecht in der Nähe von Heidelberg saß; er selbst war dem staufischen Kaiserhaus – damals Friedrich Barbarossa und sein Sohn Heinrich VI. – sehr verbunden.

Während man das Original des berühmten Nibelungenlieds nie gefunden hat, wurden insgesamt 36 Handschriften entdeckt, die zwischen 1220 und 1450 entstanden sind. Sie spielen alle in Worms. Die Handschrift C, die man heute für die älteste hält, erwähnt die Stadt mit ihrem Umland über dreißig Mal.

Siegfried ist der Beste

Beim nächsten Besuch in Worms kommt es dann zum Eklat. Die beiden Damen geraten sich vor dem Dom in die Wolle. Brünhild will zuerst durchs Portal schreiten, weil sie nun mal die Gemahlin des Königs und Siegfried nur ein Lehnsmann ist.

In Europa gab es im Mittelalter ein kompliziertes Abhängigkeitsverhältnis, das Lehnswesen. Der Kaiser oder König gab seinen Gefolgsleuten Ämter und Ländereien zu Lehen und konnte sich dafür ihrer Unterstützung und Treue sicher sein; die Vasallen, wie man die Lehnsmänner auch nannte, konnten ihrerseits weitere Lehen vergeben. Beim Tod erlosch das Lehnsverhältnis, in späteren Zeiten war es aber auch erblich.

Das will Kriemhild nicht auf sich beruhen lassen. Ein Wort gibt das andere, und schließlich posaunt Kriemhild aus, dass Brünhild ja nicht von Gunther, sondern von Siegfried entjungfert worden sei. Zum Beweis zeigt sie Ring und Gürtel vor. Zwar versucht der eilends herbeigerufene Gunther, die Sache zu vertuschen, und Siegfried erklärt sich ohne weiteres bereit, einen Meineid zu schwören, doch das Unheil nimmt unweigerlich seinen Lauf: Brünhild will Rache für den Verrat und die öffentliche Demütigung, und Hagen stellt sich auf ihre Seite.

Er überredet die Burgunderkönige relativ schnell, sich ihres ohnehin allzu mächtigen und beliebten Schwagers zu entledigen. Unter dem Vorwand einer neuerlichen Bedrohung durch die Sachsen entlockt er Kriemhild das Geheimnis von Siegfrieds Verwundbarkeit. Beim Bad im Drachenblut ist dem Helden nämlich ein Lindenblatt auf den Rücken gefallen. Die genaue Stelle soll sie auf Siegfrieds Gewand durch ein Kreuz markieren, rät ihr Hagen heimtückisch und gibt vor, nur ein wachsames Auge darauf haben und notfalls seinen Schild darüber halten zu wollen. Zuvor muss er aber noch den Sachsenkrieg schnell wieder abblasen und schlägt dafür eine Jagd im nahen Odenwald vor. Natürlich ist Siegfried sofort bei der Sache. Er jagt fast den ganzen Wald leer, sogar einen Löwen erlegt er (wo er den wohl gefunden hat?).

Als er durstig zum Rastplatz kommt, stellt sich heraus, dass der Wein angeblich an den falschen Rastplatz geschickt wurde. Das gehört natürlich zum Plan. Hinterhältig erzählt Hagen von einer erfrischenden Quelle ganz in der Nähe. Siegfried ist noch so fit, dass er einen Wettlauf vorschlägt; weil er weiß, dass die anderen ohnehin nicht so schnell sind wie er, läuft er nicht nur in voller Rüstung, sondern gibt den Burgundern sogar einen Vorsprung. Als er die Quelle schließlich erreicht hat und sich zum Trinken bückt, stößt ihm Hagen einen Speer in den Rücken.

Der Dichter des Nibelungenlieds hat seinen Stoff, den er selbst als alte Mären bezeichnet, in seine eigene Zeit verlegt. Die Personen verhalten sich wie die christlich-höfische Ritterschaft des 12./13. Jahrhunderts. Deshalb ist das Werk ein wichtiger Zeitspiegel. Dabei hat er weitgehend versucht, die heidnischen Elemente wie Drachenkampf, Walküre, Vergessenstrank zurückzudrängen. Brünhilds Zaubergürtel und die Tarnkappe spielen aber nach wie vor eine wichtige Rolle.

Ein feiger Meuchelmord

Man bringt den toten Siegfried zurück nach Worms und legt ihn vor Kriemhilds Kemenate nieder. Sie glaubt natürlich nicht, dass ihr Liebster Opfer eines Jagdunfalls wurde, wie man ihr einreden will. Drei Tage lässt sie ihn im Münster aufbahren, damit alle von ihm Abschied nehmen können. Als Hagen vorbeidefiliert, brechen die Wunden des Toten auf. Im Mittelalter galt dies als Gottesurteil, als Beweis, dass Hagen der Mörder war.

Seine Könige stellen sich vor ihn, statt ihrer Schwester zu ihrem Recht zu verhelfen. Vier Jahre lang spricht Kriemhild kein Wort mit ihren Brüdern. Schließlich drängen sie auf Versöhnung, um in den Genuss des Nibelungenschatzes zu kommen, den sie geerbt hat. Doch als die Königin den unermesslichen Hort freigiebig verteilt, wittert Hagen Unheil. Er fürchtet, dass sie die Menschen gegen ihre Brüder aufwiegelt. Deshalb wirft er den Hort in den Rhein, wo er seitdem immer wieder ergebnislos gesucht wurde.

Zug der Nibelungen nach Ungarn

Als Jahre später Markgraf Rüdiger von Bechelaren für den jüngst verwitweten König Etzel um Kriemhilds Hand anhält, lehnt sie zunächst kategorisch ab. Doch als ihr Rüdiger verspricht, ihr bei der Vergeltung zu helfen, sieht sie plötzlich in dieser Heirat eine Chance, ihre Rachepläne zu befriedigen. Und so zieht sie in einem prunkvollen Zug an der Donau entlang bis Wien und von dort auf die Hunnenburg. Der alternde Etzel ist völlig von ihren Reizen betört. Bald bekommen die beiden einen Sohn, den sie Ortlieb nennen. Doch Kriemhild hat Siegfried immer noch nicht vergessen. So bittet sie ihren arglosen Ehemann, die Verwandten nach Ungarn einzuladen.

Als die Boten in Worms eintreffen, schwant Hagen nichts Gutes, und Rumolt, der Küchenmeister, rät den Burgunderkönigen, doch lieber zu Hause zu bleiben und sich's gut gehen zu lassen.

»Rumolts Rat« spielt eine wichtige Rolle bei der Datierung des Nibelungenlieds. Wolfram von Eschenbach erwähnt ihn in seinem berühmten Werk »Parzival«. Also musste das Epos schon vor 1204, vor der Abfassung des »Parzival«, entstanden sein.

Die Könige aber schlagen seine Warnungen in den Wind und machen sich mit einem riesigen Gefolge auf den Weg in Etzels Reich. Unterwegs trifft Hagen badende Nixen in der Donau und erfährt von ihnen, dass keiner der Burgunder außer dem Kaplan wieder in die Heimat zurückkehren wird. Als Hagen daraufhin den Geistlichen, der nicht schwimmen kann, in die Donau wirft, wird der ans Ufer gespült und gerettet. Jetzt steht für die Burgunder, die der Dichter nun Nibelungen nennt, fest, dass sie dem Untergang entgegengehen.

Unterwegs kehren sie bei Rüdiger in Bechelaren ein und Giselher verlobt sich mit dessen Tochter Gotelinde. So wird ein familiäres Band geschmiedet, das Rüdiger wenig später in einen großen Konflikt stürzen wird.

Eine Frau sieht rot

Frostig werden die Nibelungen an Etzels Hof von Kriemhild empfangen. Die Rachepläne der Königin werden aber erst mal durchkreuzt, weil die Burgunder ihre Rüstungen und Waffen nicht ablegen. Sie macht keinen Hehl daraus, dass sie es auf Hagen allein abgesehen hat. Der aber bietet ihr frech die Stirn, reizt sie, indem er Siegfrieds Schwert Balmung zur Schau stellt und gibt zu, der Mörder ihres Mannes zu sein. Nachts sendet sie Hunnenkrieger aus, um die Burgunder im Schlaf zu überwältigen, doch Hagen und Volker, der Spielmann, die Wache halten, verscheuchen sie. Sie gehen auch zum großen Erstaunen Etzels bewaffnet in die Kirche – es sei Brauch bei ihnen, drei Tage lang gerüstet zu gehen, erklärt Hagen, und Kriemhild, die es besser weiß, widerspricht nicht.

Bei den anschließenden Turnieren vermeiden Rüdiger und Dietrich von Bern, der als Fremder am Hofe Etzels lebt, das Zusammentreffen ihrer Männer mit den Gästen. Sie wollen unbedingt Frieden halten. Doch Hagen provoziert nicht nur Kriemhild, sondern auch den König, indem er sich über den kleinen Ortlieb lustig macht.

Kriemhild versucht, Dietrich mit Gold auf ihre Seite zu ziehen. Als der sich jedoch entrüstet weigert, als Siegfrieds Rächer aufzutreten, bittet sie ihren Schwager Blödelin um Hilfe. Als Lohn verspricht sie ihm Ländereien und eine schöne Frau.

Daraufhin kommt es in der Unterkunft der Burgunder, wo Dankwart, Hagens Bruder, sich mit den Knappen aufhält, zu einem furchtbaren Gemetzel. Blutüberströmt meldet wenig später Dankwart seinen Herren, die mit Etzel zu Tisch sitzen, den Tod Tausender junger Männer. Jetzt brechen alle Dämme. Hagen tötet Ortlieb, dessen abgetrennter Kopf in Kriemhilds Schoß landet. Er und Volker richten ein Blutbad unter Etzels Leuten an, ja, sie erschlagen sogar die Männer, die ihre Verwundeten retten wollen. Zitternd vor Angst bittet Kriemhild Dietrich um Hilfe.

Nun geht der Kampf erst richtig los. Nachdem schließlich zahllose Menschen durch das Schwert den Tod gefunden haben, suchen die Burgunderkönige das Gespräch. Doch Kriemhild verlangt, dass man ihr Hagen ausliefert. Darauf aber wollen sich die Brüder nicht einlassen. Lieber wollen sie alle sterben, als einen der Ihren im Stich zu lassen.

Wutentbrannt lässt die Königin den Saal anzünden. Die Gluthitze setzt den Nibelungen dermaßen zu, dass sie das Blut der Toten trinken, um wieder zu Kräften zu kommen. So können viele hundert Krieger dem Tod entkommen.

Jetzt bitten Kriemhild und Etzel ihren Lehnsmann Rüdiger einzugreifen. Dieser weigert sich, hat er doch die Gäste in seinem Haus empfangen und Giselher als Schwiegersohn gewonnen. Doch das Königspaar fällt ihm zu Füßen und erinnert ihn an seinen Eid. So tritt er den Burgundern voller Trauer gegenüber, erläutert ihnen seinen Zwiespalt und verliert wenig später durch Gernot sein Leben.

Als die Burgunder seinen Leichnam nicht herausgeben, beginnt ein Kampf Mann gegen Mann, bis nur noch Gunther und Hagen, Dietrich und sein alter Meister Hildebrand übrig sind. Dietrich, der sich bis zum letzten Moment für den Frieden eingesetzt hat, bezwingt die ermatteten Helden und liefert sie gebunden an Kriemhild aus. Noch einmal fragt die Königin Hagen nach dem Hort, doch der will nicht reden, solange einer seiner Herren noch am Leben ist. Er schweigt aber auch noch, als Kriemhild ihm Gunthers Kopf präsentiert. Da reißt sie ihm Balmung aus der Scheide und enthauptet ihn. Voller Entsetzen schlägt Hildebrand sie in Stücke. Das ist das Ende der Nibelungen.

Das Nibelungenlied war im Mittelalter wohl weit verbreitet, doch dann verschwand es in der Versenkung. Bekannt war nur die Geschichte von Siegfried, dem Drachentöter. Erst Ende 1755 entdeckte man eine der Handschriften, die Handschrift C, wieder und veröffentlichte sie. Nachdem das Werk zunächst auf Ablehnung gestoßen war, spielte es in den folgenden Jahrhunderten eine große Rolle und wurde ganz unterschiedlich interpretiert. Das Nazi-Regime verherrlichte vor allem das fragwürdige Heldentum der Burgunder im Hunnenland. Heute versteht man das Nibelungenlied eher als Schreckensgemälde, das vor dem Krieg warnen will.

Etwas für jeden: Beowulf

Beowulf ist das erste lange, in einer germanischen Sprache verfasste Versepos überhaupt. Es existiert lediglich eine erhaltene Originalhandschrift der Dichtung. Die Menschen erkannten erst gegen Ende des 18. Jahrhunderts die Bedeutung des Epos, zu einer Zeit also, als die Völker Europas nach Geschichten Ausschau hielten, die geeignet erschienen, die Herkunft ihrer Nationen zu erklären – sozusagen eine *Ilias* für jedes Volk (siehe Kapitel 7, wenn Sie mehr über diese Dichtung erfahren, und Kapitel 11, wenn Sie etwas über die Gründungsmythen der Nationen lernen wollen). Die Deutschen hatten ihr *Nibelungenlied*, die Franzosen ihr *Chanson de Roland* und die Engländer den *Beowulf*. Der Letztere wurde übrigens auch von den Dänen und Deutschen für sich in Anspruch genommen, von den Dänen, weil die Handlung in Dänemark spielt, von den Deutschen, weil die Ereignisse im Norden des Kontinents vor der christlichen Missionierung spielen und von den Engländern schließlich, weil der Text in altenglischer Sprache niedergeschrieben wurde.

Der Name »Beowulf« stammt möglicherweise von den altenglischen Wörtern für »Biene« und »Wolf« ab. Die Verbindung beider Wörter ergab das Wort für »Bär«.

Das Altenglische ist für einen heutigen englischen Muttersprachler nicht mehr verständlich. Um Texte in dieser Sprache lesen zu können, muss man sie studiert haben. Das Altenglische unterscheidet sich auch wesentlich vom Mittelenglischen, wie es etwa Geoffrey Chaucer in seinen *Canterbury Tales* verwendet hat. Mittelenglisch kann mit ein wenig Übung auch ein Laie verstehen. Man nennt die altenglische Sprache auch Angelsächsisch. Sie ist eher mit dem Deutschen als mit dem heutigen Englisch verwandt. Das moderne Englisch besitzt sehr viele Einflüsse aus der französischen Sprache aus der Zeit nach 1066, als die Normannen unter Wilhelm dem Eroberer England besiegten.

Der Dichter, der den *Beowulf* niederschrieb, war sehr wahrscheinlich ein Christ. (Es handelte sich wohl um einen Mönch, denn wer sonst konnte damals schon lesen und schreiben oder besaß Tinte und Papier?) Dieser Unbekannte schaut in seiner Dichtung auf ein heidnisches Zeitalter zurück. Hin und wieder tauchen auch Elemente heidnischen Glaubens in dem Text auf, etwa Beowulfs Glaube an das Schicksal und sein Streben nach Ruhm und Ehre noch zu seinen Lebzeiten (und nicht etwa nach dem Tode wie bei den Christen). Die böse Figur Grendel wird in Verbindung gesetzt mit der biblischen Figur des Kain, aber auch mit bösen nordgermanischen Riesen.

Wie dem auch sei – der *Beowulf* handelt von einer Figur mit Namen Beowulf, die mutig und tapfer ist und eine Begabung dafür hat, Ungeheuer zu töten. Beowulf gehörte zum Volk der *Gauten*. Die Gauten lebten in Schweden.

Grendel und der Sitz Heorot

Ein dänischer König namens Hrothgar war ein sehr erfolgreicher Krieger. Er baute einen riesigen Herrensitz, den er Heorot taufte. Dort lagerte er mit allen seinen Soldaten, wenn er sich im Krieg befand.

Eines Tages erschien ein Ungeheuer – Grendel. Grendel lungerte gerne vor den Unterkünften der Menschen herum und hasste die freudigen Geräusche, die von drinnen bei Lustbarkeiten und Feiern nach draußen an sein Ohr drangen. Er lebte im Sumpfland und war ein Nachfahre des Brudermörders Kain (in der jüdischen Tradition gibt es die Vorstellung, dass alle Unholde vom ersten Brudermörder Kain abstammen) und der Riesen. Der Schöpfer der Welt hatte ihn gemeinsam mit allen Trollen, Elfen und lebenden Toten, die gegen ihn aufbegehrten, verdammt.

Als die Nacht hereinbrach, schlich Grendel sich heran, um einen Blick in die Halle des Gebäudes zu werfen, in dem die Menschen sich so köstlich zu amüsieren schienen. Durch die Fenster konnte er alle Soldaten sehen, die sich nach ihrem Fest zum Schlafen niedergelegt hatten. Er griff sich dreißig von ihnen und schleppte sie nach Hause, wo er sie verspeisen wollte. Als die Übriggebliebenen im Morgengrauen erwachten, bemerkten sie, dass einige fehlten. Alle waren betrübt darüber, am meisten aber Hrothgar.

In der folgenden Nacht schnappte sich Grendel wieder einige Unglückliche unter den Kriegern. Danach wollte niemand mehr in Heorot schlafen. Ganze zwölf Jahre blieb das Haus unbewohnt. Die Dänen wussten nicht, was sie tun sollten. Selbst die Gebete, die sie an ihre heidnischen Götter richteten, halfen nicht.

Beowulf trifft auf Grendel

Grendel hatte also einen gut Teil von Hrothgars Männern verspeist. Das passte den Dänen gar nicht. Hier betritt Beowulf die Bühne des Geschehens. Er hatte von den Untaten des Ungeheuers gehört und segelte von Schweden herüber nach Dänemark, um seine Hilfe anzubieten. Beowulf war ein großer Held und strebte wie alle Helden nach immer mehr Ruhm. So war er entsprechend immer auf der Suche nach noch größeren, gefährlicheren und das Wohlgefallen der Menschen erheischenden Heldentaten, um seine Ehre und seinen Ruf als Held zu mehren. Hrothgars Wache empfing Beowulf und seine Männer am Hafen. Er stellte sich vor und schilderte seine Absichten. Die Wache führte ihn und die anderen Gauten schließlich zu Hrothgar.

Beowulf erzählte dem König, dass er gekommen sei, um dem Ungeheuer, das Heorot bedrohte, den Garaus zu machen. Das klang in Hrothgars Ohren nur zu verlockend. Er gewährte ihnen freie Hand und führte sie zu seinem Sitz. Beowulf ließ verlauten, dass er keine Waffen und keine Rüstung gegen Grendel benutzen wolle, da das Untier ebenfalls nichts dergleichen einsetze. Dann teilte er dem König mit, wohin dieser seine Waffen schicken solle, falls er im Kampf umkommen sollte, und betonte, dass er jedes Schicksal willkommen heiße.

An diesem Abend feierten alle ein rauschendes Fest in Heorot. Man trank reichlich Bier und ein Sänger trug Verse vor (u.a. auch aus der Wölsungen-Sage). Beowulf nutzte die Gelegenheit und protzte mit seinen Heldentaten aus der Vergangenheit, als er zum Beispiel fünf Tage im Meer geschwommen war und dabei jede Menge Meeresungeheuer umgebracht hatte. Die schöne Gattin Hrothgars ging durch die Säle und grüßte alle anwesenden Männer. Beowulf versprach ihr, er werde Grendel töten oder bei dem Versuch selbst umkommen. Dann wollten alle schlafen. Die Dänen gingen nach Hause, und Beowulf blieb mit seinen Mannen in Heorot.

Kaum waren alle eingeschlafen (bis auf einen natürlich), da schlich schon Grendel voller Wut über all die garstigen Menschen heran. Er sah die schlafenden Krieger und dachte bei sich, dass er sie dieses Mal alle auffressen wollte. Er griff nach dem ersten und verspeiste ihn noch an Ort und Stelle. Er wollte den nächsten packen, da bemerkte er, dass ihm selbst jemand am Arm hing. Beowulf hielt ihn fest und ließ auch nicht los.

Grendel schrie und wand sich; Beowulf aber ließ sich nicht abschütteln. Schließlich riss Beowulf ihm den Arm ab. Grendel floh in seine Sümpfe, wo er bald danach verendete.

Die Mutter Grendels

Dass Grendel so leicht besiegt werden konnte, hätte niemand zu träumen gewagt und alle waren sehr froh. Hrothgar überreichte Beowulf viele Geschenke für seinen Dienst an der Gemeinschaft. Es wurde wieder ein großes Fest gefeiert, bei dem Grendels Arm als Trophäe ausgestellt wurde. In der folgenden Nacht aber geschah, womit niemand gerechnet hatte. Ein anderes Ungeheuer, Grendels Mutter, erschien. Ihre Kräfte reichten zwar nicht an die ihres Sohnes heran; dennoch flößte auch sie den Menschen einen gehörigen Schrecken ein und erwies sich schließlich als mindestens ebenso anstrengend wie Grendel. Sie griff sich Hrothgars besten Krieger und verschwand mit ihm in den Sümpfen. Nun war plötzlich wieder alles so, wie es vor Grendels Tod gewesen war.

Also mußte Beowulf noch ein paar Heldentaten vollbringen. Er legte seine Rüstung an, nahm seine Waffen und begab sich ans Meer, da Grendels Mutter im Wasser lebte. Beowulf sprang furchtlos in die Fluten und blieb für einen ganzen Tag verschwunden. Er fand das Ungeheuer tief unter der Wasseroberfläche. (Er muss ein echter Tauchkünstler gewesen sein, dass er so lange die Luft anhalten konnte.)

Beowulf nahm sein Schwert und stach auf sie ein, konnte ihr aber keine Verletzungen zufügen. Daher packte er sie mit den bloßen Händen und schleuderte sie zum Meeresgrund hinunter. Sie wehrte sich und versuchte, ihn mit einem Messer zu erstechen, was aber durch seine Rüstung vereitelt wurde. Da sah Beowulf ein uraltes und sehr großes Schwert, das das Seeungeheuer in seiner Unterwasserhöhle zusammen mit anderen Waffen aufbewahrte als Souvenirs aus Kämpfen mit früheren Gegnern. Er packte es und bohrte es dem Untier tief in den Nacken. Die Getroffene brach schließlich tödlich verwundet zusammen.

Beowulf hatte nun Zeit, sich in aller Ruhe in der Höhle umzuschauen. Auf einer Art Liege fand er den toten Grendel. Er nahm noch mal das Schwert und schlug ihm damit den Kopf ab. Dann schwamm er wieder an die Oberfläche.

Oben waren natürlich alle begeistert. Der Spuk hatte endlich ein Ende. Es wurde gefeiert und dem Helden wurde die ihm gebührende Ehre zuteil. Beowulf verließ mit seinen Kriegern Hrothgars Hof in Dänemark und begab sich auf die Heimreise nach Gautland in Schweden. Dort wurde Beowulf zum König gekrönt.

Des Drachentöters letztes Gefecht

Nach seinen Erlebnissen in Dänemark regierte Beowulf die nächsten fünfzig Jahre friedlich als König über die Gauten. Dann, eines Tages, geschah es, dass ein Drache erschien und die Menschen bedrohte.

Der Drache hatte in seiner Höhle in den Bergen einen Schatz versteckt. Er war immer friedlich gewesen bis zu dem Tage, als ein Dieb ihm einen Becher entwendete. Der Drache verließhin daraufhin seine Höhle, um nach dem Dieb Ausschau zu halten. Als er zurückkam, sah er, dass sein Schatz schon wieder Opfer von Plünderern geworden war. Da beschloss er, gegen die räuberischen Gauten vorzugehen. Er zog aus und verbrannte ihre Felder und Häuser mit seinem feurigen Atem.

Beowulf war zu diesem Zeitpunkt schon ein alter Mann. Er ließ es sich aber nicht nehmen, noch einmal seine Rüstung anzulegen und zu den Waffen zu greifen, um es dem Drachen zu zeigen. Zusammen mit vielen seiner »tapferen« Krieger machte er sich auf den Weg zur Drachenhöhle. Keiner aber traute sich, dem Monster Auge in Auge gegenüberzutreten. Nur Beowulf selbst hatte den Mut dazu. Er stand am Eingang zur Höhle und forderte das Untier auf, sich ihm zu stellen. Das ließ sich nicht lange bitten und kam auch prompt. Beide fanden ihr Gegenüber entsetzlich.

Der Drache blies ihm seinen feurigen Atem entgegen. Beowulf konnte sich aber mit seinem Schild schützen. Er holte zum Gegenschlag aus und durchbohrte den Drachen mit seiner Klinge. Der Hieb war jedoch nicht tödlich. Wütend schlug der Drache um sich, was Beowulf in arge Bedrängnis brachte.

Da sprang ein junger Krieger namens Wiglaf hervor und sprach den anderen ins Gewissen, dass es nicht recht sei, ihren König alleine sterben zu lassen. Er eilte seinem Herrn zu Hilfe. Beowulf holte erneut zu einem Hieb gegen den Drachen aus. Die Klinge seines Schwertes brach aber ab, so dass der Drache ihn am Genick packen konnte. Wiglaf sprang herbei und trieb dem Drachen sein Schwert in die Brust. Beowulf zog seinen Dolch heraus und rammte ihn dem Tier in den Bauch. Gemeinsam gelang es ihnen, den Drachen zu töten.

Wiglaf versorgte Beowulfs Wunden. Dieser wusste aber, dass seine Stunde gekommen war. In seinen letzten Worten sprach er davon, wie sehr er es bedauere, dass er keinen Sohn habe, dem er seine Drachentöter-Ausrüstung hinterlassen könne. Mit seinem Leben aber sei er im Reinen und bedauere nichts. Er gab Wiglaf seine goldene Halskette und seine Rüstung zum Geschenk; dann verließ seine Seele den Körper des Helden.

Nun erst erschienen die anderen Soldaten des Königs am Schauplatz seines Todes. Vergeblich mühten sie sich, den toten Beowulf mit Wasser wieder zum Leben zu erwecken. Wiglaf sprach zu ihnen, dass ihr Heldenleben zu Ende sei, da sie es versäumt hätten, ihrem Herrn zu helfen. Ihr ehrloses und feiges Verhalten hätte nur Schande über sie gebracht. Er sagte ihnen auch, dass es nicht lange dauern könne, bis die Schweden sie für den Tod ihres Königs verantwortlich machen würden.

Die Soldaten nahmen sich des toten Königs an. Zunächst aber bestaunten sie den Kadaver des fünfzehn Meter langen Drachen, der inmitten seiner Schätze lag. Wiglaf trug den Männern auf, einen Scheiterhaufen zu errichten und diesen mit Gold und Rüstungen zu bedecken. Dann verbrannten sie Beowulfs Leichnam, wobei sie gemeinsam einen Trauergesang anstimmten. Seine Asche bestatteten sie zusammen mit reichlich goldenen Grabbeigaben in einem Hügelgrab. So endete die Geschichte von Beowulf.

Ein Sitz an der Tafelrunde: König Artus und sein Hof

15

In diesem Kapitel

- König Artus und seine Mitstreiter
- Ehebruch am Artushof
- Die Suche nach dem Heiligen Gral und andere Abenteuer

Von der Artus-Legende existiert keine einzige endgültige Fassung. Die Geschichte des Königs von England und seiner Tafelrunde ist schon seit so vielen Jahrhunderten in ganz Europa verbreitet, dass fast jedes Land des Kontinents in den letzten eintausend Jahren sich an diesem Mythos versucht hat.

In diesem Kapitel erfährt der Leser also nicht alles über König Artus, was es über ihn zu wissen gibt. Wir haben versucht, die bekannteren Geschichten und Figuren der Artus-Legende nachzuerzählen (besonders haben wir uns dabei an dem Autor Thomas Malory orientiert, dessen Werk die meisten nach ihm kommenden Autoren maßgeblich beeinflusst hat), müssen aber betonen, dass es noch einige mehr gibt. Wir erheben auch nicht den Anspruch, alles »richtig« wiedergegeben zu haben. Es gibt so viele unterschiedliche Fassungen des Stoffes, dass niemand sagen kann, was die »korrekte« oder »authentische« ist. Malory erzählte ihn so, Tennyson anders und Monty Python lieferte eine wiederum ganz andere Fassung. Alle drei dürfen dabei vorgehen, wie es ihnen beliebt. Es handelt sich schließlich um eine Legende; man kann sie erzählen, wie man möchte.

Die Suche nach König Artus

Wer war König Artus? Niemand weiß es. Es wurde viel zu viel über ihn in den letzten eintausend Jahren geschrieben, seien es Gedichte oder Prosaerzählungen, als dass man diese Frage heute noch beantworten könnte. Aus der Zeit, in der er angeblich lebte, sind uns keine verlässlichen schriftlichen Dokumente in ausreichender Zahl überliefert, die uns Auskunft über ihn geben könnten.

Die historische Figur des Artus lebte womöglich irgendwann zwischen dem fünften und siebten nachchristlichen Jahrhundert in England, zu einer Zeit also, als die römische Herrschaft in Britannien zu Ende ging und die walisischen und englischen Königreiche, die die Römer ablösten, sich noch im Anfangsstadion ihrer Entwicklung befanden. Die unterschiedlichsten Stämme kämpften gegeneinander und ein Volk mit Namen Sachsen eroberte einen großen Teil der Insel.

Artus war vielleicht der Führer der Britannen, der ursprünglichen Bevölkerung der Insel, die sich der Bedrohung durch die Sachsen entgegenstellen wollten. Vielleicht war er ein Held der Waliser. Es gibt auch Spekulationen darüber, dass er vielleicht ein Nachkomme der dort stationierten Römer war. Eine bekanntere Theorie besagt, dass es sich bei ihm um einen britannischen Reitergeneral mit Namen Arturius gehandelt habe, der gegen die Sachsen gekämpft und sie in der Schlacht von Badon Hill im Jahre 517 geschlagen habe.

Im 12. Jahrhundert fand man in der Glastonbury Abbey in England ein Kreuz mit einer lateinischen Inschrift, die lautete: »Hier liegt begraben der berühmte König Artus, auf der Insel Avalon.« Abbildung 15.1 zeigt eine Zeichnung des Kreuzes. Seit dem 18. Jahrhundert ist das Kreuz unglücklicherweise verschollen. Es existieren lediglich noch Zeichnungen. Handelt es sich wirklich um seinen Grabstein, oder war das Ganze nur eine Art Werbekampagne oder Scherz der Mönche dieser speziellen Abtei? Man weiß es nicht!

Abbildung 15.1: Das Kreuz des Königs Artus aus der Abtei von Glastonbury

Wie schon erwähnt, kann niemand mit Bestimmtheit sagen, wer Artus war oder was er getan und ob er überhaupt existiert hat. Man könnte fragen: Spielt das eine Rolle? Eigentlich nicht, würden wir antworten. Er ist als literarische Figur viel realer und greifbarer denn als historische Persönlichkeit. Schon seit dem Mittelalter genießt seine Geschichte unter den Menschen große Beliebtheit und noch heute geht die Beschäftigung mit ihm weiter.

Jeder liebt König Artus

Geoffrey of Monmouths um das Jahr 1135 verfasste *Geschichte der Könige in Britannien* verlieh König Artus den ihm gebührenden Platz in der mittelalterlichen Geschichte. Das Werk ist eine Art offizielle Biographie über ihn, eine literarische Geschichte mit einem Hauch Romantik, wobei der Autor sich stark auf die Geschichte und die Legenden der Waliser stützte. Fast erscheint es so, dass der Sinn von Monmouths Arbeit darin gelegen hätte, den Walisern und Britannen ein wenig Nationalgefühl beizubringen. Neben Julius Caesar und Brutus, die auch in dem Werk erwähnt werden, sowie vielen anderen historischen Figuren wird Artus und seinem Freund Merlin doch der größte Platz eingeräumt.

Auch die Franzosen fanden Gefallen an der Legende und fabulierten auch prompt ihre eigenen Geschichten über ihn. Sie schufen höfische Dichtungen, in denen die Ereignisse um König Artus eingebettet wurden in philosophische Exkurse, Szenen höfischer Liebe und des Rittertums. Der Dichter Chrétien de Troyes verfasste die berühmteste der französischen Dichtungen über Artus. Er lebte im 12. Jahrhundert am Hof des französischen Königs und schrieb seine berühmtesten Arbeiten in den Jahren 1170 bis 1190. Seine Dichtungen waren: *Lancelot* (*Der Ritter des Wagens*), *Yvain* (*Der Ritter mit dem Löwen*) und *Perceval* (*Die Geschichte des Grals*). Auch in der deutschen Dichtung taucht die Artus-Legende immer wieder auf, so z.B. in Hartmann von Aues *Iwein* oder Wolfram von Eschenbachs *Parzival*. Beide Werke wurden um 1200 geschrieben und lehnen sich sehr stark an die französischen Versionen des Stoffes an.

Die Minne, d.h. die am mittelalterlichen Hof praktizierte, verfeinerte Form der Liebe und des Werbens, war den adligen Ständen vorbehalten. Liebesbeziehungen bei Hof waren geheime, außereheliche Affären, bei denen der Mann seine Angebetete mit Geschenken, Minne-Liedern und auf andere Weise umwarb und sie ihm gelegentlich einen Blick gönnte. Minne und Ritterlichkeit war der Code, dem die Ritter damals folgten. Die Regeln dieses Verhaltens beinhalteten z.B. Loyalität der Kirche und dem Land gegenüber, Achtung der Schwachen, Ehrlichkeit und Mildtätigkeit.

Die berühmteste Fassung des Artus-Stoffes ist *Le Morte D'Arthur* von Sir Thomas Malory, geschrieben im Jahre 1485 während eines Gefängnisaufenthalts des Dichters (er hatte eine Reihe von Verbrechen begangen, unter anderem Wegelagerei, Viehdiebstahl und versuchten Mord). Malory scheint für seine Version des Stoffes Zugriff auf viele unterschiedliche Quellen gehabt zu haben, darunter Monmouths Geschichtswerk und die französischen Liebesromane.

Artus selbst spielt in den meisten Dichtungen, in denen er auftritt, eine nur untergeordnete Rolle. Die Dichter konzentrierten sich meist auf seinen Hof und die Tafelrunde sowie die Heldentaten seiner Ritter. Artus selbst erscheint meist zu Anfang und am Ende der Werke als eine unnahbare und majestätische Figur, die sich mit den Niederungen menschlichen Treibens nicht abgibt.

Dichtungen über Artus - Er hat das Zeug zum Star!

Viel wurde über Artus schon im Mittelalter geschrieben. Während der letzten tausend Jahre ebbte das Interesse an der Legende eigentlich nie richtig ab. Jede Zeit sah in ihr verschiedene Ideale verkörpert. Stand in den frühesten Fassungen des Stoffes noch der chaotische Beginn der Zivilisation im Vordergrund, so sahen die Dichter des Mittelalters Camelot als eine Art ritterliches Utopia, in dem sie ihre Idealvorstellungen verwirklicht sahen. Die Autoren der späteren viktorianischen Zeit sahen wiederum ihre eigenen Werte in der Sage verkörpert. In moderner Zeit schließlich wird der Stoff dahingehend umgestaltet, dass er wie ein Kampfplatz erscheint, auf dem das Edle und Tugendhafte über das Ehrlose und Schurkische obsiegen kann.

Die Artus-Legende erlebte im England des 19. Jahrhunderts einen Popularitätsschub. Der englische Dichter Tennyson schrieb ein langes Epos über die Artus-Geschichte mit dem Titel *Königs-Idyllen*. Sein Werk basiert zwar auf Malorys Werk *Artus' Tod*; es enthält aber dennoch reichlich viktorianische Elemente, die es zu einer Dichtung seiner Zeit machen. Er strich an Artus besonders sein edles Wesen, Harmoniebedürfnis, seine Keuschheit, Friedensliebe und Selbstlosigkeit heraus – alles Werte, die in der damaligen Epoche einen hohen Stellenwert besaßen.

Artus ist aber immer noch in aller Munde. Im 20. Jahrhundert wurde der Stoff zahllose Male wieder aufgegriffen, in Büchern, Theaterstücken, Filmen und als touristisches Programm für Englandbesucher. Wie es ausschaut, wird das Interesse an ihm auch so bald nicht erlahmen.

Camelot

In den Artus-Legenden treten sehr viele Figuren auf, die wir hier nicht in ihrer Gesamtheit auflisten können. Neben Königen, Zauberern und Hexen sind es schöne Damen, gelegentlich Einsiedler und viele, viele Ritter.

Mitunter erscheint die Geschichte ein wenig verwirrend; dies liegt aber nicht nur an der Fülle der Figuren, sondern auch an dem Umstand, dass die Namen der Figuren nicht immer gleich lauten. Lancelot tritt manchmal (zumindest im englischen Original) als »Launcelot« auf; Mordred heißt bisweilen »Modred«; die Dame des Sees (die Fee, die das Schwert Excalibur aus den Tiefen des Sees emporholt) hat gleich mehrere Namen. Schlussendlich heißen gleich zwei Damen, die sich in Lancelot verlieben, »Elaine«. Wir erwähnen dies nur, damit Sie bei Ihrer Lektüre der Legende nicht zu irritiert sind. Es spielt im Grunde aber keine so große Rolle, und Sie sollten sich davon nicht weiter ablenken lassen.

Die Helden der Artus-Sage

Es gibt keine Heldentaten ohne männliche Figuren. Die Artus-Sage enthält jede Menge davon – gute, böse und alle Schattierungen dazwischen. Im Folgenden eine Liste mit den wichtigsten:

- ✔ **Artus:** Artus war ein bedeutender König von England. Die Artus-Legende erzählt, wie er Britannien vereinte und ein Zeitalter des Wohlstands im gesamten Königreich einläutete. Der runde Tisch an seinem Hof – die Tafelrunde – war ein Ort, an dem sich alle um die Macht rivalisierenden Ritter von gleich zu gleich versammeln konnten, ohne dass einer dem anderen eine unterlegene Position hätte zuweisen können. Sie hatten nichts anderes im Kopf als Ehre und Abenteuer. Die Suche nach dem Heiligen Gral bot dazu reichlich Anlass. Artus selbst war ein großer und heldenhafter Krieger; gleichzeitig hatte er aber auch noch viele andere Eigenschaften – er war großzügig, unentschlossen, versöhnlich, ungerecht, weise und töricht zugleich.

- ✔ **Merlin:** Merlin war ein Zauberer. Er half Uther Pendragon dabei, Igraine zu verführen, wodurch Artus überhaupt erst entstand. Als Artus noch ein Baby war, gab er ihn in die Obhut eines vertrauenswürdigen Ritters mit Namen Sir Ector (der in den deutschen Texten auch als »Hektor« erscheint), der ihn weit ab von allen Gefahren des Hofes großzog. In einigen Fassungen der Legende war Merlin Artus' Lehrer und er war es auch, der für die Episode mit dem in einem Amboss feststeckenden Schwert verantwortlich war, wodurch am Ende Artus Anspruch auf den Thron erheben konnte (mehr dazu weiter unten). Merlin veranlasste außerdem Viviane, die Dame des Sees, dazu, Artus das Schwert Excalibur auszuhändigen. Gegen Ende von Artus' Leben verliebte sich Merlin in die Hexe Viviane, die ihn dazu überredete, ihr alle seine magischen Fähigkeiten beizubringen, und ihn dann in einer verzauberten Höhle oder einem Glasturm einsperrte. So viel zur Loyalität der eigenen Schüler!

Einige Ritter standen Artus näher als andere. Die folgende Liste gibt einen Überblick über einige der wichtigsten und einflussreichsten Ritter der Artus-Geschichten:

- ✔ **Lancelot vom See:** (Wird so genannt, weil seine Stiefmutter ihn unter der Wasseroberfläche eines Sees großgezogen hat.) Diese Figur wurde erst relativ spät in die

Legende eingefügt. Als Erstes taucht sie bei Chrétien de Troyes auf. Er war der beste und treueste unter Artus' Rittern und war seinem Herrn in jeder Hinsicht bis auf eine ergeben: Er unterhielt während vieler Jahre eine verbotene Beziehung zu Königin Guinevere.

- **Galahad:** Er war Artus' unehelicher Sohn aus seiner Beziehung zu Elaine. Er war der tugendhafteste unter allen Rittern, unbesiegbar und der einzige, der würdig genug war, auf dem Siege Perilous Platz zu nehmen, und der einzige, der den Heiligen Gral finden konnte. (Der so genannte *Siege Perilous* war ein an der Tafelrunde für einen berufenen Ritter reservierter Sitz; vor Galahads Erscheinen in Camelot ahnte niemand, wer dieser Ritter wohl einmal sein würde; es traute sich aber auch niemand, auf dem Sitz Platz zu nehmen, da dies tödliche Folgen gehabt hätte für den, der sich dort unrechtmäßigerweise niedergelassen hätte.)
- **Gawain:** Gawain war Artus' Neffe, Sohn seiner Halbschwester Morgane. Vor Lancelots Auftreten im Mythos war Gawain einer der tapfersten und ehrenwertesten Ritter. Später ließ seine moralische Integrität nach und es hieß, er habe Lancelot zu einem Angriff auf Artus veranlasst. Gawain war verzaubert, wodurch seine Kräfte im Verlaufe des Morgens immer größer wurden, um dann nach der Mittagsstunde langsam immer schwächer zu werden.
- **Mordred:** Mordred war der uneheliche Sohn von Artus, aus dessen Verbindung mit seiner Tante Morgane (sie verführte ihn, ohne dass ihm bewusst war, um wen es sich handelte). Er sorgte für sehr viel Ärger am Hofe des Königs. Er stellte Lancelot bloß, als er dessen außereheliches Verhältnis mit der schönen Guinevere publik machte (wobei dies unter seinen Gefolgsleuten schon seit Jahren bekannt war, die aber taktvoll in all der Zeit nie darüber gesprochen hatten). Artus wurde dadurch gezwungen, das Heft in die Hand zu nehmen. Während seiner Abwesenheit versuchte Mordred, Guinevere zu heiraten. Im entscheidenden Kampf verletzte er Artus tödlich, wurde aber selbst von ihm noch getötet.
- **Uther Pendragon:** Er war der Vater von Artus und König aller Engländer. Mit Merlins Hilfe nahm er die Gestalt des Duke von Cornwall an, um mit dessen Frau Igraine eine Nacht verbringen zu können. Das aus dieser Verbindung hervorgegangene Kind mit Namen Artus gab er in Merlins Obhut.

Unabhängige Frauen

Auch wenn es noch so viele Gelegenheiten gab, sein Rittertum unter Beweis zu stellen, so war es doch ohne die holde Weiblichkeit unvollkommen. Die Geschichten um König Artus enthalten viele Frauengestalten, die alle ihren eigenen Kopf besitzen. Man darf sich nie von ihnen täuschen lassen. Hier eine Übersicht:

Guinevere: Sie war zwar Artus' Frau. Für Lancelot aber empfand sie eine tiefe Liebe. Viele Geschichten der Sage handeln von ihrer leidenschaftlichen Liebe zu ihm – heimliche Treffen in Schlössern, wo sie eingesperrt war, Zornesausbrüche wegen seiner Techtelmechtel mit anderen Frauen, das sehnsüchtige Schmachten nach ihm, wenn er abwesend war. Ihre Beziehung zu ihm reicht von der reinen Minne in den Gedichten Chrétien de Troyes' bis zum ungeschönten Ehebruch in den Werken Thomas Malorys. Guinevere hatte keine Kinder.

Morgane le Fay: Sie war die Tochter Igraines und des Duke von Cornwall, was sie zu Artus' älterer Halbschwester machte. Sie war eine Hexe und Zauberin, die ihre Kunst von Merlin erlernt hatte. Je nach Version der Legende half sie ihrem Bruder oder wandte sich gegen ihn.

Elaine: Diese junge Dame war eine schöne Prinzessin, die Lancelot verführte und die Mutter Galahads wurde. Guinevere hasste sie. Es gibt wenigstens eine weitere Figur mit demselben Namen, die sich in der Sage ebenfalls in Lancelot verliebt: die verfluchte Elaine von Astolat.

Igraine: Igraine war Artus' Mutter. Sie war die treue Frau des Duke von Cornwall. Merlin ließ Uther in die Gestalt ihres Ehemannes schlüpfen, so dass er mit ihr schlafen konnte. Zusammen zeugten sie das Kind Artus. In derselben Nacht noch wurde der Duke ermordet. Igraine heiratete darauf Uther und gebar ihren Sohn.

Die Dame des Sees: Sie war Lancelots Stiefmutter. Sie scheint dieselbe Figur zu sein wie die in unterschiedlichen Schriften unter dem Namen Viviane, Nimue oder Nyneve auftauchenden Charaktere. Sie gab Artus das Schwert Excalibur und nahm es wieder an sich, als Artus im Sterben lag. Merlin verliebte sich in sie und brachte ihr seine Magie bei. Schließlich wurde sie so mächtig, dass die Undankbare den Unglücklichen am Ende in einem Turm aus Glas einsperrte (oder in einer Höhle).

Ein mittelalterliches Drama - Artus' Anfänge

Artus hatte wie jeder andere Held auch eine Familie und ein Herkommen. Die Geschichte seiner Geburt und Jugend ist schon ziemlich aufregend und auch allgemein bekannt. Alles begann mit der Lust.

Uther und Igraine

Uther Pendragon war der König von ganz England. Der Duke von Cornwall hatte jahrelang gegen ihn Krieg geführt. Uther lud ihn an seinen Hof ein, um eine Lösung für ihren Konflikt zu finden. Der Duke nahm die Einladung an und brachte seine Frau Igraine mit. Die Verhandlungen gingen erfolgreich voran; Uther aber verliebte sich dabei in Igraine und versuchte, sie zu verführen. Sie berichtete ihrem Eheman davon, was zu ihrer sofortigen Abreise führte.

Als König Uther von der Flucht seiner Gäste erfuhr, geriet er sehr in Wut. Der Duke hielt seine Frau in einem Schloss namens Tintagel versteckt. Mit seinen Leuten verschanzte er sich aber in einem anderen Schloss, das von Uther auch prompt angegriffen wurde. Es entbrannte eine Schlacht, bei der viele Menschen starben.

Uther aber war geradezu krank vor Begehren. Einer seiner Ritter, Sir Ulfius, sollte sich zu Merlin begeben und ihn um Rat fragen. Merlin dachte sich einen Plan aus: Er würde Uther die Gestalt des Königs annehmen lassen, so dass er Igraine unerkannt in der Nacht besuchen könnte. Sie würde einen Sohn empfangen, den Uther ihm, Merlin, aber nach der Geburt übergeben müsste.

Noch in der gleichen Nacht sprach Merlin den Zauber, der Uthers Verwandlung bewirkte; der König machte sich auf nach Schloss Tintagel. Alles lief nach Plan, Igraine bemerkte nichts. Am Morgen verließ er sie wieder. Der Zufall wollte es so, dass der Duke drei Stunden vor Uthers Besuch bei seiner Frau starb. Als Igraine davon hörte, war sie sehr irritiert. Wen hatte sie in der Nacht bei sich empfangen?

Nun, da der Duke tot war, schlossen alle Adeligen mit Uther Frieden. Um den Pakt zu stärken, heiratete er Igraine. Wenig später gebar sie einen Sohn. Merlin nahm ihn in seine Obhut, taufte ihn »Artus« und übergab ihn später einem Ritter namens Sir Ector, der ihn großziehen sollte. Zwei (oder fünfzehn) Jahre später starb Uther, nachdem er Artus zu seinem rechtmäßigen Erben erklärt hatte.

Das blöde Schwert steckt fest ...

Nach Uthers Tod lebte Artus also bei Sir Ector, von dem er lange Zeit glaubte, er sei sein leiblicher Vater. Dessen Sohn Kay behandelte er wie seinen großen Bruder.

Als Artus zu einem Jugendlichen herangewachsen war, geschah etwas Merkwürdiges. Ein Schwert (es war jedoch noch nicht das Schwert Excalibur) steckte in einem eisernen Amboss fest, der, in einem Stein eingeschlossen, vor der größten Kirche in London stand. Auf ihm las man die Worte: »Wer dieses Schwert herauszuziehen vermag, der ist der rechtmäßige König aller Engländer.« Viele Männer versuchten ihr Glück, keinem aber war der Erfolg vergönnt. Schließlich entschloss man sich, ein Turnier abzuhalten, durch den der rechtmäßige Besitzer des Schwertes ermittelt werden sollte.

Ein *Ritterturnier* war ein Wettkampf, bei dem die Ritter ihre Fähigkeiten untereinander maßen. Die Ritter bildeten zwei Gruppen und kämpften mit Äxten, Schwertern oder anderen Waffen gegeneinander. Auch zu Pferde wurde gekämpft: Zwei Ritter in Rüstungen ritten aufeinander zu und versuchten, sich mit einer langen hölzernen Lanze gegenseitig vom Pferd zu werfen.

Sir Ector und sein Sohn Kay wollten an diesem Ritterturnier teilnehmen. Der junge Artus begleitete sie. Als sie am Ort des Turniers erschienen, vermisste Kay sein Schwert. Er schickte Artus zurück, um es zu holen. Da aber niemand daheim war, kam er nicht ins Haus. Da dachte er sich, dass er auch das Schwert vor der Kirche, das dort feststeckte, nehmen und Kay überbringen könnte. Er wusste nicht, dass dieses Schwert ein besonderes Schwert war.

Artus ritt also zur Kirche, zog das Schwert mit Leichtigkeit aus dem Amboss und ritt zurück zu seinem Bruder. Kay erkannte das Schwert sofort. Er zeigte es seinem Vater und sagte: »Sollte ich jetzt nicht König werden, da das Schwert mein ist?« Sir Ector war natürlich nicht dumm, sondern fragte seinen Sohn, woher er das Schwert habe. Er antwortete wahrheitsgemäß, Artus habe es ihm gegeben. Sir Ector ging zu ihm und fragte ihn nun selbst, wie er an das Schwert gekommen sei. Artus antwortete ihm ganz treuherzig, dass er es aus dem Amboss auf dem Kirchplatz gezogen habe.

Ector hatte immer schon geahnt, dass es mit seinem Adoptivsohn etwas Besonderes auf sich haben müsse. Wen genau er da aber großgezogen hatte, das hätte er in seinen kühnsten Träumen nicht zu denken gewagt. Er kniete nieder und pries ihn als seinen König. Alle anderen Ritter begaben sich zur Kirche, und jeder versuchte ein weiteres Mal, das Schwert aus dem Stein zu ziehen. Artus blieb der einzige, dem dies gelang. Ector nahm Artus das Versprechen ab, dass er seinen Sohn Kay fortan immer als seinen Vertrauensmann ansehen würde. Artus war nur allzu froh, dieser Bitte zu entsprechen.

Der Beginn von Artus' Herrschaft

Das magische Schwert öffnete für Artus alle Türen. Gemeinsam mit Ector machte sich Artus auf den Weg zum Erzbischof, erzählte ihm die ganze Geschichte und nach einigen Querelen mit Rittern, die keinen jugendlichen König haben wollten, wurde er feierlich gekrönt.

Wie man ein Königreich errichtet

Artus machte sich gleich ans Werk und arbeitete an der Stabilisierung der chaotischen Verhältnisse, die nach Uthers Tod im Reich herrschten. Bald schon machte er Wales und Schottland zu einem Teil des Königreiches. Die Tafelrunde diente ihm dazu, alle wichtigen Adligen zusammenzubringen. Ein runder Tisch, an dem alle gleich waren und keiner das Gefühl haben konnte, er säße an einem rangniederen Platz, war das geeignete Instrument hierzu.

Die Saat einer bitteren Prophezeiung

Während Artus noch mit der Ordnung an seinem Königshof beschäftigt war, erschien Morgane, die Schwester seiner Mutter, um ihm zusammen mit ihren Söhnen einen Besuch abzustatten. Sie hatte auch ihren Sohn Gawain mitgebracht. Artus und Morgane verliebten sich ineinander (oder vielleicht war es auch nur Begierde; man darf nicht vergessen, dass Artus noch sehr jung war) und verbrachten einen Monat zusammen. Während dieser Zeit empfing Morgane ihren Sohn Mordred. Später erzählte Merlin Artus, dass dieser uneheliche Sohn einst den Untergang seines Hofes herbeiführen würde. In der Hoffnung, diese Prophezeiung noch abwenden zu können, machte Artus daraufhin bekannt, dass alle Kinder von adligem Geblüt, die um den Monat Mai herum geboren werden würden, zu seinem Hof zu bringen seien. So geschah es auch. Artus ließ die Kinder sodann auf ein Schiff bringen und befahl, die Anker zu lichten. Das Boot sank bald wie erhofft und tötete alle Kinder bis auf eines: Mordred.

Noch ein Schwert: Excalibur, das magische Schwert

Kurz nach diesen Geschehnissen gelangten Merlin und Artus bei einem Ausritt an einen See. In der Mitte des Sees erblickten sie einen aus dem Wasser herausragenden Arm, der ein juwelenbesetztes Schwert mit Scheide hielt. Merlin sagte ihm, dass dies das Schwert Excalibur sei, dass die Dame des Sees, die in diesem See wohnte, ihm überreichen wolle. Artus bestieg ein Boot und ruderte auf den See hinaus. Auf dem Weg nach Hause bemerkte Artus, dass ihm das eigentliche Schwert besser gefiel als die Scheide, in der es steckte. Merlin aber tadelte ihn dafür; so lange er nämlich die Scheide besäße, so lange könne ihm nichts geschehen. Wie schwer auch immer er verwundet sei, er würde kein Blut verlieren.

Ein König braucht eine Königin

Nachdem Artus die politischen Verhältnisse geordnet hatte, wandte er sich seinen Herzensangelegenheiten zu. Er erzählte Merlin, dass er Guinevere heiraten wolle, die Tochter seines Verbündeten König Leodegan. Merlin mahnte, dass Guinevere dazu ausersehen sei, Lancelot zu lieben; trotzdem suchte er ihren Vater auf und bat an Artus' Stelle um ihre Hand. Der Vater der Auserwählten war natürlich begeistert, eine so gute Partie für seine Tochter gefunden zu haben. Der Heirat stand also nichts mehr im Wege. Wie von Merlin prophezeit, liebte sie aber niemals jemand anderen als Lancelot. In den folgenden Abschnitten werden wir uns den beiden zuwenden.

Sex, Lügen und jede Menge Turnierkämpfe

Nachdem die Verhältnisse am königlichen Hof geordnet worden waren, war dem König und seinen Rittern daran gelegen, auch für angemessene ritterliche Beschäftigungen zu sorgen. Auch wenn die Ritter der Tafelrunde ihre Zeit damit verbrachten, nach Abenteuern Ausschau zu halten, so betonen die Artus-Geschichten doch mehr die erotischen Eskapaden der Ritter als deren Heldentaten.

Lancelot und Guinevere

Guinevere liebte nur ihren Lancelot und umgekehrt. Über die genaue Art ihrer Beziehung zu Artus lässt sich keine genaue Aussage treffen. Artus war sich ja vor seiner Heirat darüber im Klaren, dass seine Frau sich irgendwann unsterblich in Lancelot verlieben würde. Merlin hatte ihn ja gewarnt. Das Paar versuchte, seine Liebschaft geheim zu halten; alle bei Hofe waren natürlich voll im Bilde, vermieden es aber tunlichst, ihr Wissen an die große Glocke zu hängen. Der König hatte offensichtlich beschlossen, das Treiben seiner Frau weitgehend zu ignorieren, so dass sich auch sonst niemand veranlasst sah, Klatsch zu verbreiten. Nach Artus' Tod bereuten beide die Jahre des Ehebruchs; sowohl Lancelot als auch Guinevere traten in religiöse Orden ein.

Lancelot - bei allen Damen beliebt!

Alle weiblichen Wesen bei Hofe schwärmten für Lancelot und obwohl er (fast) allen die kalte Schulter zeigte, war Guinevere wahnsinnig eifersüchtig. Seine berühmteste Affäre hatte er mit Elaine, der Mutter Galahads. Aber er hatte auch eine andere Beziehung zu einer Dame, die ebenfalls den Namen Elaine trug, die holde Jungfrau von Astolat.

König Artus ließ verkünden, dass er ein großes Turnier in Camelot veranstalten würde. Guinevere blieb in London zurück mit der Entschuldigung, sie sei krank. Lancelot blieb wie zufällig auch in London, so dass jeder annehmen musste, dass die beiden einige Zeit allein miteinander verbringen wollten. Da das Ganze der Königin aber doch ein wenig zu auffällig erschien, schickte sie Lancelot ebenfalls zu diesem Turnier.

Er ritt davon und um den Verdacht noch mehr von sich abzulenken, beschloss er, gegen König Artus und für das Abzeichen einer anderen Dame anzutreten. Er kämpfte für Elaines Vater und trug ihr Zeichen mit in den Kampf. Er wurde schwer verwundet und blieb für einige Zeit bei Elaine, bis seine Gesundheit wiederhergestellt worden war.

Elaines unglückliche Liebe

Nach seiner Genesung gestand Elaine Lancelot ihre Liebe und bat ihn, sie zu heiraten. Als er ablehnte, flehte sie, er solle sie wenigstens als Geliebte an seiner Seite dulden. Als er auch diesen Vorschlag ablehnte, ließ sie ihn wissen, dass sie von nun an keine Freude mehr am Leben empfinden könne. Darauf zog sie sich immer mehr zurück und starb schließlich. Ihr Vater schickte ihren Leichnam auf einer Barkasse nach Camelot. In einem Brief, der Lancelot ausgehändigt wurde, erklärte ihr Vater, dass seine Tochter als Jungfrau gestorben sei, und forderte Lancelot auf, sie würdig zu beerdigen. Guinevere gefiel das Ganze gar nicht; Lancelot aber befahl ihr, sie solle schweigen. Lord Alfred Tennyson schrieb über diese Geschichte ein Gedicht mit dem Titel *Lady of Shalott*.

Lancelot und Elaine

Eines Tages erschein ein Einsiedler bei Hofe und erklärte, dass der Mann, der auf dem Siege Perilous Platz nehmen könne (vgl. den Abschnitt *Die Helden der Artus-Sage* unter dem Eintrag *Galahad*) in diesem Jahr geboren werden und auch den Heiligen Gral finden würde.

Ein königlicher Plan: Verführung bei Nacht

Nach dem Besuch des Eremiten machte sich Lancelot auf zu neuen Heldentaten, wie er es für gewöhnlich eben tat. Auf seiner Reise kam er in eine Stadt, deren Bewohner ihn baten, einer Dame zu helfen, die fortwährend mit heißem Wasser verbrüht wurde, Ergebnis eines Fluches von Morgane le Fay. (Man sollte nicht unerwähnt lassen, dass diese Dame nicht nur schön, sondern auch vollkommen unbekleidet war.) Lancelot rettete sie und traf auch den Herrscher des Landes, König Pelles.

Pelles erklärte Lancelot freimütig, er möge doch bitte mit seiner Tochter schlafen und ein Kind mit ihr zeugen. Er selbst war ein Nachfahre Joseph von Arimathias (des Mannes also, der den Heiligen Gral geschaffen hatte) und er wusste, dass der Sohn seiner Tochter Sir Galahad werden würde, der reinste Ritter überhaupt und derjenige, der den Heiligen Gral wiederfinden konnte. Da er wusste, dass Lancelot nur Augen für Guinevere hatte, nahm er die Hilfe einer Hexe mit Namen Lady Brusen an.

Die Hexe schickte Lancelot eine Nachricht, dass Guinevere in einem nahe gelegenen Schloss auf ihn warte. Lancelot begab sich sofort zu ihr, und sie verbrachten eine Nacht miteinander. Am nächsten Morgen musste er zu seinem Erstaunen feststellen, dass neben ihm Elaine im Bett lag. Er zog sein Schwert heraus und war drauf und dran, sie zu töten. Elaine aber flehte um Schonung, da sie doch nun seinen Sohn erwarte. Sie war jung und schön und es dauerte nicht lange, bis Lancelot sie wieder küßte.

Etwa ein Jahr später war Lancelot wieder zurück am heimischen Hof. Die Kunde von der Geburt seines Sohnes Galahad hatte sich bis zu Guinevere und der restlichen Hofgesellschaft verbreitet. Jeder wusste, dass er der Vater von Elaines Kind war; Guinevere war maßlos erbost. Erst nachdem er ihr erklärt hatte, dass er verzaubert worden war und man ihm vorgegaukelt habe, sie, seine einzige und wahre Liebe, läge in seinen Armen, erst da konnte Guinevere ihm vergeben.

Die Frauen bringen Lancelot um den Verstand

Nachdem sich Lancelot und Guinevere wieder vertragen hatten, kam Elaine zu Besuch. Alle Männer am Hof bewunderten ihre Schönheit (außer Lancelot, der vor Scham am liebsten im Boden versunken wäre) und Guinevere tat so, als hieße sie sie willkommen. Elaine war unglücklich darüber, dass Lancelot nicht mit ihr sprechen wollte; ihre Hexenfreundin Lady Brusen versprach aber, dafür zu sorgen, dass Lancelot sie in ihrem Zimmer aufsuchen würde. Dieser hatte Guinevere zugesagt, sie ebenfalls an diesem Abend in ihrem Gemach zu besuchen. Lady Brusen suchte ihn in seinen Schlafräumen auf und richtete ihm aus, dass Guinevere auf ihn warte. Wie beim ersten Mal wurde er aber getäuscht und in Wirklichkeit zu Elaine geführt (Burgen waren nachts sehr dunkel).

Guinevere wiederum schickte ihre eigene Dienstmagd zu Lancelot, um in Erfahrung zu bringen, wo er blieb. Die Magd kam zurück und berichtete, dass Lancelot nicht in seinem Gemach anzutreffen sei. Guinevere tobte vor Wut und konnte eine Nacht lang nicht schlafen, da sie sicher war, dass er bei ihrer Nebenbuhlerin sein musste. Etwas später in der Nacht – Lancelot war eingeschlafen – hörte sie, wie aus dem angrenzenden Raum ihr Name gerufen wurde. Sie erkannte Lancelots Stimme, der nach ihr im Traum rief (komisch, dass sie ihn vorher nicht gehört hatte), und hustete laut, damit er aufwachte. Er erwachte auch wirklich und erkannte erst jetzt, wo er sich eigentlich befand. Er lief im Nachthemd in den Flur, wo er mit der Königin zusammenstieß, die ihn auch gleich zurechtwies. Schließlich fiel Lancelot in Ohnmacht. Das Ganze war einfach etwas zu viel für seine Nerven.

Als er aus seiner Ohnmacht erwachte, hatte er seinen Verstand verloren. Noch im Nachthemd sprang er aus dem Fenster und verbrachte zwei volle Jahre in diesem Zustand in den Wäldern. Guinevere sagte Elaine die Meinung und warf sie am Ende aus dem Schloss heraus.

Guinevere schickte Ritter aus, die nach Lancelot suchen sollten. Niemand aber war erfolgreich dabei. Seines Verstandes beraubt, wanderte er umher, um am Ende wieder bei Elaine zu landen. Einigen Rittern gelang es dann doch, ihn bei ihr ausfindig zu machen. Sie brachten ihn zurück zu Artus. Der König vergab ihm und schob die Schuld für sein Verhalten seiner Leidenschaft für Elaine zu. Lancelot sagte nichts dazu; jeder aber wusste, wer wirklich für seinen Wahnsinn verantwortlich war.

Die Heldentaten der Ritter

Die Ritter der Tafelrunde erlebten zahllose Abenteuer, wie es eben so in der Natur der Ritter liegt. Die Welt der Artus-Sage ist bevölkert mit den seltsamsten Rittern, Hexen und Zauberern, die dafür Sorge tragen, dass die Dinge am Laufen gehalten werden und es nie langweilig wird. Schlussendlich gab es da auch noch die Suche nach dem Heiligen Gral, eine Suche, die christliche Motive aufweist, aber doch auch viele magische Momente und Abenteuergeschichten beinhaltet.

Sir Gawain und der fröhliche Grüne Ritter

Die Geschichte von Gawain und dem Grünen Ritter gehört zu den ältesten Teilen der Artus-Legende. Sie wurde im späten 14. Jahrhundert von einem unbekannten Autor niedergeschrieben. Im Stil ähnelt der Text der skandinavischen epischen Dichtung sowie der angelsächsischen Poesie und unterscheidet sich von der geschliffeneren höfischen Dichtung aus späterer Zeit.

Zu Weihnachten versammelten sich alle Ritter an König Artus' Hof. Es gab die Tradition, dass niemand am Neujahrstag essen durfte, solange nicht irgendein Abenteuer bestanden worden war. So saßen also alle herum und warteten, dass sich etwas in dieser Richtung tat. Und sie hatten Glück! Nach kurzer Zeit schon erschien ein großer Ritter bei Hof und schlug einen Handel vor: Jeder Ritter dürfe ihm den Kopf abschlagen; im Gegenzug müsse dieser allerdings versprechen, dass in genau einem Jahr der Grüne Ritter wiederum ihm den Kopf abtrennen dürfe.

Gawain war sofort einverstanden, fackelte auch nicht lange und machte den garstigen Ritter mir nichts dir nichts einen Kopf kürzer. Dann aber verblüffte der so Zugerichtete seine Zuschauer damit, dass er kurzerhand seinen Kopf vom Boden auflas und Gawain daran erinnerte, dass sie in genau einem Jahr ein Rendezvous bei der Grünen Kapelle hätten. Und weg war er.

Gawain löst sein Versprechen ein

Ein knappes Jahr später, zu Halloween, machte sich Gawain auf den Weg. Er wollte sich Zeit geben, da er nicht genau wusste, wo die Kapelle stand. Zur Weihnachtszeit fand er sich in einem kargen Wald wieder. Er stieg von seinem Pferd, kniete nieder und sprach ein Gebet. Plötzlich erblickte er vor sich ein Schloss. Der Schlossherr bot ihm Obdach für eine Nacht und erzählte ihm, dass sich die gesuchte Kapelle ganz in der Nähe, sozusagen am Ende der Straße, befände. Er bot Gawain an, ihn am Neujahrstag, also in genau drei Tagen, dorthin zu führen.

Der Schlossherr machte ihm außerdem einen weiteren, ziemlich merkwürdigen Vorschlag: Er selbst wäre die nächsten drei Tage auf der Jagd. Gawain sollte derweil die Zeit zusammen mit seiner Frau im Schloss verbringen. Am Ende eines jeden Tages sollten sie ihre »Beute« austauschen.

Gawain erlebt eine Überraschung bei der Einlösung seiner Schuld

Jeden Tag ging der Schlossherr also auf die Jagd. Dessen Frau aber besuchte Gawain während des Tages in seinem Bett. Er wollte nichts von ihr wissen. Sie aber drängte sich ihm auf und küsste ihn. Am Abend des ersten Tages übergab der Schlossherr Gawain einige erlegte Rehe; Gawain gab ihm im Tausch einen Kuss. Nach einem weiteren Tag übergab der Schlossherr Gawain einen Eber: Gawain revanchierte sich mit zwei Küssen. Am dritten Tag schleppte der Jäger das Fell eines Fuchses an und bekam dafür drei Küsse von Gawain. Gawain aber brach die Vereinbarung; er hatte nämlich unterschlagen, dass die Dame ihm nicht nur drei Küsse, sondern auch einen magischen grünen Gürtel gegeben hatte, der ihn vor jeglicher Unbill schützen sollte. In weiser Voraussicht behielt Gawain den Gürtel für sich, da er noch ein Stelldichein mit einem riesenhaften Ritter hatte, der ganz versessen auf bestimmte Körperteile war.

Am Neujahrstag geleitete einer der Diener seines Gastgebers Gawain zum Ort, an dem die Kapelle stand. Der Grüne Ritter wartete schon und war gerade dabei, seine Axt an einem Schleifstein zu wetzten. Gawain beugte sich nieder, um den tödlichen Hieb in Empfang zu nehmen. Der Grüne Ritter schwang seine Axt zwei Mal, verfehlte aber beide Male sein Ziel. Beim dritten Versuch streifte er mit seiner Waffe Gawains Nacken.

Erst jetzt gab er sich zu erkennen – es war niemand anderer als der Herr des Schlosses. Seine Frau hatte er damit beauftragt, Gawain zu verführen. Die ersten beiden Versuche mit seiner Axt waren eine kleine Vergeltung dafür, dass er seine Frau geküsst hatte; der dritte Versuch sollte eine Lektion dafür sein, dass er ihn mit dem grünen Gürtel betrügen wollte. Gawain war so beschämt darüber, dass er ihm den Gürtel wieder zurückgeben wollte. Der Schlossherr aber lehnte ab und sagte ihm, er solle ihn immerfort tragen als Erinnerung an seine Schande. Dann offenbarte er noch, dass das ganze bizarre Szenario eine Idee von Morgane le Fay war, die so die Ritter der Tafelrunde testen und Guinevere einen Schrecken einjagen wollte.

Der grüne Gürtel der Ritter der Tafelrunde

Gawain berichtete den anderen Rittern der Tafelrunde von seinen Erlebnissen. Artus kündigte daraufhin an, dass von nun an alle Ritter in Erinnerung an Gawains Abenteuer einen grünen Schultergürtel tragen sollten.

Sir Galahad und die Suche nach dem Heiligen Gral

Artus und seine Ritter hatten sich zum Pfingstfest versammelt, als eine junge Dame in die Halle hineingestürmt kam und nach Sir Lancelot fragte. Lancelot ritt mir ihr zusammen zu einer Abtei, wo sein nun erwachsener Sohn Galahad schon auf ihn wartete. Galahad bat seinen Vater darum, ihn zum Ritter zu schlagen. Lancelot war einverstanden und ritt anschließend wieder zurück nach Camelot.

Es ist an der Zeit, den Siege Perilous zu testen

Am nächsten Tag erschien auch Galahad und nahm auf dem Siege Perilous Platz, dem Sitz an der Tafelrunde, der für den tugendhaftesten unter ihnen reserviert war. Jeder bewunderte ihn und sah in ihm denjenigen, der den Heiligen Gral finden würde. Alle Ritter empfanden nun die dringende Notwendigkeit, die Suche nach dem Gral nicht weiter aufzuschieben, besonders nachdem alle eine Vision gehabt hatten, bei der der Gral während des Essens über dem Tisch zu schweben schien.

Der *Heilige Gral*, auch bekannt unter dem Namen *Sangreal*, war eine silberne Schale, in der Joseph von Arimathia Jesu Blut und Schweiß auffing, als dieser noch am Kreuze hing. Derselbe Joseph brachte die Schale sowie die Lanze, die Jesu Flanke durchbohrt hatte, später nach England, wo er dann die erste christliche Kirche gründete. Elaine, Galahads Mutter, stammte von Joseph von Arimathia ab.

Die Damen bei Hofe wollten die Ritter bei ihrer Suche begleiten. Ein Einsiedler jedoch erklärte ihnen, dass dies nicht möglich sei, da es sich um eine heilige Mission handele, bei der Frauen nicht willkommen seien. Die Ritter nahmen also ihre Waffen und ihre Rüstungen und machten sich in unterschiedliche Richtungen auf. Da niemand eine Vorstellung hatte, wo man mit der Suche beginnen sollte, war eine Richtung so gut wie die andere.

Galahad heilt alle und findet den Heiligen Gral

Alle Ritter erlebten die aufregendsten Abenteuer; Galahad aber stand im Mittelpunkt. Da er ohne Sünde war, war es für ihn ein Leichtes, die sporadischen Angriffe anderer Ritter abzuwehren. Er befreite das Jungfrauenschloss, in dem sieben Ritter Jungfrauen schändeten. Er beschloss ganz spontan, an einem Ritterturnier teilzunehmen, bei dem er Gawain verwundete. Er traf auf einen König, der mehrere hundert Jahre alt war, und machte ihn wieder jung, bevor er schließlich starb. Er gelangte zu einer Quelle, deren Wasser vor Lust nur so aufschäumten; als er sie aber berührte, da wurden sie still und glatt (Galahad war ja keusch und ohne Sünde). Alles in allem hatte er viel zu tun.

Schließlich erreichte Galahad Schloss Carbonek, die Heimat des Grals und das Ende seiner Reise. Dort reparierte er die Lanze, die sich in Jesu Körper gebohrt hatte. Joseph von Arimathia zelebrierte eine Messe mit dem Heiligen Gral; ihm zur Seite standen dabei zahlreiche Engel und Jesus Christus persönlich. Galahad dankte Gott dafür, dass er ihm seinen Wunsch erfüllt habe, einmal den Gral mit seinen eigenen Augen sehen zu dürfen, und erbat sich die Gnade, nun die Welt verlassen zu dürfen. Auch dieser Wunsch wurde ihm erfüllt. Eine Gruppe von Engeln geleitete seine Seele hoch zum Himmel. Eine Hand streckte sich herunter und griff nach der Lanze und dem Heiligen Gral. Seitdem hat die heiligen Gegenstände niemand mehr gesehen.

Die letzten Tage von König Artus

Eines Tages im Monat Mai verriet Mordred, der Bruder Gawains und unehelicher Sohn von Artus, Lancelot und Guinevere beim König. Um seine Behauptungen auch mit Tatsachen zu untermauern, wartete er, bis Lancelot in die Kammer der Königin eingetreten war. Gleich danach platzte er selbst herein, und obwohl er die beiden nicht im eigentlichen Sinne in flagranti ertappt hatte, behauptete er, dies genüge als Beweis.

Die Tafelrunde bricht auseinander

Lancelot und Guinevere wollten den königlichen Hof gemeinsam verlassen. Lancelot kämpfte sich aus dem Schloss heraus. Die Königin aber wurde gegen Artus' Willen zum Tode auf dem Scheiterhaufen verurteilt. Ihre Häscher führten sie in nichts weiter als ihrer Unterbekleidung zum Scheiterhaufen. Dies war in früheren Zeiten bei Hinrichtungen durch Verbrennung so üblich. Lancelot eilte natürlich herbei, um seine Guinevere zu retten. Dabei tötete er zahllose Ritter, so auch Gawains unbewaffnete Brüder.

Lancelot und Guinevere richteten sich in einem Schloss namens Joyous Gard ein. Um sich versammelten sie ein ihnen treu ergebenes Gefolge. Artus und Lancelot führten für eine Weile Krieg gegeneinander, schließlich aber brachte Lancelot Guinevere zurück zu Artus, der ihm wahrscheinlich alles verziehen hätte, wäre da nicht Gawain gewesen, der wegen des Todes seiner Brüder noch immer Rachegefühle gegen Lancelot hegte. Der König schickte Lancelot in die Verbannung nach Frankreich, wo dieser einige Familienangehörige hatte.

Artus führte seine Armee nach Frankreich, um ein weiteres Mal gegen Lancelot ins Feld zu ziehen. Mordred sollte ihn während seiner Abwesenheit vertreten. Mordred glaubte, seine Stunde wäre nun gekommen, und er könnte den Thron besteigen. Er brachte gefälschte Meldungen aus Frankreich in Umlauf, die behaupteten, Artus sei in der Schlacht gefallen, und bat Guinevere um ihre Hand. Sie floh aus Abscheu und suchte in einem Schloss Zuflucht vor ihm. In Frankreich lieferten sich unterdessen Lancelot und Gawain erbitterte Kämpfe. Fast schien es schon, als würde Lancelot die Oberhand gewinnen können. Da er aber Gawain und seinen Männern nicht den Todesstoß versetzten wollte, ging die Schlacht in eine weitere Runde.

König Artus erkennt seinen wirklichen Feind

Mordred versuchte unablässig, Guinevere zu einer Heirat mit ihm zu bewegen. Noch in Frankreich erfuhr Artus von den Vorgängen in seiner Heimat und erkannte schließlich, wer sein eigentlicher Feind war. Er entschloss sich, nach England zurückzukehren und an seinem verräterischen Sohn Rache zu nehmen.

Bei seiner Ankunft in Dover erwartete Mordred seinen Vater schon mit seiner Armee. Eine Schlacht entbrannte, an deren Ende Artus als Sieger dastand. Gawain erlag am Ende der Kämpfe seinen Verletzungen, die ihm vor einiger Zeit Lancelot in Frankreich beigebracht hatte. Im Sterben liegend vergab er Lancelot und drückte sein Bedauern darüber aus, dass er einen Krieg gegen ihn angezettelt hatte.

Artus setzte Mordred und seinen Rittern unbarmherzig nach und lieferte sich mehrere Kämpfe mit ihnen. Er bot ihm schließlich einen Vertrag an, der die Kämpfe beenden sollte. Er sollte vor den aufgereihten Rittern ihrer Armeen unterzeichnet werden. Sollte dabei eine blanke Klinge irgendwo zu sehen sein, würde unverzüglich angegriffen werden. Das Schicksal wollte es, dass eine Schlange einen der Soldaten ins Bein biss. Wütend zog dieser sein Schwert, um die Schlange zu töten. Das Unglück nahm seinen Lauf. Die sich anschließenden Kämpfe verliefen für Artus' Männer sehr ungünstig. Dann standen sich Artus und Mordred Auge in Auge auf dem Schlachtfeld gegenüber. Artus stieß seine Lanze durch den Körper seines Sohnes. Bevor er tot zusammenbrach, gelang es ihm aber noch, mit seinem Schwert den Schädel seines Vaters zu spalten.

König und Schwert trennen sich auf ewig

Im Sterben liegend bat Artus den einzigen seiner noch in der Nähe befindlichen Ritter um einen Gefallen. Der Ritter hieß Sir Bedivere, und seine Aufgabe war es, Excalibur, das Schwert des Königs, in den ganz in der Nähe gelegenen See zu werfen. Nach zwei fehlgeschlagenen Versuchen gelang es ihm. Er berichtete Artus, dass er eine Hand gesehen habe, die aus der Tiefe des Wassers heraufgekommen sei und mit dem Schwert dreimal gewinkt habe, bevor es unter der Wasseroberfläche auf Nimmerwiedersehen verschwunden sei. Bedivere nahm Artus und trug ihn an das Ufer des Sees. Da erblickten sie eine Barke, die Artus' Schwester Morgane le Fay und ihr Damengefolge auf dem Wasser des Sees trug. Sie nahmen Artus mit zu sich aufs Boot und segelten davon. Am nächsten Tag fand Bedivere einen frischen Grabhügel, an dessen Fuß ein Einsiedler kniete. Der Einsiedler berichtete, dass am Abend zuvor eine Gruppe edler Damen einen Leichnam herbeigebracht und an eben dieser Stelle begraben hätte. Es handelte sich um das Grabmal von König Artus.

Nicht jeder aber glaubte, Artus wäre auch tatsächlich tot und ruhte dort begraben. Der Glaube an seine Wiederkehr und an ein mit ihm einziehendes neues Zeitalter des Glanzes für England lebt bis heute fort.

Teil V

Die Mythologien außerhalb Europas

»Oh, warte mal. Diese Inschrift hier berichtet von einer Zeit, als Shu, der Gott der Lüfte, und Tefenet, die Göttin der Feuchtigkeit, auf einer dunklen und einsamen Straße eine Verabredung hatten. Weiter heißt es, es gebe eine entflohene böse Gottheit, die einen Haken statt einer Hand hätte ...«

In diesem Teil ...

In einer Zeit, als die Menschen in Europa noch in einfachen Hütten ihr primitives Dasein fristeten, gab es in anderen Teilen der Welt schon große Zivilisationen. Die Ägypter und andere Völker im Mittleren Osten (Sumerer, Babylonier usw.) hatten schon große Städte errichtet, sie führten Kriege gegen verfeindete Völker, erfanden die Schrift und dachten sich Mythen aus. In diesem Teil versuchen wir dem Leser einen Überblick über die wichtigsten Mythen dieser und anderer Weltregionen zu geben – Ägypten, Mittlerer Osten, Indien, China, Japan, Mittel- und Südamerika.

Sintfluten, Lehm und Götter: Die Mythologie Mesopotamiens und der Hebräer

16

In diesem Kapitel

- Die Götter der Mesopotamier
- Die Erschaffung der Welt nach dem Enuma Elisch
- Das Gilgamesch-Epos
- Die Mythologie der Hebräer

Das Wort *Mesopotamien* bedeutet übersetzt »Land zwischen den zwei Flüssen«, auch Zweistromland genannt. Die hier gemeinten Flüsse sind Euphrat und Tigris. Das alte Mesopotamien lag auf dem Gebiet des heutigen Irak. Es gilt als die Wiege der Zivilisation und es brachte die ältesten Mythen hervor, die wir heute noch kennen. Die Bezeichnung »Mesopotamien« bezieht sich auf das ganze weite Gebiet zwischen den Flüssen. Es gibt eine Reihe von Zivilisationen, die dort entstanden sind und wieder vergingen. Man bräuchte ein ganzes Buch, um eine annähernde Übersicht über sie zu geben. Die größten und bekanntesten Kulturen dieser Region waren jedenfalls die Sumerer, Akkader und Babylonier. Etwas weiter im Osten Richtung Mittelmeer gab es das Volk der Hebräer, die zwar kein großes Reich hervorgebracht, die aber aus anderen Gründen große Bedeutung erlangt haben.

Das so genannte Gilgamesch-Epos ist so ziemlich das älteste Epos, das wir kennen. Es stammt aus der Zeit um 3000 v. Chr. und schildert die Erlebnisse eines sumerischen Helden, der gegen Götter und Ungeheuer kämpft und eine neue Zivilisation erschafft. Es gibt einige verblüffende Ähnlichkeiten mit Geschichten aus der Bibel. Enuma Elisch ist der Name des babylonischen Schöpfungsmythos, eine ähnlich wilde und gewalttätige Geschichte wie die Schöpfungsgeschichte des griechischen Dichters Hesiod. Die Schöpfungsmythen der hebräischen Bibel wiederum (also des Alten Testaments) sind grundverschieden von dem, was wir bei den Griechen oder in der mesopotamischen Kultur finden. Die Sintflutgeschichte in der Genesis mag auf den ersten Blick derjenigen im Gilgamesch-Epos gleichen; sie unterscheidet sich aber wesentlich in ihrer Art der Darstellung des Menschen und seiner Beziehung zum Göttlichen.

Das Gilgamesch-Epos: Die Schöpfungsgeschichte der Sumerer

Die Geschichte von Gilgamesch ist über 4000 Jahre alt. Sie war allen Völkern Mesopotamiens geläufig und es gibt sie in sumerischen und babylonischen Fassungen. Leider besitzen wir keine Fassung des vollständigen Epos. Die Texte müssen aus einzelnen Teilen zusammengesetzt werden, die mal älteren und mal jüngeren Datums sind, in verschiedenen Sprachen geschrieben sind und aus unterschiedlichen Regionen stammen. Ein wahres Puzzlespiel also, das zwar unmöglich erscheint, dennoch aber geglückt ist, so dass wir auch heute noch die Geschichte von Gilgamesch, dem König von Uruk, erzählen können.

König Gilgamesch: Der starke Mann in Uruk

Gilgamesch war der legendäre König der Stadt Uruk (in der Bibel als *Erech* bekannt, heute die Ruinenstätte *Warka* im Irak). Er war der Sohn des Königs Lugalbanda und der Göttin Ninsun. Er soll zu zwei Dritteln göttlich und nur zu einem Drittel menschlich gewesen sein – sehr mysteriös. In der Version der Hethiter war er 11 Meter groß; andere Versionen erwähnen allerdings nichts, was auf eine besondere Größe des Königs schließen ließe.

Zu Anfang der Geschichte erleben wir einen gelangweilten Gilgamesch. Er war ein König, sah besser aus und war stärker als alle anderen, hatte nur leider nicht genug zu tun. Dies frustrierte ihn und brachte ihn schließlich in Schwierigkeiten. Er missbrauchte seine Untertanen, trieb Unzucht mit deren Töchtern und Söhnen und wurde einfach immer unerträglicher, bis die Einwohner von Uruk beschlossen, den Gott Anu um Hilfe zu bitten.

Gilgamesch findet einen Freund

Anu bat Aruru, eine Schöpfungsgöttin, für Gilgamesch einen Kameraden zu erschaffen. Dieser Freund sollte Enkidu heißen. Zunächst war Enkidu im Wesentlichen ein Tier. Er lebte in der freien Natur und sprach mit den anderen Tieren. Eines Tages aber traf er auf eine *Schamkat* (eine Tempelprostituierte) aus der Stadt und schlief mit ihr. Danach wollten die anderen Tiere nichts mehr mit ihm zu tun haben. Der Natur entfremdet, wurde er zum Kulturmenschen.

Von den Tieren verstoßen, begab er sich wieder zu der Tempelprostituierten, die ihm beibrachte, wie man sich zivilisiert benimmt. Er hörte auf, Milch zu trinken, und begann, den Wein zu schätzen; sie gewöhnte ihn an Kleider und daran sich zu kämmen. Dann machte er sich auf in die Stadt, um einen gewissen Gilgamesch zu finden, von dem er gehört hatte, dass er sich unmöglich aufführe.

Als Gilgamesch und Enkidu aufeinander trafen, gerieten sie sofort aneinander. Sie schlugen sich und rangen miteinander. Am Ende gewann Gilgamesch die Oberhand. Der Kampf war aber so knapp ausgegangen, dass Gilgamesch wusste, dass er seinen Meister gefunden hatte. Am Ende wurden sie Freunde.

Ein Jagdausflug

Enkidu schlug vor, etwas Abenteuerliches zu unternehmen. Die beiden brachen also auf, um das Ungeheuer Humbaba zu töten, das im großen Zedernwald im Westen lebte. Sie nahmen ihre Äxte mit. Auf dem Weg überkamen Enkidu jedoch Zweifel, ob das alles wirklich eine so gute Idee gewesen war. Gilgamesch aber machte sich über seine Angst lustig und drängte ihn zum Weitermarschieren. Je näher sie dem Ungeheuer aber kamen, desto nervöser wurde aber Gilgamesch. Enkidu machte sich nun seinerseits lustig über ihn. Sie sprachen sich gegenseitig Mut zu, traten dem Ungeheuer Seite an Seite entschlossen gegenüber und töteten es.

Ischtar, die Göttin der Liebe und des Krieges

Als sie wieder zu Hause in Uruk waren, legte Gilgamesch sein prächtigstes Gewand an, damit seine Untertanen ihn gebührend feiern konnten. Er sah so gut darin aus, dass Ischtar, die Göttin der Liebe und des Krieges sich bei seinem Anblick sofort in ihn verliebte. Als sie sich ihm offenbarte, hatte der Umworbene nur Verachtung für sie übrig. Er dachte daran, mit wie vielen Sterblichen sie schon Schäferstündchen gehabt hatte und was mit vielen von ihnen später dann geschehen war. Er erinnerte die Göttin daran, wie sie einen ihrer Liebhaber in einen Wolf und einen anderen in einen Maulwurf verwandelt hatte. »Vergiss es!« sagte er.

Ischtar war zutiefst enttäuscht und gekränkt und ließ den Himmelsstier frei, damit dieser die Ernten zertrampeln und die Menschen von Uruk terrorisieren konnte. Der gütigere Gott Enlil versuchte sie zwar noch zu stoppen, aber ohne Erfolg, denn sie drohte, die Tore der Unterwelt zu öffnen und die Toten zu einem Festmahl bei den Lebenden einzuladen (wie sie es schon einmal gemacht hatte). Gilgamesch und Enkidu gelang es aber, den Stier mit vereinten Kräften zu töten.

Enkidus Tod

Dann starb Enkidu. Gilgamesch war untröstlich. Der Tod seines Freundes erinnerte ihn daran, dass auch er eines Tages würde sterben müssen, Held hin oder her. Also machte er sich alleine auf eine weitere Suche – dieses Mal, um das Geheimnis der Unsterblichkeit zu ergründen.

Die Suche nach der Unsterblichkeit

Gilgamesch reiste weit fort, so weit wie noch niemand zuvor. Auf seiner Reise musste er allerlei Löwen und Drachen töten, sich mit dem Skorpion-Menschenpaar darauf verständigen, das Gebirge Maschu passieren zu dürfen, um schließlich wohin zu gelangen? Zu einem Wirtshaus an der Grenze zum Jenseits.

Die Wirtin war Siduri (auch Schiduri), die Frau-die-den-Wein-herstellt. Zunächst versuchte sie, ihn von seiner Reise abzubringen. Dann gab sie ihm einen Rat mit auf den Weg: Er solle doch einmal mit dem einen Menschen sprechen, der tatsächlich Unsterblichkeit erlangt hatte; sein Name sei Utnapischtim. Gute Idee, dachte sich Gilgamesch und machte sich zu ihm auf den Weg. Um zu ihm zu gelangen, musste er allerdings die Wasser des Todes überqueren, was ihm mit Hilfe des Fährmannes Urschanabi auch gelang.

Nach einer gefährlichen Reise traf Gilgamesch schließlich auf Utnapischtim, an dem er nichts Ungewöhnliches bemerken konnte. Gilgamesch berichtete ihm von seiner Reise und den Abenteuern, die er unterwegs erlebt hatte, was ihn aber überhaupt nicht beeindruckte. Utnapischtim nannte ihn einen Tor und wollte ihn dazu bewegen, seine Suche aufzugeben. Gilgamesch aber wollte erst die Geschichte seines Gastgebers hören.

Utnapischtim erzählt eine Sintflutgeschichte

Utnapischtim erzählte Gilgamesch, dass vor langer Zeit die Menschen auf Erden zu viel Lärm machten und die Götter derart verärgerten, dass sie schließlich beschlossen, alle Menschen auszulöschen. Der Gott Ea aber teilte Utnapischtim den Plan der Götter mit, so dass dieser rechtzeitig ein Boot bauen konnte, das ihn vor der einsetzenden Sintflut rettete. Die Flut war so stark, dass selbst die Götter es mit der Angst bekamen. Ea nutzte die Gelegenheit und riet den Göttern, erstens in Zukunft lieber zweimal nachzudenken, bevor sie noch einmal auf eine solche Idee kämen, und zweitens, das Utnapischtim und seiner Frau angetane Unrecht wieder gutzumachen, indem sie beide unsterblich machten.

Heimkehr

Nachdem er zu Ende erzählt hatte, machte Utnapischtims Frau den Vorschlag, Gilgamesch solle ein Experiment durchführen – nämlich sechs Tage am Stück wach zu bleiben. Gilgamesch erklärte sich bereit zu dem Versuch und fiel prompt für sechs

Tage in einen tiefen Schlaf. Wie wir das Ganze zu deuten haben, ist nicht ganz klar. Vielleicht soll es zeigen, dass Unsterblichkeit so ist, wie niemals schlafen zu können. Gilgamesch würde die Unsterblichkeit also gar nicht gefallen, vorausgesetzt, er bekäme sie gewährt. Vielleicht soll die Prüfung aber auch bedeuten, dass Gilgamesch auch nicht im Entferntesten dazu in der Lage ist, so etwas wie Unsterblichkeit zu ertragen, und es reine Zeitverschwendung ist, danach zu streben.

Wie dem auch sei – als er wieder erwachte, wurde er von seinen Gastgebern sehr bedauert, so dass sie ihm schließlich aus Mitleid erzählten, wo er die magische Pflanze finden könne, die ihn unsterblich machen würde. Er fand die Pflanze auch, wollte aber dann erst noch ein wenig ruhen. Während er sich an einem Brunnen wusch, kam eine Schlange und fraß die magische Pflanze auf. Das nennt man Pech!

Die Geschichte hatte aber doch ein glückliches Ende. Als er sich seiner Heimatstadt Uruk näherte, sah er die mächtigen Stadtmauern, die er erbaut hatte, und dachte bei sich, dass ihm *eine* Art der Unsterblichkeit vielleicht doch vergönnt sei: Er hatte ja eine Stadt und eine Zivilisation gegründet, die ihn überdauern würde. Seine Spur würde sich nach seinem Tode also nicht einfach verlieren. Er würde in seinen Taten und Abenteuern weiterleben.

Bisher ist seine Ahnung ja auch in Erfüllung gegangen!

Enuma Elisch: Die Schöpfungsgeschichte der Babylonier

Das *Enuma Elisch* nennt man auch die »Babylonische Schöpfungsgeschichte«. Es stammt aber noch aus der Zeit vor den Babyloniern. Wir wissen von diesem Mythos, seit Archäologen in den Ruinen der Stadt Ninive, der alten Hauptstadt des assyrischen Reiches also, Tontafeln fanden, auf denen die Geschichte erzählt wird. Andere Tafeln fand man in den Resten der Stadt Uruk. Nach mesopotamischen Maßstäben sind die Fundstücke nicht so alt – sie stammen aus der Zeit zwischen 1000 und 500 v. Chr., also einer Epoche, als es im Zweistromland schon seit ungefähr 3000 Jahren Zivilisationen gab. Der eigentliche Mythos aber ist noch viel älter. Er geht mindestens auf die Zeit der ersten babylonischen Dynastie zurück, als König Hammurabi, der zwischen 1792 und 1750 v. Chr. König war, seinen berühmten Gesetzeskodex schreiben ließ.

Viele der Namen im Enuma Elisch sind aber sumerischen Ursprungs. Die Herrschaft der Sumerer, die das vielleicht erste politische Herrschaftssystem auf der Welt errichteten, dauerte von 3800 bis etwa 2000 v. Chr., als König Sargon seine Hauptstadt Akkad mit anderen Stadtstaaten des Volkes der Sumerer vereinte. Aus Akkad, das im Norden des Gebietes der Sumerer lag, sollte sich einige Jahrhunderte später das babylonische Reich entwickeln. Wir haben es hier also mit einem wirklich alten Mythos zu tun.

Der Name »Enuma Elisch« bedeutet übersetzt »Als droben«; dies sind die ersten beiden Worte des ersten Verses des Mythos, den wir Enuma Elisch nennen, in dem es in der ersten Verszeile heißt: »Als droben die Himmel nicht genannt waren ...« Abbildung 16.1 zeigt den »Stammbaum« des Enuma Elisch.

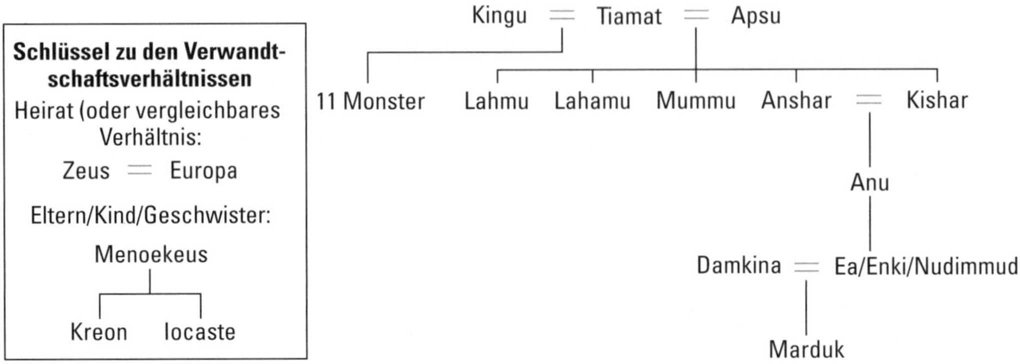

Abbildung 16.1: Großmutter Tiamat und ihre göttliche Verwandtschaft: Der Stammbaum des Enuma Elisch.

Diese Fassung von der Erschaffung der Götter stimmt nicht völlig mit anderen Geschichten über die Beziehungen der Götter untereinander überein – aber so ist das nun mal mit der Mythologie.

Nichts als eine einzige, große und glückliche Familie

Der Mythos beginnt fast idyllisch. Vor der Entstehung von Himmel und Erde oder überhaupt irgendetwas Seiendem gab es Tiamat und Apsu sowie deren Sohn Mummu. Tiamat war weiblich, die Göttin des Süßwassers. Apsu war männlich und Gott des Salzwassers. Ihr Sohn Mummu war der Nebel, der über dem Wasser aufsteigt.

Das Paar bekam noch vier weitere Kinder, zwei Zwillingspärchen. Als Erstes kamen Lahmu und Lahamu zur Welt, danach folgten Anshar und Kishar, die klüger und stärker als ihre beiden älteren Geschwister waren. Anshar und Kishar zeugten ein Kind mit Namen Anu, das später der Himmelsgott wurde.

Anu wiederum hatte ein Kind namens Ea, das aber auch auf die Namen Nudimmud und Enki hörte. Ea war ungeachtet seines erst jungen Alters mit Abstand der beste unter allen Göttern. Er war der Gott des Grundwassers und der Magie. Außerdem war er für das Entwerfen guter Pläne zuständig.

Die Götter liebten das Feiern

Die meisten der jüngeren Götter – Lahmu, Lahamu, Anshar, Kishar, Anu und Ea – ließen es sich die meiste Zeit gut gehen und wollten vor allem eines: Spaß haben. Apsu und Tiamat waren darüber gar nicht glücklich, denn sie konnten nachts durch das ewige Feiern der anderen Götter kaum schlafen. Anscheinend gab es nur einen Gott, der sich dem allgemeinen Krawall nicht anschließen wollte, nämlich Mummu, den erstgeborenen Sohn von Apsu und Tiamat. Apsu und Mummu beschwerten sich bei den jüngeren Göttern, stießen aber auf taube Ohren. Also beschlossen sie, dass nur drastischere Methoden helfen konnten. Vater und Sohn erläuterten ihren Plan Tiamat; sie wollten alle jüngeren Götter kurzerhand umbringen, um wieder ihre Ruhe zu haben.

Tiamat war empört über ihren Plan und wollte nichts damit zu tun haben. Apsu und Mummu ließen sich aber davon nicht zurückhalten. Als die anderen Götter von ihrem Vorhaben erfuhren, gerieten sie in Panik und liefen wie aufgescheuchte Hühner hin und her.

Gott Ea im Haus erspart - ja was?

Nur der Gott Ea wusste, was zu tun war. Er zog einen magischen Ring um die gefährdeten Götter, um sie zu schützen, und sprach einen Zauberspruch gegen seinen Urgroßvater Apsu aus. Dieser fiel daraufhin in einen tiefen Schlaf. Dann nahm Ea dessen Krone ab und setzte sie sich selbst auf. Er tötete Apsu, sperrte Mummu ein und errichtete ein Haus über Apsus Grab, das er – sehr originell – Apsu nannte. Tiamat kam ungeschoren davon, da sie sich an den Mordplänen nicht beteiligt hatte.

Bald danach zog er mit seiner neuen Frau Damkina in das eben errichtete schöne Haus ein. Sie bekamen einen Sohn, den sie Marduk nannten (siehe Abbildung 16.2). Ea machte seinen Sohn »doppelt gleich« mit den anderen Göttern; falls Sie in diesem Ausdruck keinen Sinn erkennen können, machen Sie sich nichts draus und denken Sie daran, dass Ea über magische Kräfte verfügte.

Tiamats Rachepläne

Tiamat wurde wegen des Todes ihres Ehemanns zuerst schwermütig und dann böse. Sie heiratete erneut, einen Gott namens Kingu, der ihr zorniges und erregtes Gemüt nur noch mehr anheizte. So beschloss sie schließlich, sich zu rächen. Zu diesem Zweck gebar sie eine ganze Reihe Schlangenungeheuer, die dazu bestimmt waren, ihr als Soldaten zur Seite zu stehen. Nachdem sie genau elf dieser Kinder bekommen hatte, war sie bereit, ihren Plan in die Tat umzusetzen.

Abbildung 16.2: Marduk: Der junge Aufsteiger, der die anderen Götter rettete

Der Götterhimmel ordnet sich neu

Ea erfuhr von Tiamats und Kingus Racheplänen und geriet darüber zunächst ein wenig in Panik. Dann besann er sich und ging zu seinem Großvater Anshar und fragte ihn um Rat. Anshar schlug vor, Ea solle seine Zauberkraft dazu benutzen, Tiamat zu besiegen. Bei ihrem ersten Ehemann habe es ja auch funktioniert. Ea probierte es aus; dieses Mal aber wollte sein Zauber nicht wirken.

Dann versuchte Eas Vater Anu mit Tiamat ein vernünftiges Wort zu reden, was aber auch nicht funktionierte. Da nun sowohl der Zauber als auch die Diplomatie versagt hatten, blieb als letztes Mittel nur noch die rohe Gewalt.

Marduk eilt zur Rettung!

Wer konnte das Problem schließlich lösen? Marduk schien nach einhelliger Meinung hierfür am besten geeignet zu sein. Anshar, Anu und Ea riefen ihn zu sich und erläuterten ihm alles. Ea und Anu trainierten mit ihm und statteten ihn für diese Aufgabe mit göttlichen Kräften aus, die er im Kampf gegen Tiamat benötigen würde. Nach Ende seiner Ausbildung war er bereit, Tiamat entgegenzutreten. Er verlangte aber als Preis, dass man ihm den Status des höchsten aller Götter zuerkennen müsse, falls er als Sieger aus dem Kampf hervorgehen sollte.

Bevor sie Marduks Wunsch erfüllen und den Kampf überhaupt beginnen konnten, mussten sie die Erlaubnis aller *Annunaki* einholen (das Wort, mit dem sich die Götter selbst benannten). Anshar schickte also seinen Boten Kaka, der Lahmu und Lahamu sowie Kishar und Damkina dazu bewegen sollte, sich ihnen anzuschließen. Diese waren zunächst ein wenig besorgt über das Ausmaß der Probleme. Nach einem Essen mit reichlich Wein aber schwenkten sie auf die Linie der anderen ein.

Schließlich erschien Marduk, um allen Göttern das Gelernte vorzuführen. Sie breiteten ein Gewand auf dem Boden aus. Marduk sprach einen Zauberspruch, und das Gewand wurde in Stücke gerissen. Dann sprach er einen anderen, wodurch das Kleidungsstück sich wieder zusammenfügte. Alle Götter waren begeistert, verbeugten sich vor Marduk und priesen ihn als ihren König.

Das letzte Gefecht

Marduk machte sich auf den Weg zu Tiamat und Kingu. Kingu war von ihm so eingeschüchtert, dass er keinen Widerstand leistete. Tiamat aber war aus ganz anderem Holz geschnitzt und leistete Marduk heftige Gegenwehr. Marduk gewann den Kampf, indem er einen furchtbaren Wind entfachte und ihn ihr in den Mund blies, der sich so weit öffnete, dass Marduk einen Pfeil durch ihren Rachen direkt ins Herz abfeuern konnte.

Marduk nahm aus Kingus Händen die Schicksalstafel und hängte sie sich um den Hals. Er teilte Tiamats Körper in zwei Teile und formte aus dem einen den Himmel und aus dem anderen die Erde. Er erschuf die Sternbilder und setzte die Zeit in Gang. Dann tötete er seinen Gefangenen Kingu und machte aus seinem Blut die ersten Menschen.

Er befahl, dass die Hälfte der Annunaki fortan Erd- und die andere Hälfte Himmelsgötter sein sollten. Sie waren ihm so dankbar dafür, dass er sie vor Tiamat gerettet hatte, dass sie ihm zu Ehren die Stadt Babylon errichteten.

Die Götter Mesopotamiens: Gut wir fürchten Euch - seid Ihr jetzt glücklich?

Die Menschen in der Mythologie Mesopotamiens verehrten zwar ihre Götter; dass sie sie aber auch mochten, kann man nicht so ohne weiteres behaupten. Als der alte Mann Utnapischtim den Göttern nach der Flut ein Opfer darbrachte, berichtete er, dass die Götter »wie die Fliegen über das Opfer hergefallen sind, angelockt von seinem süßlichen Geruch«. Als die Göttin Ischtar den Helden Gilgamesch bedrängte, sich mit ihr zu vereinen, da fragte er sie, ob sie den Verstand verloren habe; nie und nimmer lasse er sich dazu bewegen.

Diese Haltung den Göttern gegenüber – Furcht vermischt mit Verachtung – mag vielleicht vom harten und entbehrungsreichen Leben zwischen Euphrat und Tigris herrühren. Die Sommer waren gnadenlos heiß und die Winter eisig kalt. Während der Nil in verlässlichem Rhythmus jedes Jahr die Felder überflutete und fruchtbaren Schlamm zurückließ, gab es bei Euphrat und Tigris diese Zuverlässigkeit nicht. Wenn es mal eine Flut gab, hatte sie katastrophale Ausmaße. Abbildung 16.3 zeigt eine Landkarte des Zweistromlandes. Die Ebenen des Landes wurden von starken Gewittern heimgesucht. Sintflutartige Überschwemmungen waren wohl keine Seltenheit. Es mag also nicht verwundern, dass die Menschen den Göttern zwar Opfer darbrachten, um sie milde zu stimmen, ihnen aber keine großartigen Lobpreisungen zukommen ließen. Freundschaften zwischen menschlichen Helden und Göttern, wie es sie bei den Griechen gab – man denke etwa an Odysseus und Athene –, waren in der mesopotamischen Mythologie unbekannt.

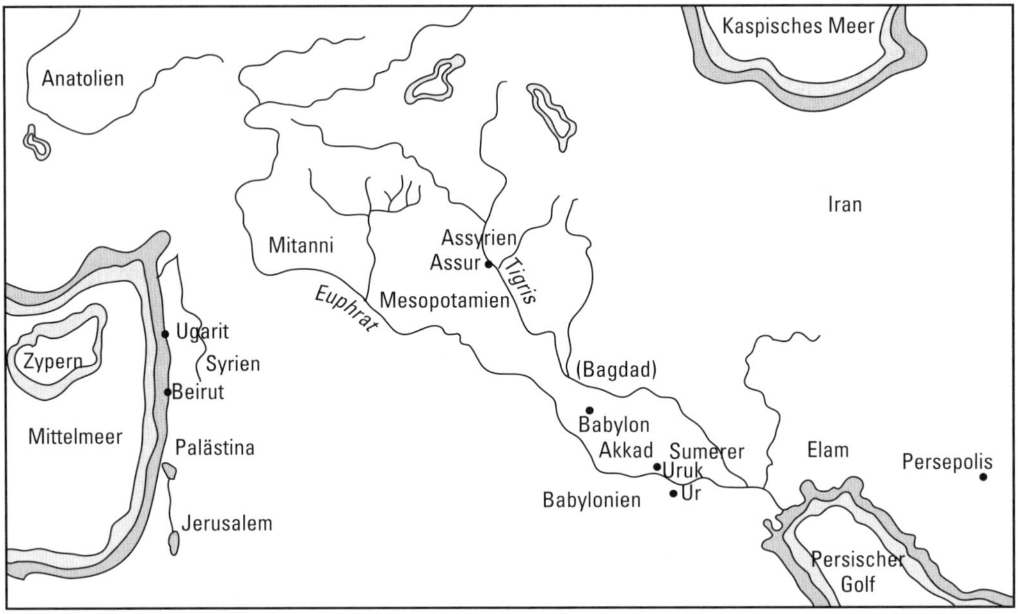

Abbildung 16.3: Der »Nahe Osten« der Antike war die Heimat vieler bedeutender großer und kleinerer Zivilisationen.

Wer waren diese Götter? Es ist unmöglich, eine vollständige Liste aufzustellen, weil es über einen Zeitraum von mehreren tausend Jahren viele Zivilisationen und Kulturen in Mesopotamien gegeben hat: Sumerer, Hethiter, Assyrer, Babylonier und natürlich die Perser. Die berühmten Mythen dieser Kulturen wie Enuma Elisch oder das Gilgamesch-Epos waren den Sumerern, Assyrern und Babyloniern gleichermaßen bekannt und sie enthalten einige der folgenden Götter. Bedenken Sie aber, dass die meisten dieser Götter verschiedene Namen bei unterschiedlichen Völkern haben. Wir werden in diesem Kapitel immer den ersten Namen aus der folgenden Liste verwenden:

- ✔ **Anu** (oder einfach nur An): Der Vater der Götter, nicht aber deren König. Er war der Gott des obersten Teils des Himmels. Er war der mächtigste unter allen Göttern, aber auch der am schwersten fassbare. Mit den Menschen auf der Erde hatte er nicht allzu viel zu tun. Er bildete mit der Göttin Ki ein Paar.
- ✔ **Ki** (die auch Ninhursag, Ninmah oder Nintu heißt): Sie war die Erde. Ihre Beziehung mit Anu brachte den Gott Enlil hervor.
- ✔ **Enlil**: Enlil war der Herr des Windes. Er war zwar nicht so mächtig wie Anu, dafür aber aktiver. Er bewirkte die Veränderungen und Geschehnisse auf der Erde. Vor seiner Geburt war alles dunkel und langweilig.
- ✔ **Nanna** (auch Sin): Sie war der Mond. Sie gebar Shamash.
- ✔ **Shamash** (auch Utu genannt): Er war die Sonne (das arabische Wort für »Sonne« ist noch heute *shams*). Seine Tochter war Ischtar.
- ✔ **Ischtar** (auch Istar, Ishtar oder Inanna): Die Göttin von Liebe, Krieg und Mutterschaft. Sie ähnelt der griechischen Aphrodite bzw. der römischen Venus.
- ✔ **Ea** (oder Enki): Er war der weise Gott, derjenige, der unter den anderen Göttern Streit schlichtete. Besonderen Kummer bereitete ihm Ischtar, da man mit ihr in den überlieferten Mythen des Zweistromlandes normalerweise nichts als Ärger hatte.
- ✔ **Marduk**: Er war *der* Gott der Babylonier. In vielen frühen Mythen tritt dieser Gott überhaupt nicht auf. Es scheint, dass er ursprünglich nur bei den Babyloniern vorkam und sich dann über die anderen Götter erhob, als Babylonien die herausragende Macht in der Region wurde. Die »Babylonische Genesis«, *Enuma Elisch*, ist die Geschichte darüber, wie Marduk König der Götter wurde. Wahrscheinlich wurde das Versepos geschrieben, um die babylonische Vorherrschaft in der Region zu legitimieren, nach dem Motto: Ätsch, unser Gott ist aber stärker als eure Götter!
- ✔ **Kur**: Er war der Gott der Unterwelt. Er teilte sich sein Reich mit Ereschkigal.
- ✔ **Ereschkigal**: Sie war Ischtars Schwester.

In einigen Mythen heißt es, Ereschkigal sei der Titel Königin der Unterwelt als ein Geschenk gegeben worden; in anderen hingegen ist die Rede davon, dass Kur sich an ihr vergangen und sie gegen seinen Willen mitgenommen habe. Eine besonders hässliche Geschichte erzählt davon, wie es die Götter fertig brachten, das Konkurrenzdenken unter den Geschwistern noch zu verstärken. Ereschkigal war mit Gugalanna, dem himmlischen Stier, verheiratet. Als er starb, beschloss die Göttin Ischtar, zu seiner Beerdigung zu gehen; immerhin war er der Ehemann ihrer Schwester gewesen.

Das Begräbnis sollte natürlich in der Unterwelt stattfinden. Ereschkigal aber mochte es allem Anschein nicht allzu sehr, dass ihre Schwester in ihren Herrschaftsbereich eindringen wollte. Ereschkigal befahl also den sieben Wächtern der Unterwelt, von Ischtar zu verlangen, beim Durchgang durch jedes der sieben Tore der Unterwelt jeweils eines ihrer Kleidungsstücke abzulegen. Als sie am Ort des Begräbnisses ankam, hatte sie keine Kleider mehr am Leib. Da dies gegen die guten Sitten verstieß, ließ Ereschkigal sie umbringen und ihre Leiche an einer Wand aufhängen. Am Ende kam ihr Ea zu Hilfe und hauchte ihr wieder Leben ein; schließlich ziemte es sich nicht für eine Göttin, für immer tot zu sein. Ischtar aber musste für Ersatz in der Unterwelt sorgen. Ihre Wahl fiel auf Tammuz, den König von Uruk. Da ihm die Idee, für immer tot zu sein, aber gar nicht behagte, einigte man sich darauf, dass er immer nur für sechs Monate am Stück in die Unterwelt hinab musste und dann wieder zu den Lebenden hinaufsteigen durfte. Die anderen sechs Monate musste seine Schwester Geschtinanna für ihn in der Unterwelt ausharren (es wird nirgendwo erwähnt, was sie davon hielt).

Die hebräische Mythologie: A steht für Apfel und B steht für Babel

Die vielleicht bekanntesten Mythen entstammen der Mythologie der alten Hebräer; es sind insbesondere die Geschichten aus der Schöpfungsgeschichte (Genesis) der Hebräischen Bibel (die im Christentum als Teil des Alten Testaments bekannt ist), die uns besonders vertraut sind.

Wir müssen hier ganz klar sagen, was wir meinen, wenn wir die Geschichte der Genesis »Mythos« nennen. Wir meinen *nicht*, dass sie erlogen oder unwichtig sind oder dass sie nicht ernst genommen werden sollten. Wir meinen noch nicht einmal, dass es sich nicht um historische Ereignisse handelt.

Wie schon am Anfang des Buches erklärt, unterscheiden sich Mythen von anderen Geschichten dadurch, dass in ihnen eine Wahrheit zum Vorschein kommt, die in einem fundamentalen Sinne bedeutsam ist. Die Autoren des Buches sind beide der Ansicht, dass die Bezeichung »Mythos« für eine Erzählung diese in ihrem Wert und ihrer Bedeutung *steigert* und nicht vermindert. Jede alte Geschichte kann auf Tatsachen beruhen; nur wenige aber sind auch *wahr*. Die persönliche Meinung der Autoren ist, dass es nicht von Belang ist, ob die in einem Mythos geschilderten Ereignisse auch tatsächlich passiert sind oder nicht. Wichtig ist allein, dass er Bedeutung trägt und in ihm eine Wahrheit aufscheint.

Wir werden der (ja allgemein bekannten) Mythologie der Hebräer nicht allzu viel Platz einräumen, nur so viel wie wir benötigen, um sie in einen Zusammenhang mit den anderen Mythologien zu stellen.

Am Anfang

Die hebräische Version der Schöpfungsgeschichte unterscheidet sich sehr von der der Babylonier oder auch der Griechen. Den Hebräern zufolge gab es keine Familienstreitigkeiten unter den Göttern, es wurden keine Kinder verspeist und auch keine Ränke gegen die eigenen Eltern geschmiedet. Es gab nur einen Gott, dessen Name schlicht Gott war und alles allein durch sein Wort erschuf (zumindest fast alles; mehr dazu gleich).

Am Anfang gab es nur Wasser und Wind. Gott begann sein Werk, indem er das Licht erschuf und es von der Finsternis trennte. Dann baute er ein solides Gewölbe, das das Wasser zurückhalten sollte, und erschuf das trockene Land unter dem Gewölbe (die Geschichte von Noah und der Sintflut enthüllt, dass dieses Gewölbe Fenster besaß, die beim Öffnen das Wasser hindurch ließen). Dann machte sich Gott daran, die Pflanzen und Tiere hervorzubringen, und rundete seine Schöpfung mit der Erschaffung der Menschen ab. All dies dauerte bloß sechs Tage. Siehe Abbildung 16.4.

Abbildung 16.4: Gott erschafft Adam (in der Darstellung Michelangelos). Streckt Adam hier seine Hand nach Gott oder nach Eva aus?

Die Erschaffung des Menschen

Die Genesis erzählt in Wirklichkeit zwei Schöpfungsmythen, die Seite an Seite stehen:

- ✔ Im ersten Mythos ist die Rede von einem Gott, der innerhalb von sechs Tagen alles nur durch die Kraft seiner Worte erschafft. Diese erste Version berichtet von der gleichzeitigen Erschaffung eines Menschenpaares – eines Mannes und einer Frau.
- ✔ Der zweite Schöpfungsmythos schildert, wie Gott Himmel und Erde an einem Tag erschuf und noch am selben Tag, noch vor der Erschaffung von Pflanzen und Tieren, erschuf er auch einen einzelnen Menschen. In dieser Fassung des Mythos erzeugt er ihn aber nicht alleine durch die Macht seines Wortes, sondern er beugt sich nieder und formt den Leib des Menschen aus Erde oder Lehm. In dieser zweiten Version entsteht der männliche Mensch vor dem weiblichen, der erst später aus der Rippe des Mannes geformt wird. Diese zweite Fassung des Schöpfungsmythos ist dem griechischen nicht unähnlich. Dort schuf Prometheus die Menschen auch aus Lehm.

Ein Apfel und aus ist's mit der Unbeschwertheit!

Genau wie Hesiod, der alles Übel unter den Menschen auf eine einzelne Frau schob, Pandora nämlich (vgl. Kapitel 3), machten es auch die alten Hebräer. Eva, die erste Frau, wurde von der Schlange in Versuchung geführt, die als das klügste aller Tiere galt. Pandora wiederum öffnete die Büchse und ließ alles Böse in die Welt. Weil Eva den Apfel vom Baum der Erkenntnis (von Gut und Böse) aß, waren die Menschen nicht mehr unsterblich und mussten für ihren Lebensunterhalt von nun an im Schweiße ihres Angesichtes selbst sorgen. Auf der anderen Seite gab sie dem Menschen das moralische Urteilsvermögen (was ist gut, was böse?) und machte sie den Göttern ähnlicher, was der Grund dafür ist, dass ihnen die Unsterblichkeit genommen werden musste. Unsterblichkeit plus moralisches Urteilsvermögen nämlich hätte den Menschen gottgleich gemacht. Da der Mensch aber nur Mensch ist, kann er nicht beides gleichzeitig haben.

Der Turmbau zu Babel und das Sprachengewirr

Eine wichtige Funktion der Mythen ist, den Ursprung der Dinge zu erklären. Das beste Beispiel hierfür findet sich in der Bibel in der Geschichte vom Turmbau zu Babel.

Früher, so lautet der Mythos, da sprachen alle Menschen die gleiche Sprache. Eines Tages beschlossen die Menschen, einen Turm aus Ziegeln zu errichten, der bis in den Himmel hinauf reichen sollte. Gott hörte davon und fragte sich besorgt, was wäre, wenn die Menschen ihren Plan erfolgreich in die Tat umsetzten? Wer wüsste denn schon, was die Menschen sich dann vielleicht in Zukunft alles ausdenken würden.

Gott befahl also, dass die Menschen unterschiedliche Sprachen sprechen sollten. Da sie nun aber nicht mehr in der Lage waren, sich beim Bau vernünftig zu verständigen, gaben sie ihr Vorhaben wieder auf und verstreuten sich schließlich in alle Himmelsrichtungen.

Das verbindende Element der drei Schöpfungsmythen

Es scheint fast so zu sein, dass beinahe jede Kultur des Mittelmeeraums (sowie einige an anderen Orten) einen Mythos kennt, bei dem eine große Sintflut bis auf zwei Menschen alle Menschen tötet. Die Geschichte von Noah und seiner Arche ist sicher die berühmteste (in der christlichen Welt). Bei den Mesopotamiern gibt es die Geschichte von Utnapischtim und seinem Boot und bei den Griechen und Römern finden wir die Erzählung von Deukalion und Pyrrha (vgl. Kapitel 12).

Die Arche Noah und ihre Mannschaft

Auch wenn sich diese Mythen oberflächlich gesehen so ähnlich sind – ihre Unterschiede sind es eigentlich erst, die sie noch interessanter machen. Vor der Sintflut, so wie sie die Hebräer erzählen, erkennt Gott die Verderbtheit seiner Schöpfung und bedauert es, dass er den Menschen überhaupt erschaffen hat. Noah erscheint Gott als einziger Mensch wertvoll genug, um verschont zu werden. Als die Geschichte an die Stelle kommt, wo es um den Bau von Noahs Boot geht, ist es nicht Noah, der selbstständig handelt; vielmehr erhält er von Gott genaue Instruktionen, was er zu tun und wie er vorzugehen hat. Im Text heißt es, dass »Noah tat, was Gott ihm aufgetragen hatte«. Die hebräische Sintflutgeschichte konzentriert sich also im Wesentlichen auf Gott; Noah selbst ist als Figur der Handlung nur schwach ausgebildet, ein flacher Charakter würde man in der Literaturwissenschaft sagen. Er ist mehr ein Instrument Gottes.

Die Sintflutgeschichten in Mesopotamien und bei den Hebräern unterscheiden sich wesentlich voneinander. Utnapischtim erhält von Ea den Tipp, dass er gut daran täte, sich in Sicherheit zu bringen. Nirgendwo wird aber erwähnt, dass er von Ea auserwählt wurde, weil er besonders tugendhaft gewesen wäre. Er hatte einfach Glück. In diesem Mythos kann sich kein Gott auf seine Fahnen schreiben, Utnapischtim konkret geholfen zu haben. Utnapischtim selbst war es, der das Boot entworfen und gebaut hat. Später erzählt er Gilgamesch davon.

Es heißt auch, dass die Flut den Göttern große Angst bereitet habe; Utnapischtim dagegen war ganz gelassen. Im mesopotamischen Mythos steht also der menschliche Held im Mittelpunkt des Geschehens, der den Göttern eine lange Nase macht, weil diese sich auf so feige und unschöne Weise still und leise davonschleichen.

Der römische Dichter Ovid beginnt sein Buch *Metamorphosen* mit der Geschichte einer Sintflut, die nur das Ehepaar Deukalion und Pyrrha überlebt (siehe Kapitel 12). Bei Ovid begibt sich Zeus unter die Menschen und ist Gast am Hofe eines Königs, der das Gebot der Gastfreundschaft aber auf das Schändlichste beleidigt. Zeus beschließt daraufhin, der missratenen Schöpfung ein Ende zu setzten und alle Menschen zu töten. Warum gerade Deukalion und Pyrrha auserwählt werden, wird nirgendwo erwähnt. Ovid geht es vielmehr um die dichterische Wiedergabe der spektakulären visuellen Effekte einer im Wasser versunkenen Welt – Delphine, die durch Kornfelder schwimmen, Fischschwärme, die ihre Nester in Bäumen bauen – sowie um die Schilderung der Einsamkeit und Verlassenheit der beiden Überlebenden.

Die Geschichte des Turmbaus zu Babel hat viel gemein mit der des Bellerophon, der versuchte auf dem geflügelten Pferd Pegasus auf den Olymp zu reiten, oder des Phaëton, der den Sonnenwagen lenken wollte. Beide bezahlten ihr Vorhaben mit dem Leben.

Ein durchgehendes Thema der Mythologie ist das gegen die Menschen ausgesprochene Verbot zu versuchen, Göttlichkeit zu erlangen. Zwar gewähren die Götter mitunter einem auserwählten Menschen die Gnade der Unsterblichkeit, wie z.B. Herakles oder Utnapischtim – die Unsterblichkeit oder eine andere Gnade aber von den Göttern erzwingen zu wollen, würde schwere Konsequenzen nach sich ziehen. (Mehr zu Herakles in Kapitel 6.)

Dreimal Hurra für Ägypten: Ra, Ra, Ra!

17

In diesem Kapitel

- Die ägyptischen Gottheiten
- Die Bedeutung der Religion im alltäglichen Leben der Ägypter
- Die Geheimnisse der Mumien und andere ägyptologische Kuriosa mit Unterhaltungswert

Die ägyptische Zivilisation gibt es schon seit sehr langer Zeit. Die ältesten altägyptischen Dynastien entstanden vor etwa 5000 Jahren, also lange vor dem Aufstieg der griechischen Zivilisation. Die Ägypter erschufen eine hoch entwickelte Kultur, ein ausgeklügeltes Schriftsystem, einen komplizierten Götterhimmel sowie sehr bemerkenswerte Beerdigungszeremonien.

Ägypten bestand genau genommen aus zwei Teilen, Oberägypten und Unterägypten. Unterägypten lag im Norden des Landes und umfasste Memphis, das Nildelta und die großen Pyramiden. Oberägypten war dagegen viel größer und reichte bis hinunter zum Gebiet des heutigen Sudan. In diesem Teil des Landes befanden sich auch die Stadt Luxor und das Tal der Könige.

Der Nil

Der Nil war Ägyptens markantestes geografisches Merkmal. Die gesamte ägyptische Kultur war in einem sehr schmalen Korridor entlang des Flusslaufes angesiedelt. Östlich und westlich des Nils war nichts als unfruchtbare Wüste. Nur in einem schmalen Streifen rechts und links des Ufers konnten die Menschen Ackerbau und Viehzucht betreiben. Jedes Jahr um die gleiche Zeit schwoll der Strom an und überflutete die Felder. Wenn er sich wieder zurückzog, hinterließ er jedes Mal fruchtbaren Schlamm, der für reiche Ernten sorgte und so die Grundlage für die Blüte der Kultur überhaupt erst schuf. Ohne den Nil gäbe es nicht das Ägypten, dessen Kultur wir noch heute bestaunen. Abbildung 17.1 zeigt eine Karte des Landes.

Der ewig währende Kreislauf von Zerstörung und Fruchtbarkeit (von Überschwemmungen und anschließender Bewirtschaftung der Felder) wurde zur Grundlage der ägyptischen Religion. Die Schöpfung war ein andauernder Kreislauf der Erneuerung, der sich jeden Tag wiederholte. Die Aufgabe der Ägypter war es, den Göttern dabei zu helfen und böse Dämonen zu vertreiben, die den Segen spendenden Kreislauf unterbrechen wollten.

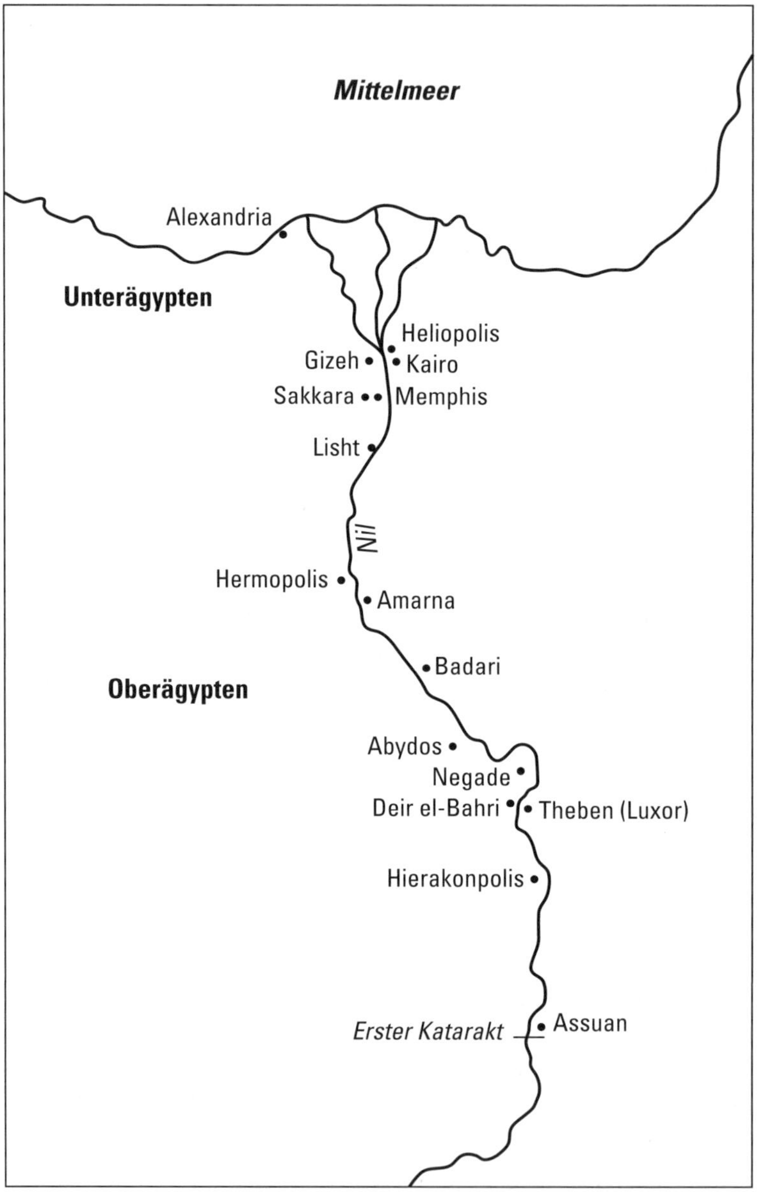

Abbildung 17.1: Das alte Ägypten

Eine wichtige Anmerkung: Die Experten auf dem Gebiet der altägyptischen Kultur, die so genannten *Ägyptologen*, besitzen kein wirklich gesichertes Wissen darüber, was während einzelner Epochen in Altägypten wirklich geschah. Auch wenn Ausgrabungen viele Kunst- und Alltagsgegenstände und hieroglyphische Schriften zutage gefördert haben, so kann doch niemand wirklich sagen, was sie alle genau bedeuten. Es gibt nach wie vor sehr viele Meinungsverschiedenheiten zwischen den Ägyptologen. Falls Sie letztgültige »Fakten« suchen, so müssen wir Sie leider enttäuschen. Aber wie Sie ja inzwischen wissen, ist das ein Charakteristikum der Mythologie.

Die Ägypter besaßen eine andere Mythologie als z.B. die Griechen. Gottheiten waren echte Wesen, die aber nicht in solche Händel verstrickt waren wie etwa die Götter auf dem Olymp. Einige wenige Mythen über sie haben überlebt. Die interessantesten (wie etwa die Geschichte von Isis und Horus) stammen jedoch aus griechischen Quellen. Die Ägypter begannen erst ungefähr ab dem Jahre 2000 v. Chr., ihre Mythen schriftlich festzuhalten, als es ihre Zivilisation schon eine ganze Weile gab.

Wie bei den meisten Völkern gab es auch bei den Ägyptern keine Fixierung auf die eine und einzig wahre Fassung eines Mythos. Mythen wurden je nach Lage der Dinge den verschiedenen Situationen und Zeiten angepasst. Ein Gott wie z.B. Seth konnte eine Wandlung vom Beschützer Oberägyptens zum Feind aller Götter durchmachen, der seinen Untergang nur zu gut verdient hatte. Es gab auch keine für alle Ägypter verbindliche Religion im eigentlichen Sinne. Obwohl es einige Götter gab, die für alle Bewohner Ägyptens von Bedeutung waren, so gab es auf der anderen Seite auch Gottheiten, die mehr lokalen Bedürfnissen genügten. Wenn wir also über »die« ägyptische Mythologie reden, so sollten wir uns darüber im Klaren sein, dass wir eigentlich nur kleine Informationsfragmente aus unterschiedlichen Teilen des Reiches und aus sehr unterschiedlichen Epochen, die durch Jahrtausende getrennt sein können, zusammentragen und daraus ein ganzes Bild zu formen versuchen.

Das vorausgeschickt, wird es auch nicht weiter verwundern, dass die Ägypter keine einheitliche Schöpfungsgeschichte hatten. Stattdessen erzählten sich die Menschen in unterschiedlichen Teilen des Reiches voneinander abweichende Geschichten darüber, wie die Welt, die Götter und die Menschen entstanden. In dem weiter unten wiedergegebenen Mythos ist es so, dass die Welt aus einem Urhügel auf den Wogen des urzeitlichen Wassers entstand. In anderen Mythen dagegen heißt es, eine Lotusblüte sei aus den Wassern gestiegen, habe sich geöffnet und einen kleinen Gott freigegeben. Je nach Mythos entstanden die Menschen entweder aus den Tränen der ersten Gottheit oder sie wurden von einem der Götter aus Lehm oder Metall geformt. Es ist unmöglich, alle existierenden Versionen eines Mythos miteinander in Übereinstimmung bringen zu wollen. Wir empfehlen den Lesern, dies gar nicht erst zu versuchen und die Geschichten unabhängig voneinander zu lesen.

Ordnung aus dem Chaos: Eine Version, wie die Welt entstand

Am Anfang existierte nur das urzeitliche Gewässer der Schöpfung. Die Wasser kräuselten sich. Der Schöpfergott Atum stieg alleine aus den Fluten empor. Er befriedigte sich selbst und sammelte seinen vergossenen Samen in seinem Mund. Dann spuckte er zwei Kinder aus – Shu, den Gott der Luft, und Tefenet, die Göttin des Wassers und der Feuchtigkeit. Dies war die erste Teilung der Geschlechter in Mann und Frau. Die beiden neu entstandenen Gottheiten machten sich auf, die Welt zu entdecken. Atum suchte nach ihnen, konnte sie aber nicht mehr finden. Daher schickte er eine seiner anderen Töchter los, eine hitzige Göttin, die man auch unter dem Namen »Atums göttliches Auge« kannte, die ihre beiden Geschwister finden sollte. Sie fand sie tatsächlich und Atum weinte, als er seine Kinder wiederhatte. Seine vergossenen Tränen verwandelten sich in die ersten Menschen.

Shu und Tefenet hatten zwei Kinder: Nut, die Himmelsgöttin, und Geb, den Erdgott. Nut und Geb verliebten sich ineinander und umarmten sich so fest, dass kein Platz mehr zwischen ihnen war. Nut wurde schwanger; es gab aber keinen Platz, der es ihr erlaubt hätte, ihre Kinder zu gebären. Ihr Vater Shu trennte das Paar wieder und hielt Nut hoch über die Erde (vgl. Abbildung 17.2), so dass Raum für Lebewesen und Luft zum Atmen entstand. Wasser umgab die Erde und den Himmel. Jede Nacht verschluckte Nut die Sonne und jeden Morgen gebar sie sie wieder.

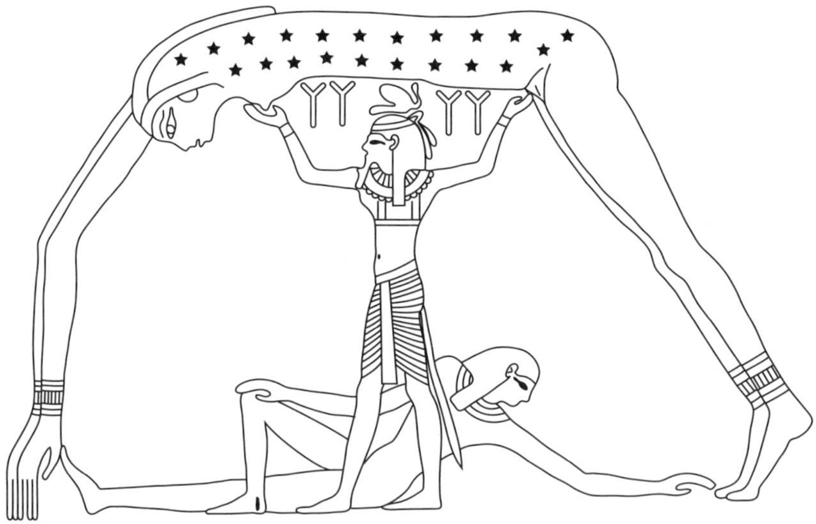

Abbildung 17.2: Der Gott der Luft, Shu, trennt die Himmelsgöttin Nut vom Gott der Erde, Geb.

Nut bekam zwei Zwillingspaare, Isis und Osiris sowie Seth und Nephthys. Noch im Mutterleib verliebten sich Isis und Osiris ineinander; Nephthys aber (ein Mädchen) hasste ihren Bruder Seth. Dennoch heirateten die beiden später. Osiris nahm sich Isis zur Frau. Als erstgeborener männlicher Nachkomme war Osiris dazu bestimmt, in Ägypten zu herrschen, was er für kurze Zeit auch tat.

Andere Mythen über die Schöpfung

Die Ägypter erzählten sich nicht nur unterschiedliche Schöpfungsmythen; sie hatten außerdem insgesamt vier Schöpfergottheiten, die alle in eigenen Kulten verehrt wurden. Die Erschaffung der Welt und der Menschen war bei allen unterschiedlich.

Atum

Der Gott Atum, der in der Stadt Heliopolis verehrt wurde, war eine Schlange, die dem urzeitlichen Chaos entstiegen war (wie Amon, dem wir uns gleich widmen werden); bei den Ägyptern wurde er meist als Mensch dargestellt. Er hatte sowohl weibliche als auch männliche Merkmale. Mitunter wurde er Ra-Atum genannt und symbolisierte die Abendsonne, die in Nuts Leib zurückkehrte. Nach einem bestimmten Mythos entstanden die Menschen aus seinen Tränen.

Die Verbindung von Ammon und Ra

Ammon-Ra (auch Amun-Ra geschrieben) wurde im zweiten vorchristlichen Jahrtausend zu einem Gott aller Ägypter, als der Fruchtbarkeitsgott Ammon, den man in Theben verehrte, mit dem Sonnengott Ra zu einer Gottheit verschmolz. Die Mythen über ihn berichten, er sei das erste jemals erschaffene Wesen überhaupt. Ein Mythos über ihn erzählt davon, dass er die Form einer Gans annahm und ein kosmisches Ei legte, aus dem das Leben entsprang. In einer anderen Version entstand er genau wie Atum aus dem urzeitlichen Chaos und betrat in Gestalt einer Schlange die Bühne der Welt.

Khnum, der Bildhauer des Menschen

Der Gott Khnum wurde besonders in Südägypten, auf der Insel Elephantine, kultisch verehrt. Er kontrollierte das Ansteigen der Nilfluten und ihrer lebensspendenden Kräfte. Sein heiliges Tier war der Widder. Die Ägypter stellten ihn üblicherweise mit einem Widderkopf dar. Khnum war ein Töpfer. Er formte aus Ton Mensch und Tier und hauchte seinen Kreaturen dann Leben ein.

Der Gott Ptah

Ptah wurde in der Stadt Memphis verehrt. Die Bewohner der Stadt nahmen an, dass er der Gott war, der seit Anbeginn der Zeit existierte und alles geschaffen hatte. Er erschuf alle Götter, indem er sie einfach in seinen Gedanken formte und ihren Namen laut aussprach. Er formte die Götter auch aus Gold und anderen Metallen, was ihm den Titel »Gott der Handwerkskünste« einbrachte.

Götter und Göttinnen des Sandes

Die Ägypter besaßen eine große Zahl an Gottheiten. Über die einen existierten mehr mythische Geschichten als über die anderen; wichtig waren sie aber alle.

Die Hauptgötter

Dennoch gab es natürlich Gottheiten, deren Bedeutung die der anderen übertraf. Ihre Namen tauchen öfter auf als die anderer Götter. Hier eine Auswahl:

Ra, der Sonnengott

Der Sonnengott Ra war der wichtigste der ägyptischen Götter. Nut gebar ihn zu Beginn eines jeden Tages. Er wuchs heran bis zum Mittag, wurde gegen Abend immer älter und verbrachte die Nacht über in der Unterwelt, bevor er am nächsten Morgen wieder geboren wurde. Er bewegte sich mit der Sonne in einem Boot über das Himmelszelt. Osiris und die Himmelsgöttin Nut gesellten sich bei Nacht zu ihm auf sein Schiff.

Der Sonnengott konnte viele Gestalten annehmen. Eine der bekanntesten ist der Skarabäus, ein Mistkäfer, der kleine Kugeln aus Dung durch die Gegend rollt, was die Ägypter wohl an den Lauf der Sonne über das Firmament erinnerte. In Abbildung 17.3 ist Ra abgebildet.

Die Ägypter glaubten, dass die Welt eines Tages untergehen würde und auch Ra selbst dem Alterungsprozess unterlag. Ein Mythos berichtet, dass Ra, als er älter wurde, mit einer Verschwörung der Menschen gegen ihn konfrontiert wurde. Er beschloss, die Untreuen dafür zu bestrafen, und schickte die Göttin Sekhmet los, alle Menschen umzubringen. Aber er gebot ihr Einhalt, bevor sie alle getötet hatte. Das Ganze hatte ihn jedoch so ermüdet, dass er beschloss, sich zur Ruhe zu setzen. Er bestimmte Osiris als Nachfolger seiner Herrschaft über die Menschen.

Normalerweise hieß der Sonnengott »Ra« (oder auch »Re«). Meistens wurde sein Name aber mit dem Namen einer anderen Gottheit verbunden. So hieß zum Beispiel die Mittagssonne Ra-Harakhty und die Abendsonne Ra-Atum. Sein echter Name war allerdings geheim. Als er älter wurde, brachte ihn Isis durch eine List dazu, dass er ihr seinen eigentlichen Namen verriet. Sie versprach aber, den Namen niemandem außer Horus zu verraten, so dass er für immer ein Geheimnis blieb.

Abbildung 17.3: Der Sonnengott Ra

Die Göttin Isis

Isis war die Frau und Schwester des Osiris und die Mutter des Horus. Die Ägypter verehrten sie als die große Muttergöttin. Sie war eine der frühesten Gottheiten Altägyptens. Ihr Name wird schon in den Pyramidentexten erwähnt, einer der ältesten schriftlichen Quellen der ägyptischen Religion (2465 bis 2150 v. Chr.).

Isis war eine politische Göttin. Als die Herrschaft der ägyptischen Könige durch die Ptolemäer abgelöst wurde, wurde Isis die offizielle Göttin des neuen Staatskultes. Sie wurde auch außerhalb Ägyptens verehrt. In der griechisch-römischen Welt wurde sie mit Demeter, Selene und Hera gleichgesetzt.

Ein Mythos über sie (der einer in Kapitel 5 geschilderten Geschichte über die griechische Göttin Demeter sehr ähnlich ist) berichtet, dass Isis einmal als Amme bei einer adeligen Mutter eingestellt wurde. Sie mochte das Kind sehr und versuchte ihm Unsterblichkeit zu verleihen, indem sie es jede Nacht in ein Feuer setzte. Eines Nachts sah die Mutter, was Isis tat, und fing an zu schreien. Das Kind starb und Isis floh.

Osiris, der Erste unter Gleichen

Osiris war der Ehemann und Bruder der Isis. Sie waren die Kinder von Nut und Geb. Osiris war der Herr über die Unterwelt und wurde übrigens auch zur ersten Mumie. Sein eifersüchtiger Bruder Seth ermordete ihn, um seinen Thron besteigen zu können. Isis mumifizierte ihren Bruder, der danach seinen neuen Job im Reich der Toten antrat.

Osiris war der Gott des Ackerbaus; er zeigte den Menschen, wie sie der Erde Nahrung abringen konnten. Die Ägypter verglichen seinen Tod und die Verstümmelung seines Leichnams mit den jährlichen Ernten auf ihren Feldern. Seine Wiederauferstehung war das Zeichen dafür, dass auch im nächsten Jahr eine Ernte eingebracht werden konnte.

Als Ra sich zur Ruhe setzte, übergab er seinen Thron an Osiris. Osiris war nur für kurze Zeit König der Erde, Herrscher über Götter und alles andere. Er regierte zusammen mit seiner Schwester/Ehefrau Isis und läutete ein goldenes Zeitalter ein.

Seth

Seth war der Bruder von Isis und Osiris. Nachdem er Osiris ermordet und sich lange mit Isis und ihrem Sohn Horus gestritten hatte, akzeptierte er schließlich die Aufgabe, Gott über die Stürme zu werden. Im nächsten Abschnitt werden wir darauf zurückkommen. Seth lebte in der Wüste. Die Ägypter stellten ihn auf Abbildungen halb als Esel und halb als Schwein (oder Ameisenbär) dar.

Horus und seine Pharaonenkumpane

Horus war der König der Götter und Herr über den Himmel, eine Aufgabe, für die er gegen seinen Onkel Seth hatte kämpfen müssen (siehe den Abschnitt weiter unten). Er wurde als Falke dargestellt. Die *Pharaonen*, also die ägyptischen Könige, galten als die Verkörperung des Horus auf Erden.

Ärger im Paradies: Horus und Seth

Die Götter Horus und Seth dachten beide, sie seien gute Kandidaten für den Titel »König der Götter« – Horus aufgrund seiner Herkunft als Sohn des früheren Königs Osiris und Seth, weil er als Osiris' Bruder schon immer darüber verbittert war, dass die Wahl auf seinen Bruder und nicht auf ihn gefallen war. Seth ermordete schließlich seinen Bruder, verstümmelte ihn und bestieg dessen Thron.

Isis versteckt ihren Sohn Horus vor Seth

Die verzweifelte Isis sammelte Osiris' Körperteile wieder ein. Seinen Penis konnte sie aber nicht finden. So ersetzte sie ihn durch einen aus Holz. (Der griechische Dichter Plutarch behauptete, dass ein Fisch das besagte Körperteil des Osiris gefressen habe, was seiner Meinung nach auch erklärte, warum die ägyptischen Priester keinen Fisch aßen.) Mit Hilfe des schakalgesichtigen Gottes Anubis setzte Isis Osiris wieder zusammen. Bandagen, wie man sie von den Mumien her kennt, hielten alles zusammen. Osiris erwachte wieder zum Leben, zumindest lange genug, um mit Isis ein Kind zu zeugen.

Isis hatte Angst davor, dass Seth ihr Kind töten könnte, falls er von dessen Existenz erführe. Sie versteckte sich daher in den Sümpfen des Nildeltas. Dort brachte sie ihren Sohn Horus zur Welt und zog ihn groß, damit er den Mord an seinem Vater rächen und den ihm rechtmäßig zustehenden Thron besteigen konnte. Seth befahl allen potenziell gefährlichen Dingen in den Sümpfen – Pflanzen, Tieren, Insekten und Krankheiten –, falls möglich, Horus zu schaden. Aber Isis streifte überall umher und lernte die Namen all dieser Dinge. Dies verlieh ihr Macht über sie, so dass es ihr gelang, Schaden von ihrem Kind fernzuhalten. Auch ihrem Sohn brachte sie die Namen aller Dinge bei, damit er sicher aufwachsen konnte.

Isis wendet eine List an

Als Horus groß war, ging er zusammen mit seiner Mutter zum Rat der Götter, um seinen Thron zu beanspruchen. Seth argumentierte, dass er der einzige Gott sei, der stark genug sei, das Sonnenboot vor Angriffen zu verteidigen. Isis aber überzeugte die Götter vom Gegenteil. Seth verweigerte seine weitere Teilnahme, solange Isis den Rat nicht verließe. Die Götter kamen also auf einer Insel erneut zusammen. Der Fährmann war angewiesen, Isis nicht überzusetzen. Sie aber verkleidete sich und bestach ihn. Auf der Insel verwandelte sie sich in eine schöne Frau, ging zu Seth und erzählte ihm, dass sie eine Witwe sei und ein Fremder ihre ganze Herde gestohlen und so ihrem Sohn sein ganzes Erbe genommen habe. Seth stimmte zu, dass dies ein Verbrechen sei. Damit hatte Seth sich selbst kompromittiert, was Isis nun ausnutzen konnte.

Das Gerichtsverfahren wird zu einem Wettkampf

Seth weigerte sich noch immer, auf den Thron zu verzichten, und forderte stattdessen Horus zu einem Wettbewerb heraus. Jeder sollte sich in ein Nilpferd verwandeln und ganze drei Monate unter Wasser verbringen. Horus erklärte sich bereit dazu; nur Isis äußerte Bedenken, dass er vielleicht verlieren könnte. Von Sorgen geplagt, warf sie mit einer Harpune nach Seth (traf aber auch Horus). Horus wurde sehr wütend auf seine Mutter. Er schnitt ihr den Kopf ab und rannte mit ihm in die Wüste hinaus. Isis verwandelte sich in eine Statue und kehrte zu den Göttern zurück. Der Gott Thoth ersetzte ihren fehlenden Kopf durch den einer Kuh.

Der Sonnengott bestrafte Horus dafür, dass er seine Mutter verletzt hatte, indem er Seth erlaubte, ihm die Augen auszureißen. Die Göttin Hathor ersetzte sie durch einen geschickt angefertigten Ersatz aus Gazellenmilch.

Der Stift ist mächtiger als das Schwert

Horus wandte sich erneut an die Götter. Diese schrieben Osiris einen Brief, in dem sie um Rat baten. Osiris antwortete, dass er Dämonen entfesseln würde, die die Götter heimsuchen kämen, falls sie Horus nicht den Thron gäben. Horus bekam ihn am Ende tatsächlich zugesprochen. Isis freute sich über alle Maßen und Seth wurde eine andere Aufgabe zugewiesen. Er wurde der Gott über die Winde und Stürme. In dieser Funktion lebte er fortan mit dem Sonnengott zusammen.

Andere Gottheiten, regionale und überregionale

Neben Göttern, die in ganz Ägypten verehrt wurden, gab es auch Götter, die nur regional von Bedeutung waren. In verschiedenen Gegenden wurden unterschiedliche Götter auf unterschiedliche Weise verehrt. Dies führte dazu, dass es eine große Zahl von Gottheiten im alten Ägypten gab. Hier sind einige von ihnen:

- ✔ **Thoth:** Er war der Gott des Mondes. Dargestellt wurde er als Pavian, Ibis oder als Mensch. Man brachte ihn mit geheimen magischen Kräften in Verbindung, von denen viele in dem mythischen Buch Thoth niedergeschrieben wurden. (Der Gott Thoth entspricht Hermes in der griechischen Mythologie.)
- ✔ **Anubis:** Er hatte den Kopf eines Schakals. Er empfing die Seelen der Verstorbenen und geleitete sie durch die vielen Prüfungen, die bestanden werden mussten, bevor die Toten zu Osiris und ins Paradies eingelassen wurden.
- ✔ **Hathor:** Sie war die Göttin der Liebenden, der Fruchtbarkeit und der Geburt. Sie war außerdem die Frau des Sonnengottes. Sie hatte die Gestalt einer Kuh. (Auch Isis hatte Merkmale der Kuh; die Kuh war bei den Ägyptern ein gebräuchliches Symbol für die lebensspendende Kraft der Frauen.) Mit ihrem Euter ernährte sie die Könige. Die Frauen der Ägypter trugen Amulette und Talismane aus ihrem Heiligtum bei sich, die ihnen eine möglichst schmerzfreie Niederkunft garantieren sollten.
- ✔ **Sekhmet:** Die »Mächtige« war eine Göttin in Gestalt einer Löwin. Sie tötete aufständische Menschen im Auftrag des Sonnengottes. Mitunter wurden ihr auch Verbrecher als Menschenopfer dargebracht.

- **Bastet:** Die Katzengöttin war die Gottheit, die über die Liebe, die Fortpflanzung und die Fruchtbarkeit wachte. Anfangs hatte auch sie die Gestalt einer Löwin. Mit der Zeit aber erschien sie milder und nahm schließlich die Gestalt einer Miezekatze an.
- **Bes:** Er hatte die Gestalt eines korpulenten Zwergs und trug die Mähne und den Schwanz eines öwen. Seine Zunge hing aus seinem Mund heraus als Warnung an seine Feinde. Er war ein besonderer Schutzgott der Gebärenden und wachte über das Wohlergehen kleiner Kinder. Die Menschen stellten sein Bildnis bei sich zu Hause auf ihre Möbel und trugen es als Amulett um den Hals, damit er sie vor Dämonen beschützte.
- **Selket:** Eine Göttin in Gestalt eines Skorpions. Sie war Wächterin über die Lebenden und die Toten.

Die Religion im Leben der Ägypter

Die Religion war für die Ägypter von großer Bedeutung. Die Einhaltung der Kulte und Rituale war entscheidend, wollte man nicht den Zorn der unberechenbaren Götter auf sich ziehen. Dies galt sowohl für Könige als auch für Angehörige der untersten Schichten.

Die Pharaonen

Die Religion war in Ägypten Sache des Staates. Die ägyptischen Könige, genannt *Pharaonen*, stammten direkt von den Göttern Isis und Osiris ab, so glaubte man. Sie hatten also göttlichen Status. Der Pharao war eine Verkörperung des Himmelsgottes Horus.

Die Könige und ihre Stellvertreter, die Priester, dienten den Göttern in ihren Tempeln, die die Schöpfung in großem Maßstab verkörpern sollten. Noch heute kann man sich der beeindruckenden Majestät der erhaltenen Tempelanlagen nicht entziehen. Sie waren verziert mit Reliefs und Wandgemälden. Die Götter lebten in ihnen, und die Aufgabe der Priester war es, für ihr Wohlergehen zu sorgen. Sie badeten und kleideten die Götterstatuen und bereiteten Opferspeisen zu ihrem Genuss. Die Tempel waren nicht vergleichbar mit den heutigen Kirchen. Die allermeisten Ägypter setzten niemals ihren Fuß hinein. Sie waren eher Mechanismen, die die Welt am Laufen hielten

Die Pyramiden: Eine Heimstatt für die Ewigkeit

Wie alle anderen Ägypter wollten auch die Pharaonen nach ihrem Tod wiedergeboren werden. Dazu mussten sie wie alle anderen Sterblichen Vorkehrungen treffen. Die

Pharaonen hatten dafür aber natürlich ganz andere Mittel an Geld und Arbeitskraft zur Verfügung. Dies ist der Ursprung der Pyramiden.

Die Pyramiden waren nichts anderes als Grabmäler für die Könige. Es gab zwar immer wieder Spekulationen, dass es sich bei den Pyramiden um astronomische Beobachtungsstationen oder Sonnenuhren handelte; ganz wilde Theorien besagen auch, dass sie errichtet wurden, um mit Außerirdischen zu kommunizieren. Alle Indizien aber sprechen dafür, dass Pyramiden wirklich nur als Grabstätten für die Pharaonen erbaut wurden.

Über neunzig Pyramiden lassen sich verstreut in ganz Ägypten finden. Für die Ägypter symbolisierten sie u.a. auch den Anfang der Schöpfung, als sich aus dem Chaos des Urwassers der erste Urhügel erhob. Ein in einer Pyramide beerdigter Pharao durchlief den Kreislauf von Geburt und Wiedergeburt und wurde an jedem Tag neu mit den Göttern vereint. Die Priester führten rituelle Handlungen durch und brachten Opfer dar, damit ihre Pharaonen ein gutes Leben nach dem Tode führen konnten. Die Grabmäler der Pharaonen der 1. Dynastie (2950 bis 2770) selbst waren voll gepackt mit Schätzen und Opfergaben (vormals) lebender Menschen und Tiere, wie etwa Ehefrauen, Diener oder Haustiere.

Religion und Alltagsleben

Den Ägyptern waren die Ursachen der Krankheiten, die sie befielen, unbekannt. Sie wussten auch nicht, warum Schlechtes und Böses in der Welt passierte (genauso wenig, wie wir heute Lebenden eine Antwort auf diese Frage haben). Sie mutmaßten daher, dass Schwierigkeiten – gesundheitlicher Art, Ehestreitigkeiten oder geschäftliche Probleme – von übernatürlichen Kräften verursacht wurden, von Übel wollenden oder zornigen Göttern oder von außer Kontrolle geratenen Dämonen.

Was sollte, was konnte man dagegen tun? Nichts anderes als die Götter und Göttinnen zu verehren und milde zu stimmen. Während die Pharaonen und ihre Priester den Kult um die großen Götter betrieben, verehrten die einfachen Menschen ihre eigenen untergeordneten Gottheiten. In den Dörfern standen kleine Heiligtümer, Dorfschreine oder Tempel, in denen normale Dorfbewohner Priesterfunktionen wahrnahmen. In jedem Haus stand ein Familienschrein, der die Gottheiten beheimatete, die die Familie anbetete. Zwei sehr beliebte Götter waren der Gott des Handwerks Ptah sowie der Gott des Schreibens Thoth. Die Menschen verehrten darüber hinaus die jeweiligen Gründer ihrer Siedlungen.

Bestimmte Regionen hatten ihre speziellen Götter. In Gebieten, in denen Schlangen eine echte Plage waren, erfuhr z.B. die Schlangengöttin Meretseger eine besondere kultische Verehrung. Sicherheitshalber fertigte man Schlangenfiguren aus Ton an, die an den Hauseingängen abgelegt wurden. Dies sollte nicht nur die Schlangen abschrecken, sondern auch Alpträume fernhalten.

Krankheit in Ägypten

Wurde ein Ägypter krank, so rief man den Arzt oder den Priester. Oft waren beide ein und dieselbe Person. Der Arzt untersuchte den Patienten, stellte eine Diagnose und konsultierte dann seine medizinischen Nachschlagewerke, um eine Behandlung auszuwählen.

Die Therapie umfasste Gebete, Zaubersprüche und die sie begleitenden Rituale, »echte« medizinische Behandlungen sowie die Verabreichung von Kräutern und Heilpflanzen für alle denkbaren Krankheiten.

Üblich war aber auch die Selbstbehandlung der Patienten. Archäologen haben z.B. einen Papyrus mit einem Zauberspruch gefunden, der einem Patienten helfen sollte, den bösen Geist zu vertreiben, der für seine Migräne verantwortlich war. Wie es scheint, sollte er den Papyrus vor dem Schlafengehen auf seine Kopfstütze legen, worauf sich die heilsame Wirkung von alleine entfalten sollte.

Die Geburt

Von besonderer Bedeutung für den Bereich des Medizinischen war die Geburt, die schon immer mit Risiken für Mutter und Kind verbunden gewesen ist. Die Dämonen, die den Ägyptern Ungemach bereiteten, waren besonders dann um das Haus herum anzutreffen, wenn eine Frau kurz vor der Geburt ihres Kindes stand.

Um den Dämonen aus dem Weg zu gehen, zog sich die werdende Mutter in einen besonderen, abgeschirmten Winkel des Hauses zurück. Dort blieb sie auch noch die ersten Wochen nach der Geburt. Dieser besondere Raum war rechtwinklig und hatte an einer Seite eine Türöffnung. Die Wände waren mit Bildern des Gottes Bes und der Göttin Tawaret bemalt. Beide Gottheiten standen der Mutter bei der Geburt bei, ebenso wie die Göttin Hathor.

Während die werdende Mutter in den Wehen lag, vertrieben die sie umsorgenden Angehörigen die Dämonen. Sie machten mit Schellen aus Elfenbein Lärm, stellten Götterfigürchen auf und zeichneten Kreise um die Mutter und später auch um das Neugeborene herum. Es wurden dem Anlass gemäße Sprüche aufgesagt, die z.B. bewirken sollten, dass das Kind rasch geboren werden konnte oder es am Tage seiner Geburt einem besonderen Schutz unterliege. Andere Sprüche und Gebete sollten der Mutter helfen, sich schnell von der Geburt zu erholen.

Mobile Orakel

Die einfache Bevölkerung ging zwar nicht in die Tempel, doch die Götter kamen mitunter zu ihr. Bei großen religiösen Festen kleideten die Tempelpriester die Götterstatuen in festliche Gewänder und trugen sie in einer Prozession durch den Ort. Die Menschen tanzten und sangen; Händler verkauften am Straßenrand Essen. An ausgewählten Punkten machte die Prozession halt, damit sich die Träger ausruhen konnten.

Tage wie diese waren für die Menschen die Chance, Fragen an die Götter zu richten. Näherte sich die Prozession, sprang jemand direkt vor der Statue auf die Straße und bat um ein Gespräch. Erklärten die Priester das Einverständnis des Gottes, hielt die Prozession an und der Bittsteller durfte seine Frage öffentlich vortragen. Sie musste so gestellt werden, dass der Gott mit ja oder nein antworten konnte. Bewegte sich die (von den Priestern getragene) Gottheit einen Schritt nach vorne, so lautete die Antwort ja; ein Schritt zurück hieß nein.

Tierkulte

Die meisten altägyptischen Götter wurden einem bestimmten Tier zugeordnet. Unterschiedliche Tiere verkörperten unterschiedliche Eigenschaften – der Löwe war stark, der Falke war schnell und hatte gute Augen. Die Ägypter verbanden die Persönlichkeiten ihrer Götter mit den Eigenschaften dieser Tiere.

In der Stadt Sakkara gibt es ein großes Gräberfeld, in dem man zahllose mumifizierte Tiere gefunden hat. Alle Tiere standen mit bestimmten Kulten in Verbindung: Paviane, Katzen, Kühe, Hunde, Falken und Ibisse. Die Ägypter der Antike pilgerten zu diesem Ort, um ihren Göttern Opfergaben darzubringen. Sie kauften bei einem Händler das zu ihrem Gott passende Tier und bezahlten einen Präparator dafür, dass er es für sie mumifizierte und in einer der unterirdischen Galerien abstellte. Man konnte aber auch einem Priester seine Sorgen anvertrauen und ihn dafür bezahlen, dass er sich mit dem Gott Thoth in seinen Träumen besprach. Man musste allerdings auf die Antwort unter Umständen einige Tage warten.

Ein weiterer beliebter Tierkult war der des Apis-Stieres, der bis in die Zeit der frühesten Dynastien zurückreicht. Der Apis-Stier wurde als Verkörperung des Gottes Ptah angesehen, also des Erbauers der Stadt Memphis. Es gab jeweils nur einen Apis-Stier. Er musste schwarz sein und auf der Stirn einen weißen, rautenförmigen Fleck haben. Er lebte ein angenehmes Leben. Mehrere Priester kümmerten sich um sein Wohlergehen. Seine Aufgabe war es, öffentlich aufzutreten und als Medium für Orakelsprüche und Prophezeiungen den Menschen die Zukunft vorauszusagen. (Der Stier tat natürlich nichts anderes als sich einzig und allein wie ein Stier zu verhalten; Aufgabe der Priester war es, aus seinem Verhalten die entscheidenden Rückschlüsse auf die Zukunft zu ziehen.)

Starb der Apis-Stier, herrschte in ganz Ägypten große Trauer. Der Kadaver des Tieres wurde einbalsamiert und mumifiziert und in einem großen Sarkophag zusammen mit Schmuckgegenständen für ein Leben im Jenseits beigesetzt.

Schlangen und Skorpione wurden mit dem Chaos in Verbindung gebracht, mit Gefahren, die für den Fortbestand der Zivilisation eine Bedrohung darstellten. Die Ägypter besaßen ungezählte Bannsprüche und Gebete gegen den Biss von Schlangen und Skorpionen.

Der Tod und das Leben danach

Der Tod war für Ägypter der damaligen Zeit (und nicht nur für sie) eine ernste Angelegenheit. Sie erbauten noch nie da gewesene Grabmäler als Heimstatt für die Seelen ihrer (wichtigsten) Toten; die Körper der Verstorbenen wurden durch Mumifizierung konserviert, damit sie den Toten auch im Jenseits zur Verfügung standen. Mit ihren Vorfahren standen die Ägypter in ständiger Verbindung. Alle Bewohner Ägyptens hofften darauf, nach ihrem Tod weiterzuleben und bei den Göttern Ra und Osiris leben zu dürfen.

Die Toten standen in direktem Kontakt mit den Göttern und konnten sich bei diesen für ihre noch lebenden Angehörigen einsetzen. Die Menschen errichteten daher bei sich zu Hause zu Ehren der Toten kleine Schreine und brachten ihnen Opfergaben. Sie schrieben ihren Ahnen Briefe, in denen sie sie um Hilfe bei ihren Problemen baten oder sie nur grüßen wollten (vielleicht vergleichbar mit dem Brauch heutzutage, an Sonn- und Feiertagen seine Toten auf dem Friedhof zu besuchen).

Manchmal waren sie überzeugt davon, dass ihre Toten es auf sie abgesehen hatten und sie in Schwierigkeiten bringen wollten. Zum Beispiel war 1200 v. Chr. ein Mann davon überzeugt, seine tote Frau sei die Ursache für all sein Unglück. Er schrieb ihr einen Brief, in dem er erklärte, was für eine guter Ehemann er doch gewesen sei und dass es nicht seine Schuld gewesen sei, dass sie während seiner Dienstreise gestorben sei.

Bei Nacht besuchten die Menschen das Totenreich in ihren Träumen. Natürlich ist es schwer, Träume vernünftig zu deuten. Einige fanden sich aber auch damals schon, die sich selbst zu professionellen Traumdeutern erklärten. Wie bei Horoskopen unserer Zeit, waren ihre Deutungen vage genug formuliert, dass man sie so oder so auslegen konnte.

Mumien und Wiedergeburt

Für das Bestreben, wiedergeboren zu werden, spielte die Mumifizierung eine wichtige Rolle. Ohne Körper musste die Seele eines Toten hungrig bleiben und konnte im Jenseits keinen Frieden finden. Vor der Einbalsamierung wurde der Körper wie eine leere Hülle behandelt. Nach der Mumifizierung und dem Begräbnis aber wurde der Tote »wiederbelebt« und konnte an den Opfergaben seiner Familie teilhaben.

Die ältesten Mumifizierungstechniken waren noch recht einfach: Man begrub die Toten oberflächlich in der Wüste, damit ihr Körper austrocknete, ohne dabei zu verwesen. Da dies aber keine allzu zuverlässige Methode war, entwickelten die Ägypter eine sehr komplizierte und effektive Technik. Tatsächlich gab es ihrer mehrere, je nachdem, wie viel Geld das Ganze kosten durfte. Im Wesentlichen bestand das Verfahren darin, dass der Einbalsamierer zunächst das Gehirn des Toten mit einem Haken durch die Nase entfernte und dann durch einen Schnitt an der Seite des Körpers die inneren Organe herausnahm. Die Organe bewahrte man in speziellen kleinen Behältern auf, die unter dem Schutz der Götter standen. Oder man legte sie den Toten wieder zurück in den Körper. Der Einbalsamierer legte den Körper dann in Natron (ein Salz) ein. Das Natron bewirkte eine vollständige Austrocknung des Leichnams, da es ihm sämtliches Wasser entzog. Nach etwa vierzig Tagen wurde die nun fest gewordene Natronhülle um den Toten entfernt; der Körper wurde gewaschen, mit Ölen und Harzen bestrichen und schließlich im letzten Schritt mit vielen Lagen aus Leinstoff umwickelt. Fertig war die Mumie!

Das Buch der Toten

Die Reise zu Osiris, dem König der Toten, war gefährlich. Überall entlang des Weges lauerten Ungeheuer und Fallen. In dem berühmten Dokument der Ägypter mit Namen *Das Buch der Toten* ist detailliert aufgeführt, was man tun musste, um den Spießrutenlauf zu bestehen und zu Ras Sonnenboot und den Schilfrohrfeldern zu gelangen, der ägyptischen Version des Himmels.

Der Weg zu Osiris hatte viele Tore. Die Ägypter stellten sich vor, dass ihnen auf dem Weg zu ihm Flüsse, Inseln, Wüsten und Flammenmeere begegnen würden. Reiche Ägypter ließen in ihre Särge Bannsprüche und Gebete eingravieren, die ihnen bei der Bewältigung all dieser Hindernisse helfen sollten.War eine Person schließlich zu Osiris gelangt, musste sie sich entweder als unschuldig oder als verschiedener Verbrechen/Sünden für schuldig erklären. Anubis führte den Toten zu einer Waage und maß dort das Gewicht seines Herzens. Als Gegengewicht diente eine Feder aus den Händen der Göttin der Wahrheit. Wog die Feder mehr als das Herz des Toten, so war dieser ohne Zweifel schuldig und ein weibliches Ungeheuer verspeiste den Unglücklichen mit Haut und Haaren. Jeder, der diesen Test bestand, durfte zu den Göttern gehen oder sogar das Sonnenboot besteigen.

Das Land der tausend Götter: Indien

18

In diesem Kapitel

- Die Invasion Indiens durch die Arier
- Die hinduistische Kosmologie
- Die Erfindung weiterer Religionen, inklusive Buddhismus und Jainismus

Indien ist ein riesiges Land mit einer sehr großen und ethnisch gemischten Bevölkerung. Indien hat im Laufe der Jahrhunderte eine enorme Zahl an Gottheiten und religiösen Sekten hervorgebracht. In diesem Klima sehr diverser religiöser Gruppen war die Toleranz der jeweils anderen Religionsgemeinschaft gegenüber selbstverständlich. Ganze Epochen hindurch gab es nie Verfolgung oder Krieg zwischen den Religionen.

Viele der Glaubensvorstellungen der Inder wurden direkt durch Geografie und Klima ihres Landes beeinflusst. In ganz Indien gibt es im Wesentlichen drei Jahreszeiten: eine kühle Periode von Oktober bis Februar; eine heiße Jahreszeit von Ende Februar bis Mai und die Zeit des Monsuns von Ende Mai bis September. Die Monate der großen Hitze sind unerträglich; das Leben kommt während dieser Zeit fast zum Stillstand. Die regenreichen Monsunmonate sind eine Zeit großer Freude für die Menschen und für die Hindus von großer Bedeutung. Das Land wird wieder grün, was man als Wiedergeburt der Natur empfindet. Im Herbst hört der Regen auf und die Zeit der Ernte beginnt. In Indien werden dann die wichtigen Feste gefeiert. Die Mythen und Rituale der Inder spiegeln diesen Natur-Kreislauf von Fruchtbarkeit und Vergänglichkeit wider.

Obwohl schon seit Jahrtausenden Menschen auf dem indischen Subkontinent leben, stammen die ältesten erhaltenen schriftlichen Aufzeichnungen der Mythologie der dort lebenden Völker aus der Zeit um 1500 v. Chr., als die kriegerischen arischen Invasoren sich in Indien verbreiteten und ihre vedische Mythologie mitbrachten. Einige Jahrhunderte später wurden die vedischen Glaubensvorstellungen schrittweise durch den Hinduismus ersetzt. Der Hinduismus ist durch einen unerhört komplexen Götterhimmel und eine reiche mythologische Überlieferung gekennzeichnet. Er wird noch heute in Indien praktiziert. Indien brachte aber auch noch andere Religionen hervor, z.B. den Buddhismus und Jainismus.

Die vedischen Eroberer

Um 1500 v. Chr. begann die Eroberung des indischen Subkontinents durch eine Gruppe hellhäutiger Barbaren aus dem Nordwesten. Sie nannte sich selbst *Arier*. Sie waren ein Kriegervolk und schauten auf die Menschen mit dunklerer Hautfarbe herab. Rasch verdrängten sie die eingeborene Bevölkerung des Industals, die nach Süden auswich.

Die vedische Religion kannte zahlreiche Götter und hatte eine hoch entwickelte Mythologie. Über den Göttern existierten abstrakte Kräfte, wie z.B. Rta, eine ordnungsstiftende Kraft, die für das Zusammenspiel des kosmischen und des menschlichen Bereiches sorgte. Die Menschen beteten zu den Göttern und erbaten deren Hilfe. Außerdem sahen die Menschen in den Göttern die Garanten für die Bewahrung der natürlichen Ordnung.

Die Erschaffung der Welt, der Tiere und Menschen

Die vedische Mythologie besitzt keinen eigentlichen Schöpfungsmythos. Was wir in ihr finden, sind mehrere Geschichten darüber, wie die Ordnung aus dem urzeitlichen Chaos hervorging. In einigen dieser Geschichten symbolisieren Tier- oder Menschenopfer die Schöpfung. Ein vedischer Hymnus zum Beispiel berichtete davon, wie das urzeitliche Wesen Purusha geopfert wurde; die Teile seines zerstückelten Körpers bildeten dann die unterschiedlichen Bereiche des Kosmos: die vedischen Götter, die Luft, den Himmel, die Erde, Menschen und Tiere. Die übrig gebliebenen Teile sorgten für die Unsterblichkeit im Himmel.

Dann gab es noch die Geschichten um das *Goldene Ei*, das auf den Wassern des Urozeans schwamm und die Welt repräsentierte. Die erste Gottheit entstieg diesem Ei und erschuf den Rest der Welt. In einer Fassung des Mythos zeugte der Gott Prajapati mehrere Kinder mit sich selbst, darunter seine Tochter, die Göttin der Morgenröte. Ihr Vater begehrte sie so sehr, dass er versuchte, sich an ihr zu vergehen. Sie verwandelte sich in ein Reh und floh. Prajapati nahm die Gestalt eines Hirsches an, ejakulierte auf die Erde und zeugte so die ersten Menschen. In wieder anderen Fassungen des Mythos verwandelten sich Prajapati und seine Tochter in immer neue Tierarten und paarten sich. Seine Tochter gebar so alle unterschiedlichen Lebewesen, die es auf der Erde gibt.

Einigen Mythen zufolge sind Himmel und Erde die göttlichen Eltern aller Dinge. In anderen dagegen ist es der göttliche Tischler Tvashtr, ein untergeordneter vedischer Gott, der für die Erschaffung von Himmel und Erde und allen anderen Dingen verantwortlich ist.

Kriegerische Götter für ein kriegerisches Volk

Die vedischen Gottheiten nannte man *Devas*. Die meisten waren männlich und den Menschen sehr ähnlich. Ihre Zahl variiert je nach Quelle, sie traten jedoch oft in einer Anzahl von 33 auf, gleichmäßig verteilt auf Himmel, Luft und Erde. Jeder dieser Götter hatte andere Aufgaben. Oft nutzten sie ihre Kraft, um den Menschen zu helfen, besonders den Kriegern unter ihnen.

Indra, der Kriegerhäuptling

Indra war die bekannteste vedische Gottheit. Er war der Gott der Luft; er war groß, gut aussehend und stark – ein großer Krieger eben. Indra war das Kind von Himmel und Erde. Als Gott der Luft war er es, der die beiden schließlich voneinander trennte. Oft benahm er sich wie der Anführer der vedischen Götter, obwohl ihm der Titel König der Götter nicht zukam.

Indra verbrachte seine ganze Zeit damit, Schlachten zu schlagen. In der Vorstellung der Arier war er es, der ihnen bei ihren Kriegen beistand. Er war der besondere Schutzherr der arischen Kriegerkaste. Indra trank gerne *soma*, ein berauschendes Getränk, das ihn zu gewaltiger Größe anwachsen ließ und zu besonders heldenhaften Taten befähigte. So konnte er nicht nur die feindlichen Asuras – in der Rangordnug der übernatürlichen Wesen niedrig gestellte dämonische Kreaturen – und die böse Schlange Vritra mit seinem Blitz bezwingen. Er trennte auch das Land vom Wasser und bewirkte, dass die Sonne jeden Morgen am Himmel neu erschien.

In der späteren Mythologie der Hindus wurde Indra zum Gott des Regens. Er büßte dabei einiges von seinem machtvollen Wesen ein. Die Hindu-Götter hielten nicht viel von seinen Fähigkeiten als Krieger und er wurde mitunter für seine Missetaten erniedrigt und bestraft. (In einer Geschichte über ihn verführt er die Frau eines Weisen; als Strafe fallen ihm später seine Hoden ab.)

Varuna, der alte König

Varuna war unter den vedischen Göttern Indras Hauptkonkurrent. Er scheint einst der König aller Götter gewesen zu sein, wurde aber im Laufe der Zeit von Indra seiner Position beraubt. Er wachte über die kosmische Ordnung und symbolisierte das Beharrende und Ordnende des Königtums im Gegensatz zu Indra, der mehr das Kriegerische, Unstete und Chaotische verkörperte.

Devas gegen Asuras

Es gibt einen berühmten Mythos, in dem ein Wettkampf geschildert wird zwischen den *Devas*, also den Menschen helfenden Gottheiten, und den *Asuras*, die eine Art Antigötter sind. Die beiden Gruppen veranstalteten einen Wettkampf, dessen Sieger das *amrita* bekommen sollte, das Elixir der Unsterblichkeit. Sie fingen eine riesengroße Schlange namens *Vasuki* und benutzten sie wie ein Seil – die Asuras hielten den Kopf und die Devas den Schwanz des Tieres –, um mit ihr den Ozean aufzupeitschen und in Aufruhr zu bringen.

Sie wirbelten die Schlange wie ein Springseil umher, so lange, bis das Meer sich verfestigt hatte und zu Butter geworden war. Die Ordnung der Dinge war damit gestört und die Erde begann auseinander zu fallen. Die von ihnen erzeugten Wirbel und Strudel erschufen die Sonne, den Mond, die Göttin des Schicksals sowie den Dhanvantari, den Arzt der Götter, der im Besitz des Wunderelixirs war. (Das Elixir existierte also zu Beginn des Wettbewerbs offensichtlich noch gar nicht.) Die Devas wurden zu den Gewinnern erklärt. Der Asura Rahu stahl einen Tropfen der Flüssigkeit, wurde aber vom Gott Vishnu enthauptet, als er ihn herunterschlucken wollte. Dieser Tropfen symbolisierte den Mond, und dessen Zunehmen und Abnehmen geht zurück auf den einen Tropfen des Elixirs *amrita*, der in Rahus Hals abwechselnd erschien und wieder verschwand.

Erinnerte Mythologie: Die Veden

Die Arier hielten ihre Mythologie nicht schriftlich fest; stattdessen lernten ihre Priester die heiligen Erzählungen, Gebete und Lieder – genannt *Veden* – auswendig und gaben sie an ihre Nachfolger weiter. Im Folgenden einige der wichtigsten Veden:

- ✔ **Rigveda:** Rigveda ist der Name für die erste und bekannteste vedische Hymnensammlung. Sie wurde um die Mitte des zweiten vorchristlichen Jahrtausends auf Sanskrit verfasst. Der Gott Indra nimmt in der Dichtung eine zentrale Rolle ein.
- ✔ **Sutras:** Hier handelt es sich um Texte, die die Kulte und Rituale bestimmter Sekten beschreiben.
- ✔ **Bramanas:** Die Bramanas enthalten Formeln, die während religiöser Zeremonien aufgesagt werden mussten. Daneben finden sich Erklärungen und Kommentare zu den Formeln.
- ✔ **Upanischaden (»Geheimlehren«):** Die Upanischaden wurden in der Zeit 800–600 v. Chr. verfasst, etwa gegen Ende der vedischen Periode. In ihnen finden sich Gleichnisse, die erklären, dass *Atman*, d.h. die Seele des Einzelnen, identisch mit *Brahman*, der Weltseele, einer universalen magischen Kraft, ist.

Die vedische Religionspraxis schloss auch viele Riten ein, die nicht schriftlich niedergelegt wurden, z.B. geheime Rituale, die an verborgenen Orten durchgeführt wurden. Diese Riten bilden den Beginn einiger der geheimnisvolleren Lehren des späten Hinduismus (siehe auch den folgenden Abschnitt) und sind auch der Ursprung der Betonung der Abkehr von der physischen Welt, wie man sie im Hinduismus findet.

Die Arier liebten es, Brandopfer darzubringen. Die Anhänger der Religion sagten beispielsweise Gebete auf und verbrannten dann am Ende ihre Opfer. Das Opfer war eine Pflanze oder ein Tier; meistens wurde die Soma-Pflanze als Opfergabe genommen, die wegen ihrer berauschenden Wirkung geschätzt wurde. Der Sinn der Opferrituale war es, mit den Göttern in Kontakt zu treten.

Der Hinduismus: Platz für viele Götter

Im Laufe der Zeit ersetzte und veränderte der Hinduismus die vedische Religion. Die hinduistische Lebensphilosophie und Weltanschauung erwuchsen aus der Wahrnehmung der Natur durch die Menschen. Das Land einer Region irgendwo auf dem indischen Subkontinent konnte üppig und fruchtbar sein und sich schon kurze Zeit später in eine karge Landschaft verwandelt haben. Schöpfung und Zerstörung, extreme klimatische Bedingungen, Erdbeben sowie die ständige Bedrohung durch kriegslüsterne Völker bedeuteten in der Summe, dass das Leben jener Zeit ständig auf der Kippe stand, nichts gewiss war und man immer mit dem Schlimmsten rechnen musste. Die Menschen entwickelten so die Vorstellung, dass das Leben an sich nicht mehr sein könne als bloß eine Illusion, jede Sicherheit nur ein Schein sei, auf dem eine Existenz zu gründen töricht sei. Sie waren der Ansicht, dass es eine mächtigere und zeitlosere Kraft geben müsse, die in den sie umgebenden Dingen wurzelte.

Die Quellen der hinduistischen Mythen

Die ersten Texte, die wir über den Hinduismus kennen, waren die *Großen Epen*, besonders das *Mahabharata* und *Ramayana*. Beide Werke enthalten umfangreiche Informationen über Religion und Mythologie des Hinduismus. Das Mahabharata ist vergleichbar mit der *Ilias* des Homer – eine Sammlung von Kriegsgeschichten vermischt mit mythologischen Szenen und moralischen Unterweisungen.

Die meisten Mythen der Hindus sind in einer Sammlung enthalten, die *Puranas* heißt und aus dem vierten Jahrhundert nach Christus stammt. Die Puranas erklären die religiösen Bräuche der Hindus, ihre Mythologie und Kosmologie (d.h. ihre Vorstellungen über die Entstehung der Welt). Das Ganze wird begleitet von Informationen über eher weltliche Dinge.

Die Mythen der Hindus sind in einer Sprache namens *Sanskrit* geschrieben. Sanskrit war so etwas wie eine Amtssprache oder *lingua franca*, die es den Menschen in ganz Indien (in denen es damals wie heute zahllose regionale Sprachen gab) ermöglichte, sich miteinander zu verständigen. Die Bedeutung des Sanskrit als Schriftsprache entsprach in etwa der des Lateinischen für die Gelehrtenwelt in Europa bis zum 18. Jahrhundert.

Die Erschaffung der Welt und Brahma, ihr Schöpfer

Brahma war der Schöpfergott und derjenige, der den Menschen einen Gefallen tun konnte. Die meiste Zeit verbrachte er meditierend; während seiner Meditationen erschuf er auch die Bestandteile, aus denen er das Universum zusammensetzte. Seine Lebenszeit ist identisch mit der Dauer des Universums. Außer meditieren tat Brahma nicht sehr viel; im Allgemeinen verehrten die Hindus eher die lebendigeren Götter Vishnu und Shiva.

Auf Darstellungen wird Brahma üblicherweise mit fünf in alle Richtungen zeigenden Köpfen dargestellt. Diese Besonderheit hatte er, seitdem seine schöne Tochter einmal um ihn herum im Kreis gelaufen war. Ursprünglich hatte er nur einen Kopf; um die Schönheit seiner Tochter aber besser betrachten zu können, wuchsen ihm eben noch vier dazu. Zusammen mit ihr zeugte er einen Sohn namens Manu, den ersten Menschen/Mann.

Ein weiterer Grund, warum Brahma sich nicht derselben Beliebtheit wie andere Götter erfreute, liegt darin, dass die Menschen eine weniger »philosophische«, sondern eher persönliche Form der Anbetung bevorzugten. Vielleicht kam aber noch dazu, dass die Inder damals keine Veranlassung sahen, den Schutzherrn der herrschenden Kaste und der damit verbundenen Tradition anzubeten. Ein weiterer Grund liegt darin, dass Brahma dazu neigte, Wünsche zu leicht zu erfüllen. Man erinnerte sich noch daran, wie er einem Dämonen namens Hiranyakashipu unsterblich gemacht hatte, der danach das Universum in Furcht und Schrecken versetzte. Erst Vishnu in Gestalt eines Löwen (auch Avatara genannt, das ist der Name für die Inkarnation bzw. Verkörperung eines Gottes auf Erden) konnte ihn schließlich töten.

Das längste Jahr?

Der Lebenskreislauf Brahmas hatte eine große Bedeutung für die Hindus. Die Hindus begriffen die Zeit als etwas, das sich in großen Zyklen ereignet, die sich bis in alle Ewigkeit wiederholen. Diese großen Zyklen schlossen kleinere in sich ein, wie etwa die jährliche Ernte oder der schon sehr lange Kreislauf von Brahmas Leben. Nach hinduistischer Vorstellung dauerte sein Leben 100 brahmanische Jahre; jedes einzelne von ihnen entsprach 311,04 Billionen Menschenjahren. Sie sehen, nicht übel für einen Gott.

Die Brahmanen

Der Gott Brahma war verbunden mit der Kaste der *Brahmanen*, der höchsten Kaste in der indischen Gesellschaft (vgl. auch den Abschnitt *Das indische Kastensystem* weiter unten). Brahma war aber auch Ursprung der Idee des *Brahman*, des obersten Weltprinzips, einer unpersönlichen abstrakten Idee der Einheit mit dem Absoluten, einer Vorstellung, die zu den seltener anzutreffenden Konzepten religiösen Glaubens gehört.

Die großen Götter im Hinduismus

Der Hinduismus kannte zahllose Götter und Göttinnen; der Versuch, sie alle aufzählen zu wollen, ergäbe eine ziemlich lange Liste. Drei von ihnen bilden so etwas wie eine Dreifaltigkeit: Brahma, Vishnu und Shiva (obgleich Vishnu mehr als nur er selbst war; er nahm mitunter auch die Gestalt anderer Götter und Lebewesen an, etwa die des Prinzen Krishna).

Vishnu, der Beschützer

Vishnu war der Hüter der Menschen und der Beschützer des *Dharma*, des Gesetzes bzw. der Idee der kosmischen Weltordnung. Bei der Entstehung des Kosmos machte er drei große Schritte, die fortan die Grenzen der Welt für Götter und Menschen markierten. Als ein guter Freund des Kriegsgottes Indra (siehe den Abschnitt weiter oben über Indra) war Vishnu auch ein Freund des Menschen und immer bereit, seinen ihn verehrenden Jüngern einen Gefallen zu tun.

Vishnu stieg häufig zur Erde herab, um den Menschen zu helfen, besonders wenn diese vom Bösen bedroht wurden. Nie aber kam er als er selbst; er erschien immer in anderer Gestalt (man bezeichnet solche Inkarnationen und Metamorphosen der Götter auch als *Avataras*). Die meisten Hindus glauben, dass es zehn Avataras gibt; *wer* genau diese waren, darüber gibt es jedoch keine Übereinstimmung. Die zehn Avataras des Vishnu waren:

- ✔ **Matsya**, der Fisch; er beschützte den ersten Menschen vor der großen Flut, die die Welt zerstörte.
- ✔ **Kurma**, die Schildkröte, hielt den Mandara-Berg auf ihrem Rücken, als die Götter den Ozean aufpeitschten.

- **Varaha**, der Eber, erhob die Erde mit seinen Hauern aus dem Ozean.
- **Narasimha**, der Mensch-Löwe, tötete den Dämon Hiranyakashipu.
- **Vamana**, der Zwerg, rettete die Welt vor dem Dämon Bali. Vishnu besuchte den Dämon als Zwerg und bat ihn um so viel Land wie er mit drei Schritten abstecken konnte. Als der Dämon sich einverstanden erklärte, verwandelte sich Vishnu zurück in einen Giganten und nahm das ganze Universum wieder an sich.
- **Parashurama**, der Brahman, tötete das hundertköpfige Ungeheuer Arjuna, zerstörte die Kriegerkaste und brachte seine eigene Mutter um.
- **Rama** war der Held des *Ramayana* und war (bzw. ist es immer noch) einer der beliebtesten Avataras. Ihm war ein eigener Kult gewidmet. Seine Tapferkeit im Kampf gegen Dämonen und sein Mitgefühl gegenüber jedermann, seine Feinde eingeschlossen, machten ihn zu einem Vorbild, das die Hindu-Eltern ihren Kindern als leuchtendes Beispiel vorhielten.
- **Krishna** war eine weitere Hauptfigur in der hinduistischen Mythologie. Im nächsten Abschnitt können Sie mehr über ihn erfahren.
- **Buddha** half dabei, die Sünder zu bestrafen. Er unterscheidet sich ein wenig von dem Buddha, wie er im Buddhismus geläufig ist.
- **Kalin**, der zukünftige Avatara; er wird als Krieger auf einem Schimmel erscheinen (oder als Schimmel selbst) und wird den Beginn einer neuen Ära markieren.

Krishna

Krishna, Vishnus achter Avatara, war in Indien sehr beliebt. Vor seiner Geburt hörte der König des Landes, in dem Krishna lebte, eine Prophezeiung, dass Krishna ihn töten würde. Der König sperrte dessen schwangere Mutter ein, um dies zu verhindern. Krishnas Eltern gelang es aber, ihn nach seiner Geburt aus dem Gefängnis herauszuschmuggeln. Er war ein bewundernswertes Kind, stahl immerzu Butter, die er für sein Leben gerne aß, und tötete mit leichter Hand Schlangen und weibliche Dämonen. Als er größer geworden war, tötete er noch zwei weitere Dämonen und den König, der seine Mutter eingesperrt hatte.

Jeder liebte Krishna. Seine Hautfarbe glich der Farbe des wunderschönen Blaus Regen tragender Wolken und er erstrahlte im Glanz seiner Juwelen. Er symbolisierte die Verbindung zwischen der Natur, dem Land und dem Glauben der Menschen. Er war der Gott der Herden und verbrachte viel Zeit damit, mit den Kuhhirtinnen seiner Heimat herumzutollen. Eines Nachts spaltete er sich in viele identische Krishnas auf, um mit einer ganzen Gruppe von ihnen gleichzeitig zu schlafen.

Den Hindus gilt die Kuh schon seit Jahrhunderten als heiliges Tier. Die Arier verwendeten die Kuh als Maßeinheit für ihren Reichtum. Noch heute ist die Kuh in vielen Teilen Indiens heilig.

Krishnas berühmteste Rede war die *Bhagavad-Gita*, »Das Lied von der Gottheit«, am Ende des *Mahabharata*. In diesem Gedicht tritt der Krieger Arjuna auf, der gerade in die Schlacht ziehen will, als er innehält und sich fragt, ob er recht daran tue, alle seine Verwandten zu töten. Sein Wagenlenker Krishna versichert ihm, dass es in Ordnung sei, wenn er so handele. Er erklärt ihm, dass jeder seine Pflicht tun müsse; niemand solle wankelmütig werden. Leben und Tod seien nur eine Illusion, die Pflicht aber sei alles, worauf es ankäme. Wenn es an der Zeit ist zu töten, dann gehe hin und tue es!

Manche Historiker sind der Ansicht, dass die *Bhagavad-Gita* nach dem *Mahabharata* geschrieben und später dann in dieses größere Werk eingefügt wurde. Seine Botschaft läuft auf eine klare Rechtfertigung für das Menschen verachtende und grobes Unrecht erzeugende indische Kastensystem hinaus: Tue deine Pflicht und frage nicht groß nach dem Sinn der Dinge.

Shiva, der erotische Zerstörer

Shiva galt als der Zerstörer des Universums. Er ist in Abbildung 18.1 zu sehen. Er war unnahbar, den Menschen weit entrückt. Auf Darstellungen sieht man ihn oft alleine, tief in der Meditation versunken auf einem Tigerfell auf der Spitze des Berges Kailas im Himalaja sitzen. Man nannte ihn auch den »Herrn des Tanzes« und stellte ihn als vierarmigen Mann dar, unter dessen rechtem Fuß sich der Zwerg der Unwissenheit Apasmara befindet. Die Trommel, die ihm den Rhythmus vorgab, gab auch den Rhythmus des Universums wieder, so glaubte man. Shiva trug eine Halskette aus Schädeln, einen Kranz aus Schlangen und hatte auf seiner Stirn ein drittes Auge.

Shiva repräsentierte die erotische Seite des Lebens und wurde häufig dementsprechend als phallusförmige Statue dargestellt. (Sein hoch aufgetürmtes Kopfhaar tat ein Übriges dazu.) Einst tarnte er sich und begab sich in einen Wald, in dem einige weise Männer meditierten. Die Männer dachten, Shiva beabsichtige, ihre Frauen zu verführen. Also verfluchten sie ihn, was zur Folge hatte, dass sein Glied abfiel. Als Vergeltung machte Shiva die Welt dunkel und kalt; alle Männer, die den Fluch gegen ihn ausgesprochen hatten, verloren ihre Manneskraft. Diese blieb ihnen so lange vorenthalten, bis sie eine *Linga* (eine phallusförmige Statue) errichteten, die den Gott milde stimmen sollte.

Abbildung 18.1: Shiva, der Zerstörer

Die Göttinnen im Hinduismus

Im Hinduismus gab es zahlreiche Göttinnen. Einige waren mächtige Kriegerinnen, während andere gewöhnichere weibliche Tugenden verkörperten.

Devi, die All-Göttin

Die Göttin Devi war eine Zusammensetzung aus mehreren Göttinnen. Sie stand in Verbindung mit Shivas Hauptfrau Sati/Pavarti, trat aber noch in Gestalt anderer, Furcht erregender Göttinnen in Erscheinung:

- ✔ **Durga** war die Kriegsgöttin; ihre Hauptaufgabe war die Bekämpfung von Dämonen. Sie verschmähte alle ihr nachstellenden Freier. Wurde sie zornig, so entsprang ihrer Stirn die Grauen erregende Göttin Kali. (Über Kali erfahren Sie weiter unten mehr.) Durga und Kali wurden mit Shiva in Verbindung gebracht und galten als dessen dunklere Gefährtinnen.
- ✔ **Sitala**: Sie war die Göttin der Pocken und anderer Hauterkrankungen.
- ✔ **Manasa**: Sie war die bengalische Göttin der Schlangen.
- ✔ **Hariti** und **Shashti**: Sie waren die Göttinnen der Geburt.
- ✔ **Mata**: Die Muttergöttin. Sie wurde im Zusammenhang mit der Erde und großen Flüssen wie dem Ganges gesehen. Die Anhänger ihres Kultes ernährte sie, konnte aber auch Tod und Krankheit über die Menschen bringen.

Devi in allen ihren Erscheinungen war eine der wichtigsten Gottheiten im Hinduismus.

Shri/Lakshmi, Göttin der Fülle

Shri war Vishnus Frau (oder Gefährtin). Sie wurde in frühen vedischen Zeiten geboren, als die Götter den Ozean mit der riesenhaften Schlange Vasuki aufpeitschten. Sie wurde nach und nach zum Idealbild der Hindufrau – loyal und unterwürfig. (Wobei das Wort "Ideal" natürlich relativ gesehen werden muss.)

Shri spielte eine wichtige Rolle als eine für den Ackerbau zuständige Fruchtbarkeitsgöttin. Setzte sie sich neben den Gott Indra, so ließ er Regen auf die Erde niederprasseln, der den Menschen ihre Ernten ermöglichte. Ihre Gegenwart in Vishnus Leben war ein Garant für die Fruchtbarkeit der Erde.

Sati/Pavarti

Sati, die Tochter des Gottes Daksha, war Shivas ursprüngliche Ehefrau. Eines Tages begaben sich alle Götter zu einem Opferfest, das von ihrem Vater arrangiert worden war. Shiva aber wurde nicht eingeladen. Sie sagte ihm, dass sie beschämt darüber sei, dass er nicht eingeladen worden wäre, obwohl er doch der beste aller Götter sei und es mehr als die anderen verdiene, dort auch hingehen zu dürfen. So bedrängt und beeinflusst, ging Shiva schließlich doch zum besagten Opferfest. Ungestüm polterte er herein in die Versammlung. Dabei löste sich ein Schweißtropfen von seiner Stirn, fiel zu Boden und verwandelte sich in einen kleinen, haarigen Mann, der die Krankheit symbolisierte.

Sati war so beschämt darüber, dass Shiva vom Opferfest ausgeschlossen worden war, dass sie sich schließlich selbst verbrannte. Sie wurde als Pavarti (auch bekannt unter dem Namen Uma) wiedergeboren und hatte große Mühe, Shiva wieder für sich einzunehmen, der ihr gegenüber sehr abweisend war. Am Ende aber wurden sie doch wieder ein Paar.

Sobald Pavarti Shiva in ihren Fängen hatte, machte sie sich an die Arbeit, ihren Gatten zu domestizieren und ihn ans Familienleben zu gewöhnen. Viele der Mythen über Shiva und Pavarti enthalten hübsche Details aus dem häuslichen Bereich, etwa wie ihr Sohn Skanda mit der aus Schädeln hergestellten Halskette seines Vaters spielt. Das Ehepaar stritt sich wie jedes andere auch. Shiva zog Pavarti wegen ihrer dunklen Hautfarbe auf, die sie aufzuhellen versuchte. (In einer Geschichte wirft sie kurzerhand ihre Haut ab, die sich dann in Kali verwandelt; vgl. den folgenden Abschnitt.) Vielleicht spiegeln sich hier die Vorurteile der Arier gegenüber dunkelhäutigeren Menschen wider.

Der Sohn von Pavarti und Shiva wurde gleich bei ihrem ersten Geschlechtsverkehr gezeugt. Die anderen Götter unterbrachen sie, bevor sie fertig waren, so dass Shivas Samen auf den Boden tropfte. Die Götter reichten ihn von einem zum andern; er war aber zu heiß, um ihn in Händen zu halten. Schließlich gelangte er in den Ganges, wo aus ihm Skanda entstand. Der kleine Skanda kämpfte gegen den Dämon Taraka und rettete so die Welt. Später wurde er zum General des Götterheeres.

Pavarti akzeptierte Skanda als ihren Sohn; sie wollte aber auch ein eigenes Kind. Sie sammelte daher die Haut, die sie sich nach dem Bad vom Körper rubbelte, und formte aus ihr ihren Sohn Ganesh. Sie postierte ihn vor ihrem Schlafzimmer als Wache; als er aber Shiva den Eintritt verweigerte, schlug dieser ihm kurzerhand den Kopf ab. Pavarti verlangte von ihrem Gatten, ihrem Sohn einen neuen Kopf zu geben. Shiva schaute umher und nahm den erstbesten, den er erwischen konnte – den eines Elefanten! Abbildung 18.2 zeigt Ganesh.

Abbildung 18.2: Ganesh, Beseitiger großer Hindernisse

Noch heute ist Ganesh ein beliebter Gott bei den Hindus. Er ist in ihrem Glauben derjenige, der große Hindernisse im Leben der Menschen beseitigt. Sein Bruder Skanda wird vor allem in Südindien verehrt.

Kali, die Dunkle

Kalis Aufgabe war das Töten von Dämonen. Sie war eine hässliche, dunkelhäutige Hexe mit langen Eckzähnen und einer Halskette aus menschlichen Schädeln. Meistens war sie auf Schlachtfeldern oder dort zu finden, wo die Toten verbrannt wurden. Mitunter steigerte sie sich in einen derartigen Blutrausch hinein, dass sie versuchte, die ganze Welt zu zerstören.

Schreine und Statuen überall

Einige hinduistische Rituale zu Ehren der Götter waren (und sind es noch heute) von eher nüchterner, erdverbundener Art. Viele Mythen der Hindus schildern Gottheiten, die in recht menschliche Aktivitäten verstrickt sind – das Kind Krishna beim Butterstehlen, der seine Mutter beschützende Ganesh, Shiva und Pavarti und ihre Ehestreitigkeiten. Dazu kommt noch, dass die Hindus ihre Götter bis in ihre Häuser trugen. Sie besaßen nämlich kleine Statuen ihrer Gottheiten und versorgten sie, als wären es ihre eigenen kleinen Kinder. Sie badeten sie, zogen sie an und fütterten sie (symbolisch); abends brachten sie sie zu Bett. Sie glaubten daran, dass der Geist des Gottes in der Statue zum Leben erweckt werden würde. Die Statuen nett und fürsorglich zu behandeln, war eine Art, seine Ehrerbietung zu zeigen.

Hindus ehrten ihre Götter aber auch öffentlich an Schreinen, die zu ihrer Anbetung errichtet wurden. Die hinduistischen Tempel waren über und über mit prächtigen bunten Malereien und Statuen ausgestattet; es gab dort Blumen, Essen und die Sinne betörende Düfte aller Art, die den Göttern als Opfergaben dargebracht wurden. Die Verehrung äußerte sich in Gesängen, Glockengeläute, Trommelrhythmen und Tänzen. Die Menschen trugen ihre Götterstatuen auch in farbenfrohen und lauten Prozessionen durch die Straßen. Zu bestimmten Tageszeiten wurde ein Ritual namens *darashan* durchgeführt, bei dem man den Schrein öffnete und die Menschen ins Antlitz des Gottes blicken konnten. Man glaubte, in diesem Moment würde der Gott einem direkt in die Augen schauen.

Die Hindus kannten zahlreiche Feste. Sie verehrten die Göttin Durga bei einem neun Tage währenden Fest im Oktober. Im selben Monat feierte man auch das Lichterfest *Diwali*. *Holi* wiederum war ein Frühlingsfest, das man zu Ehren des Gottes Krishna feierte. Außerdem unternahmen die Menschen auch Pilgerfahrten zu ihren heiligen Stätten wie etwa dem Fluss Ganges.

Das Leben nach dem Tod: Was man sät, das erntet man auch

Die Hindus glaubten, dass nach dem Tode eines Menschen dessen Seele sofort in den Körper eines gerade zur Welt kommenden Kindes gelangt. Der neue Mensch hat vorher noch keine eigene Seele; erst der Tote verleiht ihm eine. Ein Mensch, der stirbt, wird also im gleichen Augenblick wiedergeboren. Dieser Prozess der Wiedergeburt einer Seele in einem anderen Körper wird *Reinkarnation* genannt. In der Vorstellung der Hindus dauert dieser Kreislauf von Geburt und Leben, Tod und Wiedergeburt bis in alle Ewigkeit.

Das *Karma* ist die Summe aller in einem Leben angesammelten bösen und guten Taten eines Menschen. Das Karma bestimmt, was einem Menschen im nächsten Leben widerfahren wird. Ein Hindu kann sein Karma jederzeit verbessern; er muss nur reine Taten vollbringen, reine Gedanken denken und sein Leben der Andacht widmen. Dadurch kann die Seele im nächsten Leben auf einer höheren Stufe wiedergeboren werden. Umgekehrt kann derjenige, der viele Sünden begeht, auf einer niedrigeren Stufe, vielleicht sogar als Tier, wiedergeboren werden. Man braucht sich also gar keine Gedanken über die Ungleichheiten im Leben zu machen; auch die im Leben besser Gestellten müssen sich keine Vorwürfe wegen ihres Glückes machen – der Wohlstand, die Privilegien, Leid und Not sind nichts anderes als das Ergebnis der guten oder bösen Taten eines Menschen in diesem oder einem vorhergehenden Leben. Das letzte Ziel im Leben gilt der – salopp gesprochen – Vermehrung seines Karma-Punktekontos; hat man erst einmal genug gesammelt, so wird man am Ende gar nicht mehr wiedergeboren, sondern erlangt den Grad der Erleuchtung.

Das Leben der Hindus dreht sich um bestimmte Aktivitäten, die das Ziel der hinduistischen Religion darstellen. Das wichtigste dieser Ziele ist die Tugendhaftigkeit in religiösen Belangen. Materieller Wohlstand und die Befriedigung der Sinne des Menschen sind ebenfalls von großer Bedeutung. Hindus, die sich von der Welt abgesondert haben (Eremiten, Einsiedler, Mönche etc.), streben danach, den endlosen Kreislauf der Wiedergeburt zu durchbrechen. Viele der hinduistischen Praktiken und Rituale dienen diesem Ziel, eine höhere innere Bewusstseinsebene zu erlangen. Gebete, Meditation und Übungen wie etwa Yoga sind sämtlich Methoden, die es den Gläubigen ermöglichen sollen, sich auf ihr Inneres zu besinnen.

Wettstreitende Religionen: Buddhismus und Jainismus

In Indien gab es zu keinem Zeitpunkt nur jeweils eine Religion oder einen Mythenschatz. Indien war immer sehr tolerant in religiösen Dingen und ein fruchtbarer Boden für die Entstehung neuer religiöser Glaubens- und Gedankengebäude. Zwei der bedeutendsten Glaubenssysteme aus Indien sind der Buddhismus und der Jainismus. Beide propagierten den Verzicht auf alles Weltliche, setzten dabei aber unterschiedliche Akzente. Der Buddhismus betonte die Tugend der Mäßigung in allen Dingen. Die Anhänger des Jainismus waren in dieser Hinsicht viel radikaler eingestellt; manche von ihnen verzichteten sogar ganz auf Kleidung.

Die Anfänge des Buddhismus in Indien

Heutzutage gibt es nur noch vergleichsweise wenig Anhänger des Buddhismus in Indien. Die meisten Buddhisten leben in China und anderen Teilen Asiens. Da dieser Glaube aber ursprünglich aus Indien stammt, werden wir seine Anfänge in diesem Land kurz umreißen.

Buddha und der Weg zur Erleuchtung

Der Legende nach wurde Siddhartha, der Begründer des Buddhismus, als Kind adeliger Eltern geboren, die beschlossen, dass ihr Kind niemals etwas Unangenehmes zu sehen bekommen sollte, damit sein Leben glücklich verlaufe. (Er wurde um 563 v. Chr. in Nepal geboren.) Sie zogen ihn in einer geschützten Umwelt auf und gaben ihm allen nur erdenklichen Luxus. Er wurde erwachsen und heiratete.

Siddharthas ganzer Name lautete Siddhartha Gautama. Mitunter bezieht man sich auf ihn nur unter der Bezeichnung Gautama. Sollten Sie also bei der Beschäftigung mit dem Thema Buddhismus dem Namen Gautama begegnen, so wissen Sie jetzt, dass Siddhartha (bzw. Buddha) gemeint ist.

Eines Tages ging der junge Prinz außerhalb der Mauern des elterlichen Palastes spazieren. Zum ersten Mal in seinem Leben sah er da einen kranken, einen alten und einen toten Menschen. Für ihn war dies alles sehr schockierend. Dann begegnete er einem auf der Wanderschaft befindlichen heiligen Mann, der ihn sehr faszinierte. Der Gedanke an das Leid und die Frage, wie man es vermeiden könnte, übte auf Siddhartha eine große Anziehungskraft aus. Er beschäftigte sich unablässig mit diesem Thema. Im Alter von neunundzwanzig Jahren verließ er seine Frau und seine Kinder und begab sich auf die Suche nach der Wahrheit.

Siddhartha begann ein asketisches Leben; Hunger, Meditation und die Peinigung seines Körpers machten ihm nichts aus. Mit der Zeit konnte er auch einige Jünger um sich versammeln. Nach einigen Jahren aber entschied er eines Tages für sich, dass die *Askese* nicht der Weg sein konnte, der zur Erleuchtung führt. Einen anderen kannte er zunächst aber auch nicht.

Er gab also seine Übungen in Duldsamkeit auf und besorgte sich etwas zu essen. Er setzte sich im Schatten eines Feigenbaums nieder – der berühmte Bodhi-Baum – und entschloss sich, so lange in Meditation zu verharren, bis er das Rätsel des Lebens gelöst hatte. Er meditierte neunundvierzig Tage lang, widerstand dabei den Verführungsversuchen des Teufels Maraund und erreichte am Ende sein Ziel der Erleuchtung. Von diesem Augenblick an war Siddhartha ein Buddha, ein »Erwachter«. Von nun an würde er nicht mehr wiedergeboren werden.

Siddhartha predigt Mäßigung und Leidenslosigkeit

Siddhartha traf in der Stadt Sarnath seine früheren Schüler wieder. Dort hielt er seine erste Predigt. Sein Rat an seine Jünger war überraschend: Er lehrte, dass Mäßigung der Schlüssel zu einem Leben ohne Leid sei. Die Menschen leiden, so lehrte er, wenn sie nicht das haben können, was sie begehren. Um diesen Teufelskreis zu durchbrechen, müsse man alles Begehren und alle Wünsche aufgeben. Der Weg dorthin führe über die Vermeidung von Extremen. Genauso wie ein Übermaß an Genuss und Vergnügen zu Überdruss und damit Missvergnügen führe, führe auch ein zu hohes Maß an Selbstverleugnung nur dahin, das Begehren anzustacheln. Er lehrte außerdem, dass die Realität nichts weiter als Schein sei und dass sich das Universum immer im Fluss, immer in konstanter Veränderung befinde. Da alles flüchtig und nur vorübergehend sei, könne es auch keine ewige Seele und somit auch keine Wiedergeburt und keine Unsterblichkeit geben.

Buddha gab seinen Jüngern acht Regeln bzw. *Gebote*, an die Hand, nach denen sie ihr Leben ausrichten sollten:

- ✔ Rechte Ansicht oder Erkenntnis
- ✔ Rechtes Denken, auch rechte Gesinnung oder rechter Entschluss
- ✔ Rechtes Reden
- ✔ Rechtes Handeln und Verhalten
- ✔ Rechter Lebensunterhalt
- ✔ Rechtes Bemühen und rechte Anstrengung
- ✔ Rechte Achtsamkeit
- ✔ Rechte Meditation

Der Buddhismus ist keine dogmatische Religion, die ihren Anhängern bestimmte Glaubensvorschriften erteilt. Vielmehr geht es darum, eine praktische Weisheit zu vermitteln, die den Menschen dabei helfen kann, einen idealen Seelenzustand zu erreichen. Diejenigen, die sich allen Leidens entledigen wollen, müssen sich zunächst allen irdischen Strebens entledigen. Die acht Regeln des Buddha und Übungen in Meditation sind der Leitfaden dazu. Nur wenn er sie befolgt, ist der Mensch in der Lage, einen Zustand vollkommener Seelenruhe und absoluten Gemütsfriedens zu erreichen – das *Nirvana*.

Jainismus

Die Anhänger des Jainismus entwickelten ihre eigene Version des Hinduismus. In ihrer Geschichte des Universums stehen dreiundsechzig geistige Führer, genannt *Shalakapurashas*, sowie eine Reihe von Heilsbringern im Mittelpunkt. Sie besaßen außerdem Helden, deren Geschichten denen von Krishna glichen.

Nach ihrer Vorstellung war die Unterwelt in sieben Ebenen unterteilt. Sie glaubten, dass die kosmische Zeit sich auf einem Rad drehte, das über die sich abwechselnden Perioden von Wohlstand und Not bestimmte.

Ein weiterer Sucher nach der Wahrheit

Etwa zur selben Zeit als der junge Siddhartha sich aufmachte, um die Wahrheit zu erkennen, schuf ein anderer junger Angehöriger einer höheren Kaste seine eigene Sekte, die sich aber vom Buddhismus entscheidend unterschied. Dieser Mann hieß Vardhamana Jnatiputra und war der Begründer des Jainismus. Er wurde um das Jahr 540 v. Chr. geboren. Genau wie Siddhartha verließ auch er Frau und Kinder, um sich auf die Suche nach der Wahrheit zu begeben. Vardhamana trat einer Sekte bei, die die radikale Selbstverleugnung praktizierte. Er gab all seinen Besitz auf und besaß schließlich nur noch ein Kleidungsstück. Nach zwölf Jahren des Herumwanderns auf der Suche nach der Wahrheit hatte er nicht einmal mehr das. In diesem Zustand, halb verhungert und nackt, fand er schließlich die Erleuchtung.

Der erste Veganer

Vardhamana nahm den Namen *Nataputta Mahavira* an, der so viel wie »großer Held« bedeutet. Er fing an, eine Glaubenslehre zu predigen, die auf dem Prinzip der Selbstverleugnung und Selbstzucht beruhte. Seine Jünger verzichteten auf Kleidung und rissen sich die Barthaare heraus. Er lehnte das Töten jeglicher Tiere (auch der Insekten) ab und mied selbst Zwiebeln, da in diesen kleine, unsichtbare Lebewesen enthalten sein konnten.

Den Rest seines Lebens verbrachte Mahavira damit, die Menschen zu bekehren und noch mehr Anhänger um sich zu versammeln, was ihm auch recht gut gelang. Im heutigen Indien praktizieren etwa zwei Millionen Menschen den Jainismus.

Der Taoismus in China

19

In diesem Kapitel

- Die Erschaffung der Welt in der Vorstellung der Chinesen
- Der Taoismus
- Die Gebote des Konfuzianismus
- Die Erleuchtung im Buddhismus

China ist ein sehr großes Land mit einer schon sehr alten Zivilisation. Ein solches Land ist geradezu prädestiniert dafür, einen reichen Schatz an Gottheiten, Mythen und religiösen Glaubensvorstellungen hervorzubringen, inklusive vieler uralter und geheimnisvoller Geschichten über den Ursprung der Welt und der Menschen.

In China gibt es drei Hauptreligionen – die »drei Lehren« des Taoismus, Konfuzianismus und Buddhismus. Die Chinesen verschmolzen diese drei Glaubensrichtungen bis zu einem gewissen Grade. Man empfand es nicht als problematisch, die Moralvorstellungen des Konfuzianismus, die Lebensphilosophie des Taoismus und die Idee des Lebens nach dem Tode des Buddhismus zusammenzuführen. Die drei Glaubensrichtungen ergänzten sich gut, wodurch eine harmonische Mischung der Religionen und Mythen geschaffen wurde. In diesem Kapitel widmen wir uns der frühen chinesischen Mythologie sowie der Frage, wie die drei heutigen Religionen Chinas die Mythologie und Rituale dieses Landes beeinflusst haben.

Wie die Welt und der Mensch entstanden

Vor mehr als 2000 Jahren begannen die Menschen in China ihre traditionellen Geschichten über die Entstehung der Welt und des Menschen niederzuschreiben. Die Mythen selbst waren jedoch schon sehr viel älter und wurden von Generation zu Generation auf dem üblichen Wege überliefert – mündlich. Die ältesten schriftlichen Aufzeichnungen über die Mythen Chinas stammen aus dem vierten und dritten Jahrhundert v. Chr. Über deren tatsächliches Alter kann man nur spekulieren.

Diese Mythen beschreiben die Entstehung der Erde, die Erschaffung des Menschen und entwickeln die Idee, dass das Sonnensystem nur eine Sonne und nicht zehn besitzt. Wie in vielen anderen Mythologien gibt es auch in der chinesischen eine Sintflutgeschichte.

Pan Gu, der erste Mensch

Zu Anfang hatte das Universum die Gestalt eines Eis. Das Ei teilte sich in zwei Hälften; die obere war leichter und wurde zum Himmel; der untere Teil des Eis mit seinen schwereren Teilen wurde zur Erde. Der Himmel wurde Yang genannt und die Erde Yin. In dem Abschnitt *Die Mythologie des Taoismus* können Sie mehr über den Gegensatz von Yin und Yang erfahren. Pan Gu, der erste Mensch, entstand ebenfalls aus dem Ei. Es hieß, er sei der Sohn von Yin und Yang.

Jeden Tag wuchs Pan Gu drei ganze Meter. Und jeden Tag trennte er Himmel und Erde ein wenig mehr voneinander. Nach 18.000 Jahren waren Himmel und Erde an ihrem richtigen Ort. Seine Aufgabe war vollendet und er starb.

Sein Körper teilte sich in mehrere Teile auf. Jedes seiner Körperteile wurde zu einem Teil der Welt. Sein rechtes Auge wurde der Mond; aus seinem linken entstand die Sonne. Sein Blut wurde zu den Flüssen und Seen. Sein Haar bildete die Wälder, sein Schweiß den Regen und sein Atem den Wind. Seine Stimme erzeugte den Donner. Aus den übrigen Teilen seines Körpers wurden Steine, Bäche, Pflanzen und Berge. Selbst die Flöhe auf seinem Körper erfüllten eine nützliche Funktion – sie wurden zu Menschen. (Eine schmeichelhafte Vorstellung.)

Die ersten Menschen

In einem anderen Schöpfungsmythos war Nü Gua die Schöpfergöttin. Zusammen mit dem Schöpfergott Fu Xi wurde sie manchmal als verheiratetes Paar mit Menschenköpfen und Schlangenschwänzen dargestellt. Ihre Namen stammen von den chinesischen Bezeichnungen für »Melone« oder »Flaschenkürbis«, gebräuchliche Fruchtbarkeitssymbole in China.

Erschaffen aus Lehm

Nü Gua erschuf die Menschen aus Lehm. Sobald die Erde erschaffen worden war, begab sie dorthin. Dort stellte sich bald das Gefühl ein, dass etwas in ihrem Leben fehlte. Eines Tages, nachdem sie ihr Spiegelbild in einem Tümpel gesehen hatte, kam ihr eine Idee. Sie nahm ein wenig Lehm in ihre Hände, formte daraus eine ihr ähnlich sehende Gestalt und hauchte ihr Leben ein. So erschuf sie die ersten Menschen.

Die Göttin liebte ihre Schöpfung und erschuf deshalb immer mehr Menschen. Die Menschen bauten bald ihre eigenen Häuser und lebten ihr eigenes Leben. Nü Gua fühlte sich nun nicht mehr alleine. Sie wollte noch weitere Menschen herstellen, erkannte aber, dass es viel zu viel Arbeit machte, sie alle einzeln von Hand herzustellen. Sie ersann also eine andere Möglichkeit, bei der sie nur eine Weinrebe nehmen und sie in den Lehm tunken musste; dann wedelte sie die Rebe hin und her, so dass sich Lehmtropfen lösten und überall hinspritzten. Jedes dieser Lehmklümpchen verwandelte sich in einen Menschen.

Bald war die ganze Erde bevölkert und Nü Gua konnte sich ausruhen. Nach kurzer Zeit aber begannen ihre kleinen Menschengeschöpfe zu altern und zu sterben. Anstatt sich selbst wieder an die Arbeit zu machen, brachte sie den Menschenwesen kurzerhand bei, wie sie sich selbst vermehren konnten.

Feuer und Wasser ergeben Dampf

Nü Gua wachte auch weiterhin über ihre Schöpfung. Eines Tages aber gerieten der Wasser- und der Feuergott in einen Streit. Der Feuergott hatte bisher das Universum beherrscht. Diese Position wollte ihm der Wassergott nun streitig machen. Er schickte alle Flüsse und Ozeane in die Schlacht, um ihn zu bekämpfen. Sobald aber das Wasser mit der Hitze der Sonne des Feuergottes in Berührung kam, verdampfte es.

Dies erzürnte den Wassergott so sehr, dass er schließlich in einem Anfall von Raserei den »Unvollkommenen Berg« umstieß, der den Himmel in der nordwestlichen Ecke der Welt aufrechthielt. Dies riss Löcher in den Himmel und die Erde, was die Welt schließlich zum Kippen brachte. Die Folge dieses Missgeschicks waren Naturkatastrophen unerhörten Ausmaßes, Waldbrände und Überflutungen. Alles Wasser stürzte in Richtung Südosten. Den Menschen in China dient dieser Mythos als Erklärung dafür, dass die chinesischen Flüsse alle von Westen nach Osten fließen.

Nü Gua eilte herbei, um ihre Menschenkinder zu retten. Sie füllte das Loch im Himmel mit einigen Felsbrocken. Damit sich das Loch nicht wieder öffnen konnte, tötete sie eine gewaltige Schildkröte und verwendete ihren Panzer, um den Himmel an der Stelle zu stützen, an der der Unvollkommene Berg gestanden hatte. Dann reparierte sie die Flussufer und brachte die Überflutungen zum Stillstand.

Gerettet von einem Flaschenkürbis: Eine Sintflutgeschichte

In einer Sintflutgeschichte aus dem alten China wird beschrieben, wie ein Bauer zu Hause mit seinen beiden Kindern in einer Hütte saß, als es anfing zu regnen. Der Bauer beschloss, den Donnergott zu fangen und ihn dazu zu drängen, den Regen aufhören zu lassen. Er nahm also einen Käfig und eine große Mistgabel, postierte sich draußen vor seiner Tür und wartete.

Mit einem gewaltigen Lichtblitz und einem lauten Donnerschlag kam der Donnergott auf die Erde herabgeflogen. In seiner Hand hielt er eine gewaltige Streitaxt. Der Bauer fing ihn mit seiner Mistgabel ein, stieß ihn in den Käfig und verriegelte das Schloß. Der Regen hörte abrupt auf.

Der Donnergott entkommt

Am nächsten Tag ging der Bauer zum Markt, um Zutaten zu kaufen, aus denen er dem Donnergott eine schmackhafte Mahlzeit zubereiten wollte. Seinen Kindern hatte er eingeschärft, dem Gott nichts zu trinken zu geben, egal wie sehr er darum bettelte. Nachdem der Vater gegangen war, flehte der Donnergott so inständig um Wasser, dass die Kinder schließlich nachgaben.

Sobald das Wasser seine Lippen berührte, brach der Donnergott durch die Stäbe seines Gefängnisses. Um den Kindern ihre Hilfe zu vergelten, zog er sich einen Zahn aus dem Mund und sagte ihnen, sie sollten ihn in die Erde stecken. Dann verließ er sie. Der Junge und das Mädchen pflanzten den Zahn auch gleich ein. Aus ihm erwuchs nach einiger Zeit eine Flaschenkürbispflanze, die bald die größte Kürbisfrucht trug, die je ein Mensch gesehen hatte.

Der Zorn des Wassergottes

Der Regen kehrte zurück. Er war so stark wie niemals zuvor, so dass bald alles Land überflutet war. Der Vater kam aus der Stadt zurück und sagte seinen Kindern, sie sollten sich in der Flaschenkürbisfrucht in Sicherheit bringen. Er selbst baute sich ein Boot und segelte damit hinauf in den Himmel, wo er den König der Götter bat, dem Regen Einhalt zu gebieten.

Der König der Götter bat darauf den Wassergott, es nun gut sein zu lassen. Dieser hatte ein Einsehen, stoppte die Regenflut aber so plötzlich, dass die Wassermassen von einem Moment auf den anderen verschwanden und das Boot des Bauern sehr hart auf der Erde aufschlug und ihn dabei tötete. Seine beiden Kinder aber fielen in der Frucht herab auf den Boden und überlebten, da der weiche Kürbis den Aufprall abfederte.

Ein Neubeginn für die Menschen

Als die Kinder den Flaschenkürbis verließen, entdeckten sie, dass außer ihnen niemand sonst die Flut überlebt hatte. Der Junge fragte seine Schwester, ob sie ihn heiraten wolle. Zunächst sträubte sie sich, da er doch ihr Bruder war. Dann aber sagte sie ihm, dass sie seine Frau werden würde, wenn es ihm gelänge, sie zu verfolgen und zu fangen. So geschah es und sie lebten glücklich zusammen.

Das Mädchen gebar schließlich ein seltsames Kind, das wie eine Kugel aus Fleisch geformt war. Das Paar zerschnitt die Kugel in viele kleine Stücke und trug sie die Himmelsleiter empor. Ein Windstoß fegte die Teile aus ihren Händen und verteilte sie überall auf der Erde. Fiel eines zu Boden, verwandelte es sich in einen Menschen. Die Erde füllte sich so in Windeseile wieder mit Menschen.

Die Mythologie des Taoismus

Tao bedeutet übersetzt »der Weg« oder »der Pfad«. Tao reguliert das Universum; es umschließt und fließt durch alles hindurch. (Denken Sie an dieser Stelle doch nur einmal zurück an Obi-Wan Kenobis Erklärung der *Macht* in dem Film *Krieg der Sterne*; vgl. Ende von Kapitel 2.) Der Taoismus ist keine Einheitsreligion in der Art des Christentums, sondern mehr eine Verbindung von religiösen Lehren und einer bestimmten Lebensphilosophie.

Der Taoismus geht zurück auf den chinesischen Philosophen Lao Tse (auch Lao Tzu geschrieben), der im sechsten Jahrhundert vor Christus lebte. Er lehrte, dass man nach Harmonie und Ausgleich im Leben streben sollte, und war der Ansicht, dass Veränderungen nicht erzwungen, sondern nur erfahren werden können und man sich ihnen anpassen muss.

Über Lao Tses Leben und Lehren weiß man nur wenig. Der Legende nach ritt er auf einem Wasserbüffel umher und verbreitete so seine Ideen. Seine Lehren sind angeblich in dem Buch *Tao Te Ching* zusammengefasst. Es ist aber sehr gut möglich, dass es von einem anderen Autor stammt.

Zu Anfang ähnelte der Taoismus mehr einer philosophischen Schule und weniger einer Religion. Um 440 n.Chr. aber wurde er zur Staatsreligion Chinas. Bis ins 20. Jahrhundert hinein erfreute sich der Taoismus einiger Beliebtheit in China; er existierte friedlich Seite an Seite mit dem Konfuzianismus und dem Buddhismus. Dem wurde erst mit der Machtergreifung der kommunistischen Partei ein vorläufiges Ende gesetzt.

Die Harmonie der Gegensätze: Die Glaubensvorstellungen des Taoismus

Der Taoismus betont die Harmonie der Gegensätze wie etwa männlich/weiblich, Licht/Dunkel, Liebe/Hass oder gut/böse. Als Symbol dieser Gegensätze entwickelte man das Prinzip Yin und Yang. *Yang* (das für das Männliche steht) ist der reine, lichte Atem, der den Himmel formt. *Yin* dagegen (das das Weibliche symbolisiert) ist der schwerere, trübere Atem, der die Erde formte. Keine der beiden Kräfte kann ohne die andere existieren.

Die Taoisten glaubten, dass das Universum sich ständig neu erschaffen und weiterentwickeln würde. *Chi* hieß die grundlegende Energie, die durch alles hindurchfließt und alle Dinge in Bewegung setzt. Chi heißt aber auch »Atem«, die Lebenskraft, die durch alle lebendigen Dinge fließt. Die Taoisten stellten sich die Welt als eine in zwei Hälften geteilte Kugel vor; die beiden Halbkugeln symbolisierten Yin und Yang.

Im Taoismus selbst gibt es keine Götter im eigentlichen Sinne (ungeachtet der Tatsache, das Lao Tse später wie ein Gott verehrt wurde, was ihm gar nicht gefallen haben dürfte), jedenfalls keine solchen, zu denen man beten könnte. Die Anhänger des Taoismus sollten stattdessen die Antworten, nach denen sie suchten, in der Beobachtung der Dinge und durch Meditation herausbekommen.

Aber auch wenn es im Taoismus keine offiziellen Gottheiten gab, so glaubten doch die meisten seiner Anhänger, dass Geistwesen in der natürlichen Welt vorkämen, Götter im Himmel herrschten und in der jenseitigen Hölle dämonische Wesen auf die Toten warteten. Die Menschen damals hatten den Göttern gegenüber eine Einstellung, die vielleicht vergleichbar war mit ihrer Einstellung den weltlichen Beamten gegenüber, nämlich dass sie die Götter zu bestechen versuchten, damit sie ihnen einen Gefallen täten.

Der Taoismus legt großes Gewicht auf die Gesundheit des Körpers. Man ordnete die Organe und Körperöffnungen den fünf Bestandteilen der Welt zu: Erde, Metall, Holz, Feuer und Wasser. Das Chi, auch Atem genannt, war wichtig für das körperliche Wohlbefinden. In der traditionellen chinesischen Medizin existierte die Vorstellung, dass Krankheit aus der Blockade des Chi entsteht. Um es wieder richtig fließen zu lassen, gibt es mehrere Techniken. Das *T'ai Chi* wurde entwickelt, um die Energie richtig im Körper fließen zu lassen und die inneren Organe zu massieren, so dass Krankheiten entsprechend vorgebeugt werden kann.

Die Taoisten betonten die Wichtigkeit der Vorausplanung und des bedachtsamen Handelns, was sie als Kunst des *Wu Wei* bezeichneten (was frei übersetzt etwa »müheloses Bemühen« bedeutet). Man wollte mit minimaler Anstrengung maximale Effekte erzielen. Auf das Leben bezogen heißt das, dass man nicht gegen den Strom anschwimmen, sondern den Strom des Lebens an sich vorbeiziehen lassen soll.

Die Taoisten bemühten sich um ein tugendhaftes Leben; besonders Mitgefühl, Bescheidenheit und Demut lagen ihnen am Herzen. Sie glaubten, dass der Mensch von seinem Wesen her mitleidsfähig ist. Sie versuchten, dem anderen immer freundlich zu begegnen, und glaubten, dass sie andere so auch zu einem positiven Umgang mit den Mitmenschen anspornen könnten.

Facetten der Menschheit und die acht Unsterblichen

Die acht Unsterblichen waren legendäre Menschen, die die Unsterblichkeit erlangt hatten, indem sie den Lehren des Taoismus gefolgt waren. Die acht Individuen kamen aus allen Schichten der Gesellschaft und repräsentierten die Menschen insgesamt. Sie waren jung und alt, männlich und weiblich, reich und arm. Einige von ihnen basierten vermutlich auf realen historischen Personen. Sie inspirierten Kunst und Theater; ihre Geschichten dienten als lehrhaftes Beispiel dafür, dass ein jeder Unsterblichkeit erlangen könnte, wenn er oder sie sich nur immer strebend bemühte.

Über jeden der acht Unsterblichen erzählte man sich eine für ihn charakteristische Geschichte. Die Unsterblichen repräsentierten jeweils unterschiedliche gesellschaftliche Gruppen und trugen stets symbolische Objekte bei sich, anhand derer man sie unterscheiden konnte.

Han Chung-Li, der Einsiedler

Han Chung-Li war ein Angehöriger der oberen Gesellschaftsschicht, der im Alter sein bisheriges Leben aufgab und Einsiedler wurde. Er konnte Metalle in Silber verwandeln und verschenkte die Erlöse aus dem Verkauf des Edelmetalls an die Armen. Er trug einen Pfirsich (das Symbol für Unsterblichkeit) oder einen aus Federn hergestellten Fächer und repräsentierte außerdem das Militär.

Und so wurde er unsterblich: Eines Tages saß er meditierend in seiner Höhle, als sich die Wände um ihn herum auftaten und den Blick auf eine Kammer freigaben, die in merkwürdiges Licht getaucht war. In der Kammer befand sich eine Schatulle aus Jade, die die Geheimnisse der Unsterblichkeit bewahrte. Er öffnete sie und befolgte die dort aufgezeichneten Anweisungen. Darauf ertönte Musik und die Kammer füllte sich mit Düften. Ein magischer Storch flog herein und trug ihn auf seinem Rücken davon zur magischen Insel P'eng-lai.

Chang-kuo Lao, der auf magische Weise Wiedergeborene

Chang-kuo Lao besaß einen weißen Esel, auf dem er rückwärts sitzend ritt. Er konnte seinen Esel sogar zusammenfalten und in die Tasche stecken. Er trug eine Pfauenfeder oder einen Pfirsich. Er stand für das Alter und brachte das Geschenk der Fruchtbarkeit zu frisch verheirateten Paaren.

Chang-kuo Lao war schon ein alter Mann. Eines Tages begab er sich zu einem Herrscher zu einem Festessen. Er kam aber nur bis zum Eingang des Tempels. Dort fiel er tot zu Boden. Dann aber wurde er wie durch ein Wunder wieder lebendig und entdeckte, dass er über magische Kräfte verfügte. Er konnte plötzlich Vögel in Steine verwandeln, Gift trinken, ohne daran zu sterben, oder unsichtbar werden. Nach einigen Jahren starb er (erneut) in seiner Höhle in den Bergen. Seine Anhänger begruben ihn; als man aber sein Grab nach einiger Zeit wieder öffnete, war sein Körper verschwunden. Er war zu einem Unsterblichen geworden.

Lebenslanger Schüler: Lu Tung-pin und die Flüchtigkeit materiellen Erfolgs

Lu Tung-pin war ein Regierungsbeamter, der nichts als seinen beruflichen Aufstieg im Sinn hatte. Eines Tages traf er den ersten Unsterblichen, Han Chung-li, als dieser gerade in einer Schänke Wein trank (oder welches Getränk auch immer damals getrunken wurde). Chung-li bemerkte, dass Lu Tung-pin nicht nur ein Beamter, sondern auch ein Philosoph war. Er lud ihn also ein, ein Glas mit ihm zu trinken. Die beiden sprachen bis zum Anbruch der Nacht über das Tao und schliefen darüber am Tisch ein. Lu Tung-pin träumte, der Herrscher hätte ihn auf einen hohen Regierungsposten befördert; sein Traum wurde aber schnell zum Albtraum. In seiner neuen Position schuf er sich nämlich rasch Feinde, die gegen ihn intrigierten, so dass der Herrscher ihn am Ende in die Verbannung schickte. Ohne Heim und ohne Familie war er nun dazu verurteilt, von Dorf zu Dorf zu ziehen. Schließlich erwachte er und blickte einem lächelnden Chung-li ins Gesicht.

Lu Tung-pin wurde sich erst jetzt bewusst, dass der wahre Taoismus kein Gewicht auf weltlichen Besitz und Status legt. Am nächsten Tag entließ er seine Diener, sagte alle seine Termine ab und ging zusammen mit dem weisen Mann, den er tags zuvor getroffen hatte, davon. Er ging bei ihm für einige Jahre in die Schule und wurde schließlich selbst zu einem Unsterblichen. Er bereiste die ihm bekannte Welt und lebte von dem Verkauf von Öl. Es kam vor, dass er auch anderen das Privileg der Unsterblichkeit zukommen ließ. Er besaß ein magisches Schwert, das ihn unsichtbar machen konnte. Manchmal hielt er auch eine Fliegenklatsche in Händen, die die Tatsache symbolisieren sollte, dass er fliegen konnte. Er repräsentierte die Schüler.

Der Adel: Ts'ao Kuo-chiu bekommt eine zweite Chance

Ts'ao Kuo-chiu war der Bruder der Kaiserin Ts'ao. Er wurde unsterblich trotz vieler Sünden, die er begangen hatte. Sein Bruder hatte versucht, eine Frau zu vergewaltigen, die gerade zu Besuch im Herrscherpalast war, und Ts'ao Kuo-chiu hatte ihm geraten, sie zu ermorden. Der befolgte den Rat auch und warf die Unglückliche einen Brunnenschacht hinab. Sie überlebte den Sturz jedoch und konnte fliehen. Dann beging sie aber den Fehler, sich Ts'ao Kuo-chiu anzuvertrauen. Ts'ao Kuo-chiu ließ sie kurze Zeit später mit Eisenstangen fast totschlagen. Nachdem sie sich erholt hatte, begab sie sich zum kaiserlichen Zensor und schilderte ihm die Ereignisse. Die Brüder wurden daraufhin in Gewahrsam genommen.

Beide wurden zum Tode verurteilt. Der jüngere der beiden Brüder wurde wegen versuchten Mordes hingerichtet. Bevor die Reihe aber an Ts'ao Kuo-chiu kommen konnte, erließ der Kaiser eine Amnestie, die Ts'ao Kuo-chiu das Leben rettete. Aus dem Gefängnis entlassen, erkannte er, dass sein Leben leer und böse gewesen war. Er wurde zum Einsiedler. Als Unsterblicher trug er immer eine Schreibtafel bei sich und stand für den Adel.

Wer will schon krank sein? Li T'ieh-kuai und die eiserne Krücke

Li T'ieh-kuai, auch »Li mit der eisernen Krücke« genannt, erlernte die Kunst des Tao von Lao Tse persönlich. Vor seinem Tod teilte Li T'ieh-kuai seinem Assistenten mit, dass er nach seinem Tod vielleicht aus dem Himmel zurückkehren würde; sie sollten mit der Verbrennung seines Körpers also unbedingt sieben Tage warten. Sein Assistent wartete geduldig sechs Tage. Am Abend des sechsten Tages erfuhr er jedoch, dass seine Mutter im Sterben lag. Li T'ieh-kuais Assistent dachte bei sich, dass es keinen großen Unterschied machen würde, ob er jetzt sechs oder sieben Tage wartete. Er verbrannte also rasch die Leiche und machte sich auf den Weg zu seiner Mutter.

Als Li T'ieh-kuai am siebten Tag aus dem Reich der Toten auf die Erde zurückkehren wollte, um in seinen alten Körper zu schlüpfen, war von diesem außer Asche nichts mehr übrig. Der einzige Körper in Reichweite war der eines verkrüppelten und schmutzigen Bettlers, der an Hunger gestorben war. Li T'ieh-kuai wollte beim Anblick dieses Bettlers doch lieber auf einen besseren Körper warten. Lao Tse aber überzeugte ihn, nicht zu zögern, sondern ihn zu nehmen. Zusätzlich wollte er ihn noch mit einigen Gaben ausstatten: ein goldenes Stirnband, eine eiserne Krücke und einen Flaschenkürbis, der Leben wiederherstellen konnte. Gesagt, getan. Li T'ieh-kuai begab sich in seiner neuen Gestalt zum Haus seines Assistenten und fand ihn dort weinend über seiner toter Mutter vor. Mit seinem Flaschenkürbis erweckte er sie wieder zum Leben. Als Unsterblicher repräsentierte Li T'ieh-kuai die Kranken. Die Apotheker verwendeten sein Bildnis für ihre Schilder.

Han Yu und ein glücklicher »Fall«

Han Yu war ein großer Philosoph und Dichter. Er lehrte über die drei Elemente der menschlichen Natur – das Gute, das Böse und das Ausgeglichene. Als er sich beim Kaiser über den Einfluss des Buddhismus bei Hofe beschwerte, wurde er in die Wildnis bei Kanton verbannt, wo er der dortigen Bevölkerung half, einen Drachen zu töten. Er versuchte, den Baum der Unsterblichkeit zu besteigen, fiel jedoch dabei herunter. Glück für ihn, dass er die Unsterblichkeit erlangte, bevor er unten auf dem harten Boden aufschlug. Er stand für die Kultur und trug als Attribut einen Blumenkorb bei sich.

Es wird immer Armut geben: Lan Ts'ai-ho, der/die einfache Bänkelsänger/in

Lan Ts'ai-ho war vielleicht eine Frau oder auch ein Mann, »der nicht wusste, wie man ein Mann ist«. Wie dem auch sei – für uns ist sie hier eine Frau. Ihre Familie verkaufte medizinische Kräuter. Eines Tages sah sie einen Bettler, dessen Körper über und über mit Wunden bedeckt war. Sie nahm sich seiner an. Der Bettler war nicht irgendein Bettler, sondern Li T'ieh-kuai in seinem zweiten Körper (siehe oben). Als Dank für ihre Hilfe schenkte er Lan Ts'ai-ho die ewige Jugend.

Sie wanderte in einem zerrissenen, blauen Rock umher und besaß nur noch einen Schuh. Sie tat viele verrückte Dinge wie z.B. im Winter im Schnee zu schlafen oder im Sommer mit extra warmer Unterwäsche herumzulaufen. Sie war eine Bänkelsängerin, die in jeder Stadt sang, in die sie kam und die die Menschen zum Tao bekehren wollte. Sie trug eine Laute (oder einen Korb voller Früchte) und repräsentierte die Armen.

Es ist in Ordnung, alleine zu sein: Die gute Ho Hsien-ku

Ho Hsien-ku war die einzige Unsterbliche, die mit Sicherheit weiblichen Geschlechts war. In den Mythen über sie heißt es, sie habe nur sechs Haare auf dem Kopf gehabt. Auf bildlichen Darstellungen aber hat sie einen vollen Haarschopf. Sie erlangte die Unsterblichkeit, nachdem sie geträumt hatte, sie würde zu den Perlmutt-Bergen gehen. Dort grub sie eine Perle aus, aß sie und wurde dadurch unsterblich. Danach verbrachte sie ihre Zeit damit, durch das Gebirge zu wandern und Beeren für ihre Mutter zu sammeln. Der Kaiser bestellte sie zu sich an den Hof, damit er die unsterbliche Frau mit eigenen Augen einmal sehen konnte. Sie aber verschwand einfach. Ihr Attribut war der Lotus und sie repräsentierte die allein stehenden Frauen.

Der Konfuzianismus: Der Mythos der Ergebenheit

Der Gründer des Konfuzianismus hieß mit Namen K'ung Fu Tzu (wir nennen ihn aber der Einfachheit halber Konfuzius). Er wurde um das Jahr 551 v. Chr. in der Provinz Shantung geboren.

Konfuzius war ein Fachmann in Sachen Etikette und Benehmen. Er verbrachte viel Zeit damit, durch China zu reisen und die Provinzfürsten zu lehren, wie man sich korrekt benimmt. Er war besessen von der Idee, die überall erkennbaren »laxen moralischen Einstellungen« seiner Zeitgenossen zu korrigieren.

Konfuzius schrieb eine Reihe von Büchern über die Moral und die richtige Art der Herrschaft und der politischen Machtausübung. Er betonte den Wert unterschiedlicher Tugenden wie etwa Etikette, Liebe innerhalb der Familie, Rechtschaffenheit, Ehrlichkeit, Güte sowie Loyalität dem Staat gegenüber. Der Konfuzianismus ist nicht im eigentlichen Sinne eine Religion, sondern vielmehr ein System der Ethik bzw. praktischen Moral. Anhänger seiner Lehre verehren keine konfuzianische Gottheit, sondern wenden nur die konfuzianischen Regeln auf ihr tägliches Leben an.

Jeder liebt Beerdigungen

Die Beerdigungen waren im alten China beinahe festlichere Veranstaltungen als Hochzeiten. Die Angehörigen informierten die Nachbarn vom Tode ihres Verwandten. Sie zogen sich Trauerkleidung aus grobem Tuch an. Die Trauergäste brachten Weihrauch und Geld zur Beerdigung mit und es war üblich, dem Toten Essen und andere Beigaben mit in den Sarg zu legen. Ein Priester (taoistischen, buddhistischen oder sogar christlichen Glaubens) richtete die Beerdigungszeremonie aus. Man begleitete den Sarg zur Grabstelle und trug dabei Weidenruten, die die Seele des Toten symbolisierten. Nach der Beerdigung nahmen die Familienangehörigen die Ruten mit nach Hause und legten sie auf ihrem Hausaltar ab. Die Beerdigung war damit aber noch nicht vorbei. Am siebten, neunten und neunundvierzigsten Tag sowie genau ein und drei Jahre nach dem Tod des Verstorbenen wurden weitere Gedenkfeierlichkeiten abgehalten.

Der Respekt den Älteren gegenüber und die Hochachtung der Familie

Die konfuzianische Philosophie legte großen Wert darauf, wie man ältere Familienmitglieder, besonders die Eltern und Großeltern behandelte. Viele Geschichten in der chinesischen Literatur zeigen das angemessene Verhalten Älteren gegenüber. Die beiden folgenden exemplarischen Geschichten demonstrieren einmal die Hingabe einer Tochter an ihren Vater (eine Geschichte, die auch die Herkunft der Seide erklärt) und zum andern einen extremen Fall dafür, was die Eltern von ihren Kindern erwarteten.

Die Geschichte von der Seidenraupe: Eine Tochter liebte ihren Vater sehr

Es gab einmal ein Mädchen, das liebte ihren Vater sehr und war daher sehr betrübt darüber, dass er so oft auf Reisen war. Eines Tages, als sie gerade ihren Hengst abbürstete, sprach sie zu sich: »Ich würde jeden heiraten, der mir meinen Vater wiederbrächte.« Daraufhin stürmte überraschend das Pferd davon und kehrte am nächsten Tag mit ihrem Vater wieder, der sich erleichtert zeigte, dass anscheinend nichts Schlimmes geschehen war. Das Mädchen konnte das Verhalten des Pferdes nicht erklären und deutete an, es müsse einfach gespürt haben, wie sehr sie ihn vermisst hatte.

In den nächsten Tagen war das Pferd jedes Mal total aufgeregt, sobald seine Herrin an ihm vorbeilief. Schließlich erinnerte sie sich daran, was sie gesagt hatte, kurz bevor ihr Pferd davongestürmt war. Sie erzählte ihrem Vater davon, der sehr aufgebracht darüber war, dass ein Pferd meinte, es könne seine Tochter zur Frau haben. Er ließ den Hengst töten und seine Haut zum Trocknen in die Sonne legen.

Als am folgenden Tag das Mädchen mit ihren Freunden in der Nähe der abgezogenen Haut des Tieres spielte, wurde die Haut lebendig, wickelte sich um das Mädchen und flog mit ihr davon. Ihr Vater fand die Haut in der Krone eines Baumes. Er schlug sie auf und innen war eine Raupe. Seine Tochter hatte sich in ein Insekt verwandelt. (Ob Kafka wohl hier die Anregung für eine seiner Geschichten gefunden hat?) Sie schüttelte ihren Kopf und ein glänzender weißer Faden kam zum Vorschein, ein Faden, aus dem man das wunderbarste Tuch der ganzen Welt herstellt.

Ein Junge und die Knochen seines Vaters

Die zweite Geschichte lautet folgendermaßen: Der Jüngling Chou hatte seinen Vater nie kennen gelernt, da dieser während seiner ganzen Kindheit weit weg von ihm gearbeitet hatte. Als er dreizehn Jahre alt war, starb sein Vater in einer entfernten Provinz. Die Familie vollzog zwar die vorgeschriebenen Beerdigungsrituale, war aber dennoch besorgt, ob diese Rituale ohne Leichnam auch die erwünschte Wirkung haben konnten. Als Chous Großeltern starben, ließen sie ihn schwören, dass er die Gebeine seines Vaters nach Hause bringen würde.

Einige Jahre später war Chou so weit, endlich aufzubrechen. Er verließ seine Mutter und machte sich auf die lange Reise. Wohin er auch kam, waren die Menschen sehr beeindruckt von seiner Hingabe für seinen Vater; alle aber versuchten ihn dazu zu überreden, zurück zu seiner Mutter zu gehen, da die Reise doch so endlos lang wäre und er die Gebeine nach so vielen Jahren wohl niemals würde finden können.

Chou reiste unverdrossen weiter. Er musste sich gegen Strauchdiebe zur Wehr setzen, Bürgerkriege überstehen, er starb fast an Hunger und lag mit der Pest darnieder. Nichts konnte ihn von seinem Weg abbringen. Schließlich gelangte er an den Ort, an dem sein Vater vor nunmehr zwanzig Jahren gestorben war. Die Menschen vor Ort gratulierten ihm zu seiner Beharrlichkeit und dazu, dass er es überhaupt bis hierhin geschafft hatte. Die Gebeine aber nach so langer Zeit zu finden, erschien allen ein Ding der Unmöglichkeit. Chou schwor, dass er die Knochen innerhalb der nächsten vierzehn Tage finden würde. Andernfalls würde er sich in den Fluss werfen. Als er diese Worte gesprochen hatte, da erblickte er auf einmal den Grabstein seines Vaters.

In der folgenden Nacht grub er die Überreste seines Vaters aus. Aus seinem Arm schnitt er ein Stück Haut, um den Mund seines Vaters zu verschließen. Er verbrannte Geld und Weihrauch und wickelte jeden einzelnen Knochen für die Heimreise sorgfältig ein. Die Rückreise war erheblich einfacher, denn ein wohlhabender General hatte von seiner Geschichte gehört und ihm Geld gegeben, damit er sich ein Boot leisten konnte. Zu Hause begrüßte ihn seine Mutter überschwänglich. Zusammen bestatteten sie den Toten, wie es sich gehörte. Die Nachricht von Chous Hingabe und Ergebenheit verbreitete sich rasch, so dass selbst der Kaiser eine Nachricht sandte, um seine Bewunderung zum Ausdruck zu bringen.

Der Buddhismus

Der Buddhismus gelangte im ersten nachchristlichen Jahrhundert nach China. Die Chinesen passten die Religion ihrer eigenen Mythologie an und verbanden sie mit ihren eigenen überkommenen Glaubensvorstellungen.

Ein Mythos, der die Anfänge des chinesischen Buddhismus erläutern soll, beschreibt, wie Kaiser Ming einst träumte, ein goldener Mann schwebe vor ihm in der Luft, als er gerade aus einem Fenster seines Palastes blickte. Er erzählte seinen Ministern von seinem Traum. Diese antworteten, es gäbe in Indien einen goldenen Mann, der fliegen könne. Der Kaiser schickte also Boten nach Indien, die ihn finden sollten. Diese kehrten mit den Schriften Buddhas zurück.

Die Chinesen übersetzten Buddhas Texte aus dem Sanskrit in ihre eigene Sprache. Die Übersetzungen stimmten allerdings nicht vollkommen mit dem Original überein. Die Chinesen änderten die buddhistischen Glaubensvorstellungen so weit ab, dass sie ihren eigenen Anschauungen vom menschlichen Leben, insbesondere den Vorstellungen der konfuzianischen Lehre, eher entsprachen. Gautama, der indische Begründer des Buddhismus, hatte gepredigt, dass nur der, der auf alles Weltliche verzichtet und nach Mäßigung strebt, Erlösung erfahren und ins Nirvana gelangen könne (vgl. Kapitel 18). Den Chinesen aber gefiel eine derart spekulative (um nicht zu sagen spirituelle) Religion ganz und gar nicht, genauso wenig wie sie sich daran gewöhnen wollten, die Familienbande aufzugeben. Der Buddhismus in chinesischer Spielart wurde am Ende viel konkreter als sein Original. Außerdem verschoben die Chinesen den Akzent ein wenig in Richtung auf die Beziehung zu anderen Menschen, besonders der Familie; außerdem sollte die Glaubenslehre die als »natürlich« empfundenen Hierarchien der Gesellschaft nicht in Frage stellen können.

Eine Gottheit oder zwei

Die Chinesen verehrten eine Manifestation Buddhas mit Namen Amitabha. Er gewährte jedem Menschen Erlösung von seinen Sünden, der Buße tat und seinen Namen anrief. Das bedeutete, dass Erlösung nur durch den Glauben alleine erlangt werden konnte. Der einfache Mensch hatte so eine größere Chance, erlöst zu werden. In ganz China gab es Tempel mit Statuen von Amitabha, der auf einer Lotusblüte sitzt.

Amitabha wurde oft in Begleitung der Göttin der Gnade, Bodhisattva Guanyin, dargestellt. In Indien war diese chinesische Göttin noch ein männlicher Bodhisattva (Sanskrit »Anwärter auf die Buddhawürde«, d.h. ein nach höchster Erkenntnis strebender Mensch, der durch tugendhaftes Handeln nach Vollkommenheit strebt) gewesen. Die Chinesen sahen in ihr aber mütterliche Tugenden verwirklicht, so dass sie ihn schließlich zu einer Göttin machten. Mütter mit kranken Kindern beteten zu ihr. Einmal rettete sie heilige Schriften, die ein chinesischer Buddhist nach Indien verschleppen wollte. Sie konnte außerdem Ketten sprengen, Blitzen entgegenwirken und das Gift der Schlangen neutralisieren.

Ein wenig Buddhismus, ein bisschen Konfuzianismus: Die Mythen Chinas

Die chinesischen Buddhisten schmückten die Mythen über Buddha nach ihrem Gusto aus. Oft fügten sie Details über den Respekt der Kinder gegenüber den Eltern hinzu, um den Buddhismus der konfuzianischen Einstellung anzupassen. In einem berühmten Myhtos reist ein Schüler Buddhas mit Namen Mulian auf der Suche nach seiner Mutter durch die Hölle, die dort dafür büßte, dass sie zu ihren Lebzeiten den buddhistischen Mönchen kein Essen spenden wollte. Er fand sie tief unten in der Unterwelt auf ein Bett genagelt. Der Wärter weigerte sich, ihm ohne Erlaubnis Buddhas seine Mutter herauszugeben. Mulian begab sich zu ihm und erwirkte sein Einverständnis. Sie kehrte auf die Erde als schwarzer Hund zurück (verwandelte sich aber einige Zeit später wieder in einen Menschen).

Ursprünglich war der Buddhismus hauptsächlich unter den aus Indien stammenden Einwanderern in China verbreitet. Ab dem dritten nachchristlichen Jahrhundert aber reichte sein Einfluss bis in die einheimische chinesische Bevölkerung. Während der Tang-Dynastie (618 bis 907 n. Chr.) wandten sich viele Menschen von den weltlichen Dingen ab und traten einer buddhistischen Gemeinschaft bei. Die Sekte der Zen-Buddhisten war im China des 13. Jahrhunderts besonders populär. Der Zen-Buddhismus geht zurück auf einen buddhistischen Mönch namens Bodhidma, der in Abbildung 19.1 zu sehen ist.

Abbildung 19.1: Bodhidma, der buddhistische Mönch, der den Zen-Buddhismus in China begründete

Japan: Mythen aus dem Land der aufgehenden Sonne

20

In diesem Kapitel

- Schintoismus und Buddhismus als Basis eines ausgeglichenen spirituellen Lebens
- Die Erschaffung der Welt
- Ungeheuer, mythische Kreaturen und wunderschöne Jungfrauen

Japan war durch seine Insellage schon seit jeher ein wenig vom Rest Asiens isoliert. In Japan hat es jedoch immer mal wieder Zeiten gegeben, in denen sich das Land Einflüssen von außen öffnete – meistens aus China oder Korea –, um sich dann wieder auf sich selbst zu besinnen und die fremden Ideen in eigene japanische zu verwandeln.

Die japanische Mythologie spiegelt die Einzigartigkeit Japans wider; sie handelt von der Erschaffung der Inseln, von Gottheiten, die Kinder mit besonderen Fähigkeiten bekommen, und von den absonderlichsten Kreaturen. Gleichzeitig aber hinterließen auch andere Glaubensvorstellungen ihre Spuren. Der Buddhismus, Konfuzianismus und Taoismus beeinflussten jeweils die Mythologie Japans und fügten den ursprünglichen Vorstellungen des Schintoismus fremde Ideen hinzu, wie z.B. den Frieden mit der Natur, die soziale Ordnung oder auch die Vorstellung von Erlösung. Für die Japaner stellte die Übernahme und Vermischung von nicht-japanischen Glaubensvorstellungen und fremden Mythologien kein Problem dar.

Die Erschaffung der Urmaterie

Der größte Teil der japanischen Mythologie stammt aus einer Schrift namens *Kojiki*, der »Aufzeichnung der Welt«. Sie wurde um 711 n. Chr. von einem Gelehrten namens Ono Yasumaro auf Geheiß der Kaiserin Gemmei verfasst. Er verwendete für sein Werk, das in einer Mischung aus Chinesisch und Altjapanisch geschrieben war, mehrere ältere Texte. Andere Quellen für unser Wissen über die japanische Mythologie sind die Schriften *Nihonshoki* (Chronik Japans), verfasst um 720, sowie *Kogoshui* (Nachlese antiker Geschichten) aus dem Jahre 807; außerdem eine Anthologie mit Gedichten mit Namen *Manyoshu*, die etwa aus dem Jahre 760 stammt.

Die ersten Götter und die ersten Menschen

Am Anfang driftete die Erde wie eine Qualle umher. Auf den Hochebenen des Himmels erschienen fünf Götter (ihre Namen sind viel zu lang, um hier genannt werden zu können). Es handelte sich um die *Getrennten Himmlischen Gottheiten*. Es folgten noch weitere sieben Generationen von Göttern und Göttinnen. Schließlich erschien das erste Menschenpaar auf der Bildfläche: Ein Mann namens Izanagi und seine Schwester/Frau Izanami.

Die Götter befahlen dem Paar, das Land erstarren und fest werden zu lassen. Sie standen auf der schwebenden Brücke des Himmels und rührten die Wasser mit einem juwelenbesetzten Speer. Als sie den Speer wieder aus dem Wasser nahmen, lösten sich Tropfen von ihm und fielen herunter. Daraus bildete sich die Insel Onogoro.

Die erste Ehe

Izanami und Izanagi bauten auf dieser Insel einen Palast und eine Säule. Danach dachten sie darüber nach, Nachwuchs zu bekommen. Zuerst mussten sie allerdings heiraten. Sie dachten sich zu diesem Zweck einfach ihre eigene Hochzeitszeremonie aus: Sie gingen um die von ihnen gebaute Säule in entgegengesetzte Richtungen herum und tauschten Komplimente aus, sobald sie sich trafen. Anschließend schliefen sie miteinander.

Traurigerweise kam ihr erstes Kind Hiroku bei der Geburt missgestaltet auf die Welt. Sie legten es in ein Boot und ließen es auf dem Ozean treiben. Dort sollte es wohl sterben. Die Rabeneltern fragten die Götter, was denn schief gelaufen sei. Die Götter antworteten, dass das Problem bei Izanami, der Frau, gelegen habe; diese nämlich hätte während ihrer Hochzeitszeremonie zuerst gesprochen, obwohl dies doch ihr Ehemann hätte tun sollen.

Feuergefahr: Die Geburt des Feuergottes

Das Ehepaar begab sich also wieder auf seine Insel und zu seiner Säule und führte sein Ritual ein weiteres Mal durch. Dieses Mal aber sprach Izanagi bei ihrer ersten Begegnung an der Säule als Erster. Der Rat der Götter erwies sich als äußerst fruchtbar. Izanami gebar danach nämlich viele gesunde Kinder. Diese waren die vielen Inseln, die die japanische Inselkette bildeten, sowie die Götter und Göttinnen der Bäume, Berge und des Windes.

Ihr letztes Kind war der Feuergott Kagutsushi. Bei der Geburt dieses Kindes verbrannte sie sich aber so sehr, dass sie an den Folgen starb. Sie »gebar« aber im Sterben noch weitere Kinder, die sich aus ihrem Erbrochenen, aus ihrem Urin und ihren Fäkalien bildeten. Ihr Mann Izanagi vergoss bittere Tränen, die sich in noch mehr

Gottheiten verwandelten. In einem Anfall rasender Wut schnitt er dem gerade geborenen Feuergott den Kopf ab; aus dessen Körper aber erwuchsen weitere Götter.

Izanagis Reise in die Unterwelt

Die tote Izanami stieg hinab in die Unterwelt *Yomi*. Ihr Mann Izanagi beschloss, dass er seine Frau unbedingt wiedersehen und einen Versuch unternehmen müsse, sie wieder ins Leben zurückzuholen. Seine Frau erwartete ihn am Eingang der Unterwelt. Als er sie bat mitzukommen, antwortete sie, dies sei unmöglich, weil sie doch schon von der Speise der Toten gekostet habe. Sie wollte seine Bitte aber den Göttern vortragen. Sie warnte ihn auch davor, ihr nicht ins Gesicht zu schauen, was aber auch fast unmöglich war, so dunkel war es dort. (Erinnert Sie diese Geschichte nicht sehr stark an den Mythos von Orpheus und Eurydike? Lesen Sie doch noch mal den entsprechenden Abschnitt in Kapitel 12.)

Nach einer Weile konnte Izanagi es aber nicht mehr länger ertragen, sie nicht anzuschauen. Er entzündete also eine Fackel, um sie genauer betrachten zu können. Sehr zu seinem Abscheu und Entsetzen war ihr Körper in Verwesung übergegangen und über und über mit Maden bedeckt. Izanagi drehte sich um und rannte entsetzt weg.

Außer sich vor Zorn hetzte Izanami ihrem Mann Furien hinterher, die ihn zusammen mit einigen Donnergöttern und einer Armee von Dämonen jagen sollten. Izanagi gelangte an den Pass, der ins Land der Lebenden führte. Dort drehte er sich um, um drei Pfirsiche in Richtung seiner Verfolger zu schleudern. Er sah, dass sich seine Frau in einen Furcht erregenden Dämon verwandelt hatte und ihn ebenfalls verfolgte. Gerade als sie nahe genug war, nach ihm zu greifen, drehte er einen großen Felsen zur Seite und versperrte so den Pass. Das frühere Ehepaar hatte einen heftigen Streit. Izanami erklärte, er habe sich gegen die Unterwelt versündigt, und versprach, sie werde dafür oben in der Welt der Lebenden Menschen umbringen. Er antwortete darauf, dass für eintausend von ihr Getötete eintausendfünfhundert von ihm neu gezeugt werden würden. Dies war das Ende ihrer einst so engen Verbindung.

Auch Männer können Kinder bekommen

Izanagi war von diesen ganzen aufreibenden Erlebnissen sehr mitgenommen; also tat er zur Entspannung, was alle Japaner zu diesem Zweck tun – er nahm ein Bad. Er ging zu einem Fluss auf der Insel Kyushu und zog sich aus. Aus seinen Kleidern wurden neue Götter und Göttinnen und weitere wurden während seines Bads im Fluss geboren. Die letzten drei entstandenen Gottheiten waren: Amaterasu, die Sonnengöttin (aus seinem linken Auge), Tsukiyomi, der Mondgott (aus seinem rechten Auge) und Susano, der Meeresgott, der aus seiner Nase geboren wurde.

Geschwisterlicher Streit zwischen der Sonne und dem Meer

Die Sonnengöttin und der Mondgott waren mit den ihnen zugeteilten Aufgaben mehr als zufrieden. Susano jedoch sagte, er wolle nicht Herr über das Meer sein. Stattdessen, so äußerte er, wolle er mit seiner Mutter Izanami zusammen sein. Izanagi verbannte ihn und begab sich anschließend in den Himmel in seinen wohlverdienten Ruhestand.

Die Sonnengöttin Amaterasu war eine der wichtigsten Gottheiten in Japan. Die kaiserliche Familie betrachtete sie als ihre Ahnin. Erst nach dem Ende des zweiten Weltkrieges wurde sie von der amerikanischen Siegermacht dazu gezwungen, ihrem göttlichen Status abzuschwören. Der bedeutendste Shinto-Schrein in Japan (der Ise-Schrein) ist ihr gewidmet. Seit dem 7. Jahrhundert steht er an der exakt gleichen Stelle in der Mie-Präfektur und wird alle 21 Jahre neu errichtet.

Aber Brüder und Schwestern sollen einander doch lieben!

Amaterasu hatte die fixe Idee, dass Susano ihr ihren Besitz wegnehmen wollte. Sie bereitete sich also auf einen Kampf vor. Susano schlug vor, derjenige von ihnen solle zum Sieger erklärt werden, dem es gelänge, männliche Götter hervorzubringen. Amaterasu nahm Susanos Schwert, zerbrach es in drei Teile, zermalmte sie mit ihren Kiefern und spie drei Göttinnen aus. Susano hatte mehr Erfolg: Er nahm Amaterasus Halsband und ihre Armreifen und verwandelte sie in fünf Götter. Dann erklärte er sich zum Gewinner. Amaterasu aber wollte seine Leistung nicht anerkennen, da die Götter doch aus ihren Sachen entsprungen seien. (In einer anderen Fassung des Mythos diente den Geschwistern dieses Ritual des Austausches ihres jeweiligen Besitzes, um sich gegenseitig ihrer Ehrlichkeit zu versichern; später adoptierten sie auch noch jeweils die Kinder des anderen.)

Susano antwortete auf diese Ehrlosigkeit, indem er ihre Reisfelder verwüstete, ihre Bewässerungsgräben zuschüttete und seine Exkremente in die Halle warf, in der die Menschen die eingebrachte Ernte feierten. Dann nahm er ein himmlisches Pony und warf es durch das Dach der Halle, in der Amaterasu und ihre Jungfrauen gerade beim Weben zusammensaßen. Eine der Jungfrauen war so erschreckt, dass sie sich mit dem Webschiffchen, das sie gerade in Händen hielt, ihre Genitalien zerschnitt und daran starb. (Auch wenn das Ganze hier mehr als nur seltsam klingen mag – so lautet der Mythos!) Amaterasu rannte fort und versteckte sich in der »Himmlischen Felsenhöhle«.

Die Sonnengöttin tritt in den Streik

Es gab nun ein Problem, denn da Amaterasu streikte, ging die Sonne nicht mehr auf und alles versank in tiefer Dunkelheit. Die Götter berieten, wie man des Problems Herr werden könnte. Zuerst versuchten sie, sie mit laut trällernden Singvögeln aus ihrer Höhle zu locken. Das funktionierte aber nicht.

So ließ man sich also einen ausgeklügelten Plan einfallen. Sie erschufen einen magischen Spiegel und hängten ihn an einem Baum auf. Dann holten sie eine junge Göttin namens Ama-no-uzume herbei und ließen sie unbekleidet einen erotischen Tanz aufführen. Die versammelten Götter schauten sich das Ganze an und lachten herzhaft. Amaterasu wurde neugierig und schaute aus ihrer Höhle heraus, um zu sehen, was denn da wohl so vor sich ging. Sie fragte nach dem Grund für das Gelächter. Ama-no-uzume antwortete, man habe eine Gottheit gefunden, die ihr, der Sonnengöttin überlegen sei.

Während dieser Unterhaltung richteten die anderen Götter den Spiegel so aus, dass Amaterasu ihn sehen konnte. Als sie ihr Spiegelbild sah, verließ sie ihre Höhle, ganz hingerissen und voller Erstaunen darüber, wer wohl diese Göttin war, die sie vor sich sah. Da ergriffen die anderen Götter sie und spannten ein Seil vor den Eingang ihrer Höhle, damit sie nicht wieder hineingelangen konnte.

Amaterasu war aber wegen dieser Grobheiten nicht verärgert. Sie ging wieder zurück an ihre Arbeit und das Leben ging weiter so, als wäre nie etwas gewesen. Susano wurde bestraft, da ihm die anderen Götter den Vorwurf machten, er habe das ganze Unglück mutwillig herbeigeführt. Sie tadelten ihn, schnitten ihm seinen Bart sowie Finger- und Fußnägel ab und warfen ihn kurzerhand aus dem Himmel.

Susanos zweite Laufbahn

Susano wanderte auf der Erde umher und wollte in die Unterwelt Yomi, was ihm aber nie gelang. Eines Tages kam er an das Haus einer Familie, in dem die Eltern bitterlich weinten. Sie erzählten Susano, sie hätten acht Töchter. Ein Drache aber habe alle bis auf die jüngste, deren Name Kushinada-hime lautete, entführt. Der Drache hieß Yamata-no-Orochi. Er besaß acht Köpfe und acht Schwänze und war länger als acht Berge. Susano versprach den Eltern, er würde den Drachen töten und ihre Töchter wieder zurückholen.

Susano füllte zunächst acht große Gefäße mit Sake (dem japanischen Reiswein) und stellte sie vor dem Haus ab. Dann verwandelte er Kushinada-hime in einen Kamm, den er in seine Haare steckte und versteckte sich im Wald. Der Drache tauchte bald auf und trank den gesamten Sake. Das alkoholische Getränk machte ihn betrunken, so dass er beinahe einschlief.

Susano, der Held

Susano verließ seine Deckung und stürmte mit gezogenem Schwert auf den Drachen los. Er nahm den Kampf gegen den ersten Kopf auf; die anderen Drachenköpfe lachten ihn aber nur aus. Susano war sehr schnell mit seinem Schwert. Bald kämpfte er gegen alle acht Köpfe gleichzeitig, die er einen nach dem anderen abschlug. Dann schlug er dem Drachen noch alle Schwänze bis auf einen ab. Der letzte hielt nämlich etwas fest, das ihn daran hinderte, ihn ganz zu durchtrennen. Er öffnete die Umklammerung gewaltsam und entdeckte ein magisches Schwert, das er später seiner Schwester Amaterasu gab.

Susano und Kushinada-hime heirateten schließlich und Susano dichtete das erste *Tanka* (ein aus einunddreißig Silben bestehendes Gedicht, das dem Haiku ähnelt), um seine Heirat zu feiern. Das Haus, in dem sie zusammen lebten, ist heute der Ort des Suga-Schreins in Izumo.

Susanos weitere Abenteuer

Susano musste noch weitere Abenteuer bestehen. Einmal tötete er die Göttin der Kochkunst, weil er ihre Art zu kochen abstoßend fand. Das Essen, das sie servierte, war entweder Erbrochenes oder ihre Ausscheidungen. Viele Speisen verdanken dem Mythos zufolge ihre Existenz den Wunden (aus denen sie nämlich hervortraten), die er ihr zufügte. Susano begab sich außerdem nach Korea, um dort Samenkörner für verschiedene Baumarten zu besorgen, die er nach Japan zurückbrachte, aussäte und deren Verwendung als Baumaterial er die Menschen dann lehrte. Er war bekannt für seinen besonders langen Bart.

Der Held O-Kuninushi

Seit den Abenteuern von Susano war viel Zeit vergangen, als ein neuer Held die Bühne betrat. Einer von Susanos Nachfahren, ein Mann namens O-Kuninushi, war einer der großen Helden des frühen Japan. Er hatte viele Brüder, die ihn gerne quälten. Trotzdem erlebte er mit seinen Geschwistern einige gemeinsame Abenteuer.

Die Geschichte vom Kaninchen und den Krokodilen

Eines Tages begaben sich O-Kuninushi und seine Brüder auf die Suche nach einer schönen Prinzessin mit Namen Yagami-hime, die die Brüder heiraten wollten. O-Kuninushi diente ihnen als Lastesel, der ihre Taschen und anderes Reisegepäck tragen musste.

O-Kuninushi konnte dem Tempo seiner Brüder, die keine Lasten tragen mussten, nicht folgen. An einem Punkt ihrer Reise lief ihnen ein fellloses Kaninchen über den

Weg. Sie fragten es, warum es denn kein Fell habe. Das Kaninchen antwortete, dass es auf einer Insel gelebt habe und das Meer hatte überqueren wollen. Da es auf der Insel keine Brücke gegeben habe, musste es sich etwas anderes überlegen. Es fand ein Krokodil, dem es versprach, all seine Verwandten und Freunde zu zählen. Dazu müssten sie sich nur einer nach dem anderen aneinander legen, so dass es sie bequem abzählen könne. Gesagt, getan! Das Kaninchen hoppelte also von Rücken zu Rücken und tat so, als würde es dabei die Krokodile zählen. Sobald es wieder sicheren Boden unter den Füßen hatte, verhöhnte es die dummen Echsen und sagte ihnen, dass es sie nur als Brücke missbraucht hatte. Das letzte Krokodil in der Reihe hörte dies und zog dem Kaninchen zur Strafe das Fell über die Ohren.

Die Brüder erklärten dem Kaninchen, dass es sich ja an den Krokodilen versündigt hätte, aber es solle mal in Salzwasser baden und dann würde das Fell schon wieder wachsen. Das funktionierte nicht nur nicht, sondern war auch noch ausgesprochen schmerzhaft für das Kaninchen. Nun kam auch O-Kuninushi dazu, hörte sich dieselbe Geschichte an und empfahl dem Kaninchen eine andere Medizin: Es solle in Frischwasser baden, seinen Körper mit Rohrkolben bedecken und sich in den Schatten eines Baumes legen. Das klappte und das Kaninchen bekam wieder wunderschönes weißes Fell. Wie es sich herausstellen sollte, war dieses Karnickel ein Gott.

Freunde kann man sich aussuchen, nicht aber seine Familie

Die Brüder zogen weiter und gelangten schließlich an das Ziel der Reise. Prinzessin Yagami-hime sagte ihnen, dass sie von der Geschichte mit dem Kaninchen schon gehört habe und O-Kuninushi heiraten wolle. Das tat sie dann auch. Die Brüder gerieten darüber in Wut und schworen sich, ihm etwas anzutun. Sie luden ihren Bruder zu einer Jagd ein und schleuderten dabei einen brennenden Felsen auf ihn, wodurch er sich schlimme Verbrennungen zuzog.

Das weiße Kaninchen war Zeuge des Geschehens und rannte so schnell es konnte zu O-Kuninushis Mutter, die zwei Schalentiergöttinnen verständigte, die gepuderte Muscheln auf seine Wunden legten und damit sein Leben retteten. Die Brüder unternahmen später noch einen weiteren Versuch, ihrem ungeliebten Bruder das Leben zu nehmen, der aber von seiner Mutter ebenfalls vereitelt wurde. O-Kuninushi erteilte ihrem Sohn daraufhin den Rat, sich von seinen Brüdern zu trennen und seinen eigenen Weg zu gehen.

O-Kuninushi stattet Susano einen Besuch ab

O-Kuninushi besuchte Susano in seinem Palast. Susanos Tochter Suseri-hime öffnete ihm die Tür. Beide verliebten sich augenblicklich ineinander. Susano dagegen war von seinem Besucher nicht sonderlich angetan und wies ihm einen Raum zum Schlafen zu, der voller Schlangen war. Suseri-hime gab ihm ein Schlangen abwehrendes Halstuch, mit dem er die Nacht unbeschadet überstand. In der nächsten Nacht steckte Susano seinen Gast in einen Raum voller Tausendfüßler und Bienen; ein anderes Halstuch half auch dieses Mal.

Da er seines Gastes nun überdrüssig geworden war, schoss Susano einen Pfeil in ein Feld und bat O-Kuninushi, ihn wiederzuholen. Dieser ging arglos in das Feld, um nach ihm zu suchen. Susano aber steckte das ganze Feld in Brand und hoffte, ihn so loszuwerden. Dies wäre ihm sicher auch gelungen, wäre nicht eine kleine Maus O-Kuninushi zu Hilfe gekommen und hätte ihm den Weg in eine unterirdische Höhle gezeigt, in der er das Feuer schadlos überstehen konnte. Nach dem Brand holte die Maus den Pfeil herbei und O-Kuninushi präsentierte sie seinem Gastgeber.

Susano dachte sich aber noch eine weitere Probe für seinen Gast aus. Dieser sollte sich hinter ihm aufstellen und aus seinem Haar die Läuse und sonstiges Getier herauspicken. Die schlaue Suseri-hime aber gab ihm eine Schale mit Nüssen und Hafer, die er kaute und dann ausspuckte, so als würde er irgendwelche Insekten mit seinen Zähnen zermahlen. Susano fiel auf den Trick herein und schlief am Ende vor lauter Wonne friedlich ein.

Das Ende von O-Kuninushis Geschichte

O-Kuninushi nutzte die Gelegenheit, band Susanos Haare am Dachsparren fest und rannte mit Suseri-hime davon. Susanos Schwert und seinen Bogen nahm er ebenfalls mit. Susano versuchte zwar, das flüchtende Paar einzuholen, gab aber bald auf. Statt sie weiter zu verfolgen, gab er den beiden noch den nützlichen Tipp, sein Schwert und seinen Bogen zu benutzen, um O-Kuninushis Brüder zu besiegen.

Zu Hause angekommen, heiratete O-Kuninushi Suseri-hime. Die arme Yagami-hime, seine erste Frau, zog beleidigt von dannen. Ihr gemeinsames Kind ließ sie in der Astgabel eines Baumes zurück. O-Kuninushi befolgte den Rat Susanos, nahm dessen Waffen und entledigte sich so seiner ungeliebten Brüder.

Übernatürliche Wesen

Der Schintoismus vermischte sich mit der überkommenen japanischen Religion und brachte eine Reihe von mythischen Geschichten hervor, in denen übernatürliche Wesen auftraten. Viele dieser Geschichten veranschaulichen auch die buddhistische und taoistische Anschauung, dass es jenseits der unmittelbar uns umgebenden Welt noch eine weitere gibt. Es gab auch Geschichten über reale Figuren der japanischen Geschichte, die in späterer Zeit mythisch überhöht wurden.

Vogelfrauen aus dem Himmel

In zahlreichen Geschichten treten wunderschöne weibliche Wesen aus dem Himmel auf, die Gewänder aus Federn tragen und hinunter auf die Erde fliegen. Diese Gewänder nennt man *hagoromo* und sie sind der Schlüssel zu ihrer Unsterblichkeit.

Üblicherweise handeln diese Geschichten davon, dass eine Gruppe von Göttinnen zum Zeitvertrieb hinab zur Erde steigt. Eine Geschichte erzählt, wie sie ein Bad in einem Fluss nehmen. Die Göttinnen gehen zum Ufer des Flusses, ziehen ihre Kleider aus und hängen sie über einen Busch in der Nähe. Ein Mann kommt vorbei und entwendet eines der Gewänder. Als sie ihn sehen, springen alle Göttinnen sofort aus dem Wasser, streifen ihre Gewänder wieder über und steigen schnellstmöglich wieder zum Himmel auf – alle bis auf die eine, deren Gewand gestohlen worden ist. Sie muss auf der Erde ausharren und heiratet schließlich den Mann, der ihre Kleidung gestohlen hat. Sie bekommt ein Kind, kann am Ende aber wieder in den Himmel zurückkehren.

Teufel und schlechte plastische Chirurgie

Oni war der Name für die japanischen Teufel. Auf Bildern sind sie leicht zu identifizieren, da sie wie typische Teufel aussehen, mit Hörnern und Pferdehufen. (Dies eine weitere erstaunliche Ähnlichkeit mit den Vorstellungen der Teufelsgestalt in anderen Mythologien.) Sie sehen Furcht erregend aus, sind aber nicht besonders schlau.

Die Geschichte von den Oni und den zwei alten Männern

In einer berühmten Geschichte traf ein alter Mann mit einer üblen Geschwulst auf seiner rechten Wange auf eine Gruppe Oni, die in einem Wald bei Nacht wild herumtanzten. Er schloss sich den Dämonen an und stellte sehr zur Freude der Teufel sein Talent unter Beweis. Sie nahmen ihm das Versprechen ab, in der darauf folgenden Nacht wiederzukommen. Seine Geschwulst behielten sie als eine Art Pfand da. Als er nach Hause zurückgekehrt war, wollten alle von ihm wissen, wie er denn nur dieses entstellende Ding losgeworden sei.

Ein anderer älterer Mann hatte ebenfalls eine Geschwulst im Gesicht, eine auf der linken Wange. Er beschloss mitzukommen und auch mit den Oni zu tanzen. Vielleicht würden sie ihn ja auch von seiner Verunstaltung befreien. Er war aber leider kein auch nur annähernd so guter Tänzer wie sein Vorgänger. Die Oni waren so angewidert von seiner armseligen Vorstellung, dass sie ihm auch die Geschwulst des anderen gaben. Nun hatte er also auf jeder Backe eine.

Momotaro, der Pfirsich-Junge

Momotaro, der Pfirsich-Junge, war ein berühmter Held, der Teufel bekämpfte. Er wurde aus einem Pfirsich geboren. Eine alte Frau fand einen in einem Fluss treibenden Pfirsich und nahm ihn mit nach Hause. Zu ihrer Überraschung fand sie in seinem Inneren einen kleinen Jungen. Als Momotaro groß geworden war, machte er sich auf, um die Insel der Teufel zu erobern. Seine Mutter packte ihm für die Reise Teigbällchen als Proviant ein. Unterwegs traf er auf einen Hund, einen Affen und einen Fasan, die sich ihm für jeweils ein Teigbällchen als Lohn anschlossen. Zusammen attackierten und besiegten sie die Teufel und Momotaro kehrte mit jeder Menge Schätze nach Hause zurück.

Erdgebundene Geister: Buh!

Nicht nur Teufel, sondern auch Geister suchten die Erde in unterschiedlichen Formen heim. Einige von ihnen waren böse und rachsüchtig und andere wiederum waren von ihrem Wesen her gütig. Jedes Mal aber konnte einem beim Anblick eines von ihnen Angst und Bange werden. Die Maske eines Geistes zeigt Abbildung 20.1.

Abbildung 20.1: Die Maske eines Tengu, eines Geistes, der in den Bergen lebte

In einer *Mujina* betitelten Geschichte traf ein in Tokio bei Nacht umherstreifender Mann eine Frau, die weinend mit dem Rücken zu ihm stand. Er legte ihr die Hand auf die Schulter und fragte, was denn los sei. Sie drehte sich um; ihr Gesicht war vollkommen ausdruckslos und glatt, fast wie bei einem Ei. Er wandte sich von ihr ab und rannte in der Dunkelheit in die Richtung des einzigen Lichtes, das er sehen konnte.

Es war die Lampe an dem Wagen eines Nudelverkäufers. Der Verkäufer fragte, wovor er denn so schnell davonlaufe. Der Mann antwortete: »Ich habe gerade eine Frau mit einem Gesicht gesehen wie ... wie ...« Der Verkäufer fragte: »Etwa so wie dieses?«, und drehte sein Gesicht plötzlich so ins Licht, dass der Mann es nun erst richtig sehen konnte. Auch das Gesicht des Verkäufers war so ausdruckslos wie das der weinenden Frau. Da plötzlich ging die Lampe aus.

Mythische Ungeheuer

In der japanischen Mythologie wurden sowohl dem Fuchs als auch der Katze magische Kräfte zugesprochen. Beide Tiere konnten sich in Menschen verwandeln und Füchse spielten oft die Rolle von Verführerinnen. Ein Tier namens *Tanuki*, das einem Dachs ähnelte, tauchte ebenfalls in zahlreichen Mythen und Volksmärchen auf. Tanuki liebte es, sich zu betrinken und laute Feiern zu veranstalten. Statuen und bildliche Darstellungen dieser Ungeheuer zeigen sie oft mit einem anzüglichen Grinsen im Gesicht sowie mit Sakekrügen oder einem großen Phallus.

Japanische Rituale: Ein wenig von allem

Die meisten japanischen Glaubensvorstellungen und Rituale entstammen dem Schintoismus, der einzigen organisierten Religion, die sich in Japan entwickeln konnte. Eine Reihe fremder Glaubenssysteme wie der Buddhismus, Konfuzianismus und Taoismus kamen von außerhalb nach Japan. Sie alle aber wurden gleichsam »naturalisiert« bzw. »anverwandelt« und schließlich zu einem im eigentlichen Sinne japanischen Glauben umgemodelt. Den Japanern war nie an der Exklusivität ihrer Religion gelegen. Sie waren immer bereit, auch Gottheiten, Traditionen und Ritualen anderer Glaubensrichtungen Platz in ihrer Religion einzuräumen.

Die meisten Japaner folgen in ihrem Glauben sowohl den Traditionen des Schintoismus als auch des Buddhismus. Die beiden Religionen ergänzen sich sehr gut, da beide eine optimistische Grundeinstellung haben und auch eine pragmatische Einstellung gegenüber der menschlichen Natur und der Welt teilen. Der Schintoismus betrachtet Buddha als einen *Kami*, d.h. Gott, und der Buddhismus sieht in den unterschiedlichen Kami Manifestationen von Buddha.

Der Weg der Götter: Der Schintoismus

Der *Schintoismus* ist eine uralte japanische Religion, die aus der Zeit um 500 v. Chr. stammt und vielleicht sogar noch älter ist. Der Name »Shintoismus« stammt von dem chinesischen Ausdruck *shin tao*, der so viel wie »der Weg der Götter« bedeutet.

Der Schintoismus begann als eine Mischung aus Naturverehrung, Fruchtbarkeitskult und verschiedenen anderen religiösen Kulthandlungen. Er hatte keinen eigentlichen Begründer oder einen heiligen Text als Grundlage; selbst heute ist er keine straff organisierte Kirche, sondern eher ein Verbund aus locker organisierten Priestern. Es gibt keine echte schintoistische Theologie oder einen aus ihm ableitbaren Moralkodex. Auch die Vorstellungen von einer Existenz nach dem Tode bleiben im Schintoismus eher vage und unausformuliert.

Die Gottheiten des Schintoismus heißen *Kami*, ein japanisches Wort, das so viel wie Gott oder Gottheit bedeutet. Kami sind überall – im Essen, in Flüssen, Steinen, an Orten und in Familien. Normalerweise sind sie gütig; sie beschützen und nähren die Menschen. Die Menschen halten sich für die Kinder der Kami; das menschliche Leben erscheint ihnen daher als heilig. Die Anhänger des Schintoismus versuchen das Richtige zu tun, legen dabei aber immer einen Schwerpunkt auf das Wohl der Gruppe. (Die Idee der Harmonie ist bis heute ein wichtiger Bestandteil der japanischen Religion und Gesellschaft.)

Die wichtigsten Elemente des Schintoismus sind die Familie und die Tradition; außerdem die Liebe zur Natur, die Reinlichkeit des Körpers und die Verehrung der Kami. Der Schintoismus legt daneben auch großen Wert auf die Bewahrung des Friedens.

Im Schintoismus sind die Ahnen von großer Bedeutung. In den Häusern vieler Menschen gibt es Altäre, genannt *Kami-dana* (Regal der Götter). Es gibt auch ein jährliches Fest mit Namen *O-Bon*, bei dem alle verstorbenen Ahnen wiederkehren und die Lebenden für einen Tag besuchen. Die Menschen bringen ihnen Speisen als Opfergaben dar – Kartoffelchips und Bier oder Sake –, die sie auf ihren Türschwellen ablegen. Aus Auberginen und Zahnstochern formen sie kleine Pferde, auf denen die Toten nach dem Fest wieder in ihr Totenreich zurückreiten können.

Kami geweihte Schreine finden sich überall in Japan: auf Bergspitzen, an Quellen oder mitten in einem Wald. Jeder Schrein ist einem bestimmten Kami gewidmet. Die Gebete der Gläubigen werden mitunter auch beantwortet. Ein Tor namens *Torii* am Eingang eines jeden Schreines stellt symbolisch die Trennlinie zwischen der Welt der Götter und der der Menschen dar. Zwei Hundestatuen stehen Wache. Früher reinigten die Menschen vor Betreten des Schreins ihren ganzen Körper, z.B. in einem nahe gelegenen Fluss. Heutzutage hat sich dieser Brauch etwas abgeschwächt, so dass es genügt, sich die Hände und den Mund in einem Springbrunnen auf dem Gelände des Schreines zu reinigen.

Anhänger und Talismane aus Schreinen sind sehr beliebt in Japan. In Schreinen wird alles Mögliche verkauft – Talismane zum Schutz vor Verkehrsunfällen, als Garant für die Genesung nach Krankheiten oder den Erfolg beim Examen, Anhänger, die der Mutter eine schnelle Geburt garantieren sollen. Man kann dort auch kleine, Glück versprechende Tierfiguren kaufen, passend zu dem nach dem chinesischen Kalender errechneten Geburtsjahr eines Menschen, wie etwa dem Jahr des Drachen oder dem Jahr des Affen.

Die Rituale und Zeremonien für den Kami beinhalten Opferzeremonien, Gebete und rituelle Tänze, die von Musik begleitet werden. Die Schreine halten jährliche Feste anlässlich der Aussaat der Nutzpflanzen ab und feiern außerdem bestimmte Geburtstage und Jubiläen. Einige der wichtigsten Feste sind das Neujahrsfest, das *Hinamatsuri*-Mädchen-Fest (am 3. März), das *Tango no Sekku*-Jungen-Fest (5. Mai) und das *Hoshi Matsuri*-Fest (7. Juli). Der nationale Gründungstag fällt auf den 11. Februar. Er erinnert an das Datum im Jahre 660 v. Chr., an dem der erste Kaiser Japans den Thron bestieg.

Die Japaner begeben sich zu ihrem Schrein auch anlässlich eines besonderen Abschnitts in ihrem Leben. *Seijin-no-hi* ist ein Tag im Januar, an dem jeder, der im Laufe des Jahres sein zwanzigstes Lebensjahr vollenden wird, volljährig wird. *Shichigosan* (sieben-fünf-drei) am 15. November ist der Tag, an dem alle Mädchen im Alter von drei und sieben und alle Jungen im Alter von drei und fünf sich zu einem Schrein begeben und dort ihre Weihen bzw. den Segen empfangen. (Das Ganze erinnert von Ferne vielleicht an unsere Kommunion/Konfirmation.)

Buddhismus auf japanische Art

Der Buddhismus kam im sechsten und siebten Jahrhundert n.Ch. über Korea und China nach Japan. Der Legende zufolge war es ein koreanischer König, der im Jahre 552 eine buddhistische Mission nach Japan geschickt hat. Der japanische Kaiser und einige Angehörige des Adelstandes hießen die fremde Religion willkommen. Andere Mitglieder am Hofe des Kaisers argwöhnten dagegen, dass die alten Götter vielleicht gekränkt sein könnten, falls die Japaner die neue Religion übernähmen. Die beiden Parteien in dieser Frage stritten sich deswegen und fochten ihren Streit auch mit Waffen aus. Die Unterstützer des Kaisers siegten schließlich.

Im achten Jahrhundert wurde der Buddhismus zur Staatsreligion. Mit der Zeit aber etablierten sich immer mehr Sekten in Japan. Jede Sekte betonte unterschiedliche Aspekte der Götterverehrung und Lebensweise. Japanische Buddhisten traten für die Glaubensvorstellungen bestimmter Sekten ein, je nach sozialer Herkunft und philosophischen Vorlieben. Die Tendai- und die Shingon-Sekte waren beispielsweise bei der aristokratischen Oberschicht sehr beliebt. Sie besaßen beide hoch entwickelte philosophische Systeme und legten großen Wert auf Rituale. Die Sekte des Reinen Landes predigte, dass Glaube und gute Taten dafür sorgten, dass ihre Anhänger im im Westen gelegenen Paradies des »Reinen Landes« wiedergeboren werden. Die Anhänger der Nichiren-Sekte wiederum waren für ihren religiösen Eifer bekannt.

Der Zen-Buddhismus erreichte Japan im 12. Jahrhundert. Die Zen-Bewegung entstand in China und wurde sehr stark vom Taoismus beeinflusst. Besondere Betonung lag auf der Meditation und der Kontemplation. Der Zen erfreute sich bei allen Schichten Japans großer Beliebtheit. Die Anhänger des Zen-Buddhismus spalteten sich in viele Sekten auf, wobei sie Glaubenselemente anderer buddhistischer Sekten in ihre religiösen Vorstellungen aufnahmen.

Der japanische Buddhismus betonte die Bedeutung der gesellschaftlichen Institutionen, der praktischen Moral und einer besonderen Arbeitsethik. Jeder Teil der sehr hierarchischen japanischen Gesellschaft ist von diesen Vorstellungen durchdrungen und die Betonung der familiären Loyalität sowie der Ehrfurcht vor den Ahnen geht auf diese Spielart des Buddhismus zurück. Die Glaubensanhänger verehren die Gründer ihrer jeweiligen Sekten. Jede Sekte bzw. Schule des Buddhismus neigt zu einer gewissen Ausschließlichkeit mit einer starken Betonung auf der Verbindung und Nachfolge von Meister und Schüler.

Die japanischen Buddhisten nehmen die Welt eher so, wie sie ist, und vermeiden es, über eine mögliche, bessere Welt oder über die Bedeutung des Lebens nachzusinnen. Sie wollen das Absolute verstehen, indem sie ihr Denken auf die wirkliche Welt richten.

Die Buddhisten in Japan waren immer sehr gewillt, sehr alte Rituale und Praktiken sowie die einheimischen Glaubensvorstellungen des Schintoismus in ihr System zu integrieren. Obwohl sich buddhistische und schintoistische Priester sehr stark voneinander unterscheiden, sehen nur wenige Japaner einen Widerspruch darin, gleichzeitig Buddhist und Schintoist zu sein.

Lateinamerika: Maya, Inka und Azteken

21

In diesem Kapitel

- Die alten mittelamerikanischen Kulturen
- Die Maya – die Spezialisten für Kalender
- Die blutigen Opferrituale der Azteken
- Der Untergang einer Hochkultur: Die Inka und die Spanier

Lange vor Ankunft der Europäer in Mittel- und Südamerika war der Kontinent schon von Menschen besiedelt. Die Völker dort hatten im Laufe ihrer Entwicklung komplexe Gesellschaften, große Städte und ihre ganz eigene Kultur entwickelt. Sie besänftigten ihre Götter mit blutigen Opferritualen, berechneten den Lauf der Planeten, entwickelten einen genauen Kalender und führten siegreiche Eroberungsfeldzüge gegen benachbarte Völker. Diese ganze hoch entwickelte Kultur wurde abrupt in ihrer Entwicklung unterbrochen, als die Spanier im frühen 16. Jahrhundert in Südamerika ankamen, alle Völker des Kontinentes unterwarfen und die Kultur der Inka und Azteken zerstörten.

Mexiko und die angrenzenden Regionen Mittelamerikas sind die historischen Orte einer Reihe bedeutender, aufeinander folgender Kulturen. Die wichtigsten Völker und Zivilisationen waren:

- ✔ **Olmeken:** 1500–400 v.Chr.
- ✔ **Zapoteken:** 500 v. Chr. bis 700 n. Chr.
- ✔ **Teotihuacan:** 150 v. Chr. bis 750 n. Chr.
- ✔ **Maya:** 250–900 n. Chr.
- ✔ **Tolteken:** 900–1180 n. Chr.
- ✔ **Azteken:** 1325–1521 n. Chr.

All diese Kulturen außer den Maya bildeten eine Gruppe mit Namen *Nahua*; die Maya sprachen Maya, alle anderen Völker verständigten sich in der Sprache Nahuatl. Sie hatten vieles gemeinsam, unter anderem ein sehr kompliziertes kalendarisches System. Viele ihrer Götter tauchen auch in den Mythologien der jeweils anderen Kulturen auf.

Die andere bis heute sehr bekannte Zivilisation lateinamerikanischer Indios war dagegen nicht in Mittelamerika beheimatet. Das Volk der Inka lebte relativ isoliert von den Kulturen Mittelamerikas. Ihr Siedlungsgebiet befand sich im Westen Südamerikas entlang der Andenkette, etwa dort, wo heute Chile liegt. Das Reich der Inka dauerte von 1428 bis 1532.

Die Historiker schöpfen ihr Wissen über die Indios Lateinamerikas aus einer Reihe von Quellen: aus Inschriften, die in einer eigenen hieroglyphenartigen Sprache verfasst waren, oder anderen schriftlichen Zeugnissen der Maya, aus Dokumenten, die die spanischen Eroberer nach der Unterwerfung der Inka und der anderen neuen und für sie unbekannten Kulturen verfasst haben, aus der Beobachtung der heute lebenden Nachfahren der Inka sowie aus archäologischen Funden. Die mythischen Geschichten der Azteken und besonders der Inka veranschaulichen, wie die Mythologie für das tägliche Leben der Menschen und für das Leben eines Reiches insgesamt von Bedeutung sein kann. Beide großen Kulturen gingen in gewissem Sinne zugrunde, weil die Menschen an die Götter glaubten. (Dazu später mehr.)

Fußabdrücke eines verlorenen Volkes: Die alten Kulturen

Mittelamerika hat in dreitausend Jahren vor der Unterwerfung durch die Europäer viele Kulturen und Zivilisationen kommen und gehen sehen. Heutzutage kennen wir fast nur noch die Maya, Inka und Azteken, hauptsächlich, weil diese Völker noch nicht so alt sind und Teile ihrer Kultur bis heute bei ihren Nachfahren überlebt haben. Außerdem haben sie die spektakulärsten Baudenkmäler hinterlassen. Weniger bekannt ist, dass ihre Vorgänger ebenfalls eine hoch entwickelte Kultur besaßen. Die Olmeken, Tolteken und andere Zivilisationen hatten ein ausgeklügeltes System von Gottheiten und religiösen Ritualen, das von Generation zu Generation und von Kultur zu Kultur weitergegeben wurde. So kam es, dass die uns zeitlich recht nahe stehenden Azteken Götter verehrten, die schon seit Tausenden von Jahren bekannt waren. Die Stadt Teotihuacan war die Heimat einer großen Kultur, die seit ihrem Untergang den nachfolgenden Generationen ein lehrreicher Anschauungsgegenstand gewesen sein muss. Sowohl die heutigen Archäologen als auch die Azteken bestaunten diese Stadt.

Die Olmeken

Die Olmeken wurden früher als die Mutterkultur Mittelamerikas bezeichnet. Dieser Ausdruck ist zwar ein wenig unüblich geworden – dennoch waren die Olmeken eine wichtige treibende Kraft der kulturellen Entwicklung des Kontinentes. Die Kultur der Olmeken entwickelte sich an der mexikanischen Golfküste um das Jahr 1500 v. Chr. und dauerte bis etwa 400 v. Chr.

Die Olmeken etablierten einen Staat und eine Religion für alle Bewohner ihres Herrschaftsgebietes. Berühmte archäologische Ausgrabungsstätten findet man in San Lorenzo, wo es Steinköpfe mit besonders wulstigen Lippen und die Opferstätte La Venta gibt. Vielleicht hatten die Olmeken sogar schon einen eigenen Kalender wie spätere Kulturen auch; das weiß man allerdings nicht so genau.

Der Regengott war die wichtigste Gottheit der Olmeken. Dieser Gott hatte die Züge eines Ungeheuers und sein Gesicht war halb Mensch, halb Jaguar. Auf in Stein gemeißelten Bildnissen sieht er aus wie eine Mischung aus Jaguar und Kleinkind. Diese und andere Gottheiten tauchen später auch bei anderen Kulturen auf.

Teotihuacan

Teotihuacan war eine Stadt, die in der Nähe des heutigen Mexiko-Stadt lag. Sie ist die erste bedeutende städtische Siedlung auf dem amerikanischen Kontinent. Auf ihrem Höhepunkt hatte sie etwa die Größe Roms, mit dem Unterschied, dass sie eine längere Blüteperiode erlebte, nämlich von etwa 150 v. Chr. bis zum Jahre 750 n. Chr. Auch den Azteken war diese Stadt bekannt. Sie nannten sie den »Ort der Götter«.

Der Stadtplan wurde nach den Bewegungen der Sterne und der Lage der nahe gelegenen Berge gestaltet und ausgerichtet. Die Straße der Toten (der Name stammt von den Azteken) ist genau nach Norden ausgerichtet, macht einen Knick in östliche Richtung und zeigt auf einen heiligen Berg. Die Hauptstraße auf der Ost-West-Achse der Stadt liegt auf einer Linie mit den Pleiaden, einem Sternenhaufen, der für den mittelamerikanischen Kalender von großer Bedeutung ist. In der Stadt gab es riesige Pyramiden; unter einer von ihnen befindet sich eine Höhle, die vermutlich für geheime Rituale genutzt wurde. Archäologen haben Skelette mehrerer Krieger mit auf dem Rücken zusammengebundenen Händen gefunden, die Halsketten aus menschlichen Schädeln trugen. Vielleicht Menschenopfer?

Die Einheimischen verehrten den Sturmgott. Man findet Malereien dieses Gottes, der mit Insektenaugen, großen Eckzähnen und mit seinem Attribut, dem Blitz, dargestellt wird, überall in der Gegend. Die Menschen glaubten, dass er die Kraft besäße, im Sommer Regen auf die Erde prasseln zu lassen und so für eine sichere Ernte (an Mais, Bohnen, Kürbis, Paprika und Getreide, den Hauptnahrungsmitteln der Indios) zu sorgen. Er war außerdem ein Kriegsgott. Auf anderen Darstellungen nämlich sieht man ihn im Krieg oder bei Menschenopferritualen, z.B. bei einer Prozession von Kriegern, die Messer tragen, auf denen Menschenherzen aufgespießt sind. Der Gegenpol des Sturmgottes war eine Göttin, die hilfreich, aber auch wild und grimmig sein konnte.

Außer dem, was uns durch Ausgrabungen bekannt ist, haben wir keine weiter gehenden Informationen über die Menschen dieser Kultur. Niemand weiß, woher sie ursprünglich kamen, wie genau ihre Gesellschaft funktionierte, welche Sprache sie gesprochen haben oder warum sie schließlich verschwanden. Wir wissen aber, dass ihre Kultur großen Einfluss auf die nachkommenden ausgeübt hat. Viele Bildnisse und andere Charakteristika ihrer Kultur begegnen uns bei späteren Völkern Mittelamerikas wieder.

Tolteken

Die Tolteken lebten zwischen 900 und 1180 n. Chr. in Zentralmexiko. Angeblich plünderten sie die Stadt Teotihuacan um das Jahr 900. Das Reich der Tolteken bestand aus mehreren kleineren Staaten, die zu einem Reich zusammengeschlossen wurden. Sie wurden wegen ihres militärischen Könnens gefürchtet. Topiltzin, der König der Tolteken, führte den Kult von Quetzalcoatl, der gefiederten Schlange, ein. Topiltzin nannte sich selbst auch Quetzalcoatl. Bei den Tolteken waren die militärischen Ränge nach Tieren benannt – Kojote, Jaguar, Adler usw. Die Maya griffen diese Angewohnheit später wieder auf. Im 12. Jahrhundert wurden die Tolteken selbst von einem angreifenden Heer besiegt, das aus Mexikas bestand, die später als Azteken berühmt wurden.

Quetzalcoatl war groß, stark und besaß helle Haare (blond oder hellbraun). Sein Gesicht war mit Ruß bedeckt und auf seinem Rücken trug er einen Quetzal-Vogel. Mitunter erschien er auch als der Windgott Ehecatl.

Topiltzin und das Unglück der Azteken

In der Vorstellung der Tolteken kam es einst zwischen Quetzalcoatl und dem Gott der Nacht namens Tezcatlipoca zu einem Streit. Tezcatlipoca liebte blutige Menschenopfer; Quetzalcoatl dagegen bevorzugte weniger grausame Opfergegenstände wie etwa Jade oder Schmetterlinge. Quetzalcoatl verlor den Kampf, floh an den Golf von Mexiko und verbrannte sich dort schließlich selbst auf einem Scheiterhaufen. Er wurde als Planet Venus wiedergeboren, der auch als Morgen- bzw. Abendstern bekannt ist.

In einer anderen Fassung der Geschichte segelte der toltekische Priesterkönig Topiltzin über den Golf von Mexiko davon und versprach vor seiner Abfahrt, er würde eines Tages aus der Richtung der aufgehenden Sonne wiederkommen. Die Azteken verklärten Topiltzin zu einem Gott und machten ihn zum Schutzpatron der Priester und Handwerker und verliehen ihm außerdem die Ehre, der Erfinder des Kalenders zu sein. Die Azteken bestimmten als Jahr seiner Wiederkunft das Jahr 1519. Wie der Zufall so spielt, war dies auch das Jahr, in dem Hernán Cortés mit seinen Männern auf der Yukatán-Halbinsel an Land ging. Cortés war leider schlau genug, sich diesen mythologischen Vorteil zunutze zu machen, der ihm ohne eigenen Verdienst in den Schoß gefallen war. (Siehe auch den Abschnitt *Montezuma und der Untergang des Reiches* weiter unten.)

Die Mittelamerikaner liebten einen Vogel, den sie *Quetzal* nannten. Es handelt sich um ein wunderschönes grünglänzendes Tier mit sehr langen und sehr wertvollen Schwanzfedern. Die Indios Südamerikas fingen sie wegen ihrer Federn. Das Töten dieser schönen Tiere war jedoch bei Todesstrafe verboten. Die Währungseinheit Guatemalas heißt noch heute *Quetzal!* Heute gibt es nur noch wenige Exemplare dieser vom Aussterben bedrohten Vogelart.

Die Maya

Obwohl es auch heute noch Maya-Indianer gibt, so verbinden wir den Namen dieses Volkes doch hauptsächlich mit der untergegangenen Kultur der alten Maya. Während ihrer Blütezeit von 250 bis 900 n. Chr. war die Kultur der Maya eine der bemerkenswertesten Zivilisationen in Zentralamerika. Ihr Reich erstreckte sich von Guatemala über Mexiko, Honduras und Belize bis zur Halbinsel von Yukatán. Die Herrscher der Maya glaubten, sie seien die direkten Nachfahren der Sonne. Die Gesellschaft der Maya war hochspezialisiert; neben Bauern gab es Handwerker, Priester und Gelehrte. Es gab in ihrem Reich mehrere regionale Hauptstädte. Die wichtigsten waren Tikal, Cobá und Copán.

Auf dem Höhepunkt ihrer Entwicklung haben vielleicht zwei Millionen Maya-Indianer auf dem Gebiet des heutigen Guatemala gelebt. Nach dem Jahre 900 verminderte sich die Zahl der Maya aus ungeklärten Gründen rapide. Obwohl das Volk der Maya auch weiterhin existierte, so lag ihre Kultur zum Zeitpunkt der Ankunft der ersten Spanier doch schon sehr darnieder. Sie waren keine große Zivilisation mehr; stattdessen lebten sie in kleinen Bauerndörfern und übten die Religion ihrer Vorfahren aus.

Die Maya errichteten gewaltige Steintempel und Pyramiden und waren exzellente Gold- und Kupferschmiede. Das meiste von ihrer Kultur wissen wir aufgrund der hervorragend erhaltenen Steingravierungen, die von hohem künstlerischem Sachverstand zeugen. Die in Stein gehauenen Inschriften und Szenen aus ihrem Leben und ihrer Mythologie zierten ihre Häuser und Tempel.

Lange Zeit glaubten die Forscher, die Maya-Kultur sei eine friedfertige Kultur gewesen, die sich auf bäuerliche Tätigkeiten und eine tägliche Routine friedlicher Handlungen beschränkte. In jüngster Zeit hat sich dieses Bild ein wenig geändert. Texte der Maya sprechen von siegreichen Schlachten und listen gefangen genommene feindliche Krieger auf, von denen manche später geopfert wurden. Die Städte der Maya besaßen Befestigungsanlagen und Wassergräben, die nicht unbedingt von einer friedliebenden Agrargesellschaft zeugen.

Wichtige Bestandteile und Praktiken bei den religiösen Ritualen der Maya waren die Folter und Opferung von Menschen. Nach ihren Vorstellungen drohte das Ende der Welt, wenn man die Götter nicht regelmäßig mit Menschenblut versöhnlich stimmte. Auch die Herrscher der Maya waren nicht davon ausgenommen, sondern mussten von Zeit zu Zeit auch ihr eigenes Blut opfern.

Die unterbrochene Erschaffung des Menschen

Die Maya schrieben ihre Schöpfungsgeschichte zusammen mit anderen mythologischen Texten in einem Buch namens *Popol Vuh* nieder.

Dieser Geschichte zufolge brauchten die Götter ziemlich lange, um den Menschen zu erschaffen. Ihr erster Versuch gefiel ihnen jedoch überhaupt nicht, so dass sie eine Sintflut über die Erde kommen ließen, die alles fortspülte. Die überlebenden Menschen wurden in Affen verwandelt. Bevor die Götter zu einem zweiten Versuch ansetzen konnten, betrat eine Art hochstaplerischer Gott mit Namen Vucub-Caquix die Bühne. Er behauptete, die Sonne und der Mond zu sein. Die Götter wussten, dass sie die Menschen erst dann würden erschaffen können, wenn er weg wäre. Die Zwillingsgötter Hunapú (der Gott der Jagd) und Ixbalanqué (Kleiner Jaguar) übernahmen diese Aufgabe.

Diese beiden Götter kamen auf seltsame Art in die Welt. Ihr Vater wurde einst in die Unterwelt gelockt, um mit den dortigen Bewohnern – den *Xibalba* – Ball zu spielen. Er unterlag und verlor damit nicht nur das Spiel, sondern auch seinen Kopf, den die Xibalba als warnendes Beispiel für andere, sich ja nicht mit ihnen einzulassen, an einen Kalebassenbaum hingen. Auf wundersame Weise trug dieser Baum bald Früchte. Eine junge Frau wollte ihn sich ansehen und unterhielt sich eine Weile mit dem dort hängenden Schädel. Der Kopf spuckte in ihre Hand; die Frau wurde daraufhin schwanger und gebar später die Zwillingsgötter Hunapú und Ixbalanqué.

Die Zwillinge wussten, dass Vucub-Caquix zu einem bestimmten Obstbaum kommen würde, um von seinen Früchten zu essen. Sie versteckten sich also in seiner Nähe. Als Vucub-Caquix erschien, schossen die beiden einen Pfeil auf ihn ab. Das Ungeheuer riss Hunapú einen Arm ab und rannte mit ihm fort. Die Zwillinge konnten eine alte Frau und einen alten Mann dazu bewegen, ihnen bei der Wiederbeschaffung des Armes zu helfen. Die alten Leute fanden Vucub-Caquix und boten ihm ihre Hilfe an. Das Ungeheuer sagte, seine Augen und Zähne täten ihm weh. Das alte Paar riss Vucub-Caquix kurzerhand seine Zähne und die beiden Augäpfel heraus. Danach nahmen sie ihm Hunapús Arm weg und brachten ihn wieder an dessen Körper an.

Da sie nun das Ungeheuer besiegt hatten, beschlossen sie, in einem Aufwasch auch den Mord an ihrem Vater zu rächen. Sie gingen in die Unterwelt, wo die Xibalba sie verschiedenen Prüfungen unterwarfen. Die Zwillinge gewannen ein Ballspiel gegen sie und überlebten Nächte im Haus der Messer, dem Haus der Kälte, dem Haus der Jaguare und auch noch im Haus des Feuers. Im Haus der Fledermäuse verließ sie aber ihr Glück. Hunapú verlor seinen Kopf, der dann von den Xibalba als Trophäe dort aufgehängt wurde, wo sie Ball gespielt hatten. Das Ganze war aber keine echte Tragödie, da sich eine nette Schildkröte bereit erklärte, ihren Kopf als Ersatzkopf zur Verfügung zu stellen.

Es kam zu einem weiteren Ballspiel. Ein besonderer Plan sollte dabei den Zwillingen zum Sieg verhelfen: Sie warfen einen Ball ganz ans Ende des Spielfeldes. Ein Kaninchen rannte hinter ihm her. Während die Xibalba es wie rasend verfolgten, stahl Ixbalanqué den Kopf seines Bruders und setzte ihn ihm wieder auf (was auch die Schildkröte erleichtert zur Kenntnis nahm). Das Spiel endete unentschieden.

Die Xibalba hatten nun langsam die Faxen dicke von ihren Gegnern, ließen ein Freudenfeuer auflodern und schlugen vor, dass sie alle über die Flammen hinwegfliegen sollten. Da die Zwillinge ja wussten, dass sie unsterblich waren, machten sie mir nichts dir nichts einen Satz und sprangen mitten in die Flammen. Fünf Tage später erstanden sie wieder von den Toten auf und statteten ihren Feinden als Fischer verkleidet einen Besuch ab. Sie führten ein interessantes Schauspiel auf, bei dem sie sich selbst in Stücke schnitten und anschließend wieder zusammensetzten. Denselben Trick wollten sie auch an den Führern der Xibalba ausprobieren, nur dass sie sie, nachdem sie sie zerteilt hatten, nicht wieder zusammensetzten. Daraufhin ergaben sich die übrigen Xibalba. Die Brüder bestraften sie unter anderem damit, dass sie ihnen verboten, in Zukunft jemals wieder Ball zu spielen.

Nun erst konnten sich die Götter wieder ans Werk machen und die Erschaffung des Menschen zu Ende bringen. Die Katze (oder der Jaguar), der Kojote, der Papagei und die Krähe sammelten Mais zusammen, die besondere Nahrung für die Menschen. Seither gilt den Indios der Mais als unverzichtbares Nahrungsmittel.

Doppelte Vierfaltigkeit: Die Maya-Götter und ihre Aufgaben

Die Maya besaßen eine verblüffend vielfältige Ansammlung von Gottheiten. Ihr Götterhimmel war ziemlich komplex – die meisten Götter kamen in vier unterschiedlichen Gestalten vor, für jede Himmelrichtung eine – und hatten oft auch ein doppeltes Wesen: jung und alt, männlich und weiblich usw. Eine Gottheit zweifelsfrei zu bestimmen, ist recht schwierig, da die Malerei der Maya sehr wandelbar ist und auch die Beschreibungen der Europäer voneinander abweichen. Im Folgenden eine Liste mit den bekanntesten Göttern:

- **Itzamná:** Der Schöpfer und Schutzheilige des Wissens
- **Cizin:** Der Gott des Todes. Er herrschte über die Unterwelt.
- **Ah Kin:** Er war die Sonne; vielleicht war er auch eine andere Gestalt von Itzamná. Am Himmel war er nur die Sonne, die für Wärme oder eben auch Dürre sorgte. In der Unterwelt war er ein Jaguar. Der Sonnengott stand im Mittelpunkt der Welt, wie sie sich die Maya vorstellten. Herrscher behaupteten, direkt von ihm abzustammen. Sie wollten so ihre Macht über die anderen legitimieren.
- **Ix Chel:** Sie war die Mondgöttin und die Gattin von Ah Kin oder Itzamná. Ihr Aufgabengebiet war die Weberei, die Weissagung, die Geburt und die Medizin.
- **Venus:** Ein gefährlicher Gott, besonders wenn er in der Frühe am Himmel als Morgenstern aufging.

Die Götter des Getreides und des Regens sowie die Schutzgötter der Berufsstände und sozialen Gruppen waren alle ein Teil der Kultur der Maya. Alle Gottheiten zusammen kümmerten sich um die Angelegenheiten der Menschen.

Die reptilische Kosmologie: Die Welt, in der sie lebten

Die Maya betrachteten das Universum als ein geschlossenes Ganzes, in dem alles mit allem zusammenhing – die himmlischen Sphären, die Erde, die Unterwelt und alles darin. Die Gottheiten der Maya und viele untergeordnete Geistwesen hatten alle ihren zugewiesenen Platz in der Ordnung des Universums, auch wenn sie sich ständig bewegten und herumreisten.

In der Vorstellung der Maya war das Universum in drei Hauptebenen unterteilt – die Mittelwelt (die Erde) wurde als Fläche mit vier Ecken gedacht, in denen Bäume standen, die den darüber liegenden Himmel trugen. Jedes Viertel der Welt hatte eine bestimmte Farbe und seine eigenen ihm zugewiesenen Gottheiten. Die Überwelt (der Götter-Himmel) besaß dreizehn Ebenen. Das Firmament war ein zweiköpfiger Drache, dessen Leib die Symbole der Sonne, des Mondes, des Planeten Venus und der Sterne trug. Die Erde war der Rücken einer gewaltigen Echse, die in einem Teich umhertrieb. Die Menschen betraten die Unterwelt durch den Mund der Eidechse. Die Unterwelt besaß insgesamt neun Ebenen.

Der zirkuläre Kalender

Die Zeit war in der Vorstellung der Maya von zentraler Bedeutung. Für sie war die Zeit etwas, was sich in Kreisläufen bewegte, anders als für uns heute, die wir die Zeit eher als etwas Lineares, gleichförmig in nur eine Richtung Ablaufendes begreifen. Die Maya hatten die Vorstellung, dass Ereignisse, die an bestimmte kalendarische Punkte gebunden waren, so auch in der Zukunft zum selben Zeitpunkt erneut geschehen konnten. Man konnte also die Zukunft aufgrund der Vergangenheit vorhersagen.

Der grundlegende Kalender der Maya, der so genannte *Heilige Almanach*, hatte 260 Tage. Dieser Kalender diente als Grundlage für die Berechnung des Zeitpunktes religiöser Feste sowie für bestimmte Voraussagen. Die 260 Tage waren unterteilt in Einheiten von 20 Tagen; jeder dieser Einheiten war eine Gottheit zugeordnet. Der Kreislauf von insgesamt 260 scheint von keinem bestimmten natürlichen Phänomen abgeleitet worden zu sein. Für die Maya waren die Zahlen 20 und 13 von besonderer Bedeutung. Das Produkt der beiden Zahlen ergibt genau 260. Dieser Heilige Almanach ist die älteste bekannte Form des mittelamerikanischen Kalenders. Seit etwa 500 v. Chr. war er bei allen Kulturen der Region in der einen oder anderen Form in Verwendung.

Die Maya kannten aber noch einen anderen Kalender, der sich an dem Sonnenjahr orientierte. Er hatte 18 Monate mit jeweils 20 Tagen plus fünf weiteren Tagen, um genau auf die Zahl 365 zu kommen. (Das Schaltjahr war den Maya unbekannt.) Jeder Monat hatte eine ihm zugeteilte Gottheit, die den Lauf der Dinge und die Menschen beeinflusste. Wir nennen diesen Kalender den *Sonnenkalender*.

Der heilige Kalender und der Sonnenkalender wurden gleichzeitig verwendet. Wenn die Schreiber der Maya Daten aufzeichneten, so schrieben sie entweder das Datum nach dem heiligen Kalender auf oder nach beiden Kalendersystemen. Zu keiner Zeit notierten sie das Datum nur nach dem Sonnenkalender. Verband man die beiden Kalender, so ergab sich ein Zyklus von 52 Jahren.

Das Schriftsystem der Maya

Die Maya entwickelten ein hervorragendes Schriftsystem, das sie in die Lage versetzte, so gut wie alles in schriftlicher Form mitzuteilen. Es bestand aus einer Kombination phonetischer Symbole und piktografischer Zeichen und ist vergleichbar mit dem altägyptischen oder dem modernen japanischen Schriftsystem. Die Maya schrieben auf Papier, das sie aus der Rinde des Feigenbaums gewannen. Sie schrieben sicher Tausende von Büchern, von denen aber heute nur noch vier existieren. Eines der ersten Dinge, das die Spanier nach der Unterwerfung der Maya taten, war nämlich, deren schriftliche Zeugnisse zu zerstören, da sie erkannt hatten, dass bei den Maya die Schrift ein wesentlicher Bestandteil der Religion und des sozialen Zusammenhaltes war. Sie dachten sich, dass die christliche Missionierung erfolgversprechender sein würde, wenn man die Indios vorher ihrer eigenen kulturellen Identität beraubte.

Das Schriftsystem der Maya wurde erst im 20. Jahrhundert entziffert. Als die Experten für präkolumbianische Kultur diesen Schlüssel erst einmal in Händen hielten, vermehrte sich unser Wissen über die Religion und Mythologie der Maya schlagartig. In ihren schriftlichen Hinterlassenschaften fand man aber auch Informationen über ihr mathematisches und astronomisches Wissen. Sie erstellten Tabellen mit der genauen Lage von Planeten (etwa der Venus) oder des Mondes und konnten selbst Sonnenfinsternisse vorhersagen.

Die Azteken

Der Name *Azteken* leitet sich vom Wort *Aztlán* ab, das so viel wie »weißes Land« bedeutet und auf das Hochtal im Norden Mexikos hindeutet, dem Ort also, von dem die Azteken wohl ursprünglich herstammten. Die Vorfahren der Azteken, die sich selbst »Mexika« nannten, waren ursprünglich vermutlich Jäger und Sammler in den Hochebenen Nord-Mexikos und zogen dann weiter Richtung Süden, etwa zur selben Zeit, als die Kultur der Tolteken im späten 12. Jahrhundert zusammenbrach. Zu jener Zeit gab es bei den Tolteken eine Phase des sozialen, politischen und religiösen Umbruchs, der sie anfällig machte für feindliche Angriffe benachbarter Völker. Die Azteken schlossen sich diesen Kämpfen an, als sie in das Gebiet der Tolteken kamen.

Das Reich der Azteken dauerte fast genau 200 Jahre. Im Jahre 1325 hatten sie die Hauptstadt ihres Reiches gegründet, die Stadt Tenochtitlán. Sie verbündeten sich mit einigen ihrer Nachbarvölker und führten Kriege gegen andere. Als der Spanier Hernán Cortés mit seinen Soldaten 1519 das Ende ihrer Kultur einläutete, gab es etwa sechs Millionen Azteken. Tenochtitlán war fast so groß wie das damalige London. Nur zwei Jahre später war ihre Zivilisation dank der »ruhmreichen« Spanier untergegangen.

Der Name »Mexika« wurde später der Stadt gegeben, die auf den Ruinen der alten Hauptstadt der Azteken erwuchs. Später nannte man so auch das ganze Land.

Wie die Welt erschaffen wurde

Die Azteken und die Maya glaubten, dass die jetzige Sonne die fünfte in einer Reihe von Sonnen ist. Die vorangehenden vier Sonnen und die Menschen, die unter ihr lebten, sind schon vor langer Zeit untergegangen. Die Menschen, die zur Zeit der ersten Sonne lebten, wurden von Ozelots aufgefressen. Die zweite Sonne war die Sonne der Luft; die Menschen jener Epoche verwandelten sich am Ende in Affen. Die Lebewesen unter der Sonne des Feuers starben alle aus bis auf die Vögel, die wegfliegen konnten. Während der Herrschaft der Sonne des Wassers wurden die Fische erschaffen; alles andere Leben aber ertrank in einer gewaltigen Flut. Nun, da die fünfte Sonne die Welt beherrscht, finden alle Elemente der Schöpfung zusammen. Es gibt allerdings keine Garantie dafür, dass die derzeitige Welt länger bestehen wird als die vorausgegangenen. Auch sie könnte jederzeit untergehen.

Götter für das Getreide, den Regen und die Opfer

Wie die Maya kannten auch die Azteken eine große Zahl an Gottheiten. Eine Reihe von ihnen war für den Bereich Ackerbau und Regen zuständig. Hier sind einige von ihnen:

- ✔ **Tezcatlipoca, der »Herr des rauchenden Spiegels«:** Er war der Führer der im Götterhimmel vereinten Gottheiten. Die Azteken übernahmen ihn von den Tolteken. Die Tolteken glaubten, er hätte Quetzalcoatl verdorben, als er ihn betrunken machte. Die Azteken ließen ihn in verschiedenen Gestalten auftreten. Er wurde mit dem Krieg, dem Tod, der Dunkelheit, dem Königtum und der Zauberei in Verbindung gebracht. Sein Alter Ego (bzw. Avatara, vgl. Kapitel 18) war der Jaguar.
- ✔ **Huitzilopochtli, manchmal auch Kolibri des Südens genannt:** Er war der aztekische Gott der Sonne und des Krieges. Er tritt nur bei den Azteken und sonst in keiner Mythologie anderer mittelamerikanischer Völker auf. Er half den Azteken dabei, den Ort für ihre Hauptstadt Tenochtitlán zu finden.
- ✔ **Tlaloc:** Er war ein uralter Regengott und wurde überall in Mittelamerika verehrt. Ihm wurden die meisten Opfer dargebracht.
- ✔ **Chalchiuhtlicue:** Sie war Tlalocs Frau. Man nannte sie die Dame des Jade-Rockes. Sie konnte Wirbelstürme entfachen und Menschen ertrinken lassen.
- ✔ **Die Tlaloques:** Sie waren die Helfer von Tlaloc. Sie erzeugten den Donnerknall, indem sie mit ihren Wasserkrügen aufeinander schlugen.
- ✔ **Xipe Totec:** Er war der Gott des Frühlings, des Saatguts und des Aussaat. Er ist als der »gehäutete Gott« bekannt. Viele Statuen zeigen ihn in die Haut eines geopferten Menschen gehüllt. Seine Priester zogen den ihm zu Ehren geopferten Menschen die Haut ab und sich anschließend selbst über. (Hannibal Lektor bekäme beim Gedanken daran vor Wonne wahrscheinlich Tränen in die Augen; den Normalsterblichen wird dagegen wohl eher schlecht.) Dieses Ritual stellte eine direkte Verbindung her zwischen dem Menschenopfer und der Fruchtbarkeit der Erde, da sie ja dem Gott geopfert wurden, der den Frühling ins Land ziehen und die Nutzpflanzen wachsen ließ.
- ✔ **Ehecatl**: Er war der Gott des Windes.

Krieg um das Land der Sonne: Die Kultur der Azteken

Die Azteken waren ein kriegerisches Volk. Sie schickten Armeen über das Land, unterwarfen die einheimische Bevölkerung und zwangen sie anschließend, Güter und Gefangene für die Opferzeremonien zu stellen. Die Krieger waren in der Gesellschaft der Azteken sehr angesehen und erfolgreich. Neben ihren kriegerischen Neigungen entwickelten die Azteken aber auch ein sehr ausgeklügeltes und effizientes Bewässerungssystem (das teilweise noch heute benutzt wird), das sie in die Lage versetzte, genug Nahrungsmittel für alle zu produzieren.

Das Fest des Kalenderkreislaufes

Die Religion der Azteken verband Elemente der meisten anderen Religionen der Völker in ihrem Einflussgebiet, insbesondere der Tolteken, der Olmeken und der Maya. Sie verwendeten außerdem dasselbe Kalendersystem wie die Maya und richteten ihre religiösen Rituale nach dem zweiundfünfzig Jahre währenden Zyklus der beiden Kalender der Maya aus.

Alle zweiundfünfzig Jahre veranstalteten die Menschen ein großes Fest anlässlich des Endes und des Beginns eines neuen großen kalendarischen Kreislaufes. Im ganzen Land wurden sämtliche Feuer gelöscht, alle Götterstatuen ins Wasser geworfen und alle Häuser gereinigt. Dann setzte man die Brust eines Gefangenen in Brand; schlugen die Flammen nicht hoch genug, so war dies ein Zeichen dafür, dass das Ende der Welt näher gerückt war. Die Männer sperrten alle Frauen und Kinder ein und setzten ihnen Masken auf. Die Kinder hielt man die ganze Nacht wach, da man befürchtete, dass sie sich sonst in Mäuse verwandelten.

Bei Sonnenaufgang waren alle erleichtert. Die Menschen stachen sich in ihre Ohren, um so Blut für das heilige Feuer zu gewinnen; sie zogen sich neue Kleider an, schmückten ihre Häuser und bereiteten Opfergaben vor. Zur Mittagszeit wurden weitere Gefangene grausam geopfert.

Blut für den Gott der Götter: Die Menschenopfer

Die Azteken waren der Ansicht, dass ihre Götter ihnen nur dann wohl gesonnen blieben, wenn sie ihnen das Kostbarste opferten, was sie besaßen – ihr Blut und ihr Leben (bzw. das der gefangen genommenen armen Teufel). Sie dachten, sie wären das auserwählte Volk des Kriegsgottes Huitzilopochtli und es wäre ihre Mission, ihm Blut zu opfern, damit die Sonne nicht stehen bliebe. Huitzilopochtli war ein gieriger Gott. In einem Jahr opferten ihm die Priester nicht weniger als 20.000 Menschen!

Die Azteken opferten die Menschen, indem sie ihnen mit einem Feuerstein oder einem Obsidian das Herz herausschnitten (möglichst bei lebendigem Leib, damit das Blut so schön spritzte; die Götter mussten schließlich bei Laune gehalten werden). Sie verbrannten die Herzen und warfen die Leiche des Opfers auf das Abbild eines von Huitzilopochtli besiegten Feindes. Auch die Priester der Azteken opferten den Göttern ihr eigenes Blut. Sie zogen mit Dornen bewehrte Schnüre durch Löcher in ihrer Zunge (sozusagen ein altertümliches Extrem-Piercing; kein Wunder also, dass sie mit Gefangenen kein Mitleid hatten), was sicher sehr blutig und schmerzhaft gewesen sein muss.

Montezuma und der Untergang des Reiches

Als die Spanier unter Cortés nach ihrer Ankunft 1519 ihrer Kultur den Garaus machten, waren die Azteken mit dem Ausbau ihres Reiches noch nicht fertig. Montezuma, der Herrscher der Azteken zu jener Zeit, war zwar ein hervorragender und in vielen Schlachten siegreicher Führer, dennoch schien er einen Hang zum Fatalismus zu besitzen. Seine Astrologen hatten ihm eine unsichere Zukunft vorhergesagt; er wurde in seiner pessimistischen Grundeinstellung noch durch seine Annahme bestärkt, dass Topiltzin/Quetzalcoatl im Jahre 1519 in Form eines Mannes mit weißem Bart wiederkehren würde, der sich zum Führer über sein Reich aufschwingen würde (Cortés lässt grüßen).

Cortés nahm Montezuma gefangen, der nach einiger Zeit in der Gefangenschaft starb. Seinen Nachfolgern gelang es nicht, die Spanier niederzuringen. Im Jahre 1521 eroberten sie die Hauptstadt Tenochtitlán. Der Untergang der aztekischen Kultur war damit besiegelt.

Die Inka

Das Reich der Inka dauerte nur etwa einhundert Jahre. Es wurde durch die spanische Konquista im Jahre 1532 abrupt in seiner Entwicklung unterbrochen. In dieser kurzen Zeitspanne aber schafften es die Inka, ihr Reich über unglaubliche 4000 km entlang der Anden und des Pazifischen Ozeans von Ecuador bis weit hinunter ins heutige Chile auszudehnen. Die Inka begannen als relativ kleines Volk in Cuzco im heutigen Peru. Im Verlaufe ihrer Entwicklung aber erweiterten sie ihren Machtbereich auf ein Gebiet, in dem am Ende mehr als zwölf Millionen Menschen lebten, die aus vielleicht einhundert verschiedenen Kulturen kamen und viele verschiedene Sprachen sprachen.

Die Sonne, der Mond, die Sterne und die Menschen

Die Inka glaubten, dass wichtige Orte von einer besonderen spirituellen Kraft geprägt seien. Der höchste Punkt eines Gebirgspasses war z.B. so ein Ort. Die Menschen hielten auf ihrer Reise an einer solchen Stelle an, um den in der jeweiligen Region verehrten Göttern kleine Opfergaben zu bereiten. Daneben gab es noch andere, sozusagen offiziellere Götter. Die Herrscher der Inka etwa leiteten ihre Herkunft vom Sonnengott ab, der einer ihrer wichtigsten Götter war.

Der Schöpfergott und die heiligen Vorfahren der Inka

Viracocha war der Name des Schöpfergottes der Inka. Er mischte sich kaum in das alltägliche Leben der Menschen ein, sondern überließ es niedriger gestellten Göttern, sich darum zu kümmern. Die Inka glaubten, dass er durch die Welt gereist wäre und den Menschen dabei beigebracht hätte, wie man lebt. Als die Spanier im Jahre 1532 in das Gebiet der Inka kamen, dachten diese, dass Viracocha zu einem weiteren Besuch bei den Menschen herabgestiegen sei.

Wie in sehr vielen anderen Schöpfungsgeschichten auch gefiel Viracocha das Ergebnis seines ersten Schöpfungsversuches überhaupt nicht. Er tötete alle Menschen bis auf ein Paar – wie in anderen Mythologien so auch hier durch eine Sintflut. Nachdem er einen zweiten Schwung Menschen, der seinen Vorstellungen eher entsprach, erschaffen hatte, schickte er sie hinaus in die Welt. Danach holte er die Sonne, den Mond und die Sterne von der Sonneninsel im Titicacasee, damit sie endlich einmal an die Arbeit gingen.

Der mythische Ursprung der Inka

Der Gott Viracocha gab dem Führer der Inka Manco Capac seinen Kopfschmuck und eine Streitaxt, die seinen Status als Herrscher unterstreichen sollten. Manco Capac gründete später die Stadt Cuzco. Die Inka errichteten ihren Sonnentempel an der gleichen Stelle, an der auch er gestanden hatte. Der König heiratete seine Schwester und begründete so die Inka-Dynastie. Den Inka-Herrschern diente dieser Mythos als Beweis ihrer göttlichen Herkunft.

Die Gottheiten der Inka

Die Inka kannten zahlreiche Götter. Einige der wichtigsten waren:

- ✔ **Inti:** Er war der Sonnengott.
- ✔ **Mama Kilya:** Die Mondgöttin, die Frau Intis und Mutter des Inkavolkes. Sie bestimmte den Lauf der Zeit.
- ✔ **Ilyap'a:** Der Regengott. Er schöpfte Wasser aus der Milchstraße, die in der Vorstellung der Inka ein über den Himmel fließender Fluss war. Seine Schwester bewahrte das Wasser in einem Krug auf, den Ilyap'a immer dann mit einem Blitz zerschmetterte, wenn etwas davon auf die Erde herabregnen sollte.
- ✔ **Cuicha:** Er war der Gott des Regenbogens.

Der Himmel und seine an ihm zu beobachtenden Veränderungen waren für die Inka sehr wichtig. Ihre Götter bringen diese Bedeutung zum Ausdruck.

Kinder der Sonne: Die Kultur der Inka

Die Inka haben leider keine schriftlichen Zeugnisse hinterlassen. Ihre Bildungselite hatte alle wichtigen Informationen auswendig gelernt. Sie wurden mündlich an die folgenden Generationen weitergegeben. Die Spanier aber (die hier ausnahmsweise mal zu etwas nützlich waren) schrieben ihr Wissen über die neu »entdeckte« Kultur in langen Berichten nieder. So verfügen wir heute also doch über einigermaßen authentische zeitgenössische Dokumente über die alten Inka, aus denen wir uns heute ein Bild ihrer Kultur zusammensetzen können.

Es ist nicht leicht, ein Imperium zu verwalten

Es ist unmöglich, ein Reich aufzubauen, ohne den Eroberten Unbequemlichkeiten und Ärger zu bereiten. Die Inka beispielsweise zwangen die unterworfenen Völker, ihre angestammte Heimat zu verlassen und sich in anderen Gegenden ihres Reiches niederzulassen. Die Trennung und Aufspaltung ethnischer Gruppen sollte möglichen Aufständen das Wasser abgraben. (Ähnlich verfuhren Jahrhunderte später z.B. auch die Führer der Sowjetunion, ein Land, das für seine rücksichtslose Umsiedlungspolitik bekannt war.) Die Inka waren auch deswegen in der Lage, ihr Riesenreich zu verwalten und zu beherrschen, weil sie – ähnlich wie die Römer – in kurzer Zeit ein hauptsächlich für militärische Zwecke genutztes ausgezeichnetes Wegenetz durch die und entlang der Anden schafften. Die spanischen Eroberer waren natürlich sehr erfreut, ein so praktisches Straßennetz vorzufinden.

Man darf sich allerdings die Inka nicht nur als ein freudloses Volk aus Soldaten und Verwaltungsbeamten vorstellen, die nichts im Kopf gehabt hätten, als emsig am Ausbau ihres Reiches zu arbeiten. Ihre Opfergaben waren von großer Pracht und versetzten weniger entwickelte Völker in Erstaunen. Sehr beliebt waren etwa gewebte Tücher. Die Inka waren berühmt für ihre hoch entwickelte Webkunst. Die Inka beließen die regionalen Führer eines unterworfenen Volkes in ihrer Position; den Einheimischen erlaubten sie, ihre eigene Religion auch weiterhin auszuüben. Die Kinder der jeweiligen Oberschicht schickte man nach Cuzco, wo sie eine Ausbildung in der Art der Inka erhielten. Man band so die unterworfenen Völker nach und nach an die Inka-Kultur an.

Der Sonnenkult war die offizielle Staatsreligion der Inka. Der Name des Sonnengottes lautete Inti. Der Sonnentempel in Cuzco hatte Wände aus Gold. Sein Garten war voller Tierstatuen, die mit Gold und Silber überzogen waren. Mehrere tausend Frauen, die man *Jungfrauen der Sonne* oder die Erwählten Frauen nannte, lebten in Cuzco und dienten sowohl dem Gott Inti als auch der Herrscherfamilie. Man wählte sie nach ihrer Schönheit und ihren Webkünsten aus. Sie wurden ihren Familien etwa im Alter von acht Jahren weggenommen. Sie stellten Kleidung, aber auch Nahrungsmittel sowie das bei Festen reichlich getrunkene Bier her. Außerdem mussten sie dem Herrscher in erotischer Hinsicht zur Verfügung stehen.

Menschenopfer für das Wohl des Reiches

Im Zuge der Erweiterung des Herrschaftsgebietes wählten die Inka Kinder aus allen Teilen des Reiches aus, um sie auf Bergspitzen zu opfern. (Erst in jüngster Zeit gab es einige spektakuläre Funde dieser mumifizierten Menschenopfer.) Für die heute lebenden Menschen ist das natürlich die reinste Horrorvorstellung; damals jedoch empfanden die Menschen es als Ehre, wenn gerade ihre Kinder ausgesucht wurden. Man war der Ansicht, dass die geopferten Kinder selbst zu Göttern werden würden. Das ganze Ritual war eine weitere Methode, die Bande zwischen den erobernden Inka und den unterlegenen Völkern zu stärken.

Man hüllte die auserwählten Kinder in die kostbarsten Tücher und behängte sie mit Schmuckstücken. Sie waren gleichzeitig Geschenke und Boten an die Götter. Man tötete sie, indem man sie entweder lebendig begrub, erdrosselte oder ihnen einen Schlag auf den Kopf gab. Wie es scheint, haben sie nicht allzu sehr gelitten. Man glaubt heute, dass sie bei den Ritualen berauschende Substanzen bekamen und generell von der großen Höhe benommen waren.

Die Spanier bringen das Inka-Reich zu Fall

Die Spanier eroberten das Reich der Inka im Jahre 1532. Sie waren auf der Suche nach dem sagenhaften Goldschatz der Inka (El Dorado lässt grüßen), und tatsächlich hatten die Inka wohl große Mengen Gold. Francisco Pizarro und seine »Armee« von gerade mal 168 Männern trafen den Inka-König Atahualpa und schätzungsweise 80.000 Indios, um vorgeblich mit ihnen Verhandlungen aufzunehmen. Die Spanier hatten versprochen, sich ihnen gegenüber friedlich zu verhalten. Atahualpa aber scheint den Fehler begangen zu haben, eine Bibel, die ihm ein Priester der Spanier überreicht hatte, auf den Boden fallen zu lassen, woraufhin die Spanier über die Inka herfielen. (Wer weiß, vielleicht diente diese Geschichte aber auch nur als spätere Rechtfertigung.)

Obwohl die Spanier zahlenmäßig bei weitem unterlegen waren, besaßen sie Waffen aus Eisen und Pferde, was sie in die Lage versetzte, sehr viele Indianer zu töten und Atahualpa schließlich gefangen zu nehmen. Sie nahmen ihn als Geisel mit und stellten eine hohe Lösegeldforderung. Statt ihn aber wie versprochen auszuhändigen, ermordeten sie ihn. Damit war das Schicksal der Inka besiegelt.

Teil VI

Der Top-Ten-Teil

»... und so kam eine große und mächtige Rasse über das Land und man nannte sie die Risiko-Kapitalgeber ...«

In diesem Teil ...

Dieser Teil enthält Informationen, die nicht in den einzelnen Kapiteln über die Mythologie einer bestimmten Region der Erde untergebracht werden konnten, die aber dennoch von Interesse sind. Die beiden nächsten Kapitel geben einen Überblick über mythologische Orte und Fabelwesen.

Zehn mythologische Ungeheuer

22

In diesem Kapitel

- Die Gorgonen, die die Menschen in Stein verwandeln
- Der Phönix – wiederauferstanden aus der Asche
- Die Sphinx in Ägypten und Sphingen anderswo

Mythen sind voller Ungeheuer. Die Helden benötigen sie als Gegner, um ihren Mut zu beweisen. Außerdem benutzen die Götter sie dazu, den Menschen Angst einzuflößen. In einer mythischen Welt, in der Götter die Gestalt von Tieren annehmen und mit Menschenfrauen sterbliche Kinder zeugen können, ist es kein Wunder, dass am Ende Kreaturen entstehen, die Furcht erregend und faszinierend zugleich sind.

Die Ungeheuer sind nicht nur farbenfrohe Figuren und Symbol für das Böse in mythischen Geschichten; viele dieser Ungeheuer wurden zu Verkörperungen abstrakter Vorstellungen wie z.B. des Ehrgeizes, des Todes oder der Wiedergeburt sowie (sehr häufig) der Idee, dass die natürliche Welt den Menschen Geheimnisse vorenthalten kann und dies auch tatsächlich tut.

Gorgonen

Nach Homer gab es nur eine *Gorgo*, also ein Wesen aus der Unterwelt. Der Dichter Hesiod aber erwähnt drei Gorgonen: Stheno (»die Mächtige«), Euryale (»die Weitsehende«) sowie Medusa (die Königin der Gorgonen). Sie waren die Töchter des Phorkys, eines Meeresgottes und seiner Frau Keto. Die Athener dagegen meinten, die Gorgonen seien die Töchter Gaias, der Erde, die sie hervorgebracht habe, damit sie ihr im Kampf gegen andere Götter beistehen.

Gorgonen hatten Schlangenhaar und besaßen außerdem Flügel. Sie sahen so entsetzlich aus, dass jeder, der sie direkt anschaute, zu Stein erstarrte. Der Name Medusa ist bis heute der Inbegriff großer Scheußlichkeit und Hässlichkeit. Die Griechen benutzten Darstellungen der Gorgonenhäupter, um damit das Böse abzuschrecken und Übel von ihnen fernzuhalten (vergleichbar mit den an unseren Kirchen angebrachten steinernen Fratzen, die ja auch das Böse fernhalten sollen). Die Statue der Athene im

Parthenon in Athen hielt einen Schild in Händen, auf dem das Haupt der Medusa prangte. Die ganze Geschichte, die auch erklärt, wie Medusas Haupt überhaupt auf Athenes Schild kam, finden Sie in Kapitel 6.

Die Chimäre

Die *Chimäre* war ein weiteres weibliches Ungeheuer – die ja in der griechischen Mythologie generell einen schweren Stand hatten –, das von vorne wie ein Löwe aussah, deren Körpermitte an eine Ziege erinnerte und deren untere Körperextremitäten wie ein Drachenschwanz aussahen. Die Chimären konnten außerdem wie Drachen Feuer speien. Bellerophon und Pegasus besiegten sie schließlich.

Das Wort *Chimäre* gibt es noch heute in unserer (Bildungs-)Sprache; man verwendet es, wenn man von etwas Irrealem, etwas bloß Eingebildetem, einem reinen Hirngespinst spricht. Das Wort wird auch als Adjektiv verwendet: In den 50er Jahren war die Vorstellung eines in die Aktentasche passenden Computers eine chimärenhafte Idee. Die Architekten benutzen das Wort »Chimäre« bzw. seine französische Übersetzung *chimère*, um sich auf eine seltsame, für die Dekoration eines Gebäudes verwendete Figur zu beziehen (denken Sie etwa an die Spitze des Chrysler-Gebäudes in New York).

Der Phoenix

Dieses mythologische Wesen erschien zuerst in Ägypten; man findet es aber auch in der griechischen, islamischen und später auch der europäischen Mythologie. Er war ursprünglich ein Vogel von der Größe eines Adlers mit roten und goldenen Federn, der außerdem sehr schön singen konnte. Es gab immer nur einen Phoenix; jeder Phoenix lebte für ungefähr 500 Jahre. Näherte er sich dem Ende seines Lebens, sammelte er süß riechende Zweige für den Bau eines Nestes, setzte sich dann in das fertige Nest und ging schließlich in Flammen auf. War der Vogel vollständig verbrannt, erhob sich aus der Asche ein neuer Baby-Phoenix und begann ein neues, ebenso langes Leben.

Für die Ägypter symbolisierte der Phoenix den Tod und die Wiedergeburt, die unsterbliche Seele. Seither diente er den unterschiedlichsten Institutionen und Einrichtungen, die von sich behaupteten, alle Hindernisse beseitigen zu können, als Symbol für ewige Stärke. Das römische Weltreich war eines von ihnen.

Kerberos, der Höllenhund

Bei Homer wird ein Hund erwähnt, der von Herakles im Rahmen seiner zwölf Arbeiten (siehe Kapitel 6) aus der Unterwelt hoch zu den Lebenden gebracht wird. In späterer Zeit wurde die griechische Mythologie etwas spezifischer. Zunächst bekam der Höllenhund einen Namen verpasst, *Kerberos*. Dann beschrieb man seine Aufgaben etwas genauer. Kerberos war wie ein Hund, nur dass er gleich drei bissige Köpfe besaß und anstelle eines Schwanzes eine giftige Schlange hatte. Er bewachte die Tore zur Unterwelt; seine Köpfe hielten die Lebenden fern und sein Schwanz machte den Toten ein Entkommen aus seinem Reich unmöglich (machte ihnen sozusagen das Leben schwer). (Der römische Reiseschriftsteller Pausanias, der so etwas wie ein Hundeliebhaber gewesen zu sein scheint, empörte sich darüber, dass als Wächter der Unterwelt ein Hund gewählt wurde, sei dieser doch schließlich »der beste Freund des Menschen«.)

Drachen

Drachen sind groß und schlangenartig. Darüber kann man so gerade noch Einigkeit erzielen. Da Drachen aber in der Mythologie von Völkern aus Europa, dem Mittelmeerraum, Afrika, dem Mittleren Osten sowie Asien vorkommen, gibt es natürlich eine große Bandbreite an unterschiedlichen Vorstellungen. (Erst kürzlich gelang es, überzeugende Hinweise dafür zusammenzutragen, dass die Menschen in Griechenland und Afrika schon in der Antike versteinerte Überreste von Dinosauriern kannten. Das könnte eine Erklärung dafür sein, dass die Vorstellungen vom Drachen in unterschiedlichen Kulturen doch insgesamt große Ähnlichkeiten aufweisen.)

Die Drachen in der Mythologie Nordeuropas besaßen keine Beine; in Asien dagegen sehr wohl. Bei den Griechen verbrachten die Drachen wie Schlangen ihr Leben auf dem Boden; bei den Chinesen und Japanern sind Drachen dagegen Wesen, die sich in der Luft aufhalten. Ironischerweise aber haben die Drachen Asiens gewöhnlich keine Flügel, wohl aber die in Europa (die gewöhnlich fluguntauglich sind). Einige Drachen konnten Feuer spucken, andere dagegen nicht.

Die Drachen symbolisierten Unterschiedliches. In Mesopotamien war die ursprüngliche Göttin, die die anderen Götter gebar, ein Drache. Der ägyptische Apepi war ein Drachengott, der über die Welt der Dunkelheit und des Bösen herrschte. In der Mythologie Griechenlands – bei denen Drachen *drakontes* (Einzahl: *drakon*) hießen, daher der Name – war der Drache oft ein schlaues und magisches Wesen, das aus dem Inneren der Erde stammte. Athene hatte eine Schlange (*drakon* im Griechischen), die ihr Schoßtier und gleichzeitig ihre Helferin war. Bei den Chinesen repräsentierte der Drache die männliche Hälfte der universalen Ordnung – das »Yang« in der »Yin-Yang«-

Polarität. In der hebräischen Bibel schlussendlich ist die »Schlange«, die zu Eva im Garten Eden spricht, das »raffinierteste aller göttlichen Geschöpfe«.

Da es in der vorchristlichen Zeit in Europa und dem Mittelmeerraum derart viele Bildnisse und Abbilder des Drachen gegeben hat, galt der mittelalterlichen Christenheit der Drache als das Symbol für die nicht-christliche, heidnische Welt. Ganz konnte man dann aber doch nicht auf diese interessante Mythengestalt verzichten. Der Drache erschien oft als Symbol für das England der Sachsen und im heutigen Wappen von Wales ist ebenfalls ein Drache abgebildet.

Das Einhorn

Das hübscheste und niedlichste/knuddeligste der mythologischen »Ungeheuer« war das *Einhorn*. Es sah aus wie ein Pferd, nur dass ihm aus der Stirn ein einziges spitz zulaufendes Horn herauswuchs. Einhörner treten in der Kunst der Griechen und Römer auf und selbst in der Zeit davor in den Kulturen Mesopotamiens. Der griechische Dichter Ktesias, er lebte im 5. Jahrhundert v. Chr., beschrieb ein *monokeros* (bzw. ein »Ein-Horn«, im Lateinischen *unicornis*) mit einem purpurfarbenen Kopf, blauen Augen und einem weißen Leib, das auf seiner Stirn ein rot, schwarz und weiß geschecktes Horn trug. (Zwar scheinen auch einige der älteren Bibelübersetzungen das Einhorn zu erwähnen; es handelt sich in diesen Fällen aber schlicht um eine falsche Übersetzung – das entsprechende hebräische Wort ist *re'em*, was übersetzt Ochse heißt.)

Seit der Antike hält sich hartnäckig die Vorstellung, dass das Horn des Einhorns die magische Fähigkeit besitzt, zu reinigen und zu heilen. Im Mittelalter sah man im Einhorn ein Symbol für Christus selbst, wohl aufgrund des dem Einhorn zugeschriebenen gütigen Wesens sowie seiner angeblichen Heilkräfte. Das Einhorn konnte eine verunreinigte Wasserquelle dadurch reinigen, dass es bloß sein Horn in das Wasser tauchte. Medizinische Mittel aus dem Horn sollten gegen alle möglichen Gebrechen wahre Wunder wirken. Im europäischen Mittelalter war das Horn des Einhorns das Zwanzigfache seines Gewichtes in Gold wert. Was die meisten aber wohl nicht wussten, war, dass man ihnen das Horn des in arktischen Gewässern verbreiteten Narwals andrehte.

Der Vogel Greif

Der *Vogel Greif* (Mehrzahl: *Greifen*), ein mythischer Vogel, hatte den Körper eines Löwen, besaß (mitunter) auch Flügel und den Kopf eines Adlers. Manche dieser Kreaturen hatten auch Pferdeohren. Die ältesten erhaltenen Darstellungen des Vogel Greif finden sich in der Kunst Mesopotamiens und datieren aus der Zeit um 1800 v.Chr. Bis zum Jahre 1500 v. Chr. hatte sich der Vogel im ganzen Mittelmeerraum ausgebreitet. Die minoischen Griechen auf der Insel Kreta – eine reiche und künstlerisch hoch begabte Kultur, die während des Bronzezeitalters existierte, d.h. etwa um 1400 v. Chr. – schufen Malereien des Vogel Greif mit wilder, lockiger Mähne um seinen mit einem Schnabel ausgestatteten Kopf.

Später gingen die Griechen dazu über, den Vogel Greif mit weit aufgesperrtem Schnabel und langer, gewellter Zunge zu porträtieren. Der Vogel Greif (auch »Griffin« oder »Griffon« genannt) scheint ein wichtiges Symbol gewesen zu sein, da er auf künstlerischen Darstellungen im Zusammenhang mit Königen, Tempeln oder der Beerdigung wohlhabender Menschen erscheint.

Die Sphinx

Die berühmteste Sphinx ist *Der Sphinx*, die große Statue gleichen Namens gleich neben den großen Pyramiden von Gizeh in Ägypten. Diese Sphinx hat den Körper eines Löwen, auf dem der Kopf eines Menschen sitzt. Der Kopf stellt Pharao Chefren dar, dessen Herrschaft in die Zeit um 2500 v. Chr. fällt. Es handelt sich also um eine sehr alte mythologische Gestalt.

Dieses berühmte Monument heißt deshalb auch korrekt *der* Sphinx.

Bei den Griechen finden wir Abbildungen der Sphinx etwa ab dem Jahre 1600 v. Chr. Danach findet man sie in der gesamten antiken Welt. Die Griechen meinten, das Wort *Sphinx* (Mehrzahl: *Sphingen*) käme von dem griechischen Verb für »erdrosseln«. Heute ist man sich nicht mehr sicher, woher das Wort tatsächlich stammt. Bei den Griechen war die Sphinx ein weibliches Ungeheuer mit einem Menschenkopf, einem Löwenkörper und dem Schwanz eines Drachen. Man findet sie in allen Arten von künstlerischen Darstellungen, besonders aber auf offiziellen Siegeln, also kleinen Steinen mit eingravierten Bildern, die man auf Wachs drückte, um so Dokumente zu versiegeln, ein Verfahren, das bis heute (bei Notaren etwa) in Anwendung ist. Diese Siegel-Sphingen wurden gewöhnlich in sitzender Position und mit einer erhobenen Tatze dargestellt.

Die berühmteste Geschichte, in der eine Sphinx vorkommt, ist die von König Ödipus. Hauptsächlich wegen dieser Geschichte, die von dem griechischen Dichter Sophokles in eine sehr berühmte Tragödie verwandelt wurde (siehe Kapitel 8), gilt die Sphinx als ein Symbol für große Weisheit.

Zehn mythologische Orte

23

In diesem Kapitel

- Die elysischen Felder der Träume
- Walhalla
- Der Untergang von Atlantis

Jede Touristen-Führung in Mittelamerika, Japan, Griechenland oder Ägypten kann Sie zu Orten bringen, an denen der Sage nach Götter zu Menschen gesprochen oder Helden gegen Ungeheuer gekämpft haben. Einige dieser mythischen Orte sind im Laufe der Zeit selbst mythologisch geworden. Manche sind real und auf einer Landkarte lokalisierbar und haben ihre mythische Qualität durch die Geschichten erlangt, die über sie erzählt wurden, gewöhnlich von Menschen, die nie selbst dort gewesen sind. Andere dagegen haben vielleicht einmal existiert; das Wissen darüber, wo genau sie sich befunden haben, ist aber längst verloren gegangen, so dass nur noch der Mythos dieser Orte übrig geblieben ist. Wieder andere sind jedoch reine Erfindungen und nur »real« in dem mythologischen Kontext, dem sie entstammen. Um zu einem mythologischen Ort zu werden, muss noch nicht einmal besonders viel Zeit verstrichen sein.

Das Elysium

Das Elysium (auch Eleusium) ist derjenige Ort in der griechischen Mythologie, der unserer Vorstellung eines »Himmels« am nächsten kommt. Bei Homer war Elysium ein mystisches Land weit im Westen ganz in der Nähe des großen Flusses Okeanos, der die Welt umgab (siehe Kapitel 3). Auch bei Hesiod taucht diese Vorstellung wieder auf. Es war der Sage nach das Land der Seligen. Nur die Toten, die zu Lebzeiten ein tugendhaftes Leben geführt hatten, konnten dorthin gelangen. Nach Homer gelangten die sterblichen Söhne des Zeus auf direktem Wege (ohne vorher sterben zu müssen) ins Elysium und lebten dort fortan in vollkommener Harmonie. In Kapitel 3 und 4 können Sie mehr über die Griechen nachlesen.

Der Ort dagegen, an den in der Vorstellung der Griechen die meisten Menschen nach ihrem Tod kamen, war zwar nicht besonders schrecklich – es gab kein ewiges Höllenfeuer oder Teufelsgestalten mit Dreizack –, aber auch nicht allzu einladend. Als Odysseus einmal in die Unterwelt hinabsteigen musste, fragte er den großen (nun aber toten) Achill, wie ihm das »Leben« bei den Toten gefalle. Dieser antwortete: »Ich wäre lieber der Gehilfe eines Bettlers als König hier unten.« Am schlimmsten jedoch traf es die Sünder unter den Menschen, die nach ihrem Tode in den Teil der Unterwelt kamen, der als Tartaros bekannt ist. Dort waren sie nämlich dem ewigen Leiden überantwortet. In Kapitel 7 und 8 können Sie noch einmal die Geschichten über Odysseus und Achill nachlesen.

Bei den Römern hatte sich die Lage des Elysium ein wenig verschoben. Zwar war es auch in ihrer Mythologie der Ort, an den die Gesegneten unter den Toten kamen; jetzt lag das Elysium aber plötzlich irgendwo unter der Erde. Dem römischen Dichter Vergil zufolge führten die Menschen in diesem Totenreich ihre Tätigkeiten und Berufe, die sie als Lebende ausgeübt hatten, einfach bis in alle Ewigkeit weiter fort.

Brigadoon

Brigadoon ist ein verzaubertes, mythisches Fischerdorf in Schottland, das an nur einem Tag in einhundert Jahren erscheint, um anschließend wieder auf rätselhafte Art zu verschwinden. Jeder, der während dieses einen Tages von außen auf das Dorf stößt, wird von den Dorfbewohnern willkommen geheißen und kann, wenn er möchte, dort bleiben. Verließe aber auch nur einer der Dorfbewohner den Ort, wäre der magische Bann unwiderruflich gebrochen. Ein wirklich toller Mythos, der aber nicht einmal einhundert Jahre alt ist!

Im Jahre 1947 schreiben Alan Jay Lerner und Frederick Loewe ein Musical für den Broadway in New York, das sie *Brigadoon* nannten. Später entstand aus dieser Vorlage ein Film gleichen Titels mit Gene Kelly in der Titelrolle. Sowohl das Theaterstück als auch der Film waren sehr erfolgreich, so dass die Geschichte dieses verzauberten Dorfes in Schottland sich so sehr in den Köpfen festsetzen konnte, dass Brigadoon alsbald beinahe auf gleicher Stufe mit anderen »mythologischen Orten« stand, wie etwa Elysium.

Lerner und Loewe erfanden die Geschichte vollkommen neu und bezogen sich nicht etwa auf irgendeine alte schottische Volkssage. Auf der anderen Seite hat man immer vermutet, dass die Autoren ihre Geschichte doch nicht ganz aus dem Nichts schöpften. Auch wenn die Autoren dies zeitlebens bestritten, so war ihnen doch eine Kurzgeschichte des deutschen Schriftstellers Friedrich Gersacker wahrscheinlich nicht ganz unbekannt, die von einem Dorf namens Germelshausen handelt, das nur alle einhundert Jahre für einen Tag erscheint und dann wieder verschwindet. Zufall? Der Name ihres Stückes ist jedenfalls von einem realen Ort namens »Brig-o-Doom« (Bridge of Doom) abgeleitet, der in einem berühmten Gedicht des schottischen Dichter Robert Burns auftaucht.

Xanadu

Im Jahre 1797 zog der englische Dichter Samuel Taylor Coleridge aufs Land, um sich dort von einer Krankheit zu erholen. Er wollte seinen Heilungsprozess mit der Einnahme von Laudanum beschleunigen, einer Flüssigkeit, die man aus Mohnkapseln gewann und die vielleicht so etwas wie das Aspirin des 18. Jahrhunderts war, in Wirklichkeit aber die Eigenschaften von Opium hatte. Eines Tages fiel er nach der Einnahme von Laudanum in einen Rauschzustand, als er gerade ein Buch über Asien las, und hatte eine Vision. Als er wieder zu sich kam, setzte er sich schnell hin und schrieb alles, woran er sich noch erinnern konnte, rasch auf.

Der Dichter beschrieb in seinem Text einen wundervollen Palast inmitten eines Parks, er schrieb von Kliffen und Höhlen, Flüssen, die ringsum von Wasserfällen gesäumt waren. Nachdem er etwa fünfzig Verse geschrieben hatte, wurde er von einem Besucher gestört. Als er den Störenfried schließlich abgefertigt hatte und weiterschreiben wollte, war seine Vision verblasst.

Obwohl sein Gedicht »Kubla Khan« unvollendet blieb, war der Ort Xanadu von nun an Teil der mythologischen Landkarte. Der Ort existiert aber tatsächlich – es handelt sich um die chinesische Stadt Shang-tu bzw. Shangdu, die unter dem Mongolenfürst Kublai Khan im Jahre 1256 gegründet wurde. Marco Polo soll sie im Jahre 1265 besucht haben. Das historische Shang-tu war eine große Stadt, deren wichtigste öffentliche Bauten von Mauern umgeben waren und in dessen Mitte ein großer Park angelegt war. Das mythische Xanadu aber – also das Produkt eines warmen Nachmittages, einer Dosis Opium und eines begabten Dichters – ist heute das berühmtere der beiden.

Shangri-la

Wie das Elysium ist auch Shangri-la ein mythologischer Ort vollkommener Glückseligkeit. Ähnlich wie Brigadoon sind die meisten Menschen mit diesem Namen vertraut, weil es ein im 20. Jahrhundert geschriebenes Stück Literatur gibt, in dem dieser Ort vorkommt. Und ebenso wie Xanadu ist auch Shangri-la asiatischen Ursprungs und (vermutlich) die idealisierte und mythisierte Fassung eines realen Ortes.

Im Jahre 1933 schrieb James Hilton einen Roman mit dem Titel *Lost Horizon*. Er handelte von einem Ort namens Shangri-la, der hoch oben im Himalaya-Gebirge in Tibet lag. Shangri-la war der Name eines geheimen, versteckten kleinen Königreiches, in dem die Menschen nicht alterten, harmonisch und glücklich zusammenlebten und über ihr altes und geheimes Wissen wachten. Hiltons Roman basierte auf einem buddhistischen Mythos aus Tibet namens Shambhala, dem »versteckten Königreich«, der Heimstatt vollkommmener Menschen, die die höchste Form des mystischen Buddhismus verkörperten. Der Ort liegt versteckt hinter hohen Bergen und wird gesäumt von Wasserfällen. Die Könige dieses Reiches herrschen für jeweils einhundert Jahre. Nach der Herrschaft von zweiunddreißig dieser Könige wird der Ort nicht mehr länger verborgen liegen und die Menschen dort werden sich der Welt zu erkennen geben.

Im Jahre 1998 startete der amerikanische Forscher Ian Baker eine Expedition mit dem Ziel, diesen geheimen Ort Shambhala in Tibet zu entdecken. Auch wenn er Gegenden fand, die den in den alten Texten beschriebenen ähnelten, konnte er doch nichts Konkretes finden. Er musste die Expedition frühzeitig beenden, so dass die Geheimnisse dieses Ortes auch weiterhin bestehen bleiben.

Arkadien

Arkadien ist ein wirklich existierender Ort. Er liegt auf der südlichen Halbinsel Griechenlands, der Peloponnes. Im antiken Griechenland war Arkadien eine gebirgige und etwas rückständige Region, die von armen Hirten bevölkert war, die gerade so über die Runden kamen.

Bei den Angehörigen der höheren Schicht im alten Rom hingegen war Arkadien der Inbegriff idyllischen Landlebens und der mit Sehnsucht besetzte Gegenpol zu dem aufreibenden Leben in der Großstadt Rom. Die römischen Dichter erfanden ein mythisches »Arkadien«, einen friedvollen, heiteren Ort, an dem einfache Menschen ein einfaches Leben in Harmonie mit der Natur führten. Der Dichter Vergil schrieb zahlreiche Gedichte über glückliche Schäfer, die mit ihren Gespielinnen durch die Hügel Arkadiens tollten. (Daraus entwickelte sich in der Neuzeit das bei Poeten beliebte Genre der so genannten Schäferdichtung.) Das Arkadien des Mythos ist hügelig und mit üppigem Grün bewachsen. Es ist von untergeordneten Göttern und glücklichen Bauern und Schäfern bevölkert, die ein einfaches, aber glückliches Leben führen und malerische Feste feiern, wenn sie denn nicht gerade ganz in der Nähe ihrer grasenden Schafherden dösend auf einer Wiese liegen (und den Herrgott einen guten Mann sein lassen, würden wir heute sagen).

Die Vorstellung eines Arkadien als einer idyllischen Wildnis setzte sich fest. Philip Sydney nahm Arkadien als Grundlage für einen bekannten Roman aus dem Jahre 1578, der auch explizite Schilderungen erotischer Natur enthält. Vielleicht war dieser Roman die Vorlage für Christopher Marlowes 1599 verfasstes Gedicht »The Passionate Shephard to His Love«. In Walt Disneys Film *Fantasia* gibt es eine mit der Musik einer Beethoven-Symphonie (der Pastorale) untermalte Sequenz, die so gut wie jede andere ein Bild des mythischen Arkadien vermittelt.

Walhalla

Das in Asgard gelegene Walhalla (siehe Kapitel 13) war in der nordgermanischen Mythologie der Name der Halle für die toten Krieger. Die Krieger aßen dort das Fleisch eines Borgs (Ebers) mit Namen Saehrimnir, der jeden Tag geschlachtet und verzehrt wurde, nichtsdestotrotz aber am Ende eines jeden Tages wiedergeboren wurde, um am folgenden Tag das gleiche Schicksal erneut zu erfahren. Die Ziege Heidrun lieferte Met und Milch, so dass für das leibliche Wohl der hungrigen Krieger bestens gesorgt war. Wenn sie sich nicht gerade einem Fressgelage hingaben, so kämpften sie gegeneinander (Warum auch nicht? Passieren konnte nichts, sie waren ja schon tot.) und warteten im Übrigen auf die letzte Schlacht Ragnarök.

Atlantis

Der griechische Philosoph Plato erzählt die Geschichte von Atlantis in einem *fiktiven Dialog* (der also nur erfunden ist). Darin ist die Rede davon, dass es einst jenseits der Säulen des Herakles (bzw. der Säulen des Herkules, dem antiken Name für die Straße von Gibraltar) eine Insel namens Atlantis gegeben habe, die größer gewesen sei als Libyen und Asien zusammengenommen und Heimat eines mächtigen Königreiches gewesen sei. Nach einem verheerenden Erdbeben versank die ganze Insel im Meer.

Während des Mittelalters geriet ein Großteil des antiken Wissens der Griechen und Römer in Vergessenheit. Nicht so aber in der arabischen Welt. Auf dem Umweg über die Schriften arabischer Geografen gelangte der Mythos von Atlantis auch wieder nach Europa. Die Europäer fragten sich, ob nicht eigentlich die Kanarischen Inseln, oder Skandinavien oder vielleicht sogar der amerikanische Kontinent gemeint sein könnte. Eine Theorie aus moderner Zeit besagt, dass die Geschichte von Atlantis möglicherweise auf die Insel Thera (heute Santorin) zurückgeht, die bei einer gewaltigen vulkanischen Eruption im Jahre 1500 v. Chr. fast ganz in Stücke gerissen worden war. Heute ist die Insel von sichelförmiger Gestalt; ihre Mitte ist völlig verschwunden.

Das Königreich des Priesters Johannes (Prester John)

Im Jahre 1071 eroberten die Türken Jerusalem. Die europäische Christenheit war in hellem Aufruhr, da sich nun ihre Heilige Stadt in den Händen der Ungläubigen befand. Damit begann die Epoche der Kreuzzüge, eine lange und traurige Periode in der langen und unglückseligen Geschichte einer Stadt, die drei großen Religionen heilig ist.

Die Europäer waren versessen darauf, das Heilige Land wieder zurückzuerobern und hielten nach Hilfe Ausschau, woher auch immer sie stammen mochte. Es war im Jahre 1145, als der Papst Kunde von einem gewissen Priester Johannes erhielt, der angeblich ein Nachfahre eines der Magi war, also einer der drei weisen Männer, die aus dem Osten kommend das neu geborene Jesuskind besuchten. Der Bericht behauptete, dass Priester Johannes ein christlicher König sei, Herr über ein mächtiges Reich in Asien, der sich nach Westen in Bewegung gesetzt habe, um an der Befreiung des Heiligen Landes mitzuwirken. Gleich lautende Briefe mit dem Versprechen, Unterstützung zu gewähren, trafen im Jahre 1165 an allen großen europäischen Höfen ein.

Papst Alexander III. antwortete zwar auf den Brief; Unterstützung aus Asien traf aber nie ein. In Europa stellte man trotz dieser Enttäuschung in der Folgezeit Vermutungen über das seltsame Königreich des Priesters Johannes an. Eine Reihe von Reisenden begab sich vor Ort in Asien auf die Suche nach diesem Reich, unter ihnen Giovanni da Pian del Carpini, Giovanni da Montecorvino und natürlich auch Marco Polo. Keiner war erfolgreich, auch wenn es ihnen gelang, Ertrag bringende Handelskontakte mit dem chinesischen Kaiserreich zu knüpfen. Als sich die Europäer daran machten, über den Atlantik zu segeln – in der Erwartung, auf Asien zu stoßen – hoffte man insgeheim noch immer, eine Spur des sagenumwobenen Königreiches des Priesters Johannes zu finden.

Avalon

Avalon war die magische Insel, auf die sich König Artus begab, um dort die Wunden seiner letzten Schlacht auszukurieren, und auf der er blieb, bis die Zeit reif für seine Rückkehr war. (Lesen Sie Kapitel 15, wenn sie die ganze Artus-Legende interessiert.) Nach einer Auslegung der Sage ist Avalon in Wirklichkeit keine Insel, sondern die Stadt Glastonbury, die in einigen keltischen Mythen mit dem »Land der toten Helden« in Verbindung gebracht wird. Heute ist man aber der Auffassung, dass die dortigen Mönche die ganze Geschichte erfunden haben, um Touristen in ihre Gegend zu locken und so Geld zu verdienen. Avalon ist heute ein Symbol für jeden mythischen Ort, an dem die Menschen ein Leben in Glückseligkeit führen.

Stichwortverzeichnis

A

B

C

D

E

F

G

I

J

K

L

M

N

O

P

Q

R

S

T

U

V